Hans Günther Hohn

Die deutsche Rentengeschichte

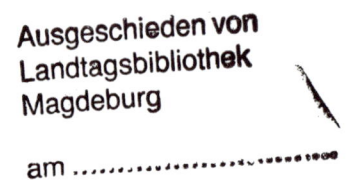

Bibliografische Information der Deutschen Bibliothek
Die Deutsche Bibliothek verzeichnet diese Publikation in der Deutschen
Nationalbibliografie; detaillierte bibliografische Daten sind im Internet über
http://dnb.ddb.de abrufbar.

Hans Günther Hohn
Die deutsche Rentengeschichte

Berlin: Pro BUSINESS 2004

ISBN 3-938262-01-X

1. Auflage 2004

© 2004 by Pro BUSINESS GmbH
Schwedenstraße 14, 13357 Berlin
Alle Rechte vorbehalten.
Produktion und Herstellung: Pro BUSINESS GmbH
Gedruckt auf alterungsbeständigem Papier
Printed in Germany

www.book-on-demand.de

Vorwort

Diese Arbeit entstand aus einer Vielzahl von schriftlichen Werken der beiden letzten Jahrhunderte. Sie alle hatten ihre Eigenheiten, was die Sprache, den Stil und die Bedeutung der Wörter anbetrifft. Sehr verschieden im Vergleich zur heute geltenden Rechtschreibung waren auch die Schreibweisen vieler Wörter. Texte, die nach früheren Rechtschreibregeln geschrieben wurden, blieben unverändert, so daß der Leser mit mehreren Kombinationen konfrontiert wird, wie hier z. B. mit "sodaß", "sodass" oder "so dass". Statt "Maßgabe" findet man auch "Massgabe" oder "Maaßgabe". Der Reichs- oder Bundeszuschuß, der Rentenausschuß u. a. Bezeichnungen mit "ß" werden nicht grundsätzlich auf "ss" geändert.

Nachdem ich die Gesetze und sonstigen Bestimmungen zur Rente, die bis zum Jahre 1913 erlassen wurden, gelesen hatte, war mir bewußt, daß sie in diesem Buch dargestellt oder wenigstens angegeben werden mußten. Zunächst fertigte ich eine Zusammenfassung für jedes einzelne Gesetz an. Die Paragraphenfülle ließ aber befürchten, daß der Leser überfordert wird und ermüdet. Deshalb entschied ich mich für eine Kurzfassung, die dennoch die Rechtsentwicklung erkennen läßt. Außerdem gab sie mir Raum für die Darstellung von Forschungsergebnissen, die mich selbst überraschten. So fand ich bisher noch nicht verwendete geheime Unterlagen über die Vorbereitung der Reichsregierung für den Ersten Weltkrieg, den Kriegsverlauf, die rücksichtslose Ausnutzung der Leichtgläubigkeit und Vertrauensseeligkeit des deutschen Volkes in seine Führung, die wissentlich die Untertanen 'benutzte' und sie ihrer Altersversicherung beraubte.

Meinen Lesern wünsche ich, auch soweit die heutigen Probleme erörtert werden, ein 'dogmenfreies', kritisches Nachdenken mit aha-Effekt. Sämtliche Berechnungen stehen unter dem Vorbehalt vom Rechenfehlern.

Der Autor

Inhaltsübersicht

Einleitung 23

Kapitel I

Zur Vorgeschichte der Rentenversicherung in Deutschland 29

Kapitel II

Die Rentenversicherungsgesetze vor dem 1. Weltkrieg 39

Kapitel III

Der 1. Weltkrieg und seine Folgen für die deutsche Rentenversicherung 75

Kapitel IV

Auswirkungen der Rentenversicherungsgesetze vor und nach dem 1. Weltkrieg 115

Kapitel V

Die Rentenversicherung im Nationalsozialismus und danach 133

Kapitel VI

Vom Beginn der Bundesgesetzgebung bis in die Gegenwart 151

Kapitel VII

Problematische Entwicklungen in der gesetzlichen Rentenversicherung 179

Kapitel VIII

Wohnungsbau, Wohnungsfürsorge und das Klinikwesen 221

Kapitel IX

Rückblick und Ausblick auf Konsequenzen für die Zukunft 245

Kapitel X

Tabellen Anhang 267

Kapitel XI

Quellen und Literaturverzeichnis 287

Index 291

Inhaltsverzeichnis en Detail

Einleitung 23

Zusammenfassung 23

Prähistorisches und das Altertum 25

Rente in der Neuzeit 27

Kapitel I

Zur Vorgeschichte der Rentenversicherung in Deutschland 29

Verelendetes Europa 29

Massenarmut im Königreich Preußen 29

Bayerische Zustände 30

Sozialprogramme in Frankreich 31

Armut in England durch den Wirtschaftsliberalismus *(Laissez-faire, laissez passer)* 32

Deutsche Verhältnisse 33

Hilfskassenwesen 33

Bestreben zu einer Linderung des Elends durch die Politik 33

Versuche einer sozialpolitischen Gesetzgebung, Sozialliberale boykottieren 34

Außenpolitische Initiativen 35

Der Bergbau 38

Kapitel II

Die Rentenversicherungsgesetze vor dem 1. Weltkrieg 39

Das Reichsgesetz betreffend die Invaliditäts- und Altersversicherung (IuAVG) vom 22. Juni 1889 ... 39

Die Versicherten ... 39

Nichtversicherungspflichtige ... 39

.§§ 5 bis 7 Besondere Kasseneinrichtungen ... 40

§ 8 Selbstversicherung ... 40

Änderungen des IuAVG von 1889 ... 40

Bestrebungen zur Verbesserung des Rentenversicherungsgesetzes ... 40

Weitere Versicherungspflichtige ... 41

Die Reichsversicherungsordnung vom 19.07.1911 ... 41

Erweiterter Personenkreis ... 42

Eigenständige Versicherung für die Angestellten ... 42

Das Versicherungsgesetz für Angestellte vom 20. Dezember 1911 ... 44

Doppelversicherung ... 45

Nichtversicherte ... 45

Gegenstand der Versicherung ... 46

Erwerbsunfähigkeit, Ortslohn, Rente zur Sicherung des Existenzminimums . 46

§ 10 Invalidenrente bei vorübergehender Erwerbsunfähigkeit ... 47

§ 12 Heilverfahren ... 47

§ 13 Sachrenten, Trunksüchtige ... 47

Angehörigenunterstützung ... 48

Gegenstand der Angestelltenversicherung ... 49

Voraussetzungen der Leistungsansprüche 49

§ 22 Hinterbliebenenrente 50

Längere Wartezeit 50

Hinterbliebenenrenten im Vergleich 51

§ 28 Witwenrente 51

§ 29 Waisenrente 51

§ 30 Witwerrente 52

§ 31 Waisenrente bei Unterhaltsentzug. 52

Aufbringung der Mittel 52

§ 20 Bemessung der Beiträge 52

§ 21 Rücklagen 52

Lohnklassen (nach dem tatsächlichen JAV) 53

Jahresarbeitsverdienst 53

§ 23 Lohnsätze 53

§ 24 Lohnklasse als Leistungsbereich 53

Allgemeines Anwartschaftsdeckungsverfahren oder Prämien durchschnitts-
verfahren (statt Kapitaldeckungsverfahren) 54

Gemeinlast, Sonderlast (§ 20a) § 33 Umfang 55

Lohnklassen (nach einem durchschnittlichen JAV) § 22, § 34 IVG 55

Durchschnittsbeitrag 56

§ 1392 Erhöhte Beiträge 56

§ 1397 Finanzierung der Gemeinlast 56

§§ 1398, 1399 Ausgleich von Fehlbeträgen und Überschüssen 57

§ 1400 Überschüsse des Sondervermögens 57

Finanzierung der Leistungen des VGfA 57

§§ 170 bis 172 Beiträge, Prämiendurchschnittsverfahren 57

§§ 214 bis 218 Überwachung der Beitragsentrichtung 58

§§ 219 bis 226 Mittelverwendung 58

Mündelsichere Anlage 59

Berechnung der Renten 60

§§ 25 und 26 IuAVG Rentenbestandteile 60

Berechnung der Renten nach dem IVG 62

§(25) § 35(§ 26) § 36 IVG Invalidenrenten 62

(§ 26a) § 37 Altersrenten 63

Berechnung der Leistungen nach der RVO 63

Invalidenrenten 64

Hinterbliebenenrenten 64

Höchstbetrag der Hinterbliebenenrenten 65

Höhe des Witwengeldes und der Waisenaussteuer 65

Berechnung der Versicherungsleistungen nach dem VGfA 65

Die 'gerechte' Rente 66

§ 56 Frauenruhegeld 67

§ 57 Hinterbliebenenrenten 67

§ 58 Höchstrenten 67

§ 59 Monatliche Zahlung ... 67

Leibrenten ... 67

Organisation der Invaliditäts- und Altersversicherung ... 68

Versicherungsanstalten ... 68

Verwaltungsorgane ... 70

Sonderanstalten ... 70

Die Seekasse ... 71

Die Bundesbahn-Versicherungsanstalt ... 71

Der Bergbau ... 71

Organisation der Angestelltenversicherung (AV) ... 72

Verwaltungsrat ... 72

Rentenausschuß ... 72

Vertrauensmänner ... 73

Kapitel III

Der 1. Weltkrieg und seine Folgen für die deutsche Rentenversicherung ... 75

Finanzielle Kriegsvorbereitung ... 75

Fehlende Zahlungsanweisung ... 76

Ein Armeekorps geht leer aus ... 77

Kriegsbeginn ... 79

Otto von Bismarcks Ängste ... 79

Dilettantische Kriegsplanung ... 80

Kriegsfinanzierung ... 81

Kriegsanleihen 81

Warburgs Memorandum 83

Tägliche Kriegskosten 86

Monatliche Kriegsausgaben 86

Orden für Kriegsanleihewerber 87

Die Kosten einer Kriegsverlängerung 87

Die Beteiligung der Rentenversicherung an der Kriegsfinanzierung 88

Kriegsanleihezeichnungen der Landesversicherungsanstalten 88

Kriegswohlfahrtszwecke 92

Die finanzielle Situation der RV- Träger 92

Kriegsauswirkungen bei den Versicherungsträgern 93

Versorgungsengpässe 94

Kriegsende 96

Friedensvertrag von Versailles 96

Versicherungslasten 97

Durch Gebietsabtretungen verlorene Kredite und Investitionen 99

Kriegsopfer 100

Ausweitung der Leistungen 101

Weniger Beiträge 101

Weitere Belastungen der einzelnen LVA als Folgen der Kapitulation 102

Konfuser Anleihemarkt 103

Erdrückende Zinslasten 103

Vermögensverfall bei den LVA 103

Refinanzierungsbestrebungen nach Kriegsende 104

Papiergeld statt Goldgeld 105

Rentenmark und Reichsmark 106

Anleiheablösungsschuld statt Bargeld 106

Fehlender Schutz vor staatlichem Missbrauch 106

Schadenersatzforderung an die Hohenzollern 107

Kapitel IV

Auswirkungen der Rentenversicherungsgesetze vor und nach dem 1. Weltkrieg 115

Bevölkerung und Berufstätigkeit 115

Invalidenversicherte 116

Arbeitsverdienste 116

Wochenbeiträge 117

Jahresdurchschnittsentgelte und Einnahmenentwicklung 118

Anstieg des Vermögens 119

Höhere Vermögenserträge 119

Die Entwicklung der Renten 120

Preisanstieg 122

Renten reichen nur für die Ernährung 122

Inflation 124

Waisenbeihilfen ... 124

Anpassungsgesetze ... 124

Angleichung von Alters - und Invalidenrenten ... 126

Deflation ... 130

Lehren für die Rentenversicherung ... 130

Kapitel V

Die Rentenversicherung im Nationalsozialismus und danach ... 133

Das Gesetzgebungswerk des nationalsozialistischen Reiches bei der 'RV' ... 134

Geänderte Rentenberechnung ... 134

Anwartschaftsdeckungsverfahren ... 134

Monatliche Renten ... 137

Gesetz über den Ausbau der Rentenversicherung ... 138

Sanierung der 'RV' ... 139

Gesetz zum weiteren Abbau der Notverordnungen in der Reichsversicherung ... 139

Gesetz über weitere Maßnahmen in der Reichsversicherung aus Anlass des Krieges ... 139

Gesetz über die Verbesserung der Leistungen in der Rentenversicherung. 140

2. Gesetz über die Verbesserung der Leistungen in der 'RV' ... 141

Die Rentenversicherung nach dem Zusammenbruch des 3. Reiches ... 142

Die Gesetzgebung der Militärregierungen ... 143

Die Rentenversicherung in der sowjetischen Besatzungszone und in der DDR ... 145

Kontinuierliche Rentenzuschläge 145

Hinterbliebenenrenten 148

Mindestrenten 148

Kapitel VI

Vom Beginn der Bundesgesetzgebung bis in die Gegenwart 151

Teuerungszulagengesetze 151

Neuregelungsgesetze 153

Rentenanpassungsgesetze 156

Rentenreformgesetze 158

Korrekturgesetze 166

Zur Entwicklung der knappschaftlichen Rentenversicherung 173

Kapitel VII

Problematische Entwicklungen in der gesetzlichen Rentenversicherung 179

Arbeitgeber als Beitragszahler 179

Arbeitnehmeranteil 179

Kosten der Arbeit 179

Bruttolohnrechnung 180

Anschein einer Beteiligung der Versicherten 181

Systemimmanente Diskrepanzen 183

Erhöhte Durchschnittsentgelte 184

Definitionen der Allgemeinen Bemessungsgrundlage (ABG) 187

Rentenanpassung (nach der Nettomethode) 191

Finanzierung der Rentenerhöhungen ... 191

Arbeitslosigkeit und RV-Beiträge ... 195

Ungünstige Altersstruktur ... 196

Flexible Altersrente ... 197

Länger in Rente ... 197

Niederer Bundesanteil ... 197

Anrechnung beitragsloser Zeiten ... 198

Staatsanteile an den Renten ... 199

Verfehlte Prognosen ... 200

Bundeszuschüsse ... 202

Das RV-Vermögen als Ausweg aus der Finanzkrise? ... 203

Die Finanzierungssysteme der gesetzlichen Rentenversicherung ... 211

Der Finanzverbund in der RV bezweckt die Sicherung der Liquidität ... 213

Festlegung der Rücklage ... 214

Veräußerung von Vermögensanlagen ... 215

Liquiditätshilfe der BfA ... 215

Die Geschichte des Finanzausgleichs ... 216

Kapitel VIII

Wohnungsbau, Wohnungsfürsorge und das Klinikwesen ... 221

Die LVA als Förderer des sozialen Wohnungsbaus ... 222

Gesundheitsaufklärung der Bevölkerung ... 225

TBC als Volksseuche ... 228

TBC-Zugänge 228

Berühmte TBC-Opfer 229

TBC-Bekämpfung mit Mitteln der LVA 230

TBC-Fürsorgestellen 232

Darlehen für Volksheilstättenvereine 233

Erwerb von Heilstätten 233

Bau von eigenen Sanatorien 235

Das größte Bauprojekt einer LVA 239

Heilstätten als Wirtschaftsfaktor 239

Virchows Verdienste bei der Seuchenbekämpfung 240

Kapitel IX

Rückblick und Ausblick auf Konsequenzen für die Zukunft 245

Gesellschaftliche Last: Arbeitslosigkeit 245

Probleme bei der Zukunftssicherung der öffentlichen Kassen 247

Problematik der Rentenkappung 251

Weitere Sparmodelle 253

Das finanzpolitische Gefahrenpotential 259

Auswirkungen der Globalisierung 261

Sozialpolitische Lösungsvorstellungen im Widerstreit 262

Kapitel X

Tabellen Anhang 267

Tabelle 1 : Invaliden-Jahresrenten in Mark 267

Tabelle 2 : Altersrenten pro Jahr 267

Tabelle 3 : Kriegsanleihezeichnungen der LVA... 267

Tabelle 4 : Bestände der Reichsanleihen bei den LVA Ende 1918 268

Tabelle 5 : Einnahmenentwicklung der wichtigsten LVA Mio Mark................ 268

Tabelle 6 : Krankheitszugänge in den Jahren 268

Tabelle 7 : Durchschnittsentgelte 269

Tabelle 8 : Beitragseinnahmen.. 269

Tabelle 9 : Reichszuschüsse... 269

Tabelle 10 : Anstieg des LVA-Vermögens... 270

Tabelle 11 : Zinserträge der LVA... 270

Tabelle 12 : Summe der Einnahmen der LVA 270

Tabelle 13 : Wochenbeiträge für Lohnklassen 271

Tabelle 14 : Lohnklassen und Wochenbeitrag... 271

Tabelle 15 : Durchschnittliche Rentenwerte 272

Tabelle 16 : Durchschnitts-Bruttoentgelte pro Arbeitnehmer in der 'ArV' und 'AV' 272

Tabelle 17 : Beitragsbemessungsgrenzen für 'ArV' und 'AV' 273

Tabelle 18: Beitragsbemessungsgrenzen in den NBL................................... 274

Tabelle 19 : Allgemeine Bemessungsgrundlagen 274

Tabelle 20 : Lohnsteuer... 275

Tabelle 22 : Arbeitslosigkeit und Beiträge in den NBL................................... 277

Tabelle 23 : Arbeitslosigkeit im wiedervereinten Deutschland........................ 277

Tabelle 24 : Rücklagen (Schwankungsreserven) 278

Tabelle 25 : Bundeszuschüsse in den ABL [Mio DM] 279

Tabelle 26 : Bundeszuschüsse an die NBL (Mio DM) 280

Tabelle 27 : Vermögen bei der 'ArV' und der 'AV' (Mio DM) 281

Tabelle 28 : Vermögenserträge bei der 'ArV' und der 'AV' 282

Tabelle 29 : Aufwendungen der BfA 282

Tabelle 30 : Zuweisungen an / Entnahmen aus Rücklagen 283

Tabelle 31 : Liquiditätshilfe der BfA (gerundete Werte) 284

Tabelle 32 : TBC als Volksseuche 285

Tabelle 33 : Staatliche Verschuldung 286

Kapitel XI

Quellen und Literaturverzeichnis 287

Ungedruckte Quellen (Geheime Akten betreffend) 287

Amtliche Veröffentlichungen 287

Denkschrift 287

Geschäftsberichte 288

Jubiläums-Zeitschriften und andere 288

Broschüren 288

Aufsätze, Monographien, Bücher 288

Kommentare 288

Autorengemeinschaften 289

Autoren 289

Index 291

Verzeichnis der Abkürzungen

a.a.O.	am angegebenen Orte
ABL	Alte Bundesländer
a.G.	auf Grund
Alg	Arbeitslosengeld
Alhi	Arbeitslosenhilfe
AlV	Arbeitslosenversicherung
ArV	Arbeiterrentenversicherung
AV	Angestelltenversicherung
AVG	Angestelltenversicherungsgesetz
BA	Bundesanstalt für Arbeit, Nürnberg
BAE	Brutto-Arbeitsentgelt
BfA	Bundesversicherungsanstalt für Angestellte, Berlin
BMAuS	Bundesminister für Arbeit und Sozialordnung, Bonn / Berlin
BS	Beitragssatz
BU, bu	Berufsunfähigkeit, berufsunfähig
BVA	Bundesversicherungsamt, Berlin
bzw.	beziehungsweise
DDR	Deutsche Demokratische Republik
dsgl.	desgleichen
EU, eu	Erwerbsunfähigkeit, erwerbsunfähig
ff	fortfolgende
FRG	Fremdrentengesetz
Fst	Fürstentum
Fstr	Fürstentümer
ggf.	gegebenenfalls
Ghzt	Großherzogtum
GmbH	Gesellschaft mit beschränkter Haftung
H-Renten	Hinterbliebenenrenten
Hzt	Herzogtum
IuAVG	Reichsgesetz betreffend die Invaliditäts- und Altersversicherung von 1889,
IV	Invalidenversicherung
IVG	Reichsinvalidenversicherungsgesetz
JAV	Jahresarbeitsverdienst
Kg	Kilogramm
Kgr	Königreich

KnV	Knappschaftliche Versicherung
KV	Krankenversicherung
LVA	Landesversicherungsanstalt
M	Mark
MdE	Minderung der Erwerbsfähigkeit
MdR	Mitglied des Reichstages
Mio	Million
Mrd	Milliarde
NBL	Neue Bundesländer
Nr.	Nummer
o.a.	oben angegeben
o.g.	oben genannt
Pfg	Pfennig
RfA	Reichsversicherunganstalt für Angestellte, Berlin
RM	Reichsmark
Rpfg	Reichspfennig
RV	Rentenversicherung
RVA	Reichsversicherungsamt, Berlin
RVO	Reichsversicherungsordnung
s.d.	siehe dort
SGB	Sozialgesetzbuch
SMAD	Sowjetische Militäradministration in Deutschland
s.o.	siehe oben
s.u.	siehe unten
SV	Sozialversicherung
u.a.	unter anderem
u.U.	unter Umständen
UV	Unfallversicherung
VA	Versicherungsanstalt
v.Chr.	vor Christi Geburt
VDR	Verband Deutscher Rentenversicherungsträger Frankfurt/Main
VGfA	Versicherungsgesetz für Angestellte
VK	Versicherungskarte
VO	Verordnung
WFG	Wirtschafts-Förderungsgesetz
v.u.Z.	vor unserer Zeitrechnung
z.B.	zum Beispiel

Danksagung

Für die Übersendung von Jubiläumsschriften, Chroniken und Archivalien oder deren Aushändigung sowie für das Bemühen danke ich den Direktionen und Mitarbeitern der LVA Baden, Berlin, Hannover, Oberbayern, Oberfranken und Mittelfranken, Oldenburg-Bremen, Rheinprovinz, Saarland, Sachsen, Sachsen-Anhalt, Schleswig-Holstein, Schwaben, Unterfranken und Württemberg. Weiter gilt mein Dank den Büchereien der Bundesversicherungsanstalt für Angestellte Berlin, des Bundesarchivs Abt. Potsdam, des Geheimen Staatsarchivs PK, Berlin, des Landesarchivs Berlin, der Leipziger Städtische Bibliotheken, des Universitätsarchivs der Humboldt-Universität zu Berlin, der Staatsbibliothek Berlin, Unter den Linden, und des Verbandes Deutscher Rentenversicherungsträger.

Mein besonderer Dank gilt Herrn Dr. Peter R. Wetzel für die Unterstützung bei der Datenerfassung und Bearbeitung der Form dieser Arbeit sowie seiner Frau Marianna von Klinski-Wetzel für die kritische Begleitung meiner Textfassung und die erforderlich gewordenen Korrekturen.

Einleitung

Zusammenfassung

Für die Medien sind offensichtlich alle Themen, die mit der Rente zu tun haben, von großem Interesse. Sie füllen die Spalten in den Zeitungen, bieten den Diskussionsstoff für Talkshows im Fernsehen und Berichte im Rundfunk. Dabei scheinen die Akteure dessen sicher zu sein, daß ihre Meinung und Argumentation der Wirklichkeit entspricht. Doch diese ist so voller Widersprüche, so facettenreich, daß selbst ein Fachmann seine Mühe hat, sich einen Überblick zu verschaffen. Das Rentenrecht ist äußerlich durch Tausende von Konvoluten, welche die Regale z.B. der BfA in Berlin füllen, gekennzeichnet und innerlich mit einer Sprache beseelt, die nicht für jedermann verständlich ist Die Versicherungsträger tun jedoch ihr Möglichstes, die in den Gesetzen enthaltenen Bestimmungen zu Arbeitsanweisungen für ihre Beschäftigten umzuformen und sind gegenüber jedermann zur Auskunft verpflichtet. Nun kommt dieses Buch hinzu. Es soll die geschichtliche Entwicklung der sozialen Rentenversicherung nachzeichnen. Da fliegen die Gedanken zurück bis ins Altertum, wo sich in den wohlhabenden Staaten Formen einer staatlichen Alten- und Krankenversorgung entwickelt hatten. In neuerer Zeit betrafen philosophische Abhandlungen Fragen, wie der Verelendung ganzer Landstriche in Europa beizukommen sei. Und diese Auseinandersetzungen gaben den Auftakt zum politischen Handeln. Das heutige soziale Sicherungssystem in Deutschland basiert noch auf der seit der Kaiserlichen Botschaft von 1881 bestehenden Zergliederung in eine Krankenversicherung, Unfallversicherung und Rentenversicherung. Sie fiel in eine Zeit der Industrialisierung, der Ausbeutung billiger Arbeitskräfte, des Hungers, der großen Volksseuchen und der Unaufgeklärtheit der untersten Stände. Ziel und Zweck der staatlichen Versorgungseinrichtungen waren zunächst die Milderung der Not vieler Menschen und die Sicherung der Existenz. An deren Finanzierung beteiligten sich neben den staatlichen Körperschaften vor allem die Arbeitgeber, Unternehmen, einzelne Privatpersonen als Spender und die Religionsgesellschaften.

Die Rentenversicherungsträger allein genommen verfügten bereits nach zwei Jahrzehnten ihres Bestehens über 2 Milliarden Goldmark. Sie verwendeten ihre Einnahmen zur Finanzierung der Versicherungsleistungen wie Renten und

Heilverfahren, ferner für Klinikbauten und -ausstattungen, zur Verbesserung der Wohnverhältnisse der Bevölkerung und des allgemeinen Gesundheitszustandes; dem wird ein ganzes Kapitel gewidmet.

Der 1.Weltkrieg (1914-1918) raffte das Vermögen nicht nur der meisten Bürger dahin, sondern auch das aller Körperschaften, einschließlich der Rentenversicherung. Der Frage, wie es dazu kommen konnte, wird im Kapitel III eindringlich nachgegangen. Denn hierin sieht der Verfasser die eigentliche Ursache für das anscheinend ewige Finanzdilemma der gesetzlichen Rentenversicherung. Die Hinterlassenschaft der verlorenen beiden Weltkriege stellt sich immer wieder als ein 'Virus' dar, der alle Bemühungen um eine wesentliche Verbesserung der Finanzlage der "RV" vereitelt. Somit sind die Inflation von 1921-1923, die horrende Arbeitslosigkeit von 1929 bis 1932 und die Machtübernahme durch die Nationalsozialisten Folgeerscheinungen des vom kaiserlichen Deutschland angezettelten Krieges.

Die Gesetzgebung des 3. Reiches auf dem Gebiet der Rentenversicherung begann mit dem 'Gesetz zur Erhaltung der Leistungsfähigkeit der Invaliden-, der Angestellten- und der knappschaftlichen Rentenversicherung' vom 17.Dezember 1933. Ihm folgten in den 12 Jahren der Naziherrschaft weitere Gesetze und Verordnungen, auf die im einzelnen eingegangen wird. Mit dem Zusammenbruch des 3. Reiches verlor Deutschland die Fähigkeit zum staatlichen Handeln. Die Siegermächte teilten das Reich in Besatzungszonen auf und setzten Militärregierungen ein, die ihrerseits für die Wiederaufnahme der Amtsgeschäfte der 'RV'-Träger sorgten.

Im weiteren wird die Rechtsentwicklung auf dem Gebiet der 'RV' in der DDR dargestellt und das System der Einheitsversicherung skizziert. Dem schließt sich eine Betrachtung der Bundesgesetzgebung an, die in den ersten Jahren mit Teuerungszulagen zur Abgeltung der Preiserhöhungen für Grundnahrungsmittel befaßt ist. Im Jahr 1957 gab es eine durchgreifende Rentenreform durch die Gesetze zur Neuregelung des Rechts der Arbeiter-'RV', des Rechts der Angestellten-'RV' und das Gesetz zur Neuregelung der knappschaftlichen Rentenversicherung. Der Inhalt dieser fast gleichlautenden Bestimmungen wird kurz umrissen. Es folgten die Gesetze zur Anpassung an das veränderte Preisniveau (RAG). Die Rentner wurden hierdurch zugleich an den Zuwächsen der Bruttobezüge der arbeitenden

Bevölkerung beteiligt, was schließlich zu einer versteiften Erwartungshaltung der Rentnerschaft führte, die bis heute nicht überwunden zu sein scheint. Dieses für das Regieren so negative Potential an Unzufriedenheit kann notwendige Entscheidungen blockieren, damit die prekären Verhältnisse noch verschärfen, zur Abwahl der jeweiligen Regierung beitragen und das 'Staatssäckel' zusätzlich belasten. Aus einstigen Regierungsmitgliedern sind stets hoch bezahlte Rentner geworden. Das sollte jeder Wähler wissen. Die weiteren Gesetze befassen sich mit den Problemen der Haushaltssicherung, des Finanzausgleichs zwischen den Versicherungsträgern, dem Komplex der Leistungskürzungen zum Zweck der Ersparnis und Entlastung der öffentlichen Haushalte, der Bewertung von Erziehungszeiten, der Flexibilisierung der Altersgrenzen erst nach unten, dann nach oben, der Bewältigung des Reformstaus, die seit Jahrzehnten überfällig ist und der Neubestimmung der Beitragsbemessungsgrundlagen. Es werden problematische Entwicklungen in der 'RV' aufgezeigt und Vorschläge zu einer Veränderung des Rentensystems gewagt.

Prähistorisches und das Altertum

Wo hat die Rentenversicherung ihre Wurzeln? Die Antwort kann lauten: Sie ist im Wesen des Menschen begründet, in seiner Leidensfähigkeit, seinem unbewußten Angstgefühl, der konkreteren Furcht vor lebensbedrohenden Gefährdungen und in dem Bestreben, sich auf alle erdenklichen Gefahren und Bedrohungen einzustellen, Vorkehrungen für ihre Abwehr zu treffen und sein Fortleben zu sichern. Wenn das so ist, dann könnten Ansätze einer staatlichen Sicherung gegen lebensbedrohende Gefahren bereits seit der Zeit erkennbar sein, in welcher die Menschen begannen, sich in Staaten zu organisieren.

Denn die Staaten entwickelten sich aus dem Zusammenschluß größerer Gefahrgemeinschaften, wie sie noch bis zur Neuzeit bestanden, aus den Großfamilien, Sippen- und Dorf- oder Stadtgemeinden. Staaten gab es bereits vor 5.000 Jahren, vor allem in Nordafrika (Ägypten), Vorderasien (Irak), Ostasien (China), Südasien (Indien).

In diesen Gebieten herrschten im Altertum günstige Lebensbedingungen: Die Böden waren fruchtbar, die Wälder schützten sie vor Austrocknung und förderten die Wasserverdunstung, eine Voraussetzung für ergiebige Regenfälle. Die intensive

Sonnenstrahlung sorgte für die Entwicklung und Reife üppiger Früchte in Wald und Flur, die Tierwelt lieferte durch ihre Vielfalt ein zusätzliches Nahrungsangebot.

Die unterschiedliche Ausstattung des Menschen mit körperlichen und geistigen Kräften ist vielleicht der Grund dafür, daß es schon in diesen paradiesischen Zeiten Arme, Wohlhabende und Reiche gab, Mächtige und Machtlose, Herrscher und Untertanen, Völker mit hochentwickelten Kulturen und solche, die sich auf einer sehr niedrigen Kulturstufe befanden. Die sozialen Spannungen zwischen der reichen und der armen Bevölkerungsschicht waren vor allem in den Staaten mit verfeinerten Kulturen größer als bei den primitiven Völkern, weil dort das Angebot an schönen Gegenständen und Annehmlichkeiten reichhaltiger war und einen größeren Anreiz zum Einsatz der menschlichen Fähigkeiten bot. Aber schon hier schieden sich die Geister: Der Begabte konnte seine Arbeit besser organisieren, sie also ertragreicher einsetzen als der Unbegabte und erlangte dadurch zunächst wirtschaftliche, dann auch rechtliche Vorteile und damit Macht über den Schwächeren.

Die Bevölkerungsvermehrung machte das Gut Nahrung knapper, also teurer, vermehrte aber zugleich das Gut Arbeit, so daß es billiger wurde. Die Anzahl der Bedürftigen, jener also, deren Arbeitsangebot keine Nachfrage mehr fand, oder die sich eine vorhandene Nachfrage nach Arbeit und die daraus erzielten Erträgnisse mit anderen teilen mußten, wuchs immer mehr an. Zunächst suchten sie Unterstützung und Auskommen im Familienverbande, in der Sippe, später gründeten sie Vereinigungen, um die Notzeiten gemeinsam überstehen zu können. Deshalb gab es Selbsthilfeeinrichtungen von wirtschaftlich Schwächeren schon seit über 4.000 Jahren, und einige von ihnen waren berufsständisch organisiert. So hatten sich in Ägypten und Mesopotamien Handwerker, Händler oder freie Arbeiter, vielleicht auch Sklaven, zu Gemeinschaften zusammengeschlossen. Und wie sich die einzelnen Völker des Altertums in ihrer Lebensweise, Götterverehrung, in den Herrschafts- und Produktionsweisen, Temperamenten und der kriegerischen Gesinnung unterschieden, so zeigten auch ihre Selbsthilfeeinrichtungen unterschiedliche Ausprägungen sowohl in der Organisationsform als auch in der Zwecksetzung. Eines aber hatten sie gemeinsam. Sie konnten sich nur entfalten in Zeiten der Seßhaftigkeit und des Friedens, und sie vergingen mit den Staaten (Reichen), in denen sie entstanden. Aber gab es denn damals wirklich schon staatliche Versorgungsanstalten? Das ist zum mindesten für das sogenannte Mittlere Reich, in der 11. bis 14. Dynastie des alten Ägypten anzunehmen. Unter Sesostris III. (1878-1844 v.u.Z.) brachten die Goldgewinnung im Wadi Al Alaki sowie blühender Außenhandel mit Syrien, Palästina, Kreta und Punt (Somalia) dem Königreich unermeßlichen Reichtum, und auf seiner Grabplatte ließ ein Pharao aus dieser Zeit mit sichtlichem Stolz verkünden: "Niemand litt Hunger in meinen Jahren, keinen dürstete. Die Menschen lebten im Frieden durch das, was ich tat".[1]

In Griechenland leistete der Staat (im Altertum) durch Einrichtungen, die auf dem Fürsorgeprinzip beruhten, 1. für Kriegsbeschädigte und deren Hinterbliebene seit Peisistratos - um 560 v. Chr.- Unterhalt, 2. bei Erwerbslosigkeit und Arbeitsunfähigkeit von unbemittelten und nicht von Angehörigen unterhaltenen Bürgern Unterstützung mit Geld, Nahrung und Kleidung. Bedürftigkeitsbegriff und Leistungsumfang waren genau abgegrenzt.[2]

Insofern entsprachen diese geldlichen und sachlichen Zuwendungen dem heutigen Begriff der Rente als eine regelmäßig wiederkehrende Leistung. Regelmäßig ist sie, wenn sie auf einer gesetzlichen, satzungsmäßigen oder vertraglichen Regelung beruht. Unter der Wiederkehr versteht man lediglich die zeitliche Aufeinanderfolge, nicht aber zugleich ihren erhöhten oder geminderten gleichbleibenden Betrag.[3]

Rente in der Neuzeit

Die Geschichte der Rente ist zugleich eine Geschichte ihrer Gesetzgebung und Finanzierung sowie der ökonomischen, politischen und sozialen Verhältnisse in den einzelnen Epochen. So waren Not und Elend in der Bevölkerung und die dadurch hervorgerufenen innenpolitischen Auseinandersetzungen die eigentliche Ursache für die Erschaffung einer sozialen Gesetzgebung im Kaiserreich. Soziale Spannungen bildeten auch in der Folgezeit die Triebkraft für eine Verbesserung des Leistungssystems, also für Novellierungen bestehender Vorschriften. Im Ganzen gaben aber die Rentenversicherungsgesetze vor dem 1. Weltkrieg die Richtung an für alle späteren Rechtsvorschriften auf diesem Gebiet, und zwar bis zum heutigen

---

[1] aus: Illustrierte Weltgeschichte, S. 27, a.a.O.
[2] aus: Die Geschichte der sozialen Versicherung v. Dr. Horst Peters a.a.O.
[3] vgl. Palandt, Becksche Kurz-Kommentare, § 197 BGB

Tage. Die Renten standen zwar schon immer im Brennpunkt politischer Debatten, und so sind sie auch gegenwärtig zu einem der Hauptthemen im Bundestag avanciert. Warum sich aber die Rentenversicherung für den politischen Machtkampf im besonderen Maße eignet, wird deutlich, wenn man die durch sie erzeugte Finanzkraft in Rechnung stellt.

Bereits ab dem Jahr 1891 verfügten die Rentenversicherungsträger über ein Vermögen von mehr als zwei Milliarden Mark (Goldmark!). Sie setzten es u. a. zur Finanzierung von Klinikbauten und -einrichtungen, zur Verbesserung der Wohnverhältnisse der Bevölkerung und des allgemeinen Gesundheitszustandes ein. Daß es später zum totalen Vermögensverfall kam, ist auf die mangelhafte gesetzliche Absicherung des Barvermögens gegen den staatlichen Zugriff für Rüstungszwecke und auf die gesamtwirtschaftlichen Auswirkungen des verlorenen 1. Weltkrieges zurückzuführen.

Auch nach dem verlorenen 2. Weltkrieg mußte die deutsche Rentenversicherung neu aufgebaut werden. Sie wurde infolge des wirtschaftlichen Aufschwungs zum größten Kapitalsammelbecken, in das jährlich ab 1972 mehr als 50, ab 1979 mehr als 100 und ab 1993 mehr als 200 Milliarden DM flossen.

Wenn jedoch gegenwärtig die Rede davon ist, daß den Rentenempfängern der Zukunft eine Rente in der Höhe, die den heutigen Berechnungsvorschriften entspricht, nicht mehr gewährleistet werden kann, dann hat dies finanzpolitische und parteipolitische Gründe. Man hat eigentlich aus den Beiträgen nicht mehr finanzierbare hohe Renten gezahlt und sie selbst dann gewährt, wenn Beiträge an die gesetzliche 'RV' gar nicht entrichtet worden waren. Zu diesem Zweck wurden Steuermittel und Bankkredite in Anspruch genommen ; und man hat dies getan, um seine Wähler nicht zu verprellen. Das tat man selbst dann, wenn klar war, daß dadurch die Staatsfinanzen dem Ruin ausgesetzt wurden.

Kapitel I

Zur Vorgeschichte der Rentenversicherung in Deutschland

Verelendetes Europa

Massenarmut im Königreich Preußen

Die Lebensverhältnisse in den europäischen Ländern im 19. Jahrhundert waren überall gekennzeichnet von Massenarmut und bitterster Verelendung ganzer Landstriche. Ursachen hierfür waren ein vorher nie gekanntes Anwachsen der Bevölkerung, die Freisetzung der sonst unter herrschaftlicher Obhut befindlichen Landarbeiter, die nun in die Städte strömten und sich als billige Industriearbeiter verdingen mußten und ein erbarmungsloser Konkurrenzkampf im internationalen Warenhandel. Belgien, Frankreich und England waren in der Industrialisierung weiter fortgeschritten als Deutschland. So konnten z.b. die englischen Webereien ihre Tuche billiger auf dem deutschen Markt anbieten, als sie von den schlesischen Webern zu erhalten waren. Das führte zum Zusammenbruch eines ganzen Gewerbes, zur Massenarbeitslosigkeit, Verarmung und Not. Besonders schlimm waren die Zustände im Osten des Königreichs Preußen. Durch eine Mißernte und unter ungünstigen Witterungsbedingungen war in Oberschlesien 1848 der Hungertyphus ausgebrochen und forderte unter den eineinhalb Millionen Menschen annähernd hunderttausend Tote. Die preußischen Behörden reagierten erst sehr spät auf die Meldungen in der Presse über das Ausmaß der Epidemie und sandten einen höheren Medizinalbeamten in Begleitung des damals 26jährigen Privatdozenten Virchow in das Seuchengebiet, um die Natur dieser schweren Krankheit wissenschaftlich zu untersuchen. Sie bereisten dort im Regierungsbezirk Oppeln mehrere Ortschaften, über die Virchow seinem Vater berichtete. Das grenzenlose Elend, das er sah, veranlaßte ihn, nach den Ursachen und Schuldigen dieser Katastrophe zu fragen. Nach seiner Ansicht lag die Schuld beim Großgrundbesitz, der die Menschen jahrhundertelang für sich in Anspruch genommen hatte, ferner bei der Staatsverwaltung mit ihrer ungeheuerlichen Vernachlässigung des Landes.

Sie hatte nichts getan zum Wegebau, zur Förderung der Absatzgebiete. Die Hauptschuld aber maß er dem Klerus zu, der diese ihm blind ergebenen Menschen so tief in Unwissenheit, Aberglauben und Faulheit habe versinken lassen. Hier würde nur die Befreiung aus der geistigen Abhängigkeit und die absolute Trennung von Kirche und Staat helfen.[4]

Bayerische Zustände

Im selben Jahre - sogleich nach seinem Regierungsantritt - stellte Maximilian II, König von Bayern, die öffentliche Preisaufgabe, mit welchen Mitteln die Lage der unteren Volksklassen am besten zu beheben sei. In seiner Zuschrift mit dem Titel „Die Noth der untersten Volksklassen und ihre Abhilfe. Ein Versuch zur Lösung der von Sr. Majestät gestellten Preisaufgabe", Erlangen 1849, schilderte Johann Michael Maier, Landrat zu Rügheim über Haßfurt, die Ursachen des Elends seiner Zeit und deren mögliche Beseitigung wie folgt:

> „Es läßt sich nämlich nicht in Abrede stellen, daß die Fabriken zum großen Theil den Ruin und die Auflösung des Gewerbestandes, dieses eigentlichen Kernes der städtischen Bevölkerung dadurch herbeigeführt haben, daß diese mit den Fabriken nicht mehr concurrieren konnten. Dies hat dem Staate fühlbare Nachteile gebracht: nicht nur pecuniäre, indem ein ruinierter Bürgerstand für die Staatslasten nicht mehr beigezogen werden kann, sondern auch noch tiefer gehende sittliche, indem an die Stelle des ehrbaren, stillen, fleißigen Bürgerthums, dem alles an der Erhaltung der Ruhe und Ordnung liegen muß, ein unruhiges, liederliches Fabrikgesindel tritt. [...] Solchen verderblichen Einwirkungen des Fabrikwesens kann der Einzelne nicht mit Erfolg entgegen treten, auch die Association vermag dies noch nicht; hier kann nur der Staat helfen, indem er den Gewerben der Industrie gegenüber Schutz verleiht. [...] Wenn wir in der Herstellung einer gesunden Gewerbeordnung das Heil für die gewerbliche Industrie erblicken, so wissen wir recht wohl, daß wir in doppelter Weise gegen den Geist dieser Zeit angehen, dem einmal alles ein Greuel ist, was irgend nach Zwang riecht, und der ferner eben darum eine unbeschränkte Gewerbefreiheit anstrebt.[...] Diese hat aber auch noch dem Nachteile zu wehren, welche durch unbeschränkte Begünstigung der Fabriken dem Staate aus dem Emporkommen einer besitzlosen, ganz in der Macht ihrer Brodherren hingegebenen Bevölkerung drohen, und den Arbeitern Schutz wider die Arbeitgeber zu verleihen. Es kommt nämlich nicht selten vor, daß von diesen aus Willkür, oder auf Veranlassung äußerer Umstände der Lohn ihrer Arbeiter unter die Möglichkeit ihrer Existenz herabgedrückt, dieselben willkürlich entlassen, die Arbeitsstunden verlängert, das zarte Alter zur Arbeit in den Fabriken verwendet, um seine Jugend, seine Bildung, seine Gesundheit, seine Sittlichkeit, sein Leben bestohlen wird, um später wie ein zerbrochenes Werkzeug als

---

[4] Quelle Ernst Meyer: Rudolf Virchow [...] Der Oberschlesienbericht – 18. März 1848, a.a.O.

unbrauchbar weggeworfen zu werden. So sieht sich der Fabrikarbeiter im Alter der Not und Verzweiflung preisgegeben, die er mit seinem Gewissen gewöhnlich in Schnaps zu ersäufen sucht und fällt mit seiner Ernährung zuletzt dem Staate und den Gemeinden anheim. Wo aber die von diesen gewährte Hilfe nicht ausreicht, da bildet sich das tiefste Elend, oder eine verbrecherische Selbsthilfe. [...] Dem muß vorgebeugt, dagegen müssen Garantien geboten werden. Dies kann aber nur dadurch geschehen, daß bei der Errichtung von Fabriken und größeren industriellen Unternehmungen von den Unternehmern nach Maaßgabe der Ausdehnung ihres Geschäfts Cautionen erlegt, oder von den schon bestehenden Fabriken und Etablissements, nach der Kopfzahl der von ihnen verwendeten Arbeiter und der Zahl und dem Umfange ihrer Maschinen, gewisse Procente entrichtet und aus diesen Versorgungsanstalten für ihre Arbeiter im Alter und bei Krankheits- oder Entlassungsfällen gegründet werden. Ferner ist Sorge zu tragen, daß die Arbeiter durch die Gesetzgebung gegen die willkürliche Herabsetzung ihres Lohns, oder die Vermehrung ihrer Arbeitsstunden, oder Beschränkung der Arbeitstage sicher gestellt, Schulen für ihre Kinder errichtet und der zu frühzeitigen Verwendung derselben, oder einer solchen Verwendung, bei welcher sie versiechen müssen, vorgebeugt und überhaupt die Arbeit und die Arbeiter gegen egoistische Willkür der Arbeitgeber und den Druck des Capitals geschützt werden. [...]".

Derartige Ansichten gelangten nicht nur an den königlich-bayerischen Hof, sie waren im ganzen Reich in den verschiedensten Nuancierungen zu vernehmen. Das allgemeine Elend in weiten Kreisen der Bevölkerung wurde weder durch die revolutionären Ereignisse von 1848 noch durch die mannigfachen Enqueten in den Provinzen gemildert, es rüttelte an den Stützen der Monarchien, und zwar nicht nur in Deutschland, sondern auch in den anderen Staaten Europas.

Sozialprogramme in Frankreich

Um der Gefahr eines Umsturzes zu begegnen, hatte der Kaiser der Franzosen, Napoleon III, mit einer Botschaft an die gesetzgebende Versammlung am 7. Juni 1849 ein umfassendes Sozialprogramm eingeleitet, das die Arbeitslosigkeit bekämpfen und die arbeitenden Klassen bei Krankheit und im Alter unterstützen sollte. Die Arbeitslosigkeit konnte er eindämmen durch öffentliche Bauten, den Abriss alter Stadtteile in den Großstädten und den Aufbau neuer Quartiere, so in Lyon, Marseille, Bordeaux und Paris. Hier entstanden auch die großen Boulevards, die Avenuen des Champs-Elysees, Foch, V. Hugo, Marceau, Friedland usw.

Durch Gesetz vom 18. Juni 1850 wurde eine Altersrentenkasse unter staatlicher Verwaltung gegründet, bei der aber nur die Arbeiter der französischen Staatswerkstätten, der großen Eisenbahnunternehmungen und von einigen

Großbetrieben zwangsversichert waren und Beiträge entrichten mußten. Die breite Arbeiterschaft war nur im geringen Maße beteiligt. Napoleon III. wollte mit diesem Sozialprogramm vor allem die Arbeiterschaft als Bundesgenossen für sich gegen das demokratische Bürgertum gewinnen, was letztlich nicht gelang, wohl aber die Aufmerksamkeit Otto von Bismarcks erregte, der als Preußischer Gesandter am kaiserlichen Hof im Jahre 1862 mehrere Audienzen beim Kaiser der Franzosen hatte und auf diesem Wege einen tiefen Einblick in die Machtstruktur des 'sozialen Kaisertums' erhielt.

Armut in England durch den Wirtschaftsliberalismus *(Laissez-faire, laissez passer)*

In England herrschte zu dieser Zeit der totale Wirtschaftsliberalismus, dessen geistigen Hintergrund die Thesen der Manchester-Schule bildeten. Ausgehend von den Lehren des berühmtesten englischen Nationalökonomen Adam Smith (5. Juni 1723 - 17.Juli 1790) verfochte sie den Standpunkt, daß nur ein von allen Staatseinflüssen freier Wettbewerb eine natürliche Harmonie zwischen dem wirtschaftlichen und dem sozialen Leben schaffen werde. Dieser freie Wettbewerb erfaßte auch die Arbeiterschaft und führte zu Niedrigstlöhnen und Armut in der Bevölkerung. Um sie zu lindern, gründeten Arbeiter die 'friendly societies', die auch von staatlicher Seite gefördert wurden. Für die 'Arbeiter-Elite' (Facharbeiter, Spezialisten) entstanden die 'Trade Unions', die weitergehende sozialpolitische Ziele verfolgten und zum großen Teil ihren Mitgliedern bei Krankheit, Sterbe- und Notfällen sowie bei Arbeitslosigkeit Unterstützung gewährten. Nur wenige von ihnen zahlten auch Invaliden- und Altersrenten.

Angesichts des finanziellen Zusammenbruchs vieler 'friendly societies' brachte der damalige britische Schatzkanzler Gladstone im Jahre 1864 im Parlament ein Gesetz zur Gründung einer staatlichen Lebensversicherung ein. Ihr Erfolg war allerdings von Anfang an als sehr gering eingeschätzt worden, weil sie von den Arbeitern wenig genutzt wurde und eigentlich nur für den kleinen Mittelstand von Interesse war. So konnte die soziale Not in England keine spürbare Linderung erfahren.

Deutsche Verhältnisse

Hilfskassenwesen

In Deutschland setzte die Industrialisierung später ein als in den westlichen Ländern Europas. In England, Belgien und Frankreich waren die Vermassung und Verarmung der in die Städte drängenden landlosen Bauern und Landarbeiter deshalb viel weiter fortgeschritten. Aber ähnlich wie in diesen Ländern gab es auch in Deutschland bereits ein Hilfskassenwesen, das auf Gegenseitigkeit beruhte und zu dem die Arbeiter freiwillig beitreten konnten oder zum Beitritt durch kommunale Bestimmungen gezwungen wurden. So bestand Beitrittszwang zu den Unterstützungskassen für Gesellen, Gehilfen und Lehrlinge, zu den Knappschaftskassen, den staatlich organisierten und von den Kommunen überwachten Kassen sowie den Zunft- und Gesellenkassen, und zwar stets verbunden mit der Verpflichtung der Arbeiter zur Beitragsentrichtung in der festgesetzten Höhe. Die Arbeitgeber konnten bis zur Hälfte des Beitrages ihrer Arbeiter herangezogen werden. Dafür wurde ihnen eine entsprechende Teilnahme an der Verwaltung der Kasse eingeräumt.

Im Revolutionsjahr 1848 forderte das preußische Ministerium für Handel und Gewerbe den 1844 nach den schlesischen Weberunruhen gegründeten Zentralverein für das Wohl der arbeitenden Klassen auf, an Hand der ausländischen Erfahrungen ein Gutachten über die soziale Lage anzufertigen. Nach dem Studium ausländischer Vorbilder schlug der Verein eine allgemeine, auf Freiwilligkeit beruhende Altersversorgung unter staatlicher Garantie und Verwaltung vor und befand sich damit in Übereinstimmung mit dem englischen System.

Bestreben zu einer Linderung des Elends durch die Politik

Jahre später strebte Otto von Bismarck, der im September 1862 preußischer Ministerpräsident wurde, eine staatliche Zwangsversicherung für die Arbeitnehmerschaft an. Der Impuls, sich von staatlicher Seite der Lösung der sozialen Frage, der Milderung des allgemeinen Elends in der Arbeiterschaft anzunehmen, ging allerdings von den Ereignissen in Frankreich aus. Als Folge des verlorenen Krieges gegen Deutschland kam es dort zu Hungersnot und Teuerung und in Paris zu einer proletarisch-kommunistischen Massenerhebung, die mit der Ermordung zweier deutscher Generäle am 18. März 1871 begann.

Der Pariser Aufstand endete mit der Belagerung der Stadt und ihrer Eroberung durch französische Truppen unter dem Befehl des Generals Mac Mahon und kostete 17.000 Tote. 50.000 Menschen gerieten in Gefangenschaft. Diese 'März-Revolution' mißlang kläglich. Der von den bewaffneten Aufständischen gewählte Gemeinderat (Commune) verschwand.

Versuche einer sozialpolitischen Gesetzgebung, Sozialliberale boykottieren

In den 70er Jahren scheiterten mehrere Versuche Otto von Bismarcks, eine umfassende sozialpolitische Gesetzgebung in die Wege zu leiten, am Widerstand der hohen Bürokratie in Preußen wie im Reich. Freihändlerisch im Sinne der Manchesterianer denkend, lehnte sie einen allgemeinen Versicherungszwang kategorisch ab. In Preußen stand der Handelsminister im Kabinett v. Bismarck, Graf von Itzenplitz, an der Spitze des passiven Widerstandes, den die hohe Bürokratie bis hinab zum Referendar und Gendarmen an den Tag legte, um die sozialpolitischen Bestrebungen des Regierungschefs zu boykottieren. Karl Rodbertus Jagetzow, Kathedersozialist, sprach einmal von dem „ver-Schulze-Delitzschten-Itzenplitz".

Franz Herrmann Schulze-Delitzsch war ein Sozialliberaler und hatte mit Max Hirsch und Lujo Brentano die freien Versicherungskassen und das Genossenschaftswesen in England studiert. Sie alle waren Anhänger der Manchester-Schule und deshalb gegen eine staatliche Zwangsversicherung. Schulze-Delitzsch wollte die soziale Frage durch genossenschaftliche Selbsthilfe lösen, indem sich die Gewerbetreibenden durch Rohstoff-, Vorschuß- und Konsumvereine sowie Genossenschaftskassen gegenseitig im freien Wettbewerb unterstützten. Arbeiterbildungsvereine sollten Unverstand und Trägheit bekämpfen und so die tüchtigen Arbeiter wirtschaftlich und bildungsmäßig auf den Stand des fortschrittlichen Bürgertums emporheben.

> „Brentano fürchtete, daß die mit der Verstaatlichung der Eisenbahnen und der Banken in Deutschland schon eingeleitete neue Wirtschaftsordnung auch die Arbeiter bald zu Staatspensionären machen werde. Die Arbeiter würden dann aber auch versuchen, die Staatsgewalt selbst in die Hand zu bekommen. Ein aus der Begehrlichkeit der Massen erwachsener Kampf werde zum Untergang der politischen Freiheit und nationalen

Gesittung, zum Ruin der Kultur führen, einerlei, ob dies Ende durch eine konservativ-sozialistische oder sozialdemokratische Organisation herbeigeführt werde". [5]

Ungeachtet dieser liberalen Auffassungen und Befürchtungen waren die Kathedersozialisten überzeugt, daß nur das Eingreifen des Staates in das soziale Leben zum Abbau der Klassengegensätze und sich daraus ergebender Spannungen führen würde. Sie sahen den Staat nicht als notwendiges Übel, sondern als das großartigste sittliche Institut zur Erziehung des Menschengeschlechtes an. Der Tübinger Nationalökonom und ehemalige österreichische Staatsminister Albert Schäffle hatte bereits 1856 die Arbeiterversicherung als eine Einrichtung des 'Neubaus der Zukunft' bezeichnet und eine obligatorische Minimalversicherungspflicht der Arbeiter gefordert. Die Masse der Arbeiter, besonders der Jugendlichen, wolle sich meist nicht selbst versichern. Die gering belohnten unter ihnen seien dazu gar nicht in der Lage. Von dieser Trägheit und Sorglosigkeit befreie sie der Versicherungszwang.

Außenpolitische Initiativen

Bismarck war von nun an bemüht, sein Vorhaben über die Außenpolitik voranzubringen. Im Herbst 1871 beschlossen der österreichisch-ungarische Kanzler Graf von Beust, bis zum Siege Preußens 1866 über Sachsen sächsischer Minister des Auswärtigen, danach österreichischer Ministerpräsident und Reichskanzler, und v. Bismarck, gegen die kommunistische Internationale nicht einseitig mit polizeilichen Maßnahmen vorzugehen, sondern ihr auch mit staatlicher Fürsorge zugunsten der Arbeiterschaft zu begegnen. Beust hatte bei diesem Gedankenaustausch dafür kommissarische Beratungen beider Regierungen vorgeschlagen, deren Vorbereitung ressortmäßig dem Handelsministerium zufiel.

Der damalige preußische Handelsminister Graf von Itzenplitz hielt die von v. Bismarck gewünschten kommissarischen Vorberatungen für überflüssig, „da dem Staat nicht die Führung in wirtschaftlich-sozialen Fragen zukäme". Ob v. Bismarck ihm nicht erst einmal über die Absichten der Internationale unterrichten wolle , fragte er zurück. „Der Staat müsse verwirklichen, was an den sozialistischen Forderungen

---

[5] entnommen aus Bismarks Arbeiterversicherung, s.S. 69 ff a.a.O.

berechtigt erscheine und im Rahmen der jetzigen Staats- und Gesellschaftsordnung verwirklicht werden könne, nur so sei der sozialistischen Bewegung Halt zu bieten und die Mehrzahl der Arbeiter mit dem bestehenden Staat auszusöhnen", antwortete v. Bismarck. (Quelle: wie oben angegeben)

Die von v. Beust angeregten kommissarischen Beratungen fanden am 7. November 1872 in Berlin statt. Der engste Mitarbeiter Bismarcks auf sozialpolitischem Gebiet, Hermann Wagener, führte den Vorsitz. In 13 Sitzungen wurden Fragen zur Bildung der Arbeiter, zu ihren Wohnverhältnissen, zur Frauen- und Kinderarbeit sowie zu dem Kassenwesen behandelt. In der 7. Sitzung einigte man sich auf das preußische Prinzip der Zwangskasse mit obligatorischer Beitragspflicht der Arbeiter und Arbeitgeber, also anders als v. Bismarck es ursprünglich gefordert hatte. Er strebte hingegen an, den Arbeitern überhaupt keine Beiträge abzuverlangen, und zwar zu keinem Zweig der sozialen Versicherung. Die Leistungen der Kassen sollten ausschließlich durch die Arbeitgeber und mit Zuschüssen des Staates finanziert werden.

Er versprach sich dadurch eine größere Anhänglichkeit des Arbeiters an seinem Staat. „Soll er selbst zahlen", schrieb er, „so geht die Wirkung auf ihn verloren, virtuell trägt es dann doch der Unternehmer"[6] Auch nach seiner Entlassung durch Wilhelm II. 1890 brachte er seine grundsätzliche Einstellung wiederholt zum Ausdruck:

> „Ich wollte an Stelle des Armengesetzes ein Staatsgesetz haben, das den Arbeiter für sein Alter statt der Armenversorgung eine Pension sichern sollte, die ihm bis zum Tode ein unabhängiges Dasein ermöglicht. [...] Da sind meine ersten Bestrebungen abgelehnt worden. Ich hatte nicht den Gedanken, daß der siebzehnjährige Arbeiter bezahlen sollte, einzahlen sollte für Ergebnisse, die er mit siebzig Jahren etwa erwarten konnte. Dieser psychologische Irrtum ist mir nicht passiert. [...] Ich habe erstrebt, daß die Arbeiter überhaupt nicht beitragen sollen [...] Die Alters- und Invalidenversicherung ist ein allgemeines und nationales Bedürfnis, welches daher aus dem Nationalvermögen befriedigt werden sollte".

Im Oktober 1873 mußte der Geheime Rat Herrmann Wagener den Dienst quittieren, nachdem ihm im Abgeordnetenhaus von Lasker vorgeworfen wurde, „er habe bei der Konzession zur Pommerschen Zentralbahn unsaubere, eines Beamten unwürdige

---

[6] Randbemerkung v. Bismarcks zu der Übersicht Schultzes betreffend Stellungnahme der Bundesregierung und preußischen Ministerien zum Unfallversicherungsgesetz.

Gründergeschäfte getätigt". So gerieten auch die Bemühungen um eine durchgreifende soziale Gesetzgebung in den 70er Jahren ins Stocken. Die für soziale Fragen zuständige Behörde des Reiches war das Reichskanzleramt. Ihr Präsident, Dr. Martin Delbrück, sein Unterstaatssekretär Eck und die Räte waren Anhänger des freien Spiels der Kräfte und einer direkten Staatshilfe abgeneigt. Delbrück trat 1876 zurück. Sein Nachfolger Hofmann war bereit, die soziale Gesetzgebung auszubauen.

In den Jahren 1878 und 1879 gab es eine Reihe von Anträgen des fortschrittlichen Mitgliedes des Reichstages Dr. Günther sowie des freikonservativen MdR. Stumm zur Alters- und Invalidenversicherung von Staats wegen. Der Staatssekretär des Innern Hofmann wurde 1879 zugleich preußischer Handelsminister, hatte aber bei der Erfüllung seiner Aufgaben keine glückliche Hand und mußte 1880 gehen.

Otto v. Bismarck übernahm dann selbst das Handelsministerium, während er in der Person des Regierungspräsidenten von Schleswig-Holstein, Karl Heinrich v. Boetticher, einen fähigen Mann für das Reichsamt des Innern fand. Zu ihm verlagerte sich das Schwergewicht der sozialen Gesetzgebung. Im Volkswirtschaftsrat und Reichstag zeigte Boetticher sich als kluger und geschickter Verteidiger der amtlichen Gesetzentwürfe.

Schließlich wurde durch Robert von Bosse, der, seitdem er im Reichsamt des Innern war, alle Thronreden entwarf, jene verfaßt und von Bismarck redigiert, welche Kaiser Wilhelm I. am 17. November 1881 im Reichstag verlas. Sie wurde als Kaiserliche Botschaft bekannt und berühmt und galt fortan als die 'Magna Charta' der Sozialversicherung, weil sie zum ersten Male die Verpflichtung des Staates bekundete,

> „... den Hülfsbedürftigen größere Sicherheit und Ergiebigkeit des Beistandes, auf den sie Anspruch hätten, zu hinterlassen [...] Aber auch diejenigen, welche durch Alter oder Invalidität erwerbsunfähig würden, hätten der Gesamtheit gegenüber einen begründeten Anspruch auf ein höheres Maß an staatlicher Fürsorge, als ihnen bisher hat zu Teil werden können".

Damit war der Weg für den Aufbau einer Arbeiterversicherung gewiesen. Dieser begann schließlich mit der Verabschiedung des Krankenversicherungsgesetzes am 15. 6. 1883. Ihm folgte das Unfallversicherungsgesetz von 1884 und das Invaliditäts- und Altersversicherungsgesetz von 1889, das am 1. 1. 1891 in Kraft trat. Die wesentlichen Inhalte der Bestimmungen dieses ersten Rentenversicherungsgesetzes und der dann folgenden Kodifikationen zur Rente werden in den folgenden Kapiteln - allerdings sprachlich an die heute übliche Ausdrucksweise angepaßt - dargestellt.

Der Bergbau

Das Bergbauwesen nahm eine eigene rechtsgeschichtliche Entwicklung im sozialen Bereich. Im Mittelalter hatten sich Bruderschaften der Bergleute oder Knappen gebildet, die bei Krankheit, Unfall oder Tod ihre Mitglieder dadurch unterstützten, daß sie an Lohntagen Büchsen aufstellten, in die jeder nach Gutdünken seinen Teil entrichtete. Aus der freiwilligen Spende wurde schließlich die Pflicht zur Entrichtung des Büchsenpfennigs sowohl für die Knappen als auch für die Bergbaufirmen, die sogenannten Gewerkschaften, deren Anteilseigener, die Gewerke, lediglich mit ihrem Kapital am Bergbau beteiligt waren. Aus den Büchsenkassen entstanden die Knappschaftskassen, die bei Invalidität oder an Bergmannswitwen kleine Renten (den Gnadenlohn) zahlten.

Durch das preußische Gesetz betreffend die Vereinigung der Berg-, Hütten- und Salinenarbeiter in Knappschaften vom 10.4.1854 entstand die erste landesgesetzliche öffentlich-rechtliche Arbeiterversicherung. Sie sah für alle Bergarbeiter die Pflichtmitgliedschaft vor, übernahm bei Krankheit und Unfall die Kosten einer ärztlichen Versorgung, der Pflege und Arzneien und gewährte eine lebenslängliche Unterstützung für Invalide und Bergmannswitwen sowie Erziehungsbeihilfen für die Kinder verstorbener Bergleute bis zu deren 14. Lebensjahr.

Diesem Vereinigungsgesetz folgten weitere Gesetze für den Bergbau, die schließlich im Allgemeinen Berggesetz für die preußischen Staaten vom 24. 6. 1856 zusammengefaßt wurden, ohne daß es dabei zu einer Erweiterung des Leistungsspektrums kam. Lediglich die Mindestleistungen an die vollberechtigten Mitglieder, die eine gewisse Zeit der Kasse angehörten und weitere Voraussetzungen erfüllten, wurden festgesetzt.

Kapitel II

Die Rentenversicherungsgesetze vor dem 1. Weltkrieg

Das Reichsgesetz betreffend die Invaliditäts- und Altersversicherung (IuAVG) vom 22. Juni 1889

Die Versicherten

Nach §§ 1 ff waren von ihrem 16. Lebensjahr an alle Arbeiter, Gehilfen, Gesellen, Lehrlinge, die Lohn oder Gehalt bezogen, versicherungspflichtig. Außerdem unterlagen der Versicherungspflicht die heute als Angestellte bezeichneten Betriebsbeamten und Hausgehilfen, wenn ihr regelmäßiger Jahresarbeitsverdienst 2000 Mark nicht überstieg. Die Schiffsbesatzung deutscher Seefahrzeuge war ungeachtet der Höhe ihres Entgeltes versicherungspflichtig. Beschäftigte in Apotheken wurden von der Rentenversicherung des IuAVG noch nicht erfaßt.

Zu den Gehilfen gehörten seinerzeit auch die der Rechtsanwälte und Notare, die Kanzlisten und Kopisten sowie die gewerblichen Gehilfen. Gehilfe war, wer eine höhere Arbeit verrichtete. Er brauchte dafür zwar technisch nicht besonders vorgebildet zu sein, durfte aber keineswegs als gewöhnlicher, ungelernter gewerblicher Arbeiter angesehen werden können. Die technische Vorbildung besaß der Geselle. Betriebsbeamte waren niedere Bevollmächtigte oder beaufsichtigende oder leitende Personen der unteren Führungsebene.

Durch Beschluß des Bundesrates konnten auch kleinere Betriebsunternehmer wie z.B. die Dienstmänner, Gepäckträger, Hausindustriellen (Hausgewerbetreibende) versicherungspflichtig werden.

Nichtversicherungspflichtige

Beschäftigungen gegen freien Unterhalt begründeten keine Versicherungspflicht. Vorübergehende Dienstleistungen galten gar nicht erst als Beschäftigung. Beamte und Soldaten, die dienstlich als Arbeiter beschäftigt wurden, ferner die Invalidenrentner und jene Personen, die infolge ihres Körper- oder Geisteszustandes auf Dauer nicht einmal ein Drittel des für ihren Beschäftigungsort festgesetzten Tagelohnes gewöhnlicher Tagearbeiter verdienen konnten, waren nicht versicherungspflichtig.

.§§ 5 bis 7 Besondere Kasseneinrichtungen

Die übrigen beim Reich, einem Bundesstaat oder Kommunalverband Beschäftigten genügten ihrer Versicherungspflicht, wenn sie sich an einer besonderen Kasseneinrichtung ihres Betriebes, die eine gleichwertige Fürsorge zusicherte, wie sie die Versicherungsträger gewährleistet hätten, beteiligten.

§ 8 Selbstversicherung

Kleinere Betriebsunternehmer und Hausgewerbetreibende (§4), die nicht schon durch Beschluß des Bundesrates versicherungspflichtig wurden, konnten sich in Lohnklasse 2 (also entsprechend einem Jahresarbeitsverdienst von mehr als 350,- bis 550,- Mark) selbstversichern. Sie durften jedoch das 40.Lebensjahr noch nicht vollendet haben und nicht dauernd erwerbsunfähig (im Sinne des § 4) sein. Dauernd erwerbsunfähig bedeutete nicht lebenslänglich erwerbsunfähig. Eine Erwerbsunfähigkeit (EU) galt bereits als dauernd, wenn sie länger als 2 bis 3 Jahre bestand. War sie von kürzerer Dauer, dann wurde sie als vorübergehend angesehen.

Änderungen des IuAVG von 1889

Die erste Änderung des Gesetzes von 1889 erfolgte durch das Gesetz vom 8. Juni 1891 und betraf lediglich den § 157. Die Wartezeitverkürzung für die am 1.1.91 mindestens Vierzigjährigen betrug danach so viele Beitragsjahre und -wochen wie ihr Lebensalter am 1.1.91 das 40. Lebensjahr überstieg.

Bestrebungen zur Verbesserung des Rentenversicherungsgesetzes

Im ersten Jahr des Bestehens der gesetzlichen Rentenversicherung waren 11,5 Millionen Menschen rentenversichert. Das sind 23 % der damaligen Wohnbevölkerung des Deutschen Reiches. Doch schon bald nach dem Inkrafttreten des IuAVG zeigten sich erhebliche Schwierigkeiten und Mängel, denen man zum Teil durch Bundesratsbeschlüsse, zum Teil durch neue Gesetzesvorlagen abzuhelfen versuchte. Die ersten beiden Gesetzentwürfe von 1896 und 1897 sollten wesentliche Verbesserungen bringen. Sie erzielten aber im Reichstag nicht die erforderliche

Mehrheit. Erst am 15. Juni 1899 erlangte ein dritter Entwurf die Stimmenmehrheit und trat am 1.Januar 1900 als 'Reichsinvalidenversicherungsgesetz (IVG) vom 13. Juli 1899' in Kraft. Es ersetzte die Gesetze von 1889 und 1891 und brachte im wesentlichen Ergänzungen und Änderungen, die zum Teil nur als Zusätze a, b oder c den betreffenden, seit 1889 bestehenden Paragraphen hinzugefügt wurden. Der Reichskanzler war jedoch zugleich ermächtigt worden, den Text des Invalidenversicherungsgesetzes in fortlaufender Nummernfolge bekannt zu machen. Das geschah am 19. Juli 1899.

Weitere Versicherungspflichtige

Nach § 1 IVG wurden nun auch die Werkmeister und Techniker sowie sonstige Angestellte, deren dienstliche Beschäftigung ihren Hauptberuf bildete, ferner die Schiffsführer, Lehrer und Erzieher versicherungspflichtig. Der regelmäßige Jahresarbeitsverdienst dieser Personen durfte aber 2.000 Mark nicht übersteigen. Die Versicherungspflicht durfte auf Gewerbetreibende und sonstige Betriebsunternehmer, die nicht regelmäßig wenigstens einen Lohnarbeiter beschäftigten, sowie auf Hausgewerbetreibende ohne Rücksicht auf die Zahl ihrer Lohnarbeiter ausgedehnt werden. (Die Worte: „Gewerbetreibende und sonstige" wurden neu in das Gesetz aufgenommen). Der Bundesrat konnte ferner bestimmen, daß und inwieweit Gewerbetreibende Arbeitgeberpflichten für die in ihrem Auftrage tätigen Hausgewerbetreibenden oder anderen Zwischenpersonen und deren Gehilfen, Gesellen und Lehrlinge zu erfüllen hatten.

Die Reichsversicherungsordnung vom 19.07.1911

Die ersten Sozialversicherungsgesetze, nämlich das Arbeiterkrankenversicherungsgesetz vom 15.06.1883, das Unfallversicherungsgesetz vom 06.07.1884 und das Invalidenversicherungsgesetz vom 19.07.1899 (welches das Invaliditäts- und Altersversicherungsgesetz von 1889 sowie die Änderungsvorschrift des Gesetzes vom 08.06.1891 ersetzte) wurden schließlich am 19.07.1911 in einem einheitlichen Gesetzeswerk neu gefaßt und als Reichsversicherungsordnung am 01.01.1914 mit dem Einführungsgesetz (RGBl. I 839) in Kraft gesetzt.

Die weiteren Ausführungen befassen sich - dem Titel dieser Abhandlung entsprechend - lediglich mit dem IV. Buch der Reichsversicherungsordnung, der

Rentenversicherung, sowie mit dem Versicherungsgesetz für Angestellte vom 05.12.1911, das am 20.12.1911 verkündet wurde.

Erweiterter Personenkreis

Die Reichsversicherungsordnung erweiterte im § 1226 den Kreis der versicherungspflichtigen Personen. Für den Fall der Invalidität und des Alters sowie zugunsten der Hinterbliebenen wurden vom vollendeten 16. Lebensjahr an nun auch Gehilfen und Lehrlinge in Apotheken sowie Bühnen- und Orchestermitglieder, also Schauspieler, Artisten, Sänger, Choristen, Souffleure und Musiker ohne Rücksicht auf den Kunstwert ihrer Leistungen versicherungspflichtig. Sie durften aber regelmäßig nicht mehr als 2.000 Mark jährlich verdienen. Für diese Kreise war so wenigstens das Existenzminimum gesichert.

Eigenständige Versicherung für die Angestellten

Die Sicherung des Existenzminimums mochte für die Arbeiterschaft segensreich gewesen sein, dem neu entstehenden Mittelstand erschien sie aber als völlig unzureichend. Der gleichen Ansicht waren übrigens auch die Arbeitgeber der mittelständischen Arbeitnehmerschaft, zu der die technischen und kaufmännischen Angestellten, die Künstler, Lehrer und Erzieher sowie die Offiziere der Handelsschifffahrt gerechnet wurden. Ihre Bemühungen zur Errichtung einer eigenständigen Versicherung, die eine den Staatsbeamten entsprechende Versorgung im Fall der Invalidität oder des Alters gewährleisten sollte, wurden deshalb auch von der Unternehmerschaft unterstützt. Bereits im letzten Jahrzehnt des 19.Jahrhunderts hatte sich ein Teil der deutschen Arbeitgeber der Aufgabe unterzogen, für die Angestellten in einem weit höheren Maß zu sorgen, als dies durch die Alters- und Invalidenversicherung geschehen konnte. Sie richteten betriebliche Pensionskassen ein, an deren Finanzierung sie sich beteiligten, oder zahlten Zuschüsse zu den von ihren Angestellten abgeschlossenen privaten Zusatzversicherungen. Eine allein den Arbeitgebern überlassene umfangreichere Sicherung ihrer eigenen Angestelltenschaft genügte nicht. Deshalb war zu erwarten, daß sich die Privatbeamten, wie sich die Angestellten seinerzeit bezeichneten, zu Interessenvereinen zusammenschlossen, deren Zweck die Schaffung einer in erheblichem Maße verbesserten, eigenständigen Angestelltenversicherung war. Bei ihren Bestrebungen konnten die deutschen Privatbeamten die Erfahrungen ihrer österreichischen Kollegen nutzen. In Österreich hatte die Angestelltenschaft bereits jahrzehntelang die Gesetzgebung so erfolgreich beeinflussen können, daß dort - im Gegensatz zu Deutschland - zuerst eine Angestelltenversicherung begründet wurde, ehe es zu einer Arbeiterversicherung kam.

Im Deutschen Reichstag forderten seit 1902 Abgeordnete aller Parteien eine staatliche Fürsorge für die privaten Beamten und verwiesen dabei auf die österreichischen Gesetzesinitiativen. Um ihren Forderungen in Öffentlichkeit und Parlament mehr Nachdruck zu verleihen, bildeten die Interessenverbände der deutschen Angestellten im Jahre 1903 einen ' Hauptausschuß zur Herbeiführung einer staatlichen Pensions- und Hinterbliebenenversicherung für die Privatbeamten '. Im Jahre 1907 spaltete sich wegen der entstandenen Meinungsverschiedenheiten über die Durchführung der Versicherung eine ' Freie Vereinigung' von dem Hauptausschuß ab. Die Auseinandersetzungen waren durch eine Denkschrift ausgelöst worden, die vom Reichsamt des Innern in Zusammenarbeit mit dem Hauptausschuß verfaßt und dem Reichstag am 14.März 1907 vorgelegt worden war. Diese Denkschrift sah zwar Leistungen vor, die denen angeglichen waren, welche die Staatsbeamten erhielten, für diese Leistungen sollten aber die Arbeitgeber und Angestellten insgesamt 19% des Bruttogehaltes als monatlichen Beitrag aufbringen. Diese Beitragshöhe wurde als undurchsetzbar angesehen. Die einen wollten deshalb die vorgesehenen Leistungen reduzieren, während die andern glaubten, daß diese Leistungen ungekürzt auch mit einem weit geringerem Beitrag zu finanzieren seien. Man hätte lediglich von einer günstigeren Verzinsung der Beitragsrücklagen auszugehen brauchen. Eine 2. Denkschrift, die dem Reichstag am 11.Juni 1908 mitgeteilt wurde, sah einen realistischeren Beitragssatz von 8% vor. Dafür waren aber auch die vorgesehenen Leistungen reduziert worden. Auf der Basis dieser 2. Denkschrift entstand schließlich das Versicherungsgesetz für Angestellte, das am 5. Dezember 1911 'mit lebhaftem allseitigen Bravo einstimmig' angenommen und am 20.Dezember 1911 verkündet worden war.

Die eigenständige Angestelltenversicherung wurde als eine spürbare Entlastung der Arbeitgeberschaft empfunden. Diese war somit von der Pflicht entbunden, alternde, größtenteils berufsunfähige Angestellte wegen ihrer langjährigen treuen Dienste für die bisherigen Gehälter weiterzubeschäftigen. Dadurch konnte auch die Verjüngung des Personals erleichtert werden. Diese

Möglichkeit erbrachte den Arbeitgebern und der gesamten deutschen Volkswirtschaft wegen der zeitgemäßeren und besseren Aus- und Vorbildung der jüngeren Angestellten einen großen Nutzen. Die erhöhten Kosten, welche dem Reich und den Arbeitgebern aus der eigenständigen Angestelltenversicherung erwuchsen, wurden durch diesen Nutzeffekt bei weitem überwogen. Als besondere Einleitung der Betrachtungen zu diesem Angestelltenversicherungsgesetz wird abweichend von der bisherigen Übung der Anfang des VGfA (AVG) wörtlich wiedergegeben. Er lautete:

Das Versicherungsgesetz für Angestellte vom 20. Dezember 1911

Wir Wilhelm, von Gottes Gnaden Deutscher Kaiser, König von Preußen ec. verordnen im Namen des Reiches, was folgt:

„Erster Abschnitt

Umfang der Versicherung

Versicherungspflicht

§ 1. Für den Fall der Berufsunfähigkeit (§25) und des Alters sowie zu Gunsten der Hinterbliebenen werden vom vollendeten 16. Lebensjahr an nach den Vorschriften dieses Gesetzes versichert

1. Angestellte in leitender Stellung, wenn diese Beschäftigung ihren Hauptberuf bildet,
2. Betriebsbeamte, Werkmeister und andere Angestellte in einer ähnlichen gehobenen oder höheren Stellung ohne Rücksicht auf ihre Vorbildung, Bureauangestellte, soweit sie nicht mit niederen oder lediglich mechanischen Dienstleistungen beschäftigt werden, sämtlich, wenn diese Beschäftigung ihren Hauptberuf bildet,
3. Handlungsgehilfen und Gehilfen in Apotheken,
4. Bühnen- und Orchestermitglieder ohne Rücksicht auf den Kunstwert der Leistungen,
5. Lehrer und Erzieher,
6. aus der Schiffsbesatzung deutscher Seefahrzeuge und aus der Besatzung von Fahrzeugen der Binnenschifffahrt Kapitäne, Offiziere des Decks- und Maschinendienstes, Verwalter und Verwaltungsassistenten sowie die in einer gehobenen und höheren Stellung befindlichen Angestellten ohne Rücksicht auf ihre Vorbildung, sämtlich, wenn diese Beschäftigung ihren Hauptberuf bildet. Als deutsches Seefahrzeug gilt jedes Fahrzeug, das unter deutscher Flagge fährt und ausschließlich oder vorzugsweise zur Seefahrt benutzt wird. Voraussetzung der Versicherung ist für alle diese Personen, daß sie nicht berufsunfähig sind, daß sie gegen Entgelt (§ 2) als Angestellte beschäftigt werden, daß ihr Jahresarbeitsverdienst 5.000,- Mark nicht übersteigt und daß sie beim Eintritt in die versicherungspflichtige Beschäftigung das Alter von 60 Jahren nicht vollendet haben".

Der Vergleich des § 1 VGfA mit dem ihm entsprechenden § 1226 RVO ergibt folgende bemerkenswerte Hinweise:

Doppelversicherung

1. Ein sehr großer Teil der Angestelltenschaft, nämlich jene Angestellten, die nicht unter 2.000,- Mark jährlich verdienten, waren.
   - a) versicherungspflichtig in der Invalidenversicherung nach der RVO und
   - b) zusätzlich versicherungspflichtig i. d. Angestelltenversicherung des VGfA, also doppelt versichert.

2. Das VGfA stellte die ' Betriebshierarchie ', die Rangordnung in den Betrieben, stärker in den Vordergrund:
   - oberste Führungsebene = leitende Angestellte,
   - mittlere Führungsebene = höhere und gehobene Angestellte,
   - untere Angestelltenschaft = Handlungsgehilfen und neuerdings die Büroangestellten.

Handlungsgehilfen waren die in einem Handelsgewerbe zur Leistung kaufmännischer Dienste angestellten Personen. Als kaufmännische Dienste wurden alle Tätigkeiten angesehen, die sich auf den Umsatz von Waren beziehen, einschließlich der Kontorgeschäfte, also Verkauf, Einkauf, Rechnungserstellung, Buchführung, Korrespondenz, Kassenführung, Geschäftsreisen, Werbung usw. Aber nicht alle Angestellten des Kaufmanns waren Handlungsgehilfen, wie z.B. die Laufburschen und die Austragefrauen.

Nichtversicherte

3. Die untersten Angestellten, jene also, die lediglich mit niederen oder nur mechanischen Dienstleistungen im Büro beschäftigt wurden, gehörten der Angestelltenversicherung nicht an. Das Auffinden rein mechanisch arbeitender Angestellten bereitete jedoch Kopfzerbrechen. Selbst eine Maschinenschreiberin oder Stenotypistin mußte über ein ausreichendes Konzentrationsvermögen verfügen und arbeitete deshalb nicht ' lediglich mechanisch '. Mit Mühe fand man eine Berufsgruppe, die zu den nicht angestelltenversicherungspflichtigen Angestellten paßte, nämlich jene Kopierer oder Schreiber, die ausschließlich von einer Vorlage abschrieben, wobei es gleichgültig war, ob dies handschriftlich oder mit einer Schreibmaschine geschah.

4. Die Lehrlinge wurden ebenfalls von der Angestelltenversicherung nicht erfaßt, weil sie ein zu geringes Entgelt erhielten. An Lehrlinge wurde üblicherweise nur ein Taschengeld gezahlt.

Gegenstand der Versicherung

Gemäß § 9 IuAVG war Gegenstand der Versicherung der Anspruch auf Gewährung
- 1. einer Invalidenrente an dauernd Erwerbsunfähige, ohne Rücksicht auf deren Alter
- 2. einer Altersrente bei Vollendung des 70. Lebensjahres.

War ein Unfall Ursache der Invalidität, dann entstand ein Anspruch auf Invalidenrente nur insoweit, wie die Unfallversicherung nicht leisten mußte.

Erwerbsunfähigkeit, Ortslohn, Rente zur Sicherung des Existenzminimums

Der Begriff der Erwerbsunfähigkeit wurde eindeutig bestimmt. Erwerbsunfähig war, wer infolge seines körperlichen oder geistigen Zustandes ein gewisses Mindesteinkommen, das seinen Kräften und Fähigkeiten entsprach, nicht mehr erzielen konnte. Als dieses Mindesteinkommen galt die Summe aus je einem Sechstel des Durchschnittes der Lohnsätze (§ 23), nach welchen für ihn während der letzten 5 Beitragsjahre Beiträge entrichtet worden waren, und des Dreihundertfachen vom festgesetzten ortsüblichen Tagelohn gewöhnlicher Tagesarbeiter (also des Ortslohnes). Diesen Ortslohn hatte gemäß § 8 des Krankenversicherungsgesetzes (KVG) vom 15. Juni 1883 die höhere Verwaltungsbehörde (der Regierungspräsident) für jede Ortschaft ihres Bezirkes festzusetzen.

Sie hatte dabei die Preis-, Arbeits- und Lohnverhältnisse der einzelnen Orte zu berücksichtigen. Auf diese Weise gelangte man zu der ungefähren Lohnhöhe, die in der betreffenden Ortschaft für den Unterhalt eines Tagesarbeiters ausreichte, und damit sogleich zu jenem Betrage, den die gesetzliche Invaliditätsversicherung mindestens aufwenden mußte, um dem erwerbsunfähig gewordenen Arbeitnehmer die zu einer bescheidenen Lebensführung erforderlichen Mittel zu gewähren. Die aufgrund des § 8 KVG getroffenen Festsetzungen erbrachten für das gesamte Reichsgebiet einen durchschnittlichen ortsüblichen Tageslohn von 1,58 Mark.

Der § 9 wurde als Kern des Gesetzes von 1889 angesehen. Seine Formulierung bereitete der Kommission (dem mit der Abfassung des IuAVG betrauten Ausschuß) wie dem Plenum des Reichstages bedeutende Schwierigkeiten.

Denn schon damals wurde das 65. Lebensjahr als leistungsauslösende Altersgrenze vorgeschlagen und zunächst auch in der Kommissionsberatung angenommen. Die dadurch verursachte finanzielle Mehrbelastung erschien jedoch als nicht tragbar. Mit gleicher Begründung wurde auch der Vorschlag abgelehnt, bereits bei geringer Invalidität (z. B. bei Halbinvalidität gem. dem UVG von 1884) Invalidenrente zu gewähren.

§ 10 Invalidenrente bei vorübergehender Erwerbsunfähigkeit

Kommission und Reichstag nahmen schließlich den Vorschlag an, Invalidenrente auch bei vorübergehender Erwerbsunfähigkeit zu zahlen, wenn diese mindestens ein Jahr ununterbrochen bestanden hatte. Die Rente wurde dann für die weitere Dauer der Erwerbsunfähigkeit gezahlt. Konnte die Versicherungsanstalt nachweisen, daß sich der Versicherte die Erwerbsunfähigkeit vorsätzlich oder bei Begehen eines durch strafgerichtliches Urteil festgestellten Verbrechens zugezogen hatte, dann entstand für ihn gar nicht erst ein Rentenanspruch.

§ 12 Heilverfahren

Die Rentenversicherungsträger waren befugt, auch
1. Nichtkrankenversicherten wie Betriebsbeamten, Werkmeistern, Technikern, Gehilfen mit einem Jahresgehalt von mehr als 2.000,- Mark, ferner Staatsbediensteten und auf Antrag von der KV-Pflicht befreiten Personen (§§ 3 a und 3 b des Krankenversicherungsgesetzes vom 15. Juni 1883) Heilverfahren zu gewähren, wenn deren Erkrankung eine spätere Erwerbsunfähigkeit befürchten ließ, 2. die zuständige Krankenkasse zu veranlassen, für den betreffenden Versicherten in einem Umfang zu sorgen, den der RV-Träger für erforderlich hielt. Der RV-Träger hatte allerdings der Krankenkasse die entstandenen Kosten zu ersetzen.
Hatte sich der Versicherte dem Heilverfahren oder der oben genannten Fürsorge entzogen und konnte angenommen werden, daß er deshalb erwerbsunfähig geworden war, dann verlor er den Anspruch auf Invalidenrente.

§ 13 Sachrenten, Trunksüchtige

Land- und forstwirtschaftlichen Arbeitern, die bislang ganz oder teilweise mit Naturalien entlohnt wurden, konnte die Rente vom zuständigen Kommunalverband bis zu zwei Dritteln ihres Betrages in Form von Naturalleistungen gewährt werden. Die 'höheren Verwaltungsbehörden' hatten den Wert der Naturalrenten nach Durchschnittspreisen festzusetzen. Trunksüchtige, denen die Schankstätten auf Anordnung der zuständigen Behörde keine geistigen Getränke verabfolgen durften, erhielten ihre Renten ausschließlich in Naturalform. Bei diesem Verfahren ging der Rentenanspruch entsprechend dem Umfang der Naturalleistung auf den betreffenden Kommunalverband über. Dieser hatte den Versicherten aber zuvor in Kenntnis zu setzen. Der Bezugsberechtigte konnte hierzu binnen zwei Wochen eine Entscheidung der Kommunalaufsichtsbehörde verlangen, die auch für alle übrigen Streitigkeiten zwischen ihm und dem Kommunalverbande zuständig war. Die Postverwaltung mußte über den endgültigen Anspruchsübergang rechtzeitig informiert werden.

Der § 1275 RVO hob diese Regelung für die Trinker auf, ließ sie aber später durch § 45 VGfA wieder zu und gewährte auf Antrag die Unterbringung in einer Trinkerheilanstalt.

Angehörigenunterstützung

Nach § (9)15 IVG war Gegenstand der Versicherung der Anspruch auf Gewährung der Rente für den Fall der Erwerbsunfähigkeit oder des Alters von 70 Lebensjahren. Neu war, was folgt:: Die Versicherungsanstalt mußte während des Heilverfahrens dem Versicherten eine 'Angehörigenunterstützung' zahlen, wenn er seine Angehörigen zuvor aus seinem Arbeitsverdienst unterhalten hatte. Das erleichterte dem Erkrankten die Entscheidung, sich einer längeren Kur zu unterziehen und bot Gewähr dafür, daß die sonst drohende Erwerbsunfähigkeit nicht eintrat.

Das IVG brachte im § 15 lediglich eine andere Wortfassung des 'Gegenstandes'. In der RVO war die Änderung des entsprechenden Paragraphen von größerer Bedeutung. Zum ersten Male seit dem Bestehen der gesetzlichen Rentenversicherung bedachte der Gesetzgeber auch die Hinterbliebenen verstorbener Versicherten mit einem Rentenanspruch.

Gegenstand der Versicherung waren nunmehr Invaliden- oder Altersrenten sowie Renten, Witwengeld und Waisenaussteuer für Hinterbliebene. Witwengeld und Waisenaussteuer waren einmalige Zuwendungen. Sie wurden nur gewährt, wenn die

Witwe keine Witwenrente erhielt, weil sie selbst Anspruch auf Invalidenrente hatte oder noch erwerbsfähig war (vgl. dazu § 1258). Witwengeld und Waisenaussteuer hatten also die Funktion des Ausgleichs für entgangene Witwenrenten.

Gegenstand der Angestelltenversicherung

Gegenstand der Angestelltenversicherung waren Ruhegeld und Hinterbliebenenrenten, also lediglich regelmäßig wiederkehrende Leistungen. Die nach § 1250 RVO zu gewährenden einmaligen Zuwendungen wie Witwengeld und Waisenaussteuer standen, sofern deren Voraussetzungen erfüllt wurden, auch den Angestellten zu. Die AV war - und das zeigt sich im Leistungsrecht deutlich - eine Art Zusatzversicherung zu der Invaliditäts - und Altersversicherung der RVO, die den weitergehenden Sicherungsansprüchen der Angestelltenschaft zu genügen hatte.

Voraussetzungen der Leistungsansprüche

Der Anspruch auf Rente setzte neben dem Nachweis der Erwerbsunfähigkeit oder des Alters die Beitragsentrichtung und eine Wartezeit voraus (§ 15 luAVG).

Die Wartezeit betrug bei der Invalidenrente fünf, bei der Altersrente dreißig Beitragsjahre (§ 16 luAVG). Diese Vorschrift wurde geändert: Nach § 28 IVG mußten bei der Invalidenrente, wenn mindestens 100 Pflichtbeiträge vorlagen, 200 Beitragswochen, andernfalls 500 Beitragswochen, bei der Altersrente 1200 Beitragswochen vorhanden sein. Diese Regelung wurde von der RVO übernommen (§ 1278).

Das VGfA sah für das Ruhegeld folgende Bedingungen vor: Ruhegeld erhielt, wer Berufsunfähigkeit nachwies oder das gesetzliche Alter erreichte, die Wartezeit erfüllte und die Anwartschaft aufrecht erhalten hatte. Das gesetzliche Alter war auf 65 Jahre festgelegt worden, so daß ein Ruhegeld aus der Angestelltenversicherung 5 Jahre früher gezahlt wurde als das aus der RVO-Versicherung (vgl. § 1257 RVO.) Anstelle der bisherigen Begriffe 'Erwerbsunfähigkeit' (des § 5 Abs. 4 IVG) und 'Invalidität' (des § 1255 RVO) führte das VGfA die 'Berufsunfähigkeit´ ein. Sie lag nur dann vor, wenn die Arbeitsfähigkeit auf weniger als die Hälfte derjenigen eines körperlich und geistig gesunden Versicherten mit ähnlicher Ausbildung und gleichwertigen Kenntnissen und Fähigkeiten herabgesunken war. Als Bewertungsmaßstab für die Berufsunfähigkeit diente die gesetzliche 'Gehaltshälfte', für die Invalidität das gesetzliche 'Lohndrittel'. Dem in der IV und AV versicherten Angestellten wurden dauernde 'Berufsunfähigkeit' infolge von körperlichen Gebrechen oder wegen Schwäche seiner körperlichen oder geistigen Kräfte demzufolge viel früher zugestanden als dem Arbeiter. Die Autoren des VGfA begründeten diese bewußte Abweichung von den Grundsätzen der Arbeiterversicherung damit, daß dem Angestellten bei Nachlassen der Kräfte, z. B. infolge Alters oder Gebrechen weit folgenschwerere Arbeitsfehler unterlaufen könnten als dem Arbeiter. Außerdem wäre ein Arbeiter bei einem Nachlassen der Kräfte noch bei leichteren Arbeiten einsetzbar.

§ 22 Hinterbliebenenrente

Die Regelung zum Anspruch auf Hinterbliebenenrente zeigte bei einem Vergleich mit der Fassung des entsprechenden § 1252 RVO einen wesentlichen Unterschied. Hinterbliebenenrente wurde nach dem VGfA gewährt, wenn der Verstorbene zur Zeit seines Todes die Wartezeit für das Ruhegeld (statt für die Invalidenrente) erfüllte.

Längere Wartezeit

Die Wartezeit des VGfA betrug

- beim Ruhegeld für männliche Versicherte 120 Beitragsmonate,
- beim Ruhegeld für weibliche Versicherte 60 Beitragsmonate auf Grund einer versicherungspflichtigen Beschäftigung - sonst 90 Beitragsmonate,
- bei der Hinterbliebenenrente waren nur 200 Beitragswochen (4 Beitragsjahre) notwendig, wenn 100 Pflichtbeitragswochen nachgewiesen wurden, oder 500 Beitragswochen, wenn diese 100 Pflichtbeitragswochen nicht vorlagen.

Die längere Wartezeit für das Ruhegeld wegen Berufsunfähigkeit nach dem VGfA wurde als unbedenklich angesehen, weil die Angestellten einer geringeren Invaliditätsgefahr ausgesetzt wären. Außerdem war die Mehrzahl der Angestellten für den Fall der Invalidität nach der RVO versichert, so daß sie bei geringerer Wartezeit Rente von der Landesversicherungsanstalt beziehen konnte. Als äußerst mißlich wurde die lange Wartezeit von 120 Kalendermonaten für Witwen und Waisen empfunden. Wenn ein Angestellter bereits in den ersten 10 Jahren nach dem Inkrafttreten des VGfA verstorben wäre, hätten die Hinterbliebenen keine Leistungen aus der Angestelltenversicherung erhalten.

Um diese negativen Folgen des § 48 VGfA zu mildern, sahen die Übergangsbestimmungen für die ersten 10 Versicherungsjahre vor, daß zum Bezug von Hinterbliebenenrente 60 Pflichtbeiträge genügten. Allerdings wurden die Witwen- und Witwerrenten dafür nach einem Ruhegeld berechnet, das auf einem Viertel des Wertes der in den ersten 60 Beitragsmonaten entrichteten Beiträge beruhte.

Hinterbliebenenrenten im Vergleich

§ 28 Witwenrente

Die Witwen von Angestellten waren gegenüber den Witwen von Arbeitern bessergestellt. Nach § 1258 RVO erhielten Arbeiterwitwen lediglich dann eine Witwenrente, wenn sie selbst invalide waren. Der Gesetzgeber mutete also den Arbeiterwitwen zu, daß sie ihren Lebensunterhalt durch Arbeit erwarben. Die Witwen von Angestellten wurden wegen ihrer höheren sozialen Stellung, bisherigen Lebensführung und ihres höheren Bildungsstandes als nicht in der Lage angesehen, nach dem Tode ihres Ehemannes eine angemessene Beschäftigung aufzunehmen, die ihren und ihrer Kinder Unterhalt zu sichern vermochte. Außerdem würde die Erziehung der Kinder in Angestelltenfamilien höhere Anforderungen an die Witwe stellen und es wäre der Gesellschaft nicht dienlich, wenn die Mutter die Erziehung ihrer Kinder unterbrechen müßte, um für den Lebensunterhalt der Restfamilie durch Arbeit sorgen zu können. Aus diesen Gründen erhielten sämtliche Witwen von verstorbenen Versicherten der AV eine Witwenrente.

§ 29 Waisenrente

Die Waisen von Angestellten erhielten bis zur Vollendung des 18.Lebensjahres Waisenrente, die von Arbeitern nur bis zur Vollendung des 15.Lebensjahres. Waisenrente erhielten insbesondere die ehelichen Kinder eines verstorbenen Vaters sowie die vaterlosen Kinder einer verstorbenen Versicherten. Lebte nach dem Tode der versicherten Ehefrau der Vater der Kinder noch, erhielten die Halbwaisen keine Waisenrente. War der Vater jedoch selbst erwerbsunfähig und hatte die Ehefrau den Lebensunterhalt ihrer Familie ganz oder überwiegend bestritten, so stand den Kindern Waisenrente zu.

§ 30 Witwerrente

Der erwerbsunfähige Mann hatte so lange Anspruch auf Witwerrente, wie er bedürftig war.

§ 31 Waisenrente bei Unterhaltsentzug.

Nach dem Tode einer versicherten Ehefrau stand den Kindern unter 18 Jahren dann Waisenrente zu, wenn sich deren Ehemann von der Familie entfernt hatte oder wenn die Ehe geschieden worden war und der Vater seiner väterlichen Unterhaltspflicht nicht nachkam.

Aufbringung der Mittel

Gemäß § 19 IuAVG hatten die Versicherungspflichtigen und deren Arbeitgeber für jede Kalenderwoche der Beschäftigung (Beitragswoche) Beiträge, und zwar zu gleichen Teilen, aufzubringen. Das Reich gewährte außerdem Zuschüsse zu den in jedem Jahr tatsächlich zu zahlenden Renten.

§ 20 Bemessung der Beiträge

Die Beiträge waren unter Berücksichtigung der durch Krankheiten verursachten Ausfälle so zu bemessen, daß sie die Verwaltungskosten, die Rücklagen für den Reservefonds, die voraussichtlichen Beitragserstattungen und den Kapitalwert der von der Versicherungsanstalt aufzubringenden Anteile an denjenigen Renten deckten, die zunächst in den ersten 10 Jahren nach dem Inkrafttreten des Gesetzes von 1889 und dann in den jeweils weiteren 5 Jahren voraussichtlich zu bewilligen waren (Kapitaldeckungsverfahren).

§ 21 Rücklagen

Die Rücklagen sollten in der ersten Beitragsperiode (von 10 Jahren) ein Fünftel des Kapitalwertes der in diesem Zeitabschnitt voraussichtlich anfallenden Rentenlast umfassen. Wurde diese Summe nicht erreicht, dann mußte der Rest in den nächsten Beitragsperioden aufgebracht werden. Andererseits hatte der Versicherungsträger das Recht, den Reservefonds zur doppelten Höhe des vorgeschriebenen Betrages aufzustocken.

Solange aber der gesetzlich vorgeschriebene Umfang nicht erreicht worden war, durfte die Reserve einschließlich der Zinsen nur in dringenden Bedarfsfällen mit Genehmigung des Reichsversicherungsamtes angegriffen werden. Ein solcher Bedarfsfall lag vor, wenn der RV-Träger seine gesetzlichen Verpflichtungen sonst nicht erfüllen konnte.

Lohnklassen (nach dem tatsächlichen JAV)

Zur Bemessung der Beiträge und Renten wurden für die Jahresarbeitsverdienste folgende Lohnklassen gebildet:

Lohnklasse I	bis zu 350,- Mark (pro Jahr)
Lohnklasse II	von mehr als 350,- bis 550,- Mark
Lohnklasse III	von mehr als 550,- bis 850,- Mark
Lohnklasse IV	von mehr als 850,- Mark.

Jahresarbeitsverdienst

Als Jahresarbeitsverdienst galt das Dreihundertfache des ortsüblichen Tagelohnes gewöhnlicher (also ungelernter) männlicher Tagearbeiter des Beschäftigungsortes, sofern sich Arbeitgeber und Versicherter nicht einigten, einen höheren Betrag zugrunde zu legen. Es konnte auch der für die Krankenkassenbeiträge maßgebende durchschnittliche Tagelohn (Durchschnittslohn pro Arbeitstag) oder der wirkliche Arbeitsverdienst als Grundlage dienen.

Andere Berechnungsverfahren galten ggf. für die in der Land- und Forstwirtschaft Beschäftigten, für Seeleute und Bergmänner.

§ 23 Lohnsätze

Jeder Lohnklasse wurden außerdem Lohnsätze beigeordnet, und zwar (entsprechend der obigen Nummernfolge) von 300, 500, 720 und 960 Mark. Sie dienten lediglich bei der Beurteilung, ob Erwerbsunfähigkeit vorliegt, als Vergleichsgrundlage (Siehe § 9).

§ 24 Lohnklasse als Leistungsbereich

Die Lohnklassen hatten den Charakter einheitlicher, voneinander abgegrenzter Leistungsbereiche, die sich selbst zu finanzieren hatten. In ihnen waren die Beiträge so zu bemessen, daß sie die Rentenlast deckten, welche der Versicherungsanstalt aus diesen Beiträgen für jede einzelne Lohnklasse voraussichtlich erwuchs. Die aus Beiträgen der Selbstversicherung und der freiwilligen Versicherung erwartete Mehrbelastung wurde auf alle Lohnklassen verteilt. Eine nach Berufsgruppen unterschiedliche Beitragsbemessung war möglich.

Die bisherige Regelung des § 19 IuAVG erfuhr im IVG eine geringe Änderung von nur redaktioneller Bedeutung. So hieß es jetzt u.a. : "Die Mittel zur Gewährung der in diesem Gesetze vorgesehenen Leistungen werden vom Reiche, von den Arbeitgebern und den Versicherten aufgebracht."

Die Wochenbeiträge waren vom Bundesrat nach Lohnklassen im Voraus, und zwar zunächst bis zum 31. 12. 1910 und jeweils für weitere 10 Jahre festzusetzen. Sie sollten so bemessen werden, daß durch sie die Kapitalwerte der den Versicherungsanstalten zur Last fallenden Renten, die Beitragserstattungen und die sonstigen Aufwendungen gedeckt wurden. Die wöchentlichen Beiträge betrugen in:

- Lohnklasse I ... 14 Pfennige,   Lohnklasse III ...   24 Pfennige,
- Lohnklasse II .. 20 Pfennige,   Lohnklasse IV ...   30 Pfennige
- und in   Lohnklasse V ...   36 Pfennige.

Eine andere Festsetzung bedurfte der Zustimmung des Reichstages.

Allgemeines Anwartschaftsdeckungsverfahren oder Prämiendurchschnittsverfahren (statt Kapitaldeckungsverfahren)

Die obige Regelung unterschied sich von der bisherigen des § 20 IuAVG dadurch, dass

- die Kapitalwerte der Renten nicht lediglich entsprechend ihrem periodischen Anfall - jeweils für 10 bzw. 5 Beitragsjahre – aufzubringen waren, sondern von nun an für alle zukünftig anfallenden Renten,
- für die Bemessung der Beitragshöhe generell eine 10jährige Periode festgesetzt wurde,
- die Beitragshöhe nicht mehr für eine einzelne Versicherungsanstalt von deren Organen mit Genehmigung des RVA gesondert bestimmt werden konnte (vgl. §§ 97, 98 IuAVG), sondern nur einheitlich für alle Versicherungsanstalten durch den Bundesrat und Reichstag,
- eine unterschiedliche Beitragshöhe für die einzelnen Berufszweige nicht mehr zulässig war. Für alle Personen, die derselben Lohnklasse angehörten, mußten die Beiträge nunmehr unterschiedslos bemessen werden.
- Der Grundsatz des § 24 IuAVG, daß jede Lohnklasse mit ihren Beiträgen die Lasten zu finanzieren hatte, welche auf Grund dieser Beiträge erwuchsen, wurde aufgegeben. Künftig sollten alle Beiträge alle Lasten tragen helfen (s. u.).
- Die Vorschrift zur Bildung eines Reservefonds wurde beseitigt.

Gemeinlast, Sonderlast (§ 20a) § 33 Umfang

Jede Versicherungsanstalt hatte ihre Einnahmen und ihr Vermögen selbständig zu verwalten. Hieraus war die von allen Versicherungsträgern gemeinsam aufzubringende Last (Gemeinlast) und die den einzelnen Anstalten verbleibende Last (Sonderlast) zu decken.

Die Gemeinlast umfaßte drei Viertel sämtlicher Altersrenten, die Grundbeträge aller Invalidenrenten, die Rentensteigerungen infolge von Krankheitswochen (§ 28 Abs. 1) und die Rentenabrundungen (§ 26b). Alle übrigen Verpflichtungen gehörten zur Sonderlast.

Um die Gemeinlast zu decken, waren in jeder Versicherungsanstalt ab 1.1.1900 und zunächst bis zum 31. 12. 1910 vier Zehntel der Beiträge buchmäßig als Gemeinvermögen auszusondern und mit einem vom Bundesrat festgesetzten Zinsfuß zu verzinsen. Das Gemeinvermögen für die späteren Zehnjahreszeiträume sollte die inzwischen eingetretene Fehl- und Überdeckung berücksichtigen. Das bis zum 31. 12. 1899 angesammelte Kapital der Versicherungsanstalten und das danach gebildete Sondervermögen durften zur Deckung der Gemeinlast nicht herangezogen werden.

Lohnklassen (nach einem durchschnittlichen JAV) § 22, § 34 IVG

Die Lohnklasse IV umfaßte jetzt einen Jahresarbeitsverdienst von mehr als 850 bis 1150 Mark, die Lohnklasse V von mehr als 1150 Mark. Für die Zugehörigkeit zu den Lohnklassen war nicht die Höhe des tatsächlichen JAV, sondern ein Durchschnittsbetrag maßgebend. Dieser betrug das 300fache eines festgesetzten durchschnittlichen Tagesverdienstes. Für Betriebsbeamte, Beschäftigte der Land- und Forstwirtschaft und für Seeleute wurde von der höheren Verwaltungsbehörde oder dem Reichskanzler oder durch Gesetz ein durchschnittlicher JAV festgelegt. Im übrigen galten als JAV die im § 22 des IuAVG von 1889 genannten Arbeitsverdienste auch weiterhin. Lehrer und Erzieher gehörten, sofern sie nicht mehr als jährlich 1150 Mark verdienten, zur Lohnklasse IV.

Durchschnittsbeitrag

Die RVO regelte die Festlegung der Beiträge neu §§ (1388 ff), und zwar zunächst bis zum 31.12.1920. Für die jeweils weiteren Zehnjahreszeiträume sollten die Beiträge erst dann festgesetzt werden, wenn die Rechnungsstelle des RVA vorher geprüft hatte, ob die Beiträge ausreichten.

Zur Festsetzung der Beitragshöhe war für die Gesamtheit der Versicherten ein Durchschnittsbeitrag zu ermitteln. Dieser war so zu bemessen, daß der Wert aller künftigen Beiträge samt dem Vermögen den Betrag deckte, der nach der Wahrscheinlichkeitsrechnung mit Zins und Zinseszins erforderlich war, alle künftigen Aufwendungen der Versicherungsanstalten zu bestreiten. Dieser Durchschnittsbeitrag wurde nach Lohnklassen abgestuft. Die Stufen richteten sich nach der Belastung, die sich ergab, wenn angenommen wurde, daß jede Lohnklasse einen der Gesamtheit der Versicherten entsprechenden Versicherungsbestand mit gleicher Gefahr hat und daß für diesen Bestand die Renten, Witwengelder und Waisenaussteuern in der für die Lohnklasse vorgesehenen Höhe (vgl. §§ 1288 ff) angesetzt wurden.

§ 1392 Erhöhte Beiträge

Die Wochenbeiträge wurden gegenüber dem IVG erhöht. Sie betrugen jetzt:

- in Lohnklasse I   16 Pfennige,   in Lohnklasse II   24 Pfennige,
- in Lohnklasse III   32 Pfennige,   in Lohnklasse IV   40 Pfennige,
- in Lohnklasse V   48 Pfennige.

Die Unterscheidung in Gemeinvermögen/Sondervermögen, Gemeinlast/Sonderlast (vgl. § 33 Abs. 1 IVG) wurde beibehalten. Die Gemeinlast bildeten jetzt die Grundbeträge der Invalidenrenten und die Zuschüsse für Kinderrenten (§ 1291), die Anteile der Versicherungsanstalten an Altersrenten, Witwer-, Witwen-, Waisenrenten, Witwengeld und Waisenaussteuer, die Steigerung der Renten infolge von Militärdienst- und Krankheitswochen und die Rentenaufrundungen. Alle übrigen Verpflichtungen, allerdings ohne die Zusatzrenten (§ 1478), bildeten die Sonderlast der Versicherungsanstalt.

§ 1397 Finanzierung der Gemeinlast

Um die Gemeinlast zu decken, schied jede Versicherungsanstalt vom 01.01.1912 an 50% der Beiträge buchmäßig als Gemeinvermögen aus. Diesem wurden auch die Zinsen aus seinem buchmäßigen Bestand gutgeschrieben. In der Bekanntmachung vom 09.05.1912 über die Höhe der Zinsen, die dem Gemeinvermögen bei der Invaliden- und Hinterbliebenenversicherung gutzuschreiben waren, bestimmte der Bundesrat den Zinsfuß für die gleichen Zeiträume (wie die Beiträge) einheitlich. Dies galt auch für die Berechnung des Kapitalwertes der auf Grund der RVO festgesetzten Renten.

§§ 1398, 1399 Ausgleich von Fehlbeträgen und Überschüssen

Reichte das Gemeinvermögen zur Deckung der Gemeinlast voraussichtlich nicht aus oder war es dazu nicht erforderlich, so setzte der Bundesrat den Teil der Beiträge fest, der im nächsten Zeitraum zum Ausgleich der Fehlbeträge oder der Überschüsse für das Gemeinvermögen buchmäßig „auszuscheiden" war. Erhöhte er ihn, so bedurfte es der Zustimmung des Reichstages. Das bei der Prüfung vorhandene Vermögen der Versicherungsanstalten durfte zur Deckung der Gemeinlast nur soweit herangezogen werden, als es für sie buchmäßig ausgeschieden war.

§ 1400 Überschüsse des Sondervermögens

Um eine zwecklose Kapitalansammlung bei den Versicherungsanstalten zu verhindern, konnten - auf übereinstimmenden Beschluß des Vorstandes und des Ausschusses - die Überschüsse des Sondervermögens über die gesetzlichen Leistungen hinaus zum wirtschaftlichen Nutzen der Rentenempfänger und der Versicherten sowie ihrer Angehörigen verwendet werden.

Finanzierung der Leistungen des VGfA

§§ 170 bis 172 Beiträge, Prämiendurchschnittsverfahren

Arbeitgeber und Versicherte brachten die Mittel durch monatliche Beiträge je zur Hälfte auf, Ruhegeldempfänger waren beitragsfrei. Die Beiträge waren nach einem Prämiendurchschnittsverfahren für Gehaltsklassen festgelegt worden. Sie betrugen in den Gehaltsklassen

A 1,60 Mark,	D 6,80 Mark,	G 16,60 Mark,
B 3,20 Mark,	E 9,60 Mark,	H 20,00 Mark,
C 4,80 Mark,	F 13,20 Mark,	I 26,60 Mark,

Die Anerkennungsgebühr zur Aufrechterhaltung der Anwartschaft betrug jährlich 3,-Mark und konnte in Teilbeträgen oder in einer Summe entrichtet werden (eine Regelung, die wegen der Geringfügigkeit des Betrages aus heutiger Sicht als überflüssig erscheint). Das wesentliche Merkmal des Prämiendurchschnittsverfahrens war, daß zu jeder Zeit der Gesamtwert aller künftigen, gleich bleibenden Beiträge unter Hinzurechnung des vorhandenen Vermögens dem Gesamtwert aller Verpflichtungen entsprach. Aus den die Jahresausgaben übersteigenden Jahreseinnahmen bildete sich eine Prämienreserve. Sie ähnelte der Rücklage bei den Lebensversicherungsgesellschaften, aus deren Zinsen später jene Jahresausgaben finanziert werden konnten, welche die Jahreseinnahmen überstiegen. Den o.a. Beiträgen lag ein Beitragssatz von 8% des versicherten Einkommens zugrunde. Nach den vorausgegangenen Berechnungen erwies sich dieser Satz als für beide Teile (Arbeitgeber und dessen Angestellter) vertretbar und erschwinglich. Zudem reichte er aus, um die Aufwendungen für Versicherungsleistungen, Kosten des Heilverfahrens und der Verwaltung sowie das höhere Risiko des Leistungsanfalls bei Frühinvalidität und der vorzeitigen Aufgabe der Versicherung, insbesondere durch Frauen, abzudecken.

§§ 214 bis 218 Überwachung der Beitragsentrichtung

Die RfA hatte die rechtzeitige und vollständige Beitragsentrichtung zu überwachen. Die Arbeitgeber hatten Auskunft über die Beschäftigtenzahl, den Arbeitsverdienst sowie die Dauer der Beschäftigung, und die Arbeitnehmer über den Beschäftigungsort und Arbeitsverdienst dem Rentenausschuß oder der RfA zu erteilen und auf Anforderung die Versicherungskarten zur Prüfung gegen Empfangsschein auszuhändigen. Die RfA konnte mit Genehmigung des Reichskanzlers Überwachungsvorschriften erlassen, oder der Reichskanzler konnte sie anordnen. Der Rentenausschuß konnte die Arbeitgeber oder Versicherten durch Geldstrafen bis zu 100,- Mark veranlassen, ihren Pflichten und der Überwachungsvorschrift zu genügen.

§§ 219 bis 226 Mittelverwendung

Die Mittel der RfA durften nur für die gesetzlich vorgeschriebenen oder zugelassenen Zwecke verwendet werden. Einnahmen und Ausgaben waren gesondert zu verrechnen, die Bestände gesondert zu verwahren. Die RfA durfte nur die ihr gesetzlich übertragenen Geschäfte übernehmen. Sie war also kein Teil der allgemeinen Finanzverwaltung des Staates, ausschließlich auf eigene Mittel angewiesen und andererseits vor staatlichen Zugriffen geschützt. Die Inanspruchnahme des Vermögens für allgemeine Staatszwecke durfte auch nicht durch Zuweisung von versicherungsfremden Aufgaben quasi durch die Hintertür des Gesetzes erfolgen.

Mündelsichere Anlage

Das Vermögen war mündelsicher und verzinslich anzulegen, und zwar ausschließlich in Wertpapieren, die landesgesetzlich zur Anlegung von Mündelgeld zugelassen worden waren oder in auf den Inhaber lautenden Pfandbriefen deutscher Hypothekenaktienbanken, welche die Reichsbank in Klasse I belieh. Die Anlegung in Grundbesitz war ausgeschlossen, sofern diese nicht für Verwaltungszwecke zur Vermeidung von Vermögensverlusten oder für Unternehmungen dienten, die den Versicherten zugute kamen, also z.B. für den Bau von gesunden Angestellten-Wohnsiedlungen oder Angestellten-Eigenheimen. Die Beleihung von Grundstücken und Bauten, die keinen dauernden Ertrag gewährten, insbesondere von Gruben, Brüchen und Bergwerken, war unzulässig. Gemeinden, Gemeindeverbände, Schulen und Kirchengemeinden konnten verzinsliche Darlehen erhalten. Die strikte Vorschrift einer verzinslichen Anlage des Vermögens gewährleistete zudem die Anwendung eines verlässlichen Faktors bei der Ermittlung eines kosten- und aufwandsdeckenden Beitragssatzes für einen mittelfristigen Zeitraum von mindestens 5 Jahren. Die Berechnungen des VGfA-Entwurfes gingen von einem konstanten Zinsfuß von 3,5 % p.a. aus, der seinerzeit nicht unerheblich unterhalb des durchschnittlich erzielbaren Zinses von 3,8 bis 4,2 % p.a. lag. Da nicht sämtliche Vermögensteile Zinsen erwirtschafteten, sondern auch ausschließlich Kosten verursachten, wie z.B. die Verwaltungsgebäude, wäre ein höherer Ansatz als 3,5% unverantwortlich gewesen. Sicherlich war es verlockend, die damalige Zinsmarge voll auszuschöpfen, weil sich bei einem höheren Zinssatz ein geringerer Beitragssatz ergeben und die Beteiligten weniger belastet hätte. Man folgte seinerzeit aber besseren Einsichten leichter als dies heute der Fall ist. Bereits die Möglichkeit der Gewährung von Darlehen an die o.a. öffentlichen Träger wurde als bedenkliches

Zeichen einer Weiterentwicklung der RfA hin zu einer allgemeinen Wohlfahrtseinrichtung angesehen. Die Vorschrift, mindestens ein Viertel des Vermögens in Anleihen des Reiches oder eines Bundesstaates anzulegen, stieß dagegen auf weniger Bedenken. Obwohl - wie es sich im Verlaufe der nächsten Jahrzehnte erwies - von staatlicher Seite weit größere Gefahren für die Solidität und den Bestand des Angestellten-Versicherungsvermögens heraufbeschworen wurden. Die Beteiligung des Staates als Darlehnschuldner am RfA-Vermögen wurde als berechtigter Ausgleich für die Leistungen des Reiches, insbesondere der Reichspost bei der Durchführung der AV angesehen. Außerdem mußten die Bundesstaaten wegen der AV mehr Beamte einstellen. Die Rechtshilfe, die der Staat der AV angedeihen ließ, verursachte weitere Kosten. Zudem wäre die RfA in das Gesamtstaatssystem eingebettet und genieße seinen Schutz, so daß auch allgemeine Staatsinteressen hätten berücksichtigt werden müssen. Die Abgeltung der vorerwähnten Staatsleistungen durch eine Entrichtung von Gebühren wurde nicht in Erwägung gezogen.

Berechnung der Renten

§§ 25 und 26 IuAVG Rentenbestandteile

Die Renten wurden für Kalenderjahre berechnet. Sie bestanden aus einem von der Versicherungsanstalt aufzubringenden Betrag und aus einem festen Reichszuschuß.
Bei Berechnung des Versicherungsanteiles an der Invalidenrente wurde von einem jährlichen Grundbetrag von 60 Mark ausgegangen, der sich mit jeder vollendeten Beitragswoche erhöhte und zwar von Lohnklasse I bis IV steigend von 2 Pfennigen über 6 und 9 auf 13 Pfennige. Der Versicherungsanteil an der Altersrente betrug für jede Beitragswoche den Steigerungssatz für die Lohnklassen I bis IV steigend von 4 Pfennigen über 6 und 8 auf 10 Pfennige.

Rentenversicherungsgesetze vor dem 1. Weltkrieg 61

Für die Altersrente wurden lediglich 1410 Beitragswochen (30 mal 47

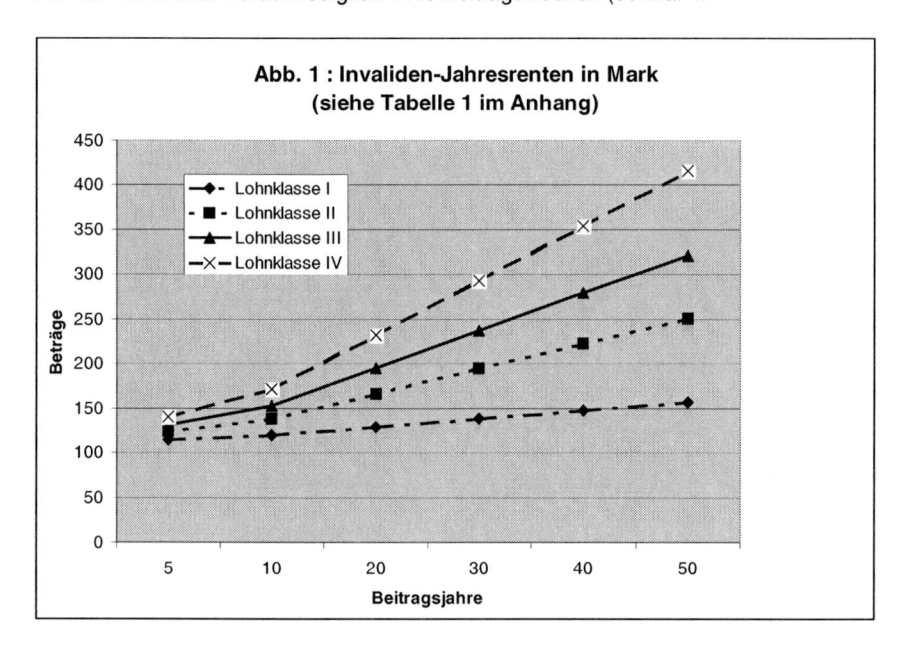

Abb. 1 : Invaliden-Jahresrenten in Mark (siehe Tabelle 1 im Anhang)

[Diagramm: Beträge (0–450) gegen Beitragsjahre (5–50) für Lohnklasse I, II, III, IV]

Beitragswochen in jedem Jahr) angerechnet. Waren mehr als 1410 Wochenbeiträge vorhanden, dann legte man die 1410 höchsten Beiträge zugrunde.

Der Reichszuschuß betrug für jede Rente jährlich 50. Mark. Die Renten wurden in monatlichen Teilbeträgen im Voraus gezahlt und dabei auf volle 5 Pfennige nach oben abgerundet. Im Verlauf der Beitragsjahre führte diese Art der Rentenberechnung zu einem unterschiedlichen Anstieg der jährlichen Rentenbeträge (siehe Grafik zur Tabelle 1 im Anhang für die Invalidenrenten). Zu beachten ist dabei allerdings, daß ein Versicherter nicht während einer 50jährigen Zeitspanne derselben Lohnklasse angehörte.

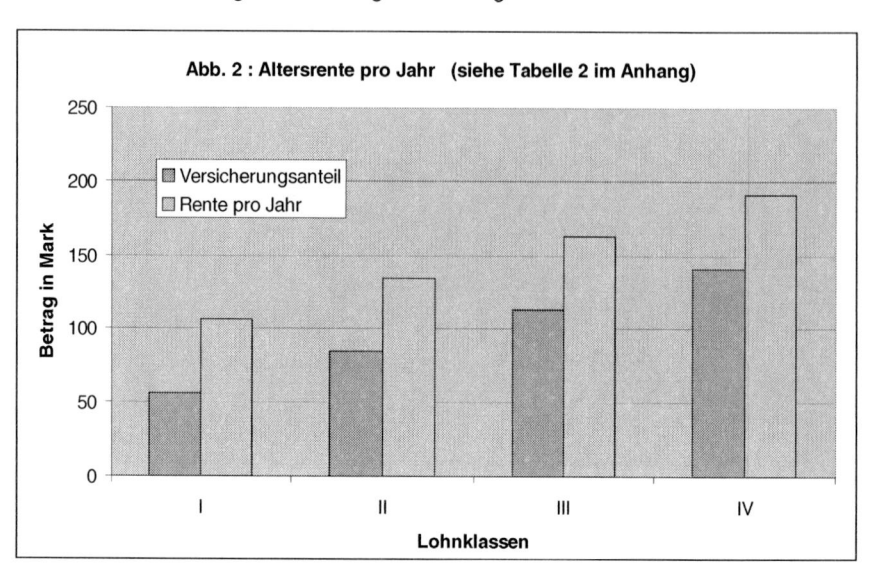

Für die Altersrenten ergaben sich folgende Beträge:

Abb. 2 : Altersrente pro Jahr (siehe Tabelle 2 im Anhang)

[Balkendiagramm: Betrag in Mark (0–250) über Lohnklassen I–IV, mit Versicherungsanteil und Rente pro Jahr]

Die Versicherungsanstalten verwendeten die von Beckmann und Niebour im amtlichen Auftrage 1891 herausgegebenen „Tafeln zur Ermittlung der Invaliden- und Altersrenten" (Siemenroth und Worms, Berlin 1891)

Berechnung der Renten nach dem IVG

§(25) § 35(§ 26) § 36 IVG Invalidenrenten

Die Renten wurden als Jahresrenten und nach Lohnklassen berechnet. Sie bestanden aus einem von der Versicherung aufzubringenden Anteil und einem festen Reichszuschuß von jährlich 50,- Mark. Der Versicherungsanteil ergab sich aus einem Grundbetrag und jenen Steigerungssätzen, die der Anzahl der Beitragswochen entsprachen. Gegenüber dem IuAVG wurde der Grundbetrag ab Lohnklasse II erheblich erhöht. Er betrug in Lohnklasse I nach wie vor 60 Mark, in Lohnklasse II .. 70 Mark, in Lohnklasse III .. 80 Mark, in Lohnklasse IV ..90 Mark und in Lohnklasse V .. 100 Mark. Der Berechnung der Invalidengrundrente wurden 500 Beitragswochen zugrunde gelegt. Konnten diese nicht nachgewiesen werden, dann waren für die fehlenden Wochen Beiträge der Lohnklasse I anzusetzen. Bei mehr als 500 Beiträgen wurden nur die 500 höchsten berücksichtigt. Kamen verschiedene

Lohnklassen in Betracht, so wurde aus ihnen ein durchschnittlicher Grundbetrag ermittelt.

Die Steigerungssätze betrugen pro Beitragswoche in den Lohnklassen I - 3 Pfennige, II - 6 Pfennige, III - 8 Pfennige, IV - 10 Pfennige, V - 12 Pfennige. Wurden zuviel Beiträge entrichtet und konnten die zu Unrecht geleisteten nicht mehr festgestellt werden, so war nur die zulässige Höchstzahl zu berücksichtigen. Die darüber hinausgehenden Beiträge blieben unbeachtet. Allerdings wählte man hierfür die niedrigsten aus.

(§ 26a) § 37 Altersrenten

An den Altersrenten betrug der Versicherungsanteil in Lohnklasse I - 60 Mark, II - 90 Mark, III - 120 Mark, IV - 150 Mark, V - 180 Mark. Waren Beiträge verschiedener Lohnklassen vorhanden, dann wurde ein durchschnittlicher Altersrentenbetrag ermittelt. Bei mehr als 1200 Wochenbeiträgen waren die jeweils höchsten anzusetzen. Die überzähligen (der niedrigsten Lohnklassen) fielen weg.

Berechnung der Leistungen nach der RVO

Die Versicherungsleistungen bestanden aus einem festen Reichszuschuß und einem Anteil der Versicherungsanstalt. Wurden nicht die vollen Rentenbeträge ausgezahlt, so waren die Anteile des Reiches und der Versicherungsträger entsprechend zu kürzen.

Der Reichszuschuß betrug für jede Invaliden-, Alters-, Witwen- und Witwerrente 50 Mark und für jede Waisenrente 25 Mark, ferner für jedes Witwengeld einmalig 50 Mark und „sechzehnzweidrittel" Mark (16,67 Mark) für jede Waisenaussteuer.

Der Anteil der Versicherungsanstalten richtete sich nach den gezahlten Beiträgen und den als Beitragswochen geltenden Militär-, Krankheits- und Rentenbezugszeiten sowie bei den Invalidenrenten nach der Zahl der Kinder. Die Versicherungsanstalten leisteten bei den Hinterbliebenenrenten, den Witwengeldern und Waisenaussteuern einen Teil des Grundbetrages und der Steigerungssätze, bei den Altersrenten einen festen Jahresbetrag.

Invalidenrenten

§ 1288 Grundbetrag

Der Grundbetrag der Invalidenrente wurde (wie schon nach § 36 IVG) aus 500 Beitragswochen berechnet. Wurden weniger Beitragswochen nachgewiesen, so galt für die fehlenden die Lohnklasse I. Waren mehr vorhanden, so schieden die überzähligen Beiträge aus den niedrigsten Lohnklassen aus. Für jede Beitragswoche wurden angesetzt:

in Lohnklasse I 12 Pfennige, in Lohnklasse II 14 Pfennige, in Lohnklasse III 16 Pfennige, in Lohnklasse IV 18 Pfennige, in Lohnklasse V 20 Pfennige.

§ 1289 Steigerungssätze

Die Steigerungssätze der Invalidenrente blieben gegenüber § 36 IVG unverändert.

§ 1290 Überzählige Beiträge

Für jede Beitragswoche zählte nur ein Beitrag. Waren zu viele Beitragswochen belegt und die überzähligen Marken nicht festzustellen, so schieden die Beiträge der niedrigsten Lohnklassen aus bis die zulässige Höchstzahl erreicht war.

§ 1291 Kinderzuschuß

Zum ersten Mal wurden Kinderzuschüsse gewährt. So erhöhte sich die Invalidenrente für jedes Kind unter 15 Jahren um 1/10 (10 %) bis höchstens zum anderthalbfachen Betrag.

Hinterbliebenenrenten

§ 1292 Höhe der Versicherungsanteile

Der Anteil der Versicherungsanstalten betrug bei Witwen- und Witwerrenten 3/10 (30 %), bei Waisenrenten für eine Waise 3/20 (15 %), für jede weitere 1/40 (2,5 %) des Grundbetrages und der Steigerungssätze der Invalidenrente, die der Ernährer zur Zeit seines Todes bezog oder bei Invalidität bezogen hätte.

§ 1293 Altersrentenanteile

Für den Anteil der Versicherungsanstalten an den Altersrenten galten weiterhin die Sätze des § 37 IVG (siehe dort).

Höchstbetrag der Hinterbliebenenrenten

Sie durften zusammen nicht mehr betragen als das Eineinhalbfache der Invalidenrente ohne Kinderzuschuß, die der Verstorbene zur Zeit seines Todes bezog oder bei Invalidität bezogen hätte. Die Waisenrenten allein durften nicht mehr als diese Invalidenrente betragen. Ergaben sich höhere Beträge, so wurden die Renten im Verhältnis ihrer Höhe gekürzt.

Enkel hatten nur insoweit Anspruch, als nicht der zulässige Höchstbetrag den Kindern zufloß. Beim Ausscheiden eines Hinterbliebenen erhöhten sich die Renten der übrigen bis zum zulässigen Höchstbetrag. Solche Fälle lagen bei Verheiratung, Wegfall der Invalidität, Tod, Wegfall der Bedürftigkeit des Witwers und bei Vollendung des 15. Lebensjahres der Waisen vor.

Höhe des Witwengeldes und der Waisenaussteuer

Als Witwengeld wurde der 12fache Monatsbetrag der Witwenrente, als Waisenaussteuer der 8fache Monatsbetrag der bezogenen Waisenrente gewährt. Als Monatsbetrag war nur der Versicherungsanteil gemeint. Der Reichszuschuß blieb unverändert.

Die monatlichen Teilbeträge der Renten wurden auf volle 5 Pfennige aufgerundet und im Voraus gezahlt.

Berechnung der Versicherungsleistungen nach dem VGfA

§ 55 Ruhegeldberechnung, Hinterbliebenenrente

Das Ruhegeld betrug nach 120 Beitragsmonaten ein Viertel der entrichteten Beiträge und ein Achtel der darüber hinaus gezahlten Beiträge. Da jeder Versicherte aus der in seinem Besitz befindlichen Versicherungskarte die Anzahl der Beiträge entnehmen konnte, brauchte er für die Feststellung seines jährlichen Ruhegeldes lediglich die Werte der ersten 120 Beitragsmonate zusammenzuzählen, durch 4 zu teilen und ein Achtel von der Summe des Wertes der übrigen Beiträge hinzuzurechnen. Eine Witwe erhielt zwei Fünftel (40%) dieses Ruhegeldes, eine Halbwaise bis zum 18.Lebensjahr zwei Fünfundzwanzigstel (8%) und eine Vollwaise zwei Fünfzehntel des Ruhegeldes.(Reichszuschüsse gab es nicht).

Die 'gerechte' Rente

Im Vergleich mit der heutigen Berechnungsweise erscheint diese Ruhegeldberechnung nicht nur als äußerst einfach, sie wurde seinerzeit sogar als 'gerecht' angesehen, weil sie dem Äquivalenzprinzip entsprechen würde. Dazu argumentierte man wie folgt: Der Versicherte müßte nämlich bei einem normalen Arbeitsleben im Durchschnitt nur jene Beträge als Beitrag an den Versicherungsträger entrichten, die ihm im Ruhestand und seinen Hinterbliebenen nach einer vorangegangenen Verzinsung mit 3,5% p.a. wieder ausgezahlt würden. Das werde an dem folgenden Beispiel deutlich: Ein Angestellter würde mit 18 Jahren versicherungspflichtig. Er verdiente pro Jahr (in Mark):

- vom 18. bis zum 20. Lebensjahr unter 850,-
- vom 21. bis zum 23. Lebensjahr zwischen 850,- und 1.150,-
- vom 24. bis zum 27. Lebensjahr zwischen 1.150,- und 1.500,-
- vom 28. bis zum 35. Lebensjahr zwischen 1.500,- und 2.000,-
- vom 36. bis zum 47. Lebensjahr zwischen 2.000,- und 2.500,-
- vom 48. bis zum 58. Lebensjahr zwischen 1.500,- und 2.000,-

also dem Verlust an Arbeitskraft in diesem Alter entsprechend weniger. Nach 40 Versicherungsjahren erwarb er die Anwartschaft auf ein Ruhegeld von ca. 650,-Mark pro Jahr. Hierfür wurden in dem Zeitraum von 40 Versicherungsjahren insgesamt 4.588,80 Mark an Beiträgen aufgewendet. Sein Beitragsanteil von 50% (Arbeitnehmeranteil) betrug 2.294,40 Mark. Mit Zinsen von 3,5% p.a. und Zinseszinsen beliefen sich diese 'eigenen' Beiträge bis zum 58. Lebensjahr auf ca. 4.556,- Mark. Zur Finanzierung seines laufenden Ruhegeldes von 650,- Mark pro Jahr bis zum Lebensende wären insgesamt ca. 6.212,- Mark und der Hinterbliebenenrenten weitere 1.280,- Mark erforderlich, also insgesamt 7.492,- Mark. Selbst aufgebracht hätte der Versicherte 4.556,- Mark, also etwa 61%, d.h. 11% mehr als sein Arbeitnehmeranteil betrug. Diese 11% könnten für die weiteren Leistungen der Rentenversicherung, wie z. B. für Heilverfahren eingesetzt werden[7]. Gemessen an diesem Finanzierungsbeispiel erscheint die heutige Rechenweise zwar als bedenklich, weil sie u. a. keinen Anteil des Versicherten an der Verzinsung der für ihn

---

[7] Kommentar zum VGfA, ... von Drs, Manes und Königsberger 1912, S, 254 Goeschensche Verlagsbuchhandlung Berlin und Leipzig Brunn : Kommentar zum VGfA a. a. O, C, Heymanns Verlag 1913

bestimmten Beiträge erkennen läßt, sie ist aber deshalb nicht weniger 'gerecht' (eine "gerechte" Rente gab es nie!) Das Rechenexempel läßt außerdem den wirklichen Anteil des Arbeitgebers an der Finanzierung dieser Rente (nämlich ca. 100%) außer Acht, und schon deshalb kann von einem Äquivalenzprinzip keine Rede sein.

§ 56 Frauenruhegeld

Weibliche Versicherte erhielten bei Eintritt des Versicherungsfalles nach 60 bis weniger als 120 Beitragsmonaten ein Ruhegeld von einem Viertel (25%) der in den ersten 60 Beitragsmonaten entrichteten Beiträge.

§ 57 Hinterbliebenenrenten

Die Witwen und Witwer bekamen zwei Fünftel (40%) des Ruhegeldes, das ihr Ernährer zur Zeit seines Todes bezog oder bei Berufsunfähigkeit bezogen hätte. Waisen (gemeint sind Halbwaisen) erhielten je ein Fünftel (20%), Doppelwaisen (Vollwaisen) je ein Drittel des Betrages der Witwenrente, also zwei Fünfundzwanzigstel bzw. zwei Fünfzehntel des Ruhegeldes des Versicherten.

§ 58 Höchstrenten

Die Hinterbliebenenrenten durften zusammen den Ruhegeldbetrag des Versicherten nicht übersteigen. Sie wurden sonst im Verhältnis ihrer Höhe gekürzt. Schied ein Hinterbliebener aus, dann erhöhten sich die anderen Hinterbliebenenrenten bis zum zulässigen Höchstbetrag.

§ 59 Monatliche Zahlung

Ruhegeld und Renten wurden in monatlichen Teilbeträgen, die auf volle 5 Pfennige aufgerundet wurden, im Voraus gezahlt.

Leibrenten

§ 63 Leibrenten an weibliche Versicherte. Weibliche Versicherte konnten, ebenso wie männliche, nach Ausscheiden aus einer versicherungspflichtigen Beschäftigung die Versicherung freiwillig fortsetzen oder durch Zahlung einer Anerkennungsgebühr aufrechterhalten. Da sie zumeist wegen Heirat ausschieden und einen Unterhaltsanspruch gegenüber dem Ehemann erwarben, waren sie an der Fortsetzung oder Aufrechterhaltung ihres Versicherungsverhältnisses weniger interessiert. Sie zogen die Heiratsabfindung vor, wobei ihnen allerdings der halbe Beitrag (der Arbeitgeberanteil) verloren ging. Willkommener mußte ihnen deshalb die vom Gesetz eröffnete Möglichkeit des fortlaufenden Bezuges einer Leibrente sein, die als Zuschuß zum Haushaltsgeld gedacht war und auch nach dem Tod des Mannes weiter gezahlt wurde. Hierfür war ein Antrag erforderlich. Die Höhe der Leibrente war abhängig vom Werte der erworbenen Anwartschaft auf Ruhegeld und vom Alter der Antragstellerin zum Zeitpunkt des Ausscheidens. Sie wurde vom Rentenausschuß festgesetzt. Auf Antrag der Berechtigten konnte die Festsetzung des Beginns und der Höhe der Leibrente für einen späteren Zeitpunkt vorbehalten werden, z. B. erst für die Zeit der Witwenschaft. In diesem Falle wurde dem o.a. Anwartschaftswert der Zins hinzugerechnet, der sich vom Zeitpunkt des Ausscheidens bis zum Beginn der Leibrente bei Anwendung des den Beitragsberechnungen zugrunde liegenden Zinsfußes ergab. Da für die Leibrentenberechnung der gesamte Beitrag (also auch der Arbeitgeberanteil) berücksichtigt wurde, war sie für die Antragstellerin günstiger als die Heiratserstattung.

Organisation der Invaliditäts- und Altersversicherung

Versicherungsanstalten

Nach §§ 41 ff IuAVG erfolgte die Invaliditäts- und Altersversicherung durch Versicherungsanstalten, die für einen „weiteren Kommunalverband" (Provinz, Regierungsbezirk) oder mehrere solcher Verbände, für Bundesstaaten oder für Teile dieser Staaten errichtet wurden. Bei der Versicherungsanstalt waren alle Personen versichert, deren Beschäftigungsort im Anstaltsbezirk lag. Als Beschäftigungsort galt der Sitz des Betriebes. Die Errichtung der Versicherungsanstalten bedurfte der Genehmigung des Bundesrates. Der Sitz der Versicherungsanstalt wurde durch die Landesregierung bestimmt. War die Versicherungsanstalt für mehrere Bundesstaaten oder deren Gebietsteile errichtet worden und konnten sich die beteiligten Landesregierungen nicht einigen, dann bestimmte der Bundesrat den Sitz. Nach der vom Reichskanzler durch Bekanntmachung vom 15. 03. 1890 veröffentlichten Zusammenstellung sind die in der folgenden Tabelle aufgeführten 31 Versicherungsanstalten errichtet worden.

Rentenversicherungsgesetze vor dem 1. Weltkrieg

Nr.	Name der VA, Versicherungsanstalt für ...	Sitz
1.	Provinz Ostpreußen	Königsberg
2.	Provinz Westpreußen	Danzig
3.	Provinz Brandenburg	Berlin
4.	Provinz Pommern	Stettin
5.	Provinz Posen	Posen
6.	Provinz Schlesien	Breslau
7.	Provinz Westfalen	Münster
8.	Stadtkreis Berlin	Berlin
9.	Provinz Schleswig-Holstein und Fürstentum Lübeck	Kiel
10.	Rheinprovinz, Hohenzollernsche Lande, Fst. Birkenfeld	Düsseldorf
11.	Provinz Sachsen und Herzogtum Anhalt	Merseburg
12.	Provinz Hannover und die Fstr. Pyrmont, Schaumburg-Lippe und Lippe	Hannover
13.	Provinz Hessen-Nassau und Fürstentum Waldeck	Kassel
14.	Regierungsbezirk Oberbayern	München
15.	Regierungsbezirk Niederbayern	Passau
16.	Regierungsbezirk Pfalz	Speyer
17.	Regierungsbezirk Oberfranken	Bayreuth
18.	Regierungsbezirk Oberpfalz und Regensburg	Regensburg
19.	Regierungsbezirk Mittelfranken	Ansbach
20.	Regierungsbezirk Unterfranken und Aschaffenburg	Würzburg
21.	Regierungsbezirk Schwaben und Neuburg	Augsburg
22.	Königreich Sachsen	Dresden
23.	Königreich Württemberg	Stuttgart
24.	Großherzogtum Baden	Karlsruhe
25.	Großherzogtum Hessen	Darmstadt
26.	Ghzt. Mecklenburg-Schwerin und Mecklenburg-Strelitz	Schwerin
27.	Ghzt. Sachsen-Weimar-Eisenach, Hzt. Sachsen-Meiningen, Sachsen-Coburg-Gotha, Fstr. Schwarzburg-Sondershausen, Schwarzburg-Rudolstadt, Reus	Weimar
28.	Herzogtum Oldenburg	Oldenburg
29.	Großherzogtum Braunschweig	Braunschweig
30.	Freien und Hansestädte Lübeck, Bremen und Hamburg	Lübeck
31.	Reichslande Elsaß-Lothringen	Straßburg

Verwaltungsorgane

Die Versicherungsanstalt wurde durch einen Vorstand verwaltet, soweit nicht einzelne Angelegenheiten dem Ausschuß oder anderen Organen übertragen wurden. Durch das Statut (die Satzung) konnte außerdem die Bildung eines Aufsichtsrates angeordnet werden. Für jede Versicherungsanstalt wurde ein Ausschuß gebildet, der aus mindestens je 5 Vertretern der Arbeitgeber und der Versicherten bestand. Er hatte u.a. über das Statut zu beschließen, die Jahresrechnung zu prüfen und die Geschäftsführung des Vorstandes zu überwachen. Der Vorstand konnte zur Erfüllung der den unteren Verwaltungsbehörden übertragenen Aufgaben Rentenstellen errichten. Ihnen oblag die Kontrolle der Beitragsentrichtung, Begutachtung der Rentenanträge, Rentenentziehungen oder Renteneinstellungen und ggf. der Erlaß von Bescheiden.

Sonderanstalten

An der Versicherung waren weitere Aufgabenträger beteiligt. Hier bestimmte der Bundesrat, welche Anstalten des Reiches, eines Bundesstaates oder eines Gemeindeverbandes als Sonderanstalten zugelassen wurden und von wann an. Seit dem IuAVG wurden folgende Sondereinrichtungen zugelassen:

1. Pensionskasse für die Arbeiter der Preußisch-Hessischen Eisenbahngemeinschaft in Berlin
2. Norddeutsche Knappschafts-Pensionskasse in Halle/Sa.
3. Saarbrücker Knappschaftsverein in Saarbrücken
4. Arbeiterpensionskasse der Königlich Bayerischen Verkehrsanstalten in Rosenheim
5. Arbeiter-Pensionskasse der Königlich Sächsischen Staatseisenbahnen in Dresden-Altstadt
6. Allgemeine Knappschafts-Pensionskasse für das Königreich Sachsen in Freiberg i.S.
7. Arbeiter-Pensionskasse für die Badischen Staatseisenbahnen und Salinen in Karlsruhe
8. Pensionskasse der Reichseisenbahnen in Straßburg i. E.
9. Allgemeiner Knappschaftsverein in Bochum
10. Invaliden-, Witwen- und .Waisen-Versicherungskasse.der.See-Berufsgenossenschaft in Hamburg

Die Leistungen der Sonderanstalten mußten den gesetzlichen Leistungen der Versicherungsanstalt mindestens gleichwertig sein. Die Beiträge der Versicherten für die reichsgesetzlichen Leistungen durften die Hälfte des gesetzlichen Betrages nur übersteigen, wenn es durch die von § 1389 abweichende Berechnungsart der

Sonderanstalt notwendig wurde. Höher als die der Arbeitgeber durften sie aber auch nicht sein.

Die Seekasse

Durch Bundesratsbeschluß konnte die am 13.7.1887 gegründete See-Berufsgenossenschaft (See-BG) eine besondere Einrichtung für die Invalidenversicherung ihrer rentenversicherungspflichtigen Mitglieder und der Beschäftigten der zur See-BG gehörenden Unternehmer schaffen. Allerdings mußte diese Einrichtung, die heute noch als Seekasse besteht, zugleich eine Witwen- und Waisenversorgung für die Hinterbliebenen ihrer Rentenversicherten gewährleisten. Die Versicherten sollten an der Verwaltung beteiligt werden, wenn sie Beiträge zu entrichten hatten. Der Arbeitgeberanteil durfte nicht niedriger sein als die Hälfte des Beitrages. Die Beitragshöhe entsprach derjenigen nach (§ 20 IuAVG) § 32 IVG. Wurden die Versichertenbeiträge abgestuft, so waren auch die Hinterbliebenenrenten im gleichen Verhältnis abzustufen. Die Wartezeit hatte höchstens die im (§ 16 IuAVG) § 29 IVG genannten Zeiten zu betragen. Weiterversicherte Seeleute : Versicherte, die zeitweilig auf ausländischen Schiffen fuhren, ihre Familien aber in Deutschland beließen, oder die aus anderen Gründen aus der versicherungspflichtigen Beschäftigung ausschieden, durften sich (auch für die Hinterbliebenenrenten) weiterversichern.

Die Bundesbahn-Versicherungsanstalt

Für die RV und Zusatzversorgung der Bahnarbeiter waren die o.g. u.a. seit 1859 bestehenden Pensionskassen und die Reichs- bzw. Bundesbahn-VA zuständig.

Der Bergbau

Trotz der reichsgesetzlichen Regelungen auf den Gebieten der KV, UV und RV blieb das Knappschaftswesen den einzelnen Staaten (Ländern) des Reiches überlassen. Das IuAVG von 1889 stellte es den Knappschaftsvereinen frei, an Stelle der Landesversicherungsanstalten die Invalidenversicherung durchzuführen oder neben den LVA als Zuschußkassen zu fungieren. Das spätere Versicherungsgesetz für Angestellte ermöglichte es den Knappschaftsvereinen, die Versicherung als Ersatzkasse zu betreiben.

Organisation der Angestelltenversicherung (AV)

Träger der AV war die in Berlin-Wilmersdorf errichtete Reichsversicherungsanstalt für Angestellte, eine rechtsfähige Behörde, deren Organe,

- 1. das Direktorium,
- 2. der Verwaltungsrat,
- 3. die Rentenausschüsse und
- 4. die Vertrauensmänner

mit genau umrissenen Aufgaben und Vollmachten ausgestattet worden waren.

Verwaltungsrat

Der Verwaltungsrat hatte das Direktorium bei der Vorbereitung wichtiger Beschlüsse gutachtlich zu beraten. Er hatte ferner über die Festsetzung des Voranschlages und die Abnahme des Rechnungsabschlusses und der Bilanzen zu beschließen.

Rentenausschuß

Dem Rentenausschuß oblagen insbesondere folgende Aufgaben:

1. Ruhegeld und Rente festzustellen, anzuweisen, zu entziehen und einzustellen,
2. Abfindungen festzustellen und anzuweisen (zwecks Auszahlung),
3. Anträge auf Heilverfahren entgegenzunehmen und die RfA zu benachrichtigen, wenn ein Versicherter durch ein Heilverfahren vor Berufsunfähigkeit bewahrt oder ein Empfänger von Ruhegeld oder Witwenrente wieder berufsfähig werden konnte,
4. in Angelegenheiten der Angestelltenversicherung Auskunft zu erteilen,
5. die Entscheidung über die Befreiung von Versicherungspflicht und die an Trunksüchtige zu gewährende Sachleistung,
6. die Genehmigung der Übersiedlung ins Ausland und einer Zession (Übertragung) der Versicherungsansprüche,
7. die Kürzung von Leistungen,
8. die Bestimmung der Anzahl seiner Beisitzer,
9. die Entscheidung über die Zulässigkeit einer Ablehnung der Wahl zum Beisitzer,
10. über den Streit zwischen Arbeitgeber und Arbeitnehmern über die Berechnung, Anrechnung, Erstattung und den Ersatz von Beiträgen, die Nachforderung zuwenig und die Rückforderung zuviel erhobener Beiträge zu entscheiden,
11. die Verhängung von Ordnungsstrafen wegen Verletzung der Auskunftspflicht,
12. die neue Prüfung eines rechtskräftigen Bescheides,

13. die Anweisung von Leistungen an die Post des Umzugsortes bei Wohnsitzwechsel,
14. die Verhängung von Ordnungsstrafen wegen unzulässiger Eintragungen in den Versicherungskarten,
15. die Feststellung der Anteile an den Leistungen der Zuschuß- und Ersatzkassen, wenn die RfA sich hieran beteiligte,
16. die Entscheidung über die Versicherungsfreiheit wegen einer bestehenden privaten Lebensversicherung.

§ 124 Begrenzte Befugnisse

Darüber hinaus konnte die RfA dem Rentenausschuß weitere Befugnisse übertragen, wie z.b. die Überwachung der Ruhegeldempfänger, jedoch nicht die ihr obliegende Kontrolle der rechtzeitigen und vollständigen Beitragsentrichtung.

Der Rentenausschuß hatte als Organ der RfA die Eigenschaft einer öffentlichen Behörde. Bei den Entscheidungen über Ruhegeld, Renten und Abfindungen war er an die Weisungen der RfA nicht gebunden. Soweit nicht das Gesetz den Geschäftsgang und das Verfahren der Rentenausschüsse regelte, hatte dies der Reichskanzler zu tun. Das geschah durch die Verordnung vom 14.Februar 1913.

Vertrauensmänner

Die Vertrauensmänner wählten nicht nur die Beisitzer für die Rentenausschüsse, sondern auch für die Schieds- und Oberschiedsgerichte und den Verwaltungsrat. Ihre Aufgabenpalette war zudem reich gestaltet, so daß sie auch vom Rentenausschuß besonders angeleitet werden mußten. Sie hatten u.a. den Rentenausschüssen die erforderlichen Unterlagen, die der Klärung des Sachverhaltes dienten, zu beschaffen und durch enge Fühlungsnahme mit den Versicherten rechtzeitig Heilverfahrensfälle anzuzeigen, damit die Behandlung des Leidens nicht zu spät einsetzte, sowie Tatsachen mitzuteilen, die nach ihrer Ansicht für den Rentenausschuß oder die RfA wichtig waren

Kapitel III

Der 1. Weltkrieg und seine Folgen für die deutsche Rentenversicherung

Finanzielle Kriegsvorbereitung

Die politischen Verhältnisse in Europa des Jahres 1912 waren von den Auseinandersetzungen der Balkan-Staaten mit der Türkei geprägt, in deren Verlauf es 1912 und 1913 zu zwei Kriegen kam. In ganz Europa rüsteten die Großmächte auf. Es setzte ein Wettrüsten ein. Auch Deutschland bereitete sich auf kriegerische Ereignisse vor, was aber offenbar nicht immer reibungslos verlief. Der folgende Briefwechsel zeigt es: Das Kriegsministerium richtete am 12. Februar 1912 an den Reichskanzler (Reichsschatzamt) folgendes Schreiben:

> "Bei drohender Kriegsgefahr sind die planmäßig vorbereiteten - auch vom Herrn Reichskanzler gebilligten - Maßnahmen zur Sicherung der Grenze, der Eisenbahnen, Kunstbauten usw. zu treffen. Über den Eintritt der "drohenden Kriegsgefahr" werden die Generalkommandos vom Kriegsministerium telegraphisch benachrichtigt. Um eintretendenfalls die erforderlichen militärischen Maßnahmen ausführen zu können, bedarf es teilweise einer mobilmachungsmäßigen Ausstattung von aktiven Truppen, zu welchem Zweck u.a. der freihändige Ankauf von Pferden und Fahrzeugen sowie die Einziehung von Mannschaften des Beurlaubtenstandes zu den Regimentern und zur Unterstützung des Bezirkskommandos vorgenommen werden müssen. Es sind daher schon im Frieden für die beteiligten Truppen die Vorbereitungen zur Bestreitung der einmaligen Ausgaben und zur Mitnahme eines Vorschusses zur Zahlung fällig werdender Friedensgebührnisse während der Abwesenheit aus den Standorten zu treffen. Zur Vereinfachung des Verfahrens wird beabsichtigt, die erforderlichen Beträge zur Zahlung aus den Friedenszahlstellen der Truppen sicherzustellen [...]".

Das Reichsschatzamt fragte in seinem Antwortschreiben vom 21. Februar 1912 an den Herrn Kriegsminister, welche ungefähren Beträge in Betracht kämen. Das Kriegsministerium entgegnete in seinem Schreiben vom 30.12.1912:

> "Soweit sich ohne genaue Erhebung übersehen läßt, wird der erste Bedarf voraussichtlich 50 Millionen Mark nicht übersteigen.[...] Die Reichsbankhauptstelle Breslau hat ihre Bereitwilligkeit zur Zahlung von der Bedingung abhängig gemacht, dass für die aus Anlass der drohenden Kriegsgefahr erforderlichen Geldmittel ein Guthaben in gleicher Höhe vorhanden sei. [...] Es wird Sache der Intendanturen sein, im Wege der Anweisung an die Korpszahlungsstellen usw. das Guthaben zu schaffen. [...]"

In einer 'Nachweisung der Geldmittel, deren Sicherstellung für den Fall des Ausspruches der drohenden Kriegsgefahr erforderlich ist', wurden die einzelnen

Bedarfsorte, Armeekorps (AK), Empfangsstellen und der Geldbedarf am ersten Tage nach Ausspruch der drohenden Kriegsgefahr in 1000 Mark erfaßt. Für den Bedarfsort Mohrungen des I. Armeekorps waren in der Empfangsstelle Kreiskasse Mohrungen 15.000,- Mark vorgesehen. Daraus entspann sich folgender Schriftwechsel :

> "Königsberg, den 27.12.1913, an den Regierungspräsidenten
> Ich habe die von der Regierungshauptkasse vorbereiteten Mobilmachungsarbeiten heute geprüft.[...] Die Anweisung zur Zahlung des [...] für die Kreiskasse in Mohrungen zur Verfügung gestellten Betrages von 15.000,- Mark ist der Regierungshauptkasse nicht zugegangen".

Fehlende Zahlungsanweisung

Fehlende Zahlungsanweisung verursacht Auseinandersetzungen über die dafür zuständige Militärintendantur :

> "Militärintendantur des XX. Armeekorps   Allenstein 9. Januar 1914
> an den Regierungspräsidenten mit dem Erwidern ergebenst zurück, daß der Geldbedarf des XX. AK [Armeekorps, d.Verf.] im Falle der Kriegsgefahr als Betriebsvorschuß gezahlt und wie im Frieden von der Zahlungsstelle XX. AK verrechnet wird. Eine Benachrichtigung dieser Zahlstelle über den Bedarf ist erfolgt. Die Anweisungen sind vorbereitet, werden jedoch erst bei Eintritt des Zustands drohender Kriegsgefahr der Zahlungsstelle XX. AK übersandt, die das weitere veranlaßt."

> "Der Regierungspräsident   Königsberg, den 13. Januar 1914
>
> Die Regierungshauptkasse (Zweigstelle I. AK) bedarf durchaus der Anweisung der Intendantur, an wen die 15.000,- Mark [...] gezahlt werden sollen. [...] Wenn diese Anweisung im Frieden unterbleibt, so weiß die Kreiskasse Mohrungen nicht, an wen sie die ihr bei drohender Kriegsgefahr zugesandten 15.000,- Mark zahlen soll, auch ist die Regierungshauptkasse nicht in der Lage, diesen Betrag der Reichsbankstelle Elbing zu erstatten.
>
> Meines Erachtens hat sich die Zahlungsstelle XX. AK mit der Zahlung dieser 15.000,- Mark zu befassen. Aus diesem Grunde halte ich die vorseitige Antwort der Intendantur XX.AK nicht für richtig. Vielleicht ist die Intendantur 41. Division in Deutsch Eylau zur Anweisung zuständig. Sollte auch diese die Anweisung ablehnen, so dürfte der Herr Finanzminister um Auskunft zu bitten sein, wer die 15.000,- Mark anweisen soll."

Der weitere Schriftwechsel in dieser Sache wurde am 17. Januar 1914 vom Regierungspräsidenten an die Königliche Intendantur XX. AK und in Erwiderung dessen am 31. Januar 1914 von der Intendantur des XX.AK an den Regierungspräsidenten geführt, ohne daß es dabei zur Klärung der fraglichen Angelegenheit kam.

Daraufhin sandte der Königliche Regierungspräsident an den Herrn Finanzminister in Berlin folgenden Brief:

"Königsberg, den 6. Febr. 1914

Nach der dem neben bezeichneten Erlasse beigefügten Nachweisung sind unter laufender Nr. 2 am ersten Tage nach Ausspruch der drohenden Kriegsgefahr von der Kreiskasse in Mohrungen 15.000,- Mark auszuzahlen, die ihr von der Reichsbankstelle in Elbing zuzusenden und dieser von der Zahlungsstelle I. Armeekorps zu erstatten sind. Bis jetzt ist der genannten Zahlungsstelle weder von einer der Intendanturen aus dem Bezirke des I. Armeekorps noch der aus dem Bezirke des XX. Armeekorps eine Anweisung darüber zugegangen, an wen diese 15.000,- Mark durch die Kreiskasse in Mohrungen auszuzahlen sind. Ich bitte daher um Auskunft, welche Intendantur die Anweisung [...] zu erlassen hat."

Ein Armeekorps geht leer aus

In zeitlicher Reihenfolge wurden in dieser Angelegenheit weitere Schreiben gewechselt, so das des Reichskanzlers an den Herrn Kriegsminister vom 2. März 1914, des Finanzministers an den Kriegsminister vom 22. April 1914, des Kriegsministers an den Reichskanzler (Reichsschatzamt) vom 29. April 1914, (als Antwort) des Kriegsministers an den Finanzminister vom 2. Mai 1914, des Reichsschatzamtes am 2. Mai auf das Schreiben des Kriegsministers vom 29. April, des Reichsbankdirektoriums an den Herrn Staatssekretär des Reichsschatzamtes vom 13. Juli 1914, des Reichsfinanzministers an das Reichsschatzamt vom 22. Juli 1914 und an den Kriegsminister (Eilt Mobilmachungsangelegenheit) vom 29. Juli sowie an die Reichshauptkasse vom 31. Juli und am selben Tage des Kriegsministers an den Staatssekretär des Reichsschatzamtes mit dem Inhalt: Zustand drohender Kriegsgefahr befohlen.[8]

Tags darauf begann der 1. Weltkrieg, so daß der für die mobilmachungsmäßige Ausstattung der Truppe bestimmte Betrag nicht mehr zweckgerecht verwendet werden konnte. Dieser Vorgang war weder symptomatisch noch trug er zur Niederlage Deutschlands, - neben Rußland- des bevölkerungsreichsten und mächtigsten Staates in Europa, im 1. Weltkrieg bei - oder vielleicht doch ?

---

[8] Nachzulesen in der Geheimakte IV- 76 beim Bundesarchiv Abt. Potsdam

Mohrungen ging an Polen verloren, aber erst als Folge des 2. verlorenen Weltkrieges, wie viele deutschen Städte und Dörfer jenseits der Oder. Die angewiesenen Geldmittel waren ursprünglich für die Finanzierung von "Maßnahmen zur Sicherung der Grenze, der Eisenbahnen, Kunstbauten usw." im Falle einer "drohenden Kriegsgefahr" vorgesehen. Die Kosten der Mobilmachung und der Kriegsführung wurden mit dieser Summe von 50 Millionen RM bei weitem nicht abgedeckt. Und so kam es im Verlaufe der weiteren politischen Wirren zum Krieg und zur Verschwendung von Volksvermögen, von Steuermitteln und Sozialversicherungsbeiträgen, privaten und staatlichen Geldern und schließlich zum finanziellen Ruin des ganzen deutschen Volkes, weil es von Machthabern beherrscht wurde, deren Ehrgeiz und Gewissenlosigkeit sich am Ende als grenzenlos erwiesen.

Im Frühjahr des Jahres 1914 spitzte sich die internationale Lage in ganz Europa zu. Der russische Generalstab verlegte das sibirische Korps im Februar 1914 nach Polen, Zar Nikolaus II. und König Karol von Rumänien einigten sich auf eine Lösung der Bindungen Rumäniens an Österreich und Deutschland im Juni 1914. Am 28. Juni wurden der österreichische Thronfolger Erzherzog Franz Ferdinand und seine Gemahlin von einem serbischen Gymnasiasten in Sarajevo ermordet. Österreich verlangte von Serbien die Teilnahme österreichischer Polizeiorgane bei der Untersuchung und Bestrafung der Hintermänner des Attentats, was von den Serben als Einmischung in innere Angelegenheiten abgelehnt wurde. Der serbische König Alexander bat daraufhin Rußland um Hilfe, die der russische Zar Nikolaus II. zusagte: Er werde Serbien nicht allein lassen. Es folgte die Kriegserklärung Österreich-Ungarns an Serbien, woraufhin Nikolaus II. die Mobilmachung befahl, obwohl ihn Kaiser Wilhelm II. Tage zuvor inständig gewarnt hatte, daß ein Krieg zwischen den Großmächten das Ende der Dynastien Rußlands, Österreich-Ungarns und Deutschlands bedeuten würde. Das deutsche Ultimatum auf Einstellung der Mobilmachung Rußlands blieb aber erfolglos. (Parallelen zum Kosovo- Krieg 1999?)

Am 30. Juli hatten sich Frankreich gegenüber Rußland und am 31. Juli England gegenüber Frankreich zur Waffenhilfe im Falle eines deutschen Angriffs verpflichtet.

Kriegsbeginn

Als Folge der Kriegserklärung Deutschlands an Rußland am 1. August 1914 mobilisierte nun Frankreich seine Truppen am selben Tag, worauf am 3. August die Kriegserklärung auch an Frankreich folgte. Österreich-Ungarn trat erst am 6. August in den Krieg mit Rußland ein. Damit hatte sich die deutsche Reichsregierung in die Position des am 1. Weltkrieg allein Schuldigen begeben und verstärkte diesen Eindruck in der Weltöffentlichkeit noch durch den Überfall auf Belgien. Dieses kleine Land wollte neutral bleiben und verweigerte deshalb die von Deutschland verlangte Durchmarscherlaubnis für seine Truppen. Nun folgten die Kriegserklärungen gegen Deutschland in Serie: zuerst die von Belgien, dann wegen des Einmarsches in Belgien die seitens Englands, danach jene Serbiens und Montenegros, gefolgt von der Japans. Als Reaktion auf den uneingeschränkten deutschen U-Boot-Krieg, der die seit Kriegsbeginn andauernde alliierte Blockade Deutschlands durch die feindliche Marine brechen sollte, aber auch zu amerikanischen Opfern führte, brachen die Vereinigten Staaten von Amerika die diplomatischen Beziehungen ab und erklärten Deutschland im Jahre 1917 den Krieg.

Otto von Bismarcks Ängste

Nun war es schlimmer gekommen, als von Bismarck es je befürchtet hatte. Schon anläßlich der Berliner Konferenz am 13. Juni 1878, bei der es um die Verteilung der von den Türken im Frieden von San Stefano vom 3. März 1878 aufgegebenen Balkanländer ging, war er darauf bedacht, als Präsident dieses Kongresses, es zu keinen Mißhelligkeiten zwischen Deutschland und Rußland kommen zu lassen. Diese hätten nach seiner Ansicht zu einer Annäherung zwischen Frankreich und den Russen geführt - und diese sah er als die große Gefahr.

Um ihr zu begegnen, schloß von Bismarck mit Rußland 1887 den 'Rückversicherungsvertrag', wenn auch der Anlaß in der österreichischen Heeresvermehrung bestand, welche die Verlängerung des 'Dreikaiservertrages' unmöglich machte. Dieses Bündnis von 1873 zwischen Franz-Joseph I., Alexander II. und Wilhelm I. sollte den Frieden sichern. Als sich die Russen nach der Entlassung v. Bismarcks um die Verlängerung des Rückversicherungsabkommens bemühten, befahl Wilhelm II. dessen Nichterneuerung. Das trieb Rußland auf die Seite Frankreichs. Beide schlossen 1892 eine Militärkonvention mit gegenseitiger Hilfe bei einem Angriff durch die Mächte des Dreibundes. Dieser war 1882 zwischen Deutschland, Österreich und Italien (für den Fall eines französischen Angriffs) geschlossen worden.

Dilettantische Kriegsplanung

Alfred von Schlieffen, seit 1891 Chef des deutschen Generalstabs, befürwortete für den Fall eines Zweifrontenkrieges (im sogenannten Schlieffen-Plan) einen Angriff auf Frankreich mit einem verstärkten rechten Flügel durch Belgien. Von einem Verteidigungsplan im Falle eines französischen Angriffs war nichts zu vernehmen, auch nicht, wie bei einem Scheitern des Schlieffen-Planes zu verfahren war und wann frühestens und spätestens Waffenstillstandsverhandlungen eingeleitet werden sollten, um das sinnlose Gemetzel zu beenden und die Kriegsentschädigungen an die Alliierten, die dann fällig gewesen wären, in Grenzen zu halten. Das diplomatische Geschick und der zur Versöhnung mit den benachbarten Mächten befähigende Geist eines Fürsten v. Bismarck waren offenbar mit seinen sterblichen Überresten von seinen Nachfolgern zu Grabe getragen worden. So nahmen die schlimmen Ereignisse ungehemmt ihren Lauf, ohne daß erkennbar wurde, welches Kriegsziel das deutsche Reich eigentlich verfolgte.

Die 'Bismarckschen Kriege' Preußens gegen die übrigen Staaten des Deutschen Bundes im Jahre 1866 dienten der Reichseinheit, der Vereinigung aller deutschen Länder in einem einheitlichen Staatsgebilde, allerdings unter Ausschluß Österreichs. Preußen, damals die deutsche Großmacht, war zuvor aus dem Deutschen Bund ausgetreten und führte dann Krieg gegen Österreich und die übrigen deutschen Bundesstaaten, der mit dem Anschluß von Schleswig-Holstein, Hannover, Kurhessen, Nassau und Frankfurt am Main an Preußen und der Bildung des Norddeutschen Bundes zwischen Preußen, Sachsen und den Staaten nördlich der Mainlinie endete. Für den Kriegsfall schlossen Preußen, Bayern, Württemberg und Baden ein Schutz- und Trutzbündnis, wodurch die Armeen auch dieser süddeutschen Staaten dem Oberbefehl des Königs von Preußen unterstellt wurden. Dem Deutschen Bund gehörten an: Kaiserreich Österreich, Königreiche Preußen, Bayern, Hannover, Sachsen, Württemberg, Kurfürstentum Hessen-Kassel, Großherzogtümer Baden, Hessen-Darmstadt, Mecklenburg-Schwerin, Mecklenburg-Strelitz, Sachsen-Weimar, Luxemburg, Oldenburg, 10 Herzogtümer, 10

Fürstentümer, eine Landgrafschaft, 4 freie Städte (Frankfurt, Hamburg, Lübeck und Bremen).

Kriegsfinanzierung

Gleichsam verheerend waren die finanziellen Belastungen für den Staatshaushalt, welche die Finanzierung der Kriegsmaschinerie mit sich brachte. Jedes Geschoß, ob Patrone, Granate oder Torpedo, jede einzelne Waffe, ob Pistole, Gewehr, Bajonett oder Geschütz, und später die Tanks und Flugzeuge mußten bezahlt werden. Der Unterhalt der Truppe, die Versorgung der Verwundeten und ihre Unterbringung in Lazaretten kosteten weiteres Geld. Für den Fall des Krieges hatte der Staat sich zwar einen Reichskriegsschatz angelegt, der aber nicht für einen letztlich viereinhalbjährigen Krieg an vielen Fronten ausreichte. Also mußte das Volk zur Herausgabe seines privaten Vermögens verführt und die vom Staat abhängigen Einrichtungen - wie sie die Rentenversicherung seit Beginn ihres Bestehens war - zur Herausgabe barer Mittel verpflichtet werden.

Die Bevölkerung wurde schon in den Schulen zu einem vaterländischen Bewußtsein, zum Nationalstolz und teilweise sogar zu einer nationalistisch eingefärbten Überheblichkeit gegenüber den benachbarten Völkern erzogen. Somit bedurfte es keiner besonderen Anstrengungen, ihre Kriegsbereitschaft zu gewinnen. Auch die Bereitstellung von Milliardenbeträgen für die Kriegsfinanzierung gelang deshalb mühelos. Selbst die sonst sehr international gesinnten Sozialdemokraten wurden kleinlaut und versagten bei ihrer eigentlichen politischen Aufgabe, nämlich das Volk über das Verbrecherische eines jeden Krieges aufzuklären und es vor dem Verlust von Söhnen und Vätern, von Hab und Gut zu warnen, vor dem, solange es Geschichte gibt, bisher noch kein Volk bewahrt wurde. Statt dessen bewilligten sie in der zweiten außerordentlichen Reichstagssitzung des Jahres 1914 die Kriegsvorlagen und damit den Nachtragshaushalt über 5 Milliarden Mark. Diese sollten durch 'Zeichnung von Kriegsanleihen' vom deutschen Volke (Personen, Institutionen, Firmen etc.) aufgebracht werden.

Kriegsanleihen

Die erste Kriegsanleihe vom September 1914 brachte mehr als 4 Milliarden Mark in die Kasse des Reichsschatzamtes, die zweite mehr als 7 Milliarden. Des

Volkes Begeisterung über diesen 'Erfolg' läßt das vom Wolffbureau an seine Majestät den Kaiser untertänigst gerichtete Telegramm erkennen. Es lautet:

> "Berlin, 20.3.1915, unter brausendem Beifall des reichstags erklaerte staatssekretaer helfferich, dass die zeichnungen auf die neue kriegsanleihe in die 7. Milliarde hineinreichen, und sie vielleicht noch uebertreffen werden, so dass das ergebnis der beiden kriegsanleihen rund 12 milliarden mark betragen wuerde".

Ein zweites Telegramm, das der Kaiser zur zweiten Kriegsanleihe in seinem Hauptquartier empfing, hatte folgenden Wortlaut:

> "mit meinem ehrerbietigsten dank fuer die glueckwuensche euer majestaet kann ich die meldung verbinden, dass der anleiheerfolg sogar die gestrige schaetzung noch weit uebertrifft. jetzt vorliegende ergebnisse erreichen 9 milliarden mark. die unvergleichliche opferbereitschaft und der geschlossene wille zum sieg des gesamten deutschen volkes haben somit einen erfolg gezeigt, der ohne beispiel in der finanzgeschichte aller zeiten ist. helfferich"

Der Kaiser antwortete:

> "meinen besten dank fuer die erfreuliche meldung und mein gluecklwunsch zu dem glaenzenden ergebnis der kriegsanleihezeichnungen. auch die feinde unseres vaterlandes werden daraus erneut erkennen, dass es dem deutschen volk im kampf um seine existenz weder an kriegerischen noch an wirtschaftlichen waffen fehlt, seinen unerschuetterlichen willen zum siege durchzuhalten und durchzusetzen. wilhelm"

Die Truppen waren in den Krieg mit der Gewißheit gezogen, spätestens nach einigen Monaten siegreich wieder nach Hause zurückzukehren. Statt dessen vergingen diese Monate, ohne daß ein Ende des Krieges sichtbar wurde, und je länger das Gemetzel dauerte, umso mehr Kriegsanleihen mußten unter das Volk gebracht werden. Die Propaganda für ihre Zeichnung wurde verstärkt, an den Opfersinn, die Treue zu Kaiser und Reich und die vaterländische Gesinnung appelliert und selbst in den Schulen auf die Kinder eingewirkt, um die Eltern zur Herausgabe ihres Vermögens zu veranlassen. Dieser angesichts der dramatischen Kriegslage bedenkenlose Umgang mit dem Volksglauben und -vermögen zeitigte dennoch die gewünschten Erfolge, wie sie die weiteren Telegramme der Exellenzen erkennen ließen. So lautete die Depesche vom 23.9.1915 an Seine Majestät den Kaiser und König - großes Hauptquartier-:

> "euer majestaet kann ich melden, dass die dritte kriegsanleihe rund 12 milliarden mark erbracht hat und damit die letzte englische kriegsanleihe , die bisher groeszte finanzoperation der weltgeschichte noch uebertrifft (...). helfferich"

Tags darauf, am 24.9.15, erreichte seine Majestät das folgende Telegramm:

„der reichs-schatzsekretaer meldet, dass zu dem glaenzenden ergebnis in den kriegsanleihen die thaetigkeit der schulen sehr wesentlich beigetragen hat. durch fortgesetzte vortraege ihrer lehrer angefeuert, haben die schueler immer wieder auf ihre eltern eingewirkt und auch selbst durch schuelerzeichnungen nennenswerte beträge zusammengebracht. Eurer majestaet allergnaedigstem ermessen wage ich es ehrerbietigst anheimzustellen, durch einen erlass an den kulturminister für den morgigen sonnabend schulfreiheit befehlen zu wollen.

alleruntertaenigst. bethmann-hollweg"

Diesem Ersuchen des Herrn Reichskanzlers wurde gnädigst stattgegeben. An dieser Stelle ist allerdings zu fragen: Wie soll ein Volk den rechten Weg finden, wenn seine Lehrer sich als Verführer und Werkzeuge des Unheils gebrauchen lassen? Denn schon im Jahre 1915 war erkennbar, daß die deutschen Offensiven ins Stocken geraten waren und in Stellungskriegen im Westen wie im Osten ausarteten, und zwar mit hohen Verlusten für beide Seiten.

Warburgs Memorandum

In der Erwartung eines baldigen Kriegsendes verfaßte der Hamburger Bankier Max M. Warburg am 1. August 1915 eine streng vertrauliche Denkschrift für den Kaiser mit dem Titel: "Finanzielle Kriegslehren". Darin heißt es u.a.:

„Während im Jahre 1870 auf eine 5%ige Anleihe von 100 Millionen Thalern, die zu 88% aufgelegt wurde, 68 Millionen Thaler gezeichnet wurden, wobei die Preußische Bank selbst 5 Millionen Thaler nahm, wurden dieses Mal bei der ersten Ausgabe ungefähr 4 ½ Milliarden Mark auf eine 5%ige zehn Jahre unkündbare Anleihe, sowie Schatzanweisungen, rückzahlbar in Serien vom 1. Oktober 1918 bis 1. Oktober 1920, beide zu 97 1/2%, gezeichnet. Bei der zweiten Ausgabe, die 5 Monate später erfolgte, wurden auf eine ebenfalls 5%ige 10 Jahre unkündbare Anleihe und 5%ige Schatzanweisungen, rückzahlbar in Serien vom 2. Januar 1921 bis 1. Juli 1922, deren Ausgabepreis sogar 1% höher war als der der ersten Emission, also 98 1/2%, über 9 Milliarden Mark gezeichnet. So konnte das Reich, da das Volk die für die Kriegsführung erforderlichen Geldmittel bereitwillig zur Verfügung stellte, davon absehen, Kriegssteuern zu erheben".

Der Bericht Warburgs beschäftigte sich dann mit der "voraussichtlichen Geldanlage nach Friedensschluß". Darin heißt es (bemerkenswert !):

"Wir lassen vorsichtigerweise [!!] diejenigen Beträge, die auf Grund von Kriegsentschädigungen nach Deutschland fließen werden, außer acht, womit natürlich keineswegs in irgendeiner Form einem Verzicht auf eine Kriegsentschädigung, auf die Deutschland sich einen rechtmäßigen Anspruch auf dem Kampffelde erworben hat, das Wort geredet werden soll. Eine Kriegsentschädigung werden und müssen wir von dem besiegten Feind verlangen und erhalten, nicht nur, um Heer und Flotte auf den alten, ja höheren Stand zu bringen, nicht nur, um die Kriegskosten wieder zu erhalten, also den Staat wieder zu entschulden und das Geld, das wir für unsere Invaliden brauchen, bereitzustellen, sondern auch, um die Mittel zu gewinnen, die nötig sein werden, um Handel und Industrie zu entschädigen. [...] Für die finanzielle Friedensbereitschaft, ja für die Zahlungsfähigkeit, für die Wiederaufrichtung unserer Volkswirtschaft sind zwei Dinge nötig, deren Bedeutung für die Friedensverhandlung immer wieder erwähnt werden muß, nämlich Geld und gute Handelsverträge. [...] Wir kämpfen um unsere Welthandelsstellung [...] Erhalten wir kein Geld, können wir unseren Welthandel nicht betreiben, so können wir die Kosten unserer Wehrmacht nicht tragen, die zukünftig noch stärker sein wird, als bisher! Wir dürfen nicht den falschen Glauben gewinnen, daß unsere Gegner finanziell vollkommen ruiniert sind, das ist nicht wahr! Wenn sie auch geschwächt sind, so sind England wie Rußland und Frankreich, jedes Land in seiner Weise noch sehr sehr reich, und wir müssen eine große Kriegsentschädigung für uns und unsere Bundesgenossen verlangen! [...]"

Vor dem Hintergrund des bisherigen Kriegsverlaufes, der zum Scheitern des Schlieffenplanes durch eine folgenschwere Fehlentscheidung des Generalstabschefs von Moltke führte, erscheint Warburgs Denkschrift als deutliche Warnung vor einer Fortsetzung des Krieges. Durch Entsendung von Korps der 1. und 2. Armee an die Ostfront hatte er den rechten Flügel der Westarmee geschwächt, so daß die 6. französische Armee, mit Pariser Taxis an die Front gebracht, in die offene Flanke vorstoßen konnte,. Die alliierten Mächte erkannten ihre Chancen und verpflichteten sich im Vertrag von London im September 1914, mit Deutschland keinen Separatfrieden zu schließen. Dies bedeutete allerdings nicht, daß Waffenstillstandsverhandlungen nicht doch zu einem glimpflichen Ende des damals bereits verlorenen Krieges geführt hätten. Die Kriegskassen aller am Krieg Beteiligten waren leer und mußten durch Kriegssteuern und -anleihen wieder aufgefüllt werden, so daß eine Friedensbereitschaft erzwungenermaßen überall vorhanden war, (und Clemenceau wurde erst im November 1917 französischer Ministerpräsident).

Die Regierung Bethmann-Hollweg war offensichtlich zu schwach, um sich zu entsprechenden diplomatischen Schritten durchzuringen und auch den Kaiser, der das Unheil für die europäischen Dynastien vorausgesagt hatte, für die Beendigung der Kriegshandlungen zu gewinnen. Statt dessen verlor sich der Reichskanzler in Phantastereien, wie sein Telegramm an einen Adjutanten des Kaisers zeigt. Bereits einen Tag nach seinem Ersuchen der Schulfreiheit telegraphierte er den Entwurf einer Order an sich selbst, die der Kaiser erlassen sollte. Er lautete:

"Großes Hauptquartier, den ...September 1915 Der jeden Anschlag und jede Erwartung übertreffende Betrag der dritten Kriegsanleihe ist Mir ein neuer Beweis, erhebend und ergreifend zugleich, daß die große Zeit in Deutschland ein großes Geschlecht gefunden hat. Die Leistung der zwölf Milliarden nach dem gewaltigen, die beiden ersten Kriegsanleihen aufgebrachten Summen ist der Ausdruck der unerschöpflichen Kraft und des unerschütterlichen Willens des in höchster Pflichterfüllung geeinigten deutschen Volkes. In der Wucht von Plan und Tat erkenne ich den Geist, der Mein Heer beseelt. Ich beauftrage Sie, meinen Kaiserlichen Dank für alle, die leitend, beratend und ausführend an dem großen Gelingen mitgeholfen haben, zur öffentlichen Kenntnis zu bringen.

An den Reichskanzler
Bethmann-Hollweg"

Das Antworttelegramm vom 26.9.1915 aus Charleville" an Exellenz Reichskanzler" war ernüchternd:

"Seine Majestät der Kaiser haben in zwei Telegrammen an Reichsschatzsekretär, gegen deren Veröffentlichung keine Bedenken, bereits Freude, Dank und Anerkennung anläßlich des glänzenden Ergebnisses der dritten Kriegsanleihe ausgesprochen und möchten, wenn Eure Exellenz einverstanden, von einer weiteren Kundgebung absehen.
von Valentini"

Am selben Tage erhielt Seine Majestät der Deutsche Kaiser und König von Preußen das folgende Telegramm aus Berlin:

"eure kaiserliche und koenigliche majestaet bitte ich angesichts der gewaltigen wirtschaftlichen kraft und entschlossenheit des volkes, die durch das ergebnis der dritten kriegsanleihe aller welt kundgegeben sind, den gefuehlen des stolzes und der vaterlaendischen hingebung an das grosse ziel ausdruck geben zu duerfen, das dem deutschen volke unter eurer majestaet ruhmreichen fuehrung durch den uns aufgezwungenen krieg gesteckt und zu dessen erreichung das deutsche volk gut und blut zu opfern freudigen herzens bereit ist.
dr. kaempf
wirklicher geheimer rat
praesident des reichstags"

Der Kaiser entgegnete:

"an reichstagspraesident dr. kaempf, berlin,
ich danke ihnen fuer den ausdruck freudigen stolzes ueber den glaenzenden erfolg der zeichnungen auf die dritte kriegsanleihe. nie wird das vaterland sich vergeblich an die opferfreudigkeit des deutschen volkes wenden.
Wilhelm"

Aus den weiteren Telegrammen mit unten angegebenem Datum geht hervor:

23.03.1916	:	Die	vierte	Kriegsanleihe	von mehr als 10	Mrd.	Mark.
07.10.1916	:	Die	fünfte	Kriegsanleihe	von	10,5	Mrd.	Mark.
18.04.1917	:	Die	sechste	Kriegsanleihe	von	12,75	Mrd.	Mark.
20.10.1917	:	Die	siebente	Kriegsanleihe	von	12,43	Mrd.	Mark.
20.04.1918	:	Die	achte	Kriegsanleihe	von	14,5	Mrd.	Mark.
12.07.1918	:	Die	neunte	Kriegsanleihe	von	15	Mrd.	Mark,

also waren ca. 100 Milliarden Volksvermögen sinnlos 'verpulvert', das Volk bis zum katastrophalen Ende des Krieges mit vaterländischen Parolen verführt und von seiner Führung betrogen worden.

Tägliche Kriegskosten

Der Kaiser und sein 'allerhöchstes Gefolge' waren sowohl über die kriegerische Lage als auch über die täglichen Kriegskosten laufend informiert worden. Letztere betrugen durchschnittlich

im Jahre	Millionen Mark	im Jahre 1918	Millionen Mark
1914	36,0 -51,7	Im Januar	135,0
1915	49,8 - 78,7	Im Februar	118,7
1916	64,4 - 92,6	im März	138,4
1917	94,8 - 129,2	im April	133,6

Monatliche Kriegsausgaben

Die Aufstellung über die monatlichen durchschnittlichen Kriegsausgaben enthielt schließlich folgende Beträge in Mio Mark:

1914	1.420,1	1917	3.297,7
1915	1.907,9	1918	3.937,6
1916	2.226,9		

Bereits im Jahre 1916 war erkennbar, daß die Kriegskosten unaufhaltsam stiegen und eines späteren Tages auch nicht mehr durch die Zeichnung von Kriegsanleihen seitens der Bevölkerung finanzierbar waren. Dennoch mutete die oberste Heeresleitung, an ihrer Spitze Seine Majestät der Kaiser und König von Preußen, seinen Untertanen weitere Opfer zu und schürte völlig bedenkenlos deren unkritische Gebefreudigkeit noch mit allergnädigsten patriotischen Danktelegrammen. So ließ der Kaiser sein Telegramm vom 25.3.1916 veröffentlichen. Es hatte folgenden Wortlaut:

"Hocherfreut durch ihre Meldung von dem glänzenden Ausfall der vierten Kriegsanleihe spreche ich Ihnen, wie allen an diesem großen Erfolge Beteiligten Meinen wärmsten Dank und Glückwunsch aus. Der neue Beweis einmütigen

Siegeswillens und ungebrochener Kraft reiht sich den bewundernswerten Zeugnissen von Heldenmut und Vaterlandsliebe, die unsere Kämpfer an der Front täglich ablegen, würdig an. Ein Volk, das in solchem Geiste wie ein Mann zusammensteht gegen den Ansturm seiner Feinde, darf im Vertrauen auf Gott den Sieg seiner gerechten Sache mit Zuversicht erwarten. Wilhelm"

Orden für Kriegsanleihewerber

Der Reichskanzler verlegte sich in seinen weiteren Telegrammen an den Kaiser darauf, für Exellenzen, die sich bei der Zeichnung der Kriegsanleihen besonders verdient gemacht hatten, Orden vorzuschlagen. Die Depesche vom 8.10.1916 hierzu lautete:

"eure majestaet wage ich alleruntertaenigst zu bitten, den staatssekretaer des reichsschatzamtes, grafen von roedern, fuer seine verdienste um das ueber erwarten gute ergebnis der neuesten kriegsanleihe, durch verleihung des eisernen kreuzes erster klasse allergnaedigst belohnen zu wollen. graf roedern hat mit ausserordentlicher energie und grossem geschick neue wege gesucht und gefunden, um dem deutschen volke die notwendigkeit des finanziellen durchhaltens auch jetzt wieder klar zu machen. die schwierigkeiten waren bei dieser anleihe groesser als je zuvor. eine gewisse kriegsmuedigkeit, vielfach auch eine gewissenlose agitation, politische verhetzung, toerichtes gerede darueber, dass geldgeben den krieg noch verlaengere usw. hatten eine verwirrung geschaffen, die vor einigen wochen an dem guten erfolg der anleihe zweifeln liess [...]".

Die Kosten einer Kriegsverlängerung

Die euphorische Begeisterung in der Bevölkerung zu Kriegsbeginn - wenn es sie wirklich gab -, war bereits 1916 einer weithin gedrückten Stimmung gewichen. Tiefe Besorgnis über das bevorstehende Ende des Krieges und seine finanziellen Auswirkungen schwingt mit in den Zeilen des Staatssekretärs des Reichsschatzamts von Roedern, die er am 21. Mai 1917 an den Kaiser gerichtet hatte. So schrieb er:

"Jeder Monat weitere Kriegsdauer kostet 3 Milliarden Mark. „Jedenfalls ist das die Summe, die jede Kriegsverlängerung um jeweils einen Monat dem Reiche in barer Entschädigung mehr einbringen müßte, wenn sie finanziell von Vorteil sein und nicht zur Steigerung der Schuldenlast führen soll. Nur zwei weitere Kriegsmonate legen dem Reich eine dauernde jährliche Belastung auf, welche von dem gesamten Jahresaufkommen der preußischen Einkommensteuer nicht sehr erheblich abweicht [...]." Die bisher "nur als bare Kriegsausgaben berechneten 90 Milliarden beanspruchen eine Verzinsung - ohne Amortisation - von 4,5 Milliarden. Dazu würden Jahresleistungen an Kriegsbeschädigte und Hinterbliebene von mindestens 2,5 Milliarden treten. Diese Renten sind vom Kriegsministerium für den Stand vom 31.10.1916 auf rund 2 Milliarden auf Grund der bisherigen wahrscheinlichen vom Reichstag nach dem Krieg zu Gunsten der Rentenempfänger noch zu verbessernden Gesetzgebung berechnet. Sie werden hiernach für Mitte dieses Jahres mit 2,5 Milliarden nicht zu hoch geschätzt sein".

Von Roedern ging dann auf den erhöhten Mehrbedarf an Reichssteuern von 7 Milliarden gegenüber der Zeit vor dem Kriege ein und wendete sich im weiteren der Frage zu, ob eine Kriegsverlängerung zu einer steigenden Kriegsentschädigung führen würde. Das hielt er

"angesichts wirtschaftlich mehr und mehr verblutender Gegner, was durch weitere Kriegsdauer sich verstärken wird, für nicht wahrscheinlich.(...) Finanziell noch ernster wird sich die Lage unserer Bundesgenossen bei einer derartigen Verlängerung des Krieges stellen. Österreich-Ungarn verfügt nur noch über einen minimalen Goldbestand. Seine Währung beruht tatsächlich nur auf Papier. Ich halte es nicht für denkbar, daß Österreich den Krieg noch lange ertragen kann, ohne in die Gefahr der Zahlungseinstellung zu kommen. In eine finanzielle Katastrophe unserer Verbündeten würden wir nicht nur politisch, sondern auch finanziell hineingezogen werden, da wir für die von Österreich-Ungarn hier aufgenommenen Kredite Garantie durch Hinterlegung deutscher Schatzanweisungen (sogenannte belegte Kredite) in Höhe von bisher rd. 2 ½ Milliarden geleistet haben. Ähnlich liegen die Verhältnisse mit der Türkei, deren Kriegsfinanzierung auch auf deutschen hinterlegten Schatzanweisungen beruht, deren Möglichkeiten, sich auf diese Weise weiteres Geld zu beschaffen, mir im Hochsommer diesen Jahres aber gleichfalls erschöpft zu sein scheinen".

In einem weiteren Schreiben des Staatssekretärs von Roedern an den Reichskanzler Dr. Graf von Hertling, welches er am 13. Mai 1918 verfaßte und das am 18. Mai dem Kaiser zugeleitet wurde, hieß es dazu:

"Seit meinem am 21. Mai 1917 erstatteten Bericht über die Finanzlage des Reiches sind drei weitere Vorlagen über die Bewilligung von Kriegskrediten in Höhe von je 15 Milliarden Mark von den gesetzgebenden Körperschaften angenommen worden. Die Kriegskredite beziffern sich danach insgesamt auf 124 Milliarden Mark. Daneben ist durch das Etatgesetz zur vorliegenden Verstärkung der Betriebsmittel der Reichshauptkasse ein Schatzanweisungskredit bereit gestellt, der seit Oktober 1917 von drei auf acht Milliarden erhöht worden ist. Der zuletzt durch Gesetz vom 22. März 1918 zur Verfügung gestellte Kredit von 15 Milliarden wird etwa um die Mitte des Monats Juli verbraucht sein, so daß die Notwendigkeit besteht, dem Reichstag Ende Juni d.J. ein neues Kreditgesetz vorzulegen".

Die Beteiligung der Rentenversicherung an der Kriegsfinanzierung

Kriegsanleihezeichnungen der Landesversicherungsanstalten

An diesen für die Fortsetzung der Kriegshandlungen 'verbrauchten' Krediten waren die Landesversicherungsanstalten in einem unterschiedlichen Ausmaß beteiligt. Das zeigen die Tabelle 3 und die folgende Grafik .Gemäß dem Runderlaß an die Vorstände der dem Reichsversicherungsamt unterstellten

Landesversicherungsanstalten wegen Zeichnung von Kriegsanleihen vom 13. September 1914- II 5816

"erklärt das Reichsversicherungsamt, daß es von Aufsichts wegen keine Bedenken dagegen erheben will, wenn die Vorstände für die Zwecke der Zeichnung von Kriegsanleihen nach pflichtgemäßer Prüfung insbesondere der Vermögenslage ihrer Anstalt auch unter Überschreitung der in Ziffer 4 der Leitsätze gezogenen Grenzen durch Lombardierung von Wertpapieren, Verwertung von Hypotheken usw. sich die erforderlichen Mittel beschaffen. Die Genehmigung des Reichsversicherungsamts kann erforderlichenfalls auch nach erfolgter Zeichnung eingeholt werden". [9]

---

[9] entnommen aus den Amtlichen Nachrichten des Reichsversicherungsamts

Abb. 3 : Kriegsanleihezeichnungen der LVA
(siehe Tabelle 3 im Anhang)

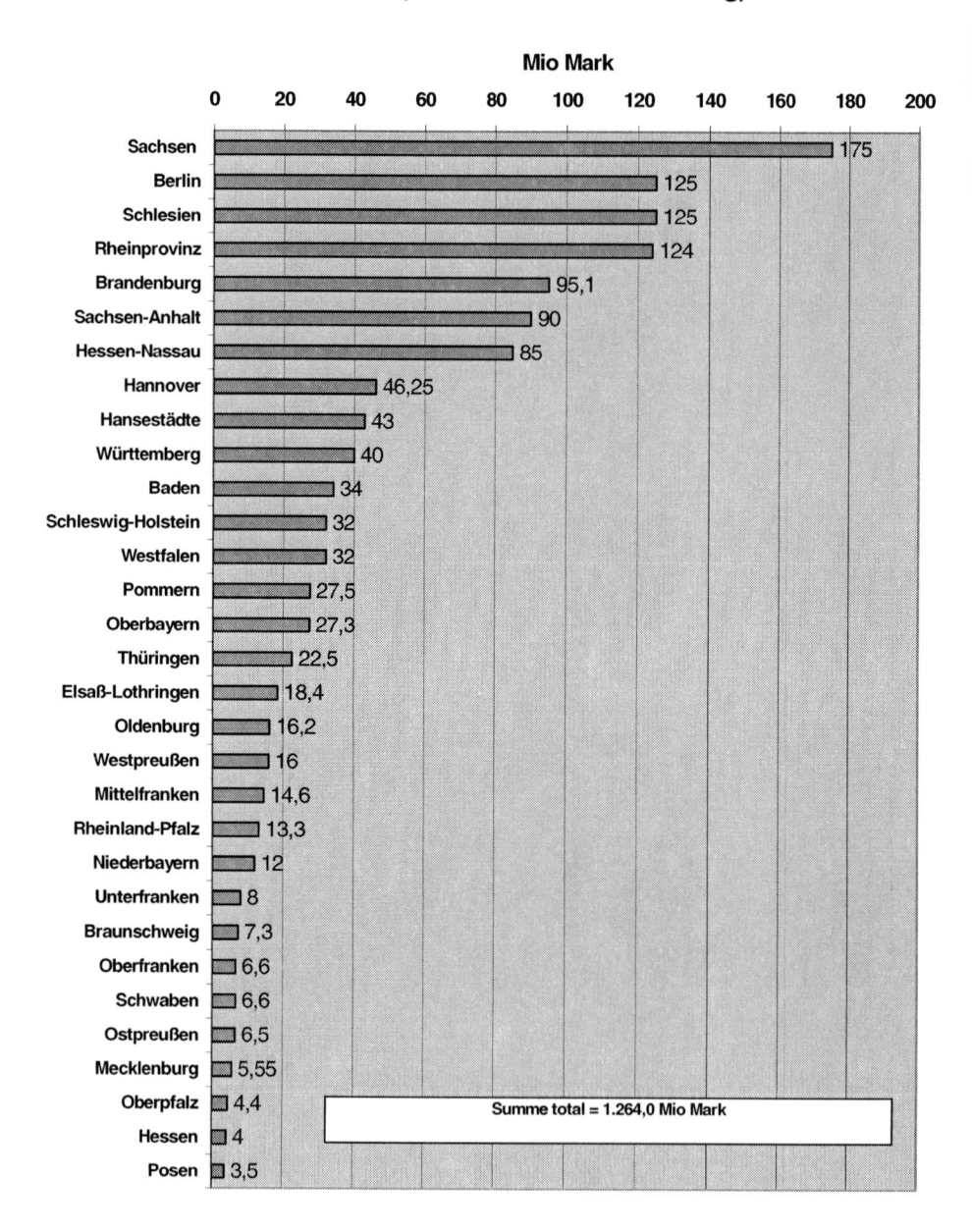

Mio Mark

Sachsen	175
Berlin	125
Schlesien	125
Rheinprovinz	124
Brandenburg	95,1
Sachsen-Anhalt	90
Hessen-Nassau	85
Hannover	46,25
Hansestädte	43
Württemberg	40
Baden	34
Schleswig-Holstein	32
Westfalen	32
Pommern	27,5
Oberbayern	27,3
Thüringen	22,5
Elsaß-Lothringen	18,4
Oldenburg	16,2
Westpreußen	16
Mittelfranken	14,6
Rheinland-Pfalz	13,3
Niederbayern	12
Unterfranken	8
Braunschweig	7,3
Oberfranken	6,6
Schwaben	6,6
Ostpreußen	6,5
Mecklenburg	5,55
Oberpfalz	4,4
Hessen	4
Posen	3,5

Summe total = 1.264,0 Mio Mark

Nach Ziffer 4 dieser in einer Konferenz mit den Landesversicherungsanstalten im Reichsversicherungsamt am 31. August 1914 aufgestellten Leitsätze sollte "an Darlehn auf solche Weise nicht mehr aufgenommen werden, als in 2 Jahren nach Eintritt geordneter Verhältnisse wieder abgestoßen werden kann." Die Vorstände der LVA taten, was ihnen geheißen, und verpfändeten "Wertpapiere bei der Reichsdarlehenskasse und der Landesbank, um eigene Darlehen und Reichskriegsanleihen finanzieren zu können. Und dabei mußten zusätzlich erhebliche Zinseinbußen in Kauf genommen werden. Kein Wunder, daß bei der LVA Rheinprovinz plötzlich auch rote Zahlen geschrieben wurden. Und die Schulden wuchsen weiter, denn es mußte weiter in Kriegsanleihen investiert werden [...]"[10].

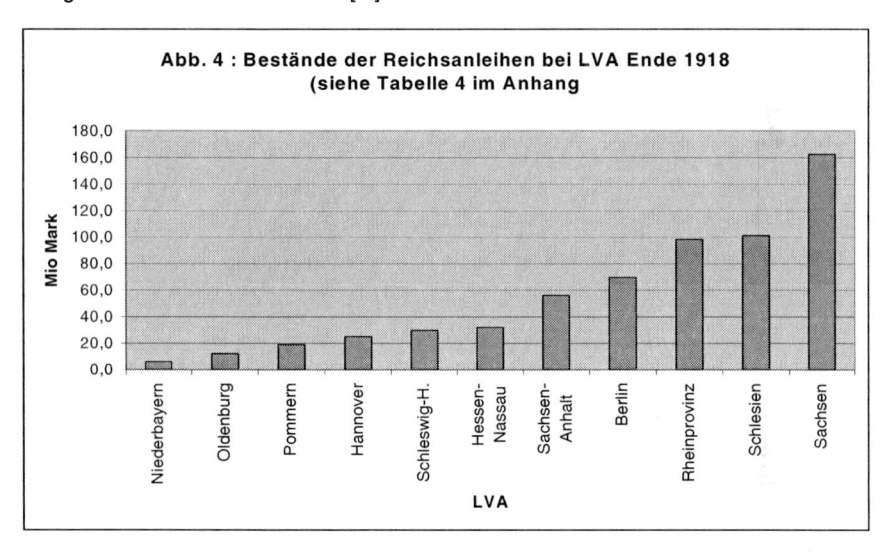

Abb. 4 : Bestände der Reichsanleihen bei LVA Ende 1918 (siehe Tabelle 4 im Anhang)

So wurde auch die Rentenkasse zur Büchse der Pandora, aus der sich das Übel über die Menschen sintflutartig ergoß. Viele Landesversicherungsanstalten nutzten aber auch die Gelegenheit, ihre Kriegsanleihen abzustoßen. Allerdings mußten sie dabei spürbare Kursverluste hinnehmen.

---

[10] Ein Weg in den Abgrund a.a.O.

Kriegswohlfahrtszwecke

Aber es waren nicht nur die Kriegsanleihen, welche die Kassen der Landesversicherungsanstalten zusätzlich leerten, sondern auch die für die sogenannte Kriegswohlfahrtszwecke aufgewendeten Mittel.
Diese betrugen in den Jahren

- 1914   7.847.764 Mark   1915   20.221.304 Mark
- 1916   18.687.136 Mark   1917   12.602.460 Mark
- 1918   12.164.101 Mark   1919   5.516.898 Mark
- **Summe 1914 – 1919**   **77.039.663 Mark**

Die finanzielle Situation der RV- Träger

Die Finanzlage der Landesversicherungsanstalten verschlechterte sich während des Krieges von Jahr zu Jahr. Die Beitragseinnahmen gingen in den ersten Kriegsjahren sprunghaft zurück. Während sie im Jahre 1913 rd. 263 Millionen Mark betrugen, waren es 1914 242 Millionen, 1915 203 und 1916 201 Millionen Mark. Ursache für diesen Rückgang waren die millionenfachen Einberufungen sonst erwerbstätiger Männer zum Militär, für die nun keine Beiträge mehr gezahlt wurden, und der Mangel an Betriebskontrolleuren, welche zuvor die regelmäßige Entrichtung durch die Arbeitgeber zu überwachen hatten. Ab 1917 flossen wieder mehr Beiträge in die Kassen der Rentenversicherung, weil insbesondere in den Industriezentren des Reiches nunmehr Frauen in den Rüstungsbetrieben beschäftigt wurden und

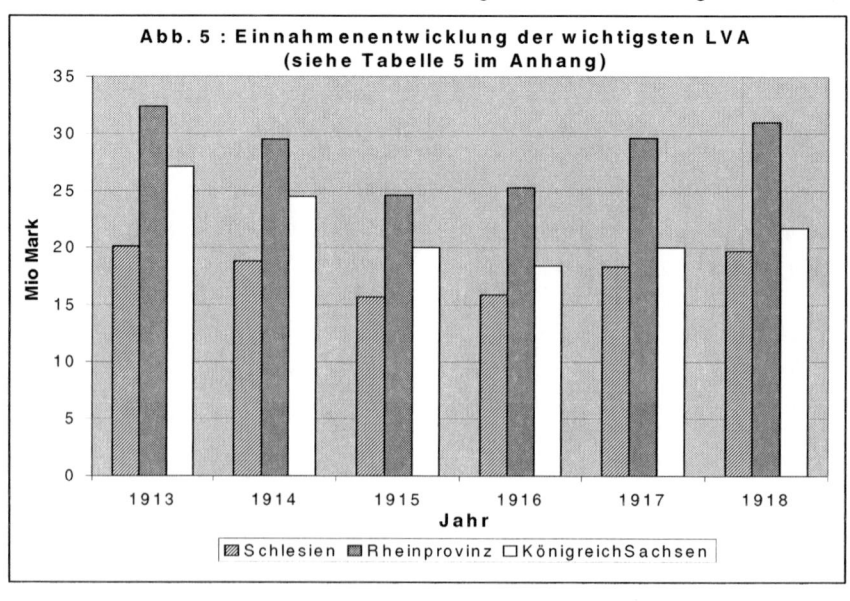

Abb. 5 : Einnahmenentwicklung der wichtigsten LVA (siehe Tabelle 5 im Anhang)

wegen der Teuerung die Löhne erhöht werden mußten. Der Gesamterlös an Beitragsmarken betrug im Jahre 1917 225,9 Millionen und 1918 233,9 Millionen Mark. Bei den beitragsstärksten Landesversicherungsanstalten Schlesien, der Rheinprovinz und des Königreichs Sachsen zeigte die Einnahmen-Entwicklung Abbildung 5.

Die Reihenfolge entspricht jener der Amtlichen Nachrichten des Reichsversicherungsamts, denen die Beiträge entnommen wurden.

Bei den Ausgaben der LVA war dagegen ein stetiger Anstieg zu verzeichnen, weil die Leistungen erweitert wurden und andere kriegsbedingte Aufwendungen erbracht werden mußten. Ab 1. Januar 1916 stand den Senioren eine Altersrente nicht erst mit Vollendung des 70. Lebensjahres, sondern bereits mit 65 zu. Die Waisenrenten waren erhöht worden und ihre Anzahl stieg wegen der vielen gefallenen Versicherten, ebenso wie die der Witwenrenten. Bei der LVA Rheinprovinz wies eine Statistik für den Zeitraum vom 1. August 1914 bis zum 1. Oktober 1916 aus, daß knapp die Hälfte aller Invalidenrenten kriegsbedingt waren. Bei den Krankheiten betrug dieser kriegsbedingte Anteil über 80%. Außerdem ergab sich durch den langen Krieg eine zusätzliche Belastung für die Versicherungsanstalten dadurch, daß seit Inkrafttreten der RVO die Militärzeiten nicht mehr dem Reich zur Last fielen, sondern der Rentenversicherung.

Kriegsauswirkungen bei den Versicherungsträgern

Die Folgen des 1. Weltkrieges waren auch für die Landesversicherungsanstalten gravierend. Durch die Einziehung wehrfähiger Mitarbeiter entstanden Engpässe bei der Erledigung von Verwaltungsaufgaben. An ihrer Stelle mußten Hilfskräfte eingestellt und angelernt werden. Nach dem Ende des Krieges wurden sie wieder entlassen, wenn der jeweilige Sachbearbeiter seine frühere Tätigkeit wieder aufnehmen wollte. Personalprobleme besonderer Art stellten sich immer dann ein, wenn - wie z. B: in der Lungenheilstätte Königsberg - die Schwestern des Henriettenstiftes in ihr Krankenhaus zurückgerufen und die männlichen Bediensteten einschließlich des Arztes zum Kriegsdienst eingezogen wurden. In diesem Falle diente die Heilstätte dann als Lazarett. Die LVA Schleswig-Holstein überließ ihr Erholungsheim für Lungenkranke in Apenrade der Heeresverwaltung, die dort lungenleidende Soldaten unterbrachte. Auch die nach langen kriegsbedingten Schwierigkeiten endlich am 15. September 1917 eröffnete Heilstätte Wasach der LVA Schwaben konnte nicht wie vorgesehen deren Versicherte aufnehmen, sondern mußte dem Militär zur Verfügung stehen. Die von der LVA Westfalen 1914 gekaufte Lungenheilstätte Hellersen blieb während des ganzen Krieges weiterhin dem XVIII. Armeekorps überlassen und war somit für die Versicherten ebenfalls nicht nutzbar. Auch das von der LVA Schwaben erworbene Bad Röthenbach bei Nagold, welches am 10. April 1900 als Genesungsheim für männliche Versicherte mit einem ersten Pflegling den Betrieb aufnahm und fortan der Genesung und Erholung nach überstandener Krankheit dienen sollte, war während des Krieges Lazarett.

Am gravierendsten erscheinen die Probleme, welche der Ausbruch des 1. Weltkrieges für die LVA Rheinprovinz mit sich brachte. Als Grenzgebiet zum feindlichen Ausland bot es nicht nur Gelegenheit zu einer schnelleren Unterbringung verwundeter Soldaten, sondern war zugleich von Anfang an Aufmarschgebiet für die gegen Frankreich eingesetzten Truppen, und zwar für die gesamte Zeit des Krieges.

Versorgungsengpässe

Der Heeresnachschub verlief über Straßen und Eisenbahnstrecken, so daß der Transport ziviler Güter und die Beförderung der Menschen zurückstehen mußten. Das führte auch zu Engpässen in der Versorgung der Bevölkerung mit Lebensmitteln, die sich während des langen und strengen Winters 1916/17 noch verschlimmerten. Die einseitige und unzureichende Ernährung der Bevölkerung, der Aufenthalt der Kampftruppen in vom Regenwasser aufgeweichten Schützengräben und Unterständen führte zu einem steilen Anstieg der Tuberkuloseerkrankungen in der Zivilbevölkerung wie unter den Soldaten. Aber bereits in Friedenszeiten hatte die zur Verfügung stehende Bettenzahl der anstaltseigenen Heilstätten nicht ausgereicht, was zu lange Wartezeiten verursachte und dadurch den Heilerfolg erheblich beeinträchtigen konnte. Deshalb wurde die Entscheidung der Heeresverwaltung begrüßt, daß die Lungenheilstätten der LVA Rheinprovinz für die Verwundeten nicht mehr in Betracht kämen. Bereits zu Beginn des Krieges hatte diese ihre Heilstätten zwecks Unterbringung verwundeter oder kranker Soldaten zur Verfügung gestellt. Im Landesbad Aachen, das die LVA für 3.350.000,- Mark als Rheumaklinik hatte erbauen lassen, zogen bereits am 4. August 1914 die ersten Opfer der Schlacht im Westen ein.

In der Heilstätte Roderbirken trafen am 10. September 1914 die ersten Verwundeten ein. "Da hatten die letzten Versicherten schon längst den Ort ihrer Rehabilitation verlassen. In einer derart unruhigen und unsicheren Zeit wollten sie daheim sein und nicht irgendwo zur Kur".[11] Nach der Freigabe durch die Heeresleitung nahmen die Lungenheilstätten in Ronsdorf und Bad Honnef bereits 1914 ihren Betrieb wieder auf und behandelten ihre Versicherten, aber auch einige Soldaten.

Die LVA Hannover mußte ihre sämtlichen Genesungshäuser der Militärverwaltung zur Verfügung stellen, die sie als Lazarette benutzte. Die Behandlung Versicherter wurde völlig eingestellt und die noch in den Häusern befindlichen Pfleglinge entlassen. Bereits 1917 begannen sich die Verhältnisse zu normalisieren, als die Genesungshäuser geräumt wurden und sie damit den Versicherten wieder zur Verfügung standen. Da Anträge noch nicht in ausreichender Anzahl vorlagen, wurden erstmals Kuren für erholungsbedürftige Stadtkinder durchgeführt.

Außerdem wurde die Bekämpfung der Geschlechtskrankheiten durch die Errichtung von Beratungsstellen intensiviert, die auch die Versicherten anderer Rentenversicherungsträger betreuten. Durch die Androhung strafrechtlicher Verfolgung steigerte sich die Zahl der durchgeführten Beratungen und Behandlungen im Jahre 1920 um 20%".[12]

Die Berichte der LVA Unterfranken über die Belastungen der Kriegszeit ähneln denen der anderen Anstalten. Das Sanatorium Luitpoldheim nahm während des Krieges neben 'Versicherungs- und Kassenkranken' zunehmend lungenkranke Soldaten auf. Am 1. Januar 1915 waren von 50 anwesenden Kranken 37 Versicherungskranke und 6 Soldaten, am 1. Januar 1916 von 62 anwesenden Kranken 18 Versicherungskranke und 30 Soldaten, zumeist des Bayerischen II. Armeekorps. Die Kurkosten für die Soldaten trug die Militärverwaltung. Aus dem Bericht über die Feier anläßlich des 25jährigen Bestehens der LVA-Klinik Luitpoldheim am 29. Juni 1926 in

---

[11] aus "Der Weg bis an den Abgrund", S.34, a.a.O.
[12] aus "LVA Hannover 100 Jahre" a.a.O.

der Jubiläumsschrift 'wir' geht hervor, daß die Heilstätte dann während des Krieges Lazarett war.

Kriegsende

Mit dem Ausbluten der Heere, den leeren Staatskassen der Kriegsbeteiligten und einer katastrophalen Versorgungslage Deutschlands endete dieser 1. Weltkrieg zunächst mit dem Frieden von Brest-Litowsk zwischen Russland und den Mittelmächten im Februar 1918, mit Rumänien im Juni durch den Friedensvertrag von Bukarest und nach den Separatverträgen zwischen den Aliierten und Bulgarien und der Türkei endlich auch für Deutschland und Frankreich durch das Waffenstillstandsabkommen von Compiègne am 11. November 1918.

Die Weissagung Wilhelms II., daß ein Krieg zwischen den Großmächten das Ende der Dynastien Rußlands, Österreich-Ungarns und Deutschlands bedeuten würde, erfüllte sich auf schreckliche Weise: Nikolaus II. von Russland und seine Familie wurden am 17. Juli 1918 in Jekaterinburg (Swerdlowsk) grausam umgebracht. Kaiser Karl von Österreich dankte ab, und der erst 1918 ernannte deutsche Reichskanzler Prinz Max von Baden gab eigenmächtig die Abdankung Kaiser Wilhelms II. bekannt, der sich dann nach Holland ins Exil begab.

Friedensvertrag von Versailles

Am 7. Mai 1919 wurden der deutschen Delegation zur Friedenskonferenz in Versailles die vom Obersten Rat der alliierten und assoziierten Mächte beschlossenen Friedensbedingungen überreicht. Sie forderten von Deutschland die Abtretung von Elsaß-Lothringen an Frankreich, von Eupen-Malmedy an Belgien, Teile von Schlesien an die Tschechoslowakei, Teile von Ostpreußen, fast ganz Westpreußen, die Provinz Posen und Teile von Oberschlesien an Polen, Memel und Teile von Ostpreußen an Litauen, Nordschleswig nach Abstimmung an Dänemark. Köln, Koblenz und Mainz sowie das Saarland sollten für 15 Jahre eine alliierte Besatzung erhalten. Neben militärischen Restriktionen wurden Deutschland Kriegskosten (Reparationen) in Höhe von 132 Milliarden Goldmark auferlegt. Ferner hätte Deutschland Handelsschiffe, Lokomotiven, Eisenbahnwagen, industrielle Ausrüstungen, Lastkraftwagen, Chemikalien, Kohle u.a. abzuliefern sowie die zerstörten Dörfer und Städte in Belgien und Frankreich wieder aufzubauen. Die deutschen

Kolonien sollten unter Völkerbundsmandat fallen, also an die Siegermächte gehen. Die deutsche Delegation protestierte gegen dieses 'Versailler Diktat', weil es nicht den Bedingungen entspräche, die dem Waffenstillstandsabkommen zugrunde gelegen hätten. Die Gegenseite antwortete in einer Mantelnote zum Friedensvertrag, in der sie die Gründe ihrer Entscheidung detailliert darstellte und Deutschland die alleinige Schuld am Kriegsausbruch und an den schweren Verwüstungen und Millionen von Kriegstoten und Verstümmelten zuwies.

Die deutsche Nationalversammlung beschloß mit 237 gegen 138 Stimmen, den Friedensvertrag in der von den Alliierten verfaßten Weise anzunehmen. Sein vollständiger Titel lautete: Friedensvertrag von Versailles vom 28. Juni 1919 zwischen den USA, dem Britischen Reich, Frankreich, Italien, Japan, Belgien, Bolivien, Brasilien, Kuba, Ekuador, Griechenland, Guatemala, Haiti, Hedschas, Honduras, Liberia, Nikaragua, Panama, Polen, Portugal, Rumänien, dem serbisch-kroatisch-slowenischen Staat, Siam, der Tschechoslowakei und Uruguay einerseits und Deutschland andererseits. Der Vertrag trat am 10. Januar 1920 mit der Unterzeichnung des Ratifikationsprotokolls in Kraft. Die USA, Ekuador und Hedschas ratifizierten den Vertrag nicht. Die USA schlossen am 25. August 1921 einen Sonderfriedensvertrag mit Deutschland. Im Reichsgesetzblatt 140 des Jahrgangs 1919 erschien dann das Gesetz über den Friedensschluß zwischen Deutschland und den alliierten und assoziierten Mächten vom 16. Juli 1919. Abschnitt VII betraf die sozialen und staatlichen Versicherungen in den abgetretenen Gebieten.

Versicherungslasten

Der Artikel 312 lautete: Unbeschadet der in anderen Bestimmungen des gegenwärtigen Vertrags enthaltenen Abreden verpflichtet sich die deutsche Regierung, derjenigen Macht, an die deutsche Gebiete in Europa abgetreten werden, oder der Macht, die frühere deutsche Gebiete kraft Art. 22 Teil I (Völkerbundsatzung) als Mandatar verwaltet, einen entsprechenden Anteil der von der Reichsregierung oder den Regierungen der deutschen Staaten oder von den unter Aufsicht tätigen öffentlichen oder privaten Körperschaften angesammelten Rücklagen abzutreten, die für den Dienst der gesamten sozialen und staatlichen Versicherungen in diesen Gebieten bestimmt sind.

Die näheren Bedingungen sollten in Sonderverträgen mit den Erwerberstaaten geregelt werden. Kämen solche Abkommen nicht zustande, so hätte der Rat des

Völkerbunds entscheiden müssen. Die Abkommen bedurften, da sie sich auf Gegenstände der Reichsgesetzgebung bezogen, nach Artikel 45 Abs. 3 der Reichsverfassung der Zustimmung des Reichstages. Diese erfolgte bei den Abkommen mit Belgien (vgl. Gesetz vom 20.7.1921 - RGBl. S.1177 ff s.d.) und Dänemark (vgl. Gesetz vom 1.6.1922 - RGBl. Teil II S.141 ff a.a.O.) sowie Polen vom 15. Mai 1922 (vgl. Gesetz vom 13.6.1922 - RGBl. Teil II Nr. 10). In bezug auf Elsaß-Lothringen mußte, da es zu keiner Übereinkunft mit Frankreich kam, der Rat des Völkerbundes entscheiden. Nach Artikel 312 Abs. 4 des Vertrages von Versailles war diese Entscheidung des Rates des Völkerbunds, die am 21.6.1921 getroffen wurde, für das deutsche Reich ohne Weiteres bindend, also nicht von der Zustimmung des Reichstages abhängig, so daß sie lediglich vom Reichsarbeitsminister unter dem 11. Oktober 1921 im Reichsgesetzblatt (S.1289 ff) bekannt gemacht wurde. Es standen aber noch weitere vertragliche Regelungen mit Polen, der Tschechoslowakei, der Freien Stadt Danzig und für das Memelgebiet aus.

Dazu heißt es in der Begründung des Gesetzentwurfs des Reichsarbeitsministers zur Regelung von Angelegenheiten der sozialen Versicherung und des Arbeitsrechts bei der Durchführung des Versailler Vertrages:

> "Zur Vereinfachung des Verfahrens und namentlich auch um diese Abkommen dann, wenn der Reichstag nicht versammelt sein sollte, alsbald in Kraft setzen zu können, ist es zweckmäßig, daß die noch ausstehenden Abkommen zu Artikel 312 des Vertrages von Versailles und der beteiligten Regierungen geschlossen werden können, ohne daß es der besonderen Zustimmung des Reichstags zu diesen Abkommen nach Artikel 45 Abs. 3 der Reichsverfassung bedarf.[...] Der Entwurf sieht ferner eine Ermächtigung der Reichsregierung vor, mit Zustimmung des Reichsrats die zur Ausführung solcher Abkommen erforderlichen Vorschriften zu erlassen [...]"

Der Reichstag hatte dieses Gesetz dann mit verfassungsändernder Mehrheit beschlossen, das mit Zustimmung des Reichsrats wie folgt verkündet wurde(RGBl. 1922 S. 678 s.d.) :

> "§ I In den Fällen der Artikel 77 und 312 des Vertrages von Versailles und in anderen sich bei Ausführung dieses Vertrages ergebenden Fällen können mit fremden Staaten Abkommen zur Regelung von Angelegenheiten der sozialen Versicherung und damit zusammenhängenden Angelegenheiten des Arbeitsrechts ohne besondere Zustimmung des Reichstags geschlossen werden. Die Reichsregierung ist ermächtigt, mit Zustimmung des Reichsrats Vorschriften zur Ausführung von derartigen Abkommen und von Entscheidungen des Rats des Völkerbundes nach Artikel 312 Abs. 4 des Vertrages von Versailles zu erlassen.
> § 2 Die Reichsregierung ist ferner ermächtigt, mit Zustimmung des Reichsrats abweichend von den allgemeinen Vorschriften die soziale Versicherung der Deutschen zu regeln, die in den besetzten Gebieten bei den Besatzungsarmeen oder der

Rheinlandkommission oder bei einzelnen Mitgliedern dieser Armeen oder der Rheinlandkommission beschäftigt werden. Die Abkommen und die Vorschriften sind dem Reichstag mitzuteilen"

Im Reichsgesetzblatt Teil II Nr. 10 vom 13. Juni 1922 erschien das Gesetz über das am 15. Mai 1922 in Genf geschlossene deutsch-polnische Abkommen über Oberschlesien. Das Kapitel III Invaliden- und Hinterbliebenenversicherung regelte im Artikel 186 den Übergang der Leistungen von der deutschen Versicherungsanstalt auf die polnische und im Kapitel IV Entsprechendes für die Angestelltenversicherung.

Kapitel V lautete:

"Die deutsche Regierung wird der polnischen Regierung innerhalb von 2 Wochen nach dem Übergange der Staatsangehörigkeit den Betrag von 30 Millionen Mark in deutscher Währung als Vorschuß auf die Summe zahlen, die Polen bei der gemäß Art. 208 vorzunehmenden Übertragung der Fonds erhalten wird. Mit der Übertragung der Fonds an den polnischen Staat wird das deutsche Reich von den Verpflichtungen frei, die den deutschen Versicherungsträgern nach den gesetzlichen Bestimmungen in Polnisch-Oberschlesien obliegen."

Durch Gebietsabtretungen verlorene Kredite und Investitionen

Schwer zu Buche schlugen die Gebietsabtretungen. Denn die für den Bau von Arbeiterfamilienwohnungen, die landwirtschaftlichen Kreditbedürfnisse wie z.b. für die Be- und Entwässerung, Moorkultur, Aufforstung, den Wegebau etc., ferner für den Bau von Krankenanstalten aller Art und die öffentliche Gesundheitsfürsorge von den LVA hergegebenen Kredite sowie die für die Errichtung der eigenen Anstalten aufgewendeten Mittel gingen ersatzlos verloren. So führte die Abtretung des größten Teils der Provinz Posen an den polnischen Staat und von Elsaß-Lothringen an Frankreich bei den Baukrediten für Arbeiterwohnungen und Ledigenheimen zu einem Verlust von 10.700.017,- Mark, bei den Darlehen für landwirtschaftliche Maßnahmen von 1.190.660,- Mark und für die Errichtung von Kranken- und Genesungshäusern, Volksheilstätten, Invaliden- und Erholungsheimen sowie zur Förderung der öffentlichen Gesundheitspflege, zum Bau von Volksbädern, Schlachthäusern, Wasserleitungen, Kanalisationen, Friedhöfen, für Erziehung und Unterricht usw. von 19.647.082,- Mark. Das sind an Krediten insgesamt 31.537.759,- Mark. Die verlorenen Investitionen für die eigenen Anstalten in diesen Gebieten betrugen 4.212.472,- Mark, so daß insgesamt 35.750.231,- Mark an weiteren Kriegsverlusten zu beklagen waren.

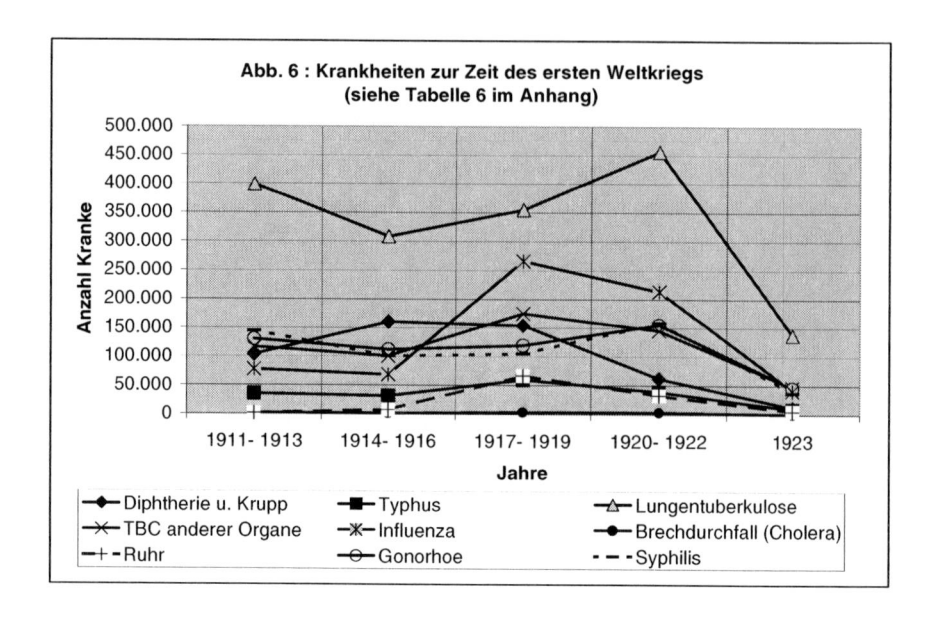

Abb. 6 : Krankheiten zur Zeit des ersten Weltkriegs (siehe Tabelle 6 im Anhang)

- ◆ Diphtherie u. Krupp
- ■ Typhus
- △ Lungentuberkulose
- ✕ TBC anderer Organe
- ✱ Influenza
- ● Brechdurchfall (Cholera)
- + - Ruhr
- ○ Gonorhoe
- - - - Syphilis

Kriegsopfer

Unermeßlich waren allerdings Trauer und Leid in der Bevölkerung wegen der vielen Gefallenen, Verstümmelten und zu früh an Hunger und Seuchen Gestorbenen. Deutschland verlor von seinen 65 Millionen Bürgern 14,2%, und zwar 2 Millionen Gefallene und an ihren Verwundungen Gestorbene, 750.000 Verhungerte und 6,5 Millionen durch die Gebietsabtretungen an die Siegermächte bzw. anderen Staaten.[13] Dazu kamen 663.726 Beschädigte des 1. Weltkrieges mit einer Erwerbsbeschränkung von mindestens 30% und weitere 50.012 Personen, die durch sonstige kriegerische und militärische Handlungen geschädigt waren und dadurch eine ebenso hohe Erwerbsbeschränkung erlitten hatten. Für die Leiden der Beschädigten führt diese Statistik, die auf einer Erhebung vom Oktober 1924 beruht, folgende Zahlen an: 2.227 waren erblindet, 34.333 erlitten Lungentuberkulose, 4.606 wurden geisteskrank, 37.467 hatten ein Bein, 17.266 einen Arm, 1.112 beide Beine, 90 beide Arme verloren, 550.981 wiesen sonstige Leiden auf und bei 30 fehlen die

---

[13] Zahlen aus: K.M. Jung, Weltgeschichte ... a.a.O.

Angaben des Leidens. Die Gesamtzahl der angegebenen Leiden beträgt 648.112, ist also um 15.614 geringer als die o.a. Beschädigtenzahlen.[14] Dies soll auf Doppelzählungen zurückzuführen sein.

Auch die Behandlungen in den allgemeinen Krankenhäusern ließen eine kriegsbedingte Zunahme erkennen, die nicht zuletzt auf den schlechten Ernährungszustand der Bevölkerung infolge der totalen Blockade des deutschen Reichs zurückzuführen war. Die Menschen waren im Verlaufe der Kriegsjahre krankheitsanfälliger geworden, dazu kam der Mangel an Heizmaterial in den Wintermonaten und die Wohnungsnot. Für die Statistik der Krankenbewegungen zeigt Abbildung 6 die Entwicklungen bei den schweren Krankheiten.

Ausweitung der Leistungen

Die finanzielle Lage der LVA verschlechterte sich dadurch, daß die Renten an Anzahl und Betrag zunahmen, während dies bei den Beiträgen nicht der Fall war. Das hatte mehrere Ursachen: Infolge der Teuerung mußten die Löhne erhöht werden, so daß die Arbeiter in die höheren Lohnklassen gelangten und einen höheren Renten-Grundbetrag und höhere Steigerungssätze erhielten. Zudem waren 65jährige altersrentenberechtigt geworden und durch die vielen Kriegsverletzten, die Zahl der Invalidenrentner sowie infolge der ebenfalls mehreren Millionen Kriegstoten die Zahl der Witwen- und Waisenrentenempfänger angewachsen. Die infolge von Preissteigerungen verursachten Rentenzulagen erhöhten überall im Reich die Ausgaben der Versicherungsträger zusätzlich. Vor allem in den Industriegebieten gingen die Beitragseinnahmen wegen der hohen Arbeitslosigkeit zurück.

Weniger Beiträge

Der schlechte Gesundheitszustand der Bevölkerung kam hinzu und verursachte einen Anstieg der Arbeitsunfähigkeit, welcher einerseits zur Abnahme der Beiträge, andererseits zur Zunahme der Anträge auf Heilverfahren führte. Da es zu dieser Zeit aber an Betten mangelte, kam es zu langen Wartelisten, so daß sich z.B. auch die LVA Rheinprovinz bemühte, weitere Heilstätten zu erwerben.

---

[14] entnommen dem Statistischen Jahrbuch 1926, S.385

Weitere Belastungen der einzelnen LVA als Folgen der Kapitulation

Für die LVA Rheinprovinz brachten die Kriegszeiten zusätzliche Probleme bei der Beschaffung und Finanzierung von Heizmaterial und Lebensmitteln für die Heilstätten. Das lag nicht nur an der Knappheit dieser Güter, sondern auch an der ungehemmten Teuerung, die auf diese Verknappung zurückzuführen war. Außerdem erwuchsen der LVA aus dem Versailler Vertrag weitere Schwierigkeiten. Alliierte Truppen besetzten alle linksrheinischen Gebiete des Reichs, damit auch den größten Teil der Rheinprovinz und bildeten zusätzlich große Brückenköpfe an den wichtigsten Rheinübergängen Köln, Koblenz und Mainz. Der Verkehr zwischen der besetzten Zone und dem übrigen Deutschland war schwer behindert. Die LVA Rheinprovinz lag im nichtbesetzten Gebiet, während der größere Teil des Anstaltsbezirks unter Besatzung stand, so auch die linksrheinischen Stadtteile und der Süden Düsseldorfs, weil bis dorthin der Kölner Brückenkopf reichte. Bedienstete, die dort wohnten, brauchten einen Passierschein, um zur Anstalt zu gelangen. Erhebliche Einbußen erlitt die LVA Rheinprovinz durch die Abtrennung von Gebieten aus ihrem Anstaltsbereich. So kam Eupen-Malmedy zu Belgien und ging der LVA verloren.

Die von den Besatzungsmächten requirierten Heilstätten Landesbad Aachen und Roderbirken konnten ab 1920 wieder mit Versicherten belegt werden, so daß nun wieder eine ausreichende Bettenzahl zur Verfügung stand. Sie wurde aber zum überwiegenden Teil nicht genutzt, weil einerseits Kurwillige keinen Passierschein zum Antritt des Heilverfahrens erhielten, andererseits die Zeiten so unsicher geworden waren, daß die Kranken lieber zuhause blieben, anstatt irgendwo eine Kur zu beginnen. Das Saarland stand 15 Jahre lang unter alliierter Besatzung, Frankreich durfte die Bodenschätze abbauen, die Verwaltung des Landes oblag dem Völkerbund und im Zuge dieser Maßnahme entstand 1922 die LVA Saarland. Elsaß-Lothringen fiel zurück an Frankreich, zu dem es bis zum Juni 1871 gehört hatte. Frankreich hatte am 19. Juli 1870 dem Norddeutschen Bund den Krieg erklärt - und verloren -. Als Kriegsentschädigung mußte es Elsaß-Lothringen an Deutschland abtreten und innerhalb von 3 Jahren 5 Milliarden Franc zahlen. Die LVA Schleswig-Holstein war ebenfalls von Gebietsabtretungen betroffen, denn Nordschleswig fiel nach einer Volksabstimmung an Dänemark. Es gelang ihr aber trotz der Versailler Vertragsregelung, das Erholungsheim Apenrade an den Kreis für 150.000,- Mark zu verkaufen.

Konfuser Anleihemarkt

Auf dem Anleihemarkt herrschte Konfusion. Einige Anstalten konnten unter Hinnahme von Verlusten Kriegsanleihen bei den Banken diskontieren und sich im geringen Maße refinanzieren. Andere wiederum verkauften mündelsichere Wertpapiere, um Kriegsanleihen zeichnen zu können. Gemeindeverbände erhoben Forderungen auf die fällig gewordenen Zinsen, ohne daß sie ihnen ausgezahlt wurden.

Erdrückende Zinslasten

Von Roedern berichtete dem Kaiser in seinem Schreiben von 21. Mai 1917, daß sich die Zinsverpflichtungen des Reiches auf Grund der 90 Milliarden an aufgenommenen Kriegsanleihen bereits auf 4,5 Milliarden erhöht hätten. Sie waren bei Kriegsende auf über 5 Milliarden angewachsen. Angesichts der unermeßlichen Kriegsverluste an Menschen, Gebieten, Industrieausrüstungen, Vermögen u.a. konnte kein Gläubiger mehr mit der Rückzahlung der Anleihekredite und deren Verzinsung rechnen.

Vermögensverfall bei den LVA

Die Träger der Rentenversicherung besaßen Ende 1913 ein Rohvermögen von ca. 2,106 Milliarden Mark. Nach der Inflation, die eine Folge des Krieges war, wurde das Rohvermögen der Versicherungsträger auf nur 255 Millionen Reichsmark geschätzt. Der Bestand an Wertpapieren betrug per 31.12.1913 stolze 1,97 Milliarden Mark, am 1.1.1924 nur 112,5 Millionen Mark.

Weil angesichts der durch die hohen Kriegsausgaben verursachten Neuverschuldung des Staates nicht von einer Tilgung des Anleihebestandes ausgegangen werden kann, muß hierbei mit einem Verlust von 1.858.213.478 Mark gerechnet werden. Das Reich ging zudem mit seinen Bürgern, die Kriegsanleihen gezeichnet hatten, bei einer ungedeckten Schuldenlast von mehr als 100 Milliarden Mark, von denen nach v. Roedern über 30 Milliarden kurzfristige Schatzwechsel waren, die im Frieden innerhalb von drei Monaten fällig würden, in die Kriegsentschädigungsverhandlungen mit den Siegermächten.

Refinanzierungsbestrebungen nach Kriegsende

Nach dem erhofften Gewinn des Krieges sollten Kriegsentschädigungen der Gegner Deutschland refinanzieren. Daß es einmal so schlimm wie 1918 kommen würde, hatte der Bankier Max M. Warburg nicht vorher sehen können, wenn er auch mit großer Vorsicht in seiner Denkschrift vom 1.8.1915 hohe Kriegsentschädigungen zu Gunsten Deutschlands für unbedingt notwendig erachtete, um Heer, Flotte, Handel und Industrie wieder in einen Stand zu setzen, wie er mindestens im letzten Friedensjahr vorherrschend war. Warburg widmete sich auch eingehend den Möglichkeiten einer Entschuldung des Reiches nach Beendigung des Krieges. Er schrieb:

> "Der Geldmarkt wird sich außerordentlich hohen Ansprüchen gegenüber befinden. Dieser große Bedarf an Geld wird auch in einem teuren Geldstand zum Ausdruck kommen. [...]. Der Anlagemarkt als solcher wird hoffentlich wieder für Emissionen, insbesondere für mündelsichere Werte aufnahmefähig sein. Zunächst werden Bundesstaaten, Kommunen, Städte an die Reihe kommen, wenn sie sich auch zum Teil mit Wechseln wie bisher behelfen müssen, die bei der Reichsbank zu diskontieren[15] bzw. zu lombardieren[16] sein werden, soweit sich nicht andre Käufer dafür einstellen. Man wird, namentlich unter Berücksichtigung des Zuwachses, den die Sparkasseneinlagen stets und selbst in Kriegszeiten gehabt haben, hoffen dürfen, daß sich eine Nachfrage nach mündelsicheren Werten, sowohl Hypotheken wie Anlagepapieren herausstellen wird, wenngleich nicht abzusehen ist, wieviele Kriegsanleihen von den ersten Zeichnern wieder veräußert werden und dadurch der Anlagemarkt von neuem belastet wird. [...]. Sollte das Reich in größerem Maße Barvergünstigungen als Kriegsentschädigung erhalten, so dürfte eine vorzeitige Rückzahlung der Kriegsanleihen und Kriegsschatzscheine angebracht sein. [...]. Eine große Kriegsentschädigung in bar wäre nötig, da beträchtliche Summen von Kriegsanleihen von Kaufleuten und Industriellen gezeichnet wurden, die ihre Läger ausverkauft hätten, bei Wiederbeginn normaler Zeiten aber ihr Kapital wieder in ihren Betrieben benötigen und ihren Besitz an Kriegsanleihen verkaufen müßten. Man könnte sich die Rückzahlung der Kriegsanleihe auch zum Teil in der Weise denken, daß das Reich sich bereit erklärte, die eigenen Anleihen, die während des Krieges ausgegeben wurden, zu einem vorteilhaften Kurse zurückkaufen zu lassen, und zwar durch die Bundesstaaten, Kommunen und Städte. Das Reich würde diesen bares Geld geben gegen Einlieferung von Kriegsanleihen zu Kursen, die zu vereinbaren wären. Die Bundesstaaten, Kommunen und Städte könnten dann dem Publikum im Tausch gegen Kriegsanleihen zu günstigen Bedingungen eigene Anleihen anbieten und hierdurch die eigenen Emissionen unterbringen, indem sie gegen die tauschweise erhaltenen Kriegsanleihen bares Geld vom Reich erhalten würden. "Hierdurch vermeidet man, daß diese durch Rückzahlung oder einfachen Rückkauf der Kriegsanleihe frei gewordenen Gelder in spekulativen Werten angelegt werden, wie in

---

[15] Ankauf von Wechseln durch die Reichsbank - bei Abzug der Zinsen
[16] Beleihung von Wechseln, Lombardsatz liegt 1% über dem Diskontsatz

den Jahren 1871 bis 1873, und das Reich verringert gleichzeitig seine Schuld". [...]. Der Besitz eines großen Goldschatzes während des Krieges war von außerordentlichem Werte und wurde auch von unserem Volk sehr richtig verstanden. Er darf erst dann nicht unberührt bleiben, wenn die Wechselkurse es gestatten. [...]. Gerade in der Zeit nach dem Kriege sollte das Gold ausschließlich für die Währung, das heißt zur Verteidigung unserer Wechselkurse reserviert bleiben und am besten dem Volke gar nicht die Gelegenheit gegeben werden, das Gold wieder als Zahlungsmittel im Inlande zu verwenden [...]. Die Bevölkerung wird sich daran gewöhnen müssen, nicht wie bisher Goldgeld im eigenen Hause und im Verkehr zu gebrauchen, sondern mehr Papiergeld und Scheidemünzen".

Papiergeld statt Goldgeld

Die Bevölkerung in Deutschland verwendete Goldgeld nicht mehr im Zahlungsverkehr. Dem zugrunde lagen für die Volkswirtschaft gefährliche Ursachen. Die Kriegsfinanzierung des Reichs verschlang buchstäblich sämtliche Reserven. Deutschland erhielt nicht - wie geplant - Kriegsentschädigungen, sondern mußte diese an die Siegermächte zahlen. Hinzu kam der passive Widerstand gegen die Ruhrbesetzung durch die Alliierten, der von den übrigen deutschen Bundesstaaten finanziell unterstützt wurde. Das alles führte zu einem unvorstellbar hohen Geldbedarf, den nur noch die Notenpresse zu erfüllen vermochte.

Dies hatte einen nicht nur schleichenden, sondern rasanten Wertverfall der deutschen Währung zur Folge, so daß die Mark vor der Stabilisierung im November 1923 völlig wertlos geworden war. Für einen US$ mußten 4,2 Billionen Papiermark gezahlt werden. Aber die Reichsschatzscheine in den Tresoren der Banken und Versicherungsanstalten lauteten auf Mark, die Reichsanleihen standen beim Reichsschatzamt auch in Mark zu Buche. Die Refinanzierungssysteme, welche der Bankier Max M. Warburg in seiner Schrift dargelegt hatte, konnten nicht angewandt werden, weil die Voraussetzungen fehlten. Gold war nicht mehr im erforderlichen Ausmaß verfügbar und Geld zunehmend wertloser geworden. Dieser beklagenswerte Zustand der deutschen Finanzsituation - auch heute noch als Inflation bekannt - führte zu einer sozialen Deklassierung weiter Kreise des Mittelstandes und trug dazu bei, daß sie für die Propaganda des Nationalsozialismus anfällig wurden.[17]

---

[17] aus Meyers Lexikon

Rentenmark und Reichsmark

Die Erlösung aus dem finanziellen Unheil geschah dann 1923 durch die Einführung der Rentenmark, einer Zwischenwährung, und im Jahre 1924 dann endgültig durch die Reichsmark.

Anleiheablösungsschuld statt Bargeld

Die Angleichung der Anleihebestände wurde durch das Gesetz über die Ablösung öffentlicher Anleihen vom 16. Juli 1925 vollzogen. Gemäß § 5 wurden je 1.000 Mark Nennbetrag der übrigen Markanleihen des Reichs (also auch die Kriegsanleihen) in 25 Reichsmark Nennbetrag der Anleiheablösungsschuld umgetauscht. Das bedeutete zugleich für denjenigen, der glaubte, wenigstens nun bare Reichsmark für seine Kriegsanleihe zu erhalten, eine herbe Enttäuschung, denn die erworbene Anleiheablösungsschuld konnte von den Gläubigern nicht gekündigt werden und wurde auch nicht - bis zum Erlöschen der Reparationsverpflichtungen - verzinst.

Fehlender Schutz vor staatlichem Missbrauch

Somit war auch das Vermögen der Landesversicherungsanstalten durch den 1. Weltkrieg hart betroffen. Dies hätte zum mindesten in Hinblick auf die Reichsanleihen vermieden werden können. Die Vorschrift des § 1356 RVO, der zufolge mindestens ein Viertel des Anstaltsvermögens in Anleihen des Reichs und der Bundesstaaten anzulegen seien, erwies sich als Achillesferse des sonst gegen bedrohliche Risiken abgesicherten Finanzierungssystems. Die Staatsleistungen für die Rentenversicherung sollten auf diese Weise honoriert werden. Insbesondere galt das für die Reichspost, welche Aufgaben der RV übernahm, und der Bundesstaaten, die wegen der RV mehr Beamte und Angestellte beschäftigten. Ein solcher Ausgleich hätte durch eine entsprechende Gebührenordnung erfolgen können, so daß dem Reich und den Bundesstaaten ein Zugriff auf das Anstaltsvermögen verwehrt gewesen wäre. Als erheblicher Mangel des Regelwerks von 1914 erwies sich das Fehlen einer Klausel, die eine Verwendung von Vermögen der Versicherten für Kriegszwecke ausdrücklich verboten hätte. Ein entsprechender Gesetzentwurf hätte im Reichstag Zustimmung gefunden, weil man hätte argumentieren können, daß nur auf diese Weise eine Versorgung Verwundeter, der Kriegswitwen und Kriegswaisen sowie der wegen der Kriegsfolgen Erkrankten sichergestellt werden würde. Da dies alles nicht geschah, hatte schließlich die Rentenversicherung keine Handhabe, sich gegen den Mißbrauch der dem Reich überlassenen Mittel zur Finanzierung der Produktion todbringender Waffen zu wehren.

Schadenersatzforderung an die Hohenzollern

Da Vorsorge gegen Verluste nicht getroffen wurden, blieb dem Verlierer nur die Wahl, die Einbußen (zornig) hinzunehmen oder den Verursacher zum Ersatz des angerichteten Schadens heranzuziehen. Die Verärgerung breiter Volkskreise, die den Siegesparolen des Kaisers und seiner Regierung geglaubt hatten, war groß. Viele Menschen sahen sich um ihr Hab und Gut betrogen und ihrer Gesundheit und Lebensfreude beraubt. So ist es nicht verwunderlich, daß die neue Regierung auf Entschädigung zu Lasten des unermeßlich großen Vermögens der Hohenzollern aus war. Bereits am 7. Dezember 1918 erschien im Deutschen Reichsanzeiger und Preußischen Staatsanzeiger die Bekanntmachung betreffend Beschlagnahme des preußischen Kronfideikommissvermögens mit folgendem Wortlaut:

"Sämtliche zum preußischen Kronfideikommissvermögen gehörige Gegenstände werden hierdurch mit Beschlag belegt. Die Verwaltung wird dem preußischen Finanzministerium übertragen. Das nicht zum Kronfideikommissvermögen gehörige, im Sondereigentum des Königs und der Königlichen Familie stehende Vermögen, wird hierdurch nicht berührt.
Berlin, 13. November 1918   Die preußische Regierung
                                gez. Hirsch, Ströbel, Braun,
                                Eugen Ernst, Adolph Hoffmann

Zum Verständnis der angesprochenen, heute nicht mehr gebräuchlichen Vermögensbezeichnung : Familienkronfideikommisse waren Rechtstitel, die der Erhaltung des Grundeigentums in der jeweiligen 'Familie' (der Grundherrn, des Adels) dienten. Die Vermögensobjekte blieben unveränderlich bis zum Aussterben der Familie. Eigentümer eines dazugehörigen Gutes war dabei aber nicht die Familie, sondern der berechtigte Inhaber.[18]

Eine zweite Bekanntmachung betreffend Beschlagnahme des Vermögens des preußischen Königshauses vom 30. November 1918 bestimmte,

[...] "daß mit Rücksicht darauf, daß die Zugehörigkeit der einzelnen Vermögensgegenstände zum Kronfideikommissvermögen und zum Sondervermögen des preußischen Königshauses zweifelhaft erscheint, dahin ergänzt wird, daß auch

---

[18] frei nach dem Konversationslexikon a.a.O.

> sämtliche Gegenstände, die zum Sondervermögen - sowohl zum Privateigentum wie zum Fideikommissbesitz - des vormaligen Königs von Preußen, des Königlichen Hauses und seiner Mitglieder gehören und in Preußen befindlich sind, vorläufig mit Beschlag belegt werden. Die Verwaltung wird dem Finanzministerium übertragen. Aus den in Beschlag genommenen Gegenständen und deren Erträgen sind [...] die Kosten der Beschlagnahme und der Verwaltung einschließlich der Gehälter, Ruhegehälter und Hinterbliebenenversorgung der Beamten und Angestellten zu bestreiten [...]".

Gegen diese Bestimmung der preußischen Regierung richtete sich der Protest des vormaligen Königs von Preußen, indem er zu bedenken gab:

> "Amerongen, 28. November 1918. Ich habe Meinen Thronverzicht in der von der Regierung vorgeschlagenen Form vollzogen. Ich spreche dabei die Erwartung aus, daß die Regierung gemäß ihrer früheren Kundgebung. Mein und Meiner Familie Vermögen freigibt, und auch den uneingeschränkten Schutz von Leben, Ehre und Eigentum der gesamten Königlichen Familie gewährleistet.
> gez. Wilhelm"

Auf die Bekanntmachung über die Beschlagnahme des Hohenzollerschen Familienvermögens folgten nun auch Anträge von Familienmitgliedern auf Freigabe von Vermögensgegenständen, die von den Eigentümern als ihm nicht zugehörig angesehen wurden. So beantragte (als erste) die Königin Sophie von Griechenland geborene Prinzessin von Preußen am 16. Dezember 1918, daß ihre bei der Seehandlung lagernden Wertpapiere herauszunehmen wären, da sie "aus der Zugehörigkeit zum königlichen Hause ausschieden". Diesem Antrag wurde in einem Schreiben des Finanzministeriums an die Preußische Staatsbank (Seehandlung) vom 16. Dezember 1918 entsprochen.

Auf Antrag weiterer Familienmitglieder des Königlichen Hauses wurden folgende Vermögensgegenstände freigegeben: Jene

- der Herzogin Charlotte von Sachsen - Meiningen,
- des Prinzen Heinrich XVIII Reuß, Herzog zu Mecklenburg,
- eine 708.000 Mark Hypothek für Herzogin Wilhelm von Mecklenburg sowie Legate der Herzogin für ihre 3 Enkel,
- zwei Kisten und Vermögen der Prinzessin Eitel Friedrich bei der Staatsbank,
- die Fonds für Pension holländischer Angestellten der Prinzessin Albrecht von Preußen,
- Wertpapiere des Prinzen Heinrich von Preußen,
- 1000,00 Mark Schuldbuchforderungen an Prinz Adalbert,
- 31.725,00 Mark Kriegsabgabe-Vermögen des Prinzen Joachim - Albrecht,
- das Vermögen der Prinzessin Friedrich - Karl von Hessen.

Die vorläufige Beschlagnahme des Vermögens traf auf den Widerstand des Königshauses. Für eine endgültige Regelung, z. B. einer Enteignung, mangelte es an dem dafür erforderlichen Rechtstitel. Wer Ersatz wegen des Verlustes beim Erwerb oder Abstoßen von Kriegsanleihen beanspruchen wollte, war auf die Vorschriften des Bürgerlichen Gesetzbuches angewiesen. Neben anderen Voraussetzungen mußte dem Königshaus Widerrechtlichkeit bei seinem Tun oder Unterlassen nachgewiesen werden. Das scheiterte an den Gesetzen, welche das Werben für die Kriegsanleihen und ihre Zeichnungen erst ermöglichten. Diese Gesetze hatte nicht der Kaiser und König, sondern der Reichstag erlassen. Aber selbst die Anwendung des BGB war ‚in Ansehung der landesherrlichen Familien' gemäß den Artikeln 57 und 58 des Einführungsgesetzes zum BGB - 3. Abschnitt - beschränkt (s.d.). Außerdem war die von dem vormaligen König hervorgehobene Kundgebung der Regierung, das Vermögen des Königshauses für den Fall seines Thronverzichts unangetastet zu lassen, von großer rechtlicher Bedeutung. Offensichtlich fühlte sich die am 10. November 1918 von Arbeiter- und Soldatenräten gebildete provisorische Regierung nicht veranlaßt, eine reichseinheitliche Regelung bezüglich des Vermögens der abgedankten Fürsten zu treffen, so daß die neuen Volksregierungen in den einzelnen Bundesstaaten selbst handeln mußten. Diese folgten der preußischen Regierung, indem sie erst einmal das Fürstenvermögen beschlagnahmten, ohne es endgültig und entschädigungslos zu enteignen.

In Preußen zeichnete sich sehr bald das Vorhaben der neuen Regierung ab, das Privatvermögen des Königshauses zu schonen. Hierauf deuten Ansatz und Tenor des am 22. Januar 1919 vom Justizminister erstatteten Rechtsgutachtens ‚über die staats- und vermögensrechtliche Auseinandersetzung mit den Mitgliedern des Königlichen Hauses' hin. Es widmete sich lediglich der Frage, ‚nach welchen Grundsätzen ihr Privateigentum von dem in ihrem Besitz oder ihrer Nutzung stehenden Staatseigentum zu trennen' sei. Durch Überlassung der Krongüter an den Staat, insbesondere seit Friedrich II. von Preußen, war der König lediglich berechtigter Nutzer dieser Güter (der Staatsdomänen). Gelegentlich wurden sie für die Staatsschulden verpfändet. Die Beschlagnahme hatte dennoch Sinn. Das Kronvermögen diente ‚dem persönlichen Bedarf des Landesherrn und seiner Familie zur Unterhaltung seines Hofstaates. Dazu gehören die landesherrlichen Schlösser, auch sie wurden in Beschlag genommen.

Der Sinn der Beschlagnahmeverfügung vom 30. November 1918 wird aus einem Schreiben deutlich, das von einem Beamten ("Hg") am 10. März 1919 dem GvFR Schulz ergebenst überreicht wurde. Es lautete:

> "Die Beschlagnahmeverfügung war die schriftliche Zusammenfassung des lebendigen Rechtsgefühls der Allgemeinheit. Die Verfügung war im besten Sinne gerecht, wenn sie auch formaljuristisch gesehen, Mängel aufweisen sollte. Sie gab erst der Regierung die Handhabe, das scheinbar herrenlos gewordene Gut des ehemaligen Kaisers wirksam zu schützen. Ohne solche Beschlagnahme würde niemand verstehen, warum eine provisorische durch die Revolution geschaffene Regierung sich um den wirklichen oder sogenannten Privatbesitz des abgesetzten Königs kümmert. (...) Erfolgte heute die Aufhebung der Verfügung, dann würde die Wahrung und der Schutz dieser Güter den bisherigen Hofinstanzen selbständig verbleiben. Das läßt sich nur durchführen unter völliger Nichtbeachtung der Stimmung im Volk (...) , das noch auf lange Jahre hinaus große Entbehrungen zu erleiden haben wird und einen beispiellosen Steuerdruck auszuhalten hat".

Der Schutz des Privateigentums der Mitglieder der Fürstlichen Häuser sollte ein totaler sein. Das geht aus einem Schreiben des Reichsministers des Innern vom 28. Juli 1919 an das Präsidium des Volksrates von Reuß in Gera hervor. Der Volksrat von Reuß hat am 14. Juli 1919 bei der Reichsregierung gesetzgeberische Maßnahmen beantragt :

> "[...] welche die Einzelstaaten ermächtigen, Eingriffe in die Privatrechte der Fürstenhäuser an Grund und Boden und deren Überführung in allgemeinen Besitz ohne Entschädigung vorzunehmen".
> "Die Reichsregierung ist nicht in der Lage, diesem Antrag Folge zu leisten, da sie der Nationalversammlung kein Gesetz vorschlagen kann, dessen Inhalt mit dem Grundgedanken der künftigen Verfassung des Deutschen Reichs nicht im Einklang steht. Artikel 150 des Entwurfs einer Reichsverfassung hat nach den Beschlüssen der Nationalversammlung folgenden Wortlaut: Das Eigentum wird von der Verfassung gewährleistet. Sein Inhalt und seine Schranken ergeben sich aus dem Gesetz. Eine Enteignung kann nur zum Wohle der Allgemeinheit und auf gesetzlicher Grundlage vorgenommen werden. Sie erfolgt gegen angemessene Entschädigung, soweit nicht ein Reichsgesetz etwas anderes bestimmt.
> Wenn diese Verfassungsbestimmung Gesetzeskraft erlangt, so wird zwar die Möglichkeit bestehen, daß ein Reichsgestz für gewisse Einzelfälle vorschreibt, die Enteignung sei ohne angemessene Entschädigung durchzuführen. Es würde aber dem Sinne und Zweck des ersten Satzes des Artikel 150 durchaus widersprechen, wenn den deutschen Ländern allgemein die Ermächtigung erteilt würde, das gesamte Grundvermögen der fürstlichen Häuser ohne Entschädigung zu enteignen".

Der neue preußische Staat nutzte sein Recht, die großen Vermögensmassen des Königshauses nach Maßgabe der dem Volke abverlangten Opfer mit einer entsprechend hohen Steuer zu belasten, sehr zurückhaltend. So enthält der unter Nr. 1722 nicht veröffentliche Entwurf der Verfassungsgebenden Preußischen Landesversammlung zu einem Gesetz über die Vermögensauseinandersetzung zwischen dem Preußischen Staate und dem Preußischen Königshause im § 3 folgende Regelung:

„Die sich aus dem Vertrag ergebenden Einkommens- und Vermögensverhältnisse des vormaligen Königs von Preußen und der Mitglieder des vormaligen Preußischen Königshauses sind der Veranlagung zu den staatlichen und kommunalen direkten Steuern zugrunde zu legen. Das gilt rückwirkend für die Zeit vom 1. Januar 1919 an.

In der Begründung zu § 3 des Entwurfs heißt es:" Der vormalige König von Preußen und die Mitglieder des vormaligen Königlichen Hauses genossen in Preußen Freiheit von allen direkten Steuern. Dieses Privileg ist durch Verordnung der Preußischen Regierung vom 13. Dezember 1918 (Gesetzsammlung S. 198) mit Wirkung vom Tage ihrer Verkündigung, d. h. vom 13. Dezember 1918, aufgehoben. Es entspricht allgemein steuerlichen Grundsätzen, die Neuveranlagung zum ersten des auf den Eintritt der Steuerpflicht folgenden Monats vorzunehmen. Dementsprechend wird festgesetzt, daß mit dem ersten Januar 1919 die persönliche Steuerpflicht des vormaligen Königs von Preußen und der Mitglieder des Königlichen Hauses beginnt. Der Veranlagung sind nicht diejenigen Einkommens- und Vermögensverhältnisse zugrunde zu legen, die am ersten Januar 1919 bestanden, sondern diejenigen Verhältnisse, die sich auf Grund der Auseinandersetzung nach dem Vergleich ergeben. Denn erst der Vergleich sondert diejenigen Vermögensbestandteile und Einkommensquellen des vormaligen Königshauses, die ihm unabhängig von seiner bisherigen staatsrechtlichen Stellung zustehen, und die allein Gegenstand der Besteuerung sein können, in zweifelsfreier, für eine steuerliche Erfassung geeigneten Weise ab."

Der vorgelegte Entwurf erfuhr schärfste Kritik auch von Regierungsseite. Dafür ist die Äußerung des Dirigenten im Staatsministerium vom 19. September 1919 ein beredtes Beispiel. Er schrieb:

"Meines Erachtens ist es politisch unmöglich, mit dem Gesetzentwurf so, wie er von der Kommission vorgeschlagen wird, vor das Parlament und die Öffentlichkeit zu treten. [...] An zahlreichen Stellen ist deutlich zwischen den Zeilen zu lesen, daß der Verfasser mit seiner persönlichen Sympathie auf der Seite des Königshauses stand, demgemäß sind namentlich in der Zusammenfassung (S. 63 ff) die Vorteile, die dem Staat zufallen sollen, in ihrer Bedeutung stark übertrieben, und andererseits die Leistungen des Königshauses als Zeichen angeblich großen Entgegenkommens und großer Opferbereitschaft stark unterstrichen.
In Wirklichkeit sind die dem Staat zufallenden Werte an Grundbesitz fast ausnahmslos nur imaginär, während die dem Königshause zufallenden Werte überwiegend realer Natur sind. Auf Seite 65 wird berechnet, dass der Gesamtwert, der dem Staat zufallen soll, rund 800 Millionen Mark betrage. Das ist reine Phantasie. Die in § 1 I aufgeführten Schlösser, die mit rund ½ Milliarde Wert angesetzt werden, sind bisher schon Eigentum des Staates gewesen, es fällt nur das Benutzungsrecht des Königshauses, das darauf lastete, fort, und unter den verbleibenden rund 300 Millionen Mark (S. 65 oben) soll sich der Staat Kosten anrechnen lassen, wie z. B. die auf S. 49 einzeln aufgeführten Bauten des letzten Königs (55 Millionen Mark), die für den Staat zum großen Teil gänzlich wertlos sind. Der Staat erhält fast ausschließlich Werte, die so gut wie unverkäuflich sind und für ihn nur eine Last darstellen. Seine

> finanzielle Situation wird durch den ihm zufallenden Besitz nicht verbessert, sondern verschlechtert, denn er muß nun die Unterhaltungs- p. p. Kosten tragen, für die bisher die Krone aufzukommen hatte. [...]"

Der Justizminister antwortete am 13. September 1919:

> "Die Lösung der Frage der Auseinandersetzung kann (...) nur auf der Grundlage des Rechts erfolgen. Die Reichsverfassung (Artikel 153) gewährleistet das Eigentum [...]. Der preußische Staat kann daher die Auseinandersetzung nicht einseitig im Wege der Gesetzgebung durchführen, (er) muß vielmehr (...) versuchen, zu einer Verständigung mit dem Königshause zu kommen. Gelingt diese nicht, so bleibt nur die Durchführung im Prozeßwege übrig; diese würde aber nach der Feststellung der Kommission für den Staat voraussichtlich wesentlich ungünstiger ausfallen".

Damit wurde die Richtung und Zielsetzung der künftigen Bestrebungen der preußischen Regierung zur Regelung der zunächst noch offenen Vermögensfrage bezüglich des bisherigen Besitzes des Königshauses deutlich: Das Eigentum der königlichen Familie sollte weitgehend von einer Beschlagnahme zugunsten des preußischen Staates verschont bleiben.

Der durch die Beschlagnahmeverfügungen des preußischen Staates beunruhigte Kaiser konnte also weiterhin auf seine frühere Beamtenschaft, die Mehrheit der Abgeordneten im preußischen Landtag und Vertreter der Reichsjustiz bauen. Was machbar war, wurde zu seinem Gunsten geregelt. Darauf deutet u. a. das vertrauliche Schreiben des Württembergischen Finanzministeriums an den Preußischen Finanzminister, Berlin C2, vom 22. Mai 1919 hin. Es lautete:

> "Anläßlich des bevorstehenden Thronverzichts des Königs Wilhelm II. wird nachstehendes Abkommen zwischen den Vertretern des Königs und dem württembergischen Staat getroffen:
> 1. [...]
> 2. Der König verzichtet für seine Person auf die Nutznießung des Kronguts. Der König erhält auf Lebenszeit eine Rente von jährlich zweimalhunderttausend Mark, zahlbar vom 2. Januar 1919 ab in monatlichen Raten, ebenso erhält die Königin als Witwe auf Lebenszeit eine Rente von hunderttausend Mark.
> Außerdem wird dem König das Schloß Bebenhausen einschließlich des Prälatengartens, so wie es ihm bisher zur Verfügung stand einschließlich des im Schloß befindlichen zum Krongut gehörigen Mobiliarteils auf Lebenszeit überlassen; desgleichen ein lebenslängliches noch näher zu bestimmendes Jagdrecht auf staatlichem Grund, vorbehaltlich des Fortbestehens des gesetzlichen Jagdrechts. [...]
> Die große Perlenkette des Kronschmucks wird dem König zum Eigentum überlassen.
> 3. Das Hoftheater wird vom Staat übernommen.
> Das Hofkammergut wird staatlicherseits als reines Privateigentum (des Königs) anerkannt. [...]"

So kam es zu dem in der Preußischen Gesetzsammlung Nr. 42 1926 veröffentlichen "Vertrag über die Vermögensauseinandersetzung zwischen dem Preußischen Staate und den Mitgliedern des vormals regierenden Preußischen Königshauses" vom 12. Oktober 1925 und dem Gesetz hierzu vom 29. Oktober 1926. Nach § 2 des Vertrages verblieben dem Königshaus als unbeschränktes Eigentum

- ♦ Schlösser und Wohngebäude mit den dazugehörigen Nebengrundstücken und Gärten (insgesamt 20 Positionen lt. Anlage),
- ♦ Nutzungsgrundstücke in Berlin, Potsdam, Plön, Saalfeld, Gerolstein, Wildbad Gastein und Marienbad,
- ♦ Güter und Forsten mit den dazugehörigen Gebäuden und
- ♦ die beweglichen Gegenstände in den o. a. Grundstücken, ferner Bibliotheken, Archive, Sammlungen u. v. m.

Gemäß § 8 hatte der Staat dem vormals regierenden Königshause außerdem insgesamt 30 Millionen Reichsmark (= Goldmark) zu zahlen. Wer wie der Kaiser die Beschlagnahmeverfügungen mißverstand und sie als ersten Schritt in Richtung Lastenausgleich für die Kriegs- und Zivilgeschädigten ansah, wurde wiederum um Hoffnungen betrogen. Der zuvor im Juni 1926 durchgeführte Volksentscheid über eine entschädigungslose Fürstenenteignung war gescheitert, weil die Zustimmung der Mehrheit aller Stimmberechtigten nicht erreicht wurde.

Nach Wiedereinführung der Goldmarkwährung (Reichsmark) wurde die Belastung an Renten bei den Trägern der Invaliden- und Hinterbliebenenversicherung per 1. Januar 1924 auf monatlich 30 Millionen RM, also jährlich auf 360 Millionen RM geschätzt. Bei einem angenommenen Reichszuschuß zur Invaliden- und Witwenrente von monatlich 3 RM und zur Waisenrente von monatlich 2 RM, hätten die Landesversicherungsanstalten und Sonderanstalten monatlich 22.800.000,- RM oder jährlich 274.000.000,- RM zu tragen gehabt. Ohne den Weltkrieg und seine verheerenden Folgen für die Finanzkraft aller Volksglieder hätte das Vermögen der deutschen Rentenversicherung zum 1. Januar 1924 rund 3 Milliarden Goldmark betragen. Das zu diesem Zeitpunkt aufgewertete Reinvermögen aller LVA und Sonderanstalten bezifferte sich auf lediglich 253,8 Millionen Reichsmark. Da der Vermögensbegriff in erster Linie Grundstücke, Gebäude, Produktionsanlagen, sonstiges totes und lebendes Inventar umfaßt, wäre eine Übertragung solcher Vermögensbestandteile auf die Rentenversicherungsträger gegen eine Rückgewähr der von ihr gezeichneten Kriegsanleihen zum Nennbetrag an den am Kriege schuldigen vormaligen deutschen Kaiser und seinen Regierungsmitgliedern durchaus Rechtens gewesen. Es hätte dann nicht der Weg des Umlageverfahrens gegangen werden müssen, um also mit dem Einsatz der überkommenen Vermögensteile und der laufenden Beitragseinnahmen die jährlichen Renten finanzieren zu können. Zum mindesten hätten die Vorstände sich zur Finanzierung ihrer Aufgaben durch Verpfändung ehemaligen königlichen u. a. fürstlichen Eigentums leichter die notwendigen Mittel verschaffen können.

Kapitel IV
Auswirkungen der Rentenversicherungsgesetze vor und nach dem 1. Weltkrieg

Bevölkerung und Berufstätigkeit

Im Jahre 1891 lebten im Deutschen Reich ca. 60 Millionen Menschen. Davon befanden sich 24.297.269 Männer und Frauen

in einem abhängigen Arbeitsverhältnis, und zwar	
in der Land – und Forstwirtschaft und Fischerei	10.232.883
im Bergbau, Hütten-/ Bauwesen, in der Industrie	9.791.911
im Handel und Verkehr	1.944.775
bei Hausindustriellen, im Haushalt, beim Militär	2.327.700

in selbständiger Tätigkeit :	
in der Landwirtschaft und Fischerei	8.913.278
in der Forstwirtschaft	79.294
im Bergbau, Hütten-/Bauwesen, in der Industrie	6.266.169
im Handel und Verkehr	2.586.305
also insgesamt als Selbständige	17.845.046
Die Summe der Berufstätigen betrug	42.142.315

Von den ca. 60 Millionen Einwohnern waren somit 42.142.315 Personen berufstätig, die meisten in der Land- und Forstwirtschaft und im Fischereiwesen, nämlich 19.225.455 Personen, im industriellen Sektor bereits 16.058.080 Personen und im Handel und Verkehrswesen 4.531.080 Personen.

Die Berufszählung vom 14.Juni 1905 ergab bei einer mittleren Gesamtbevölkerung von 60.314.000 folgende Zuordnung zu Berufsarten und Wirtschaftszweigen:

Wirtschaftszweig						
Land- u. Forstwirtschaft, Fischerei	Bergbau, Hüttenwesen, Bauwesen Industrie	Handel u. Verkehr	Hausindustrielle	Häusliche Dienste, Lohnarbeit wechselnder Art	Gesamtzahl der einzelnen Berufsgruppen	
Selbständige, leitende Beamte, sonstige Geschäftsführer :						
4.745.246	2.131.146	1.192.020	334.164		8.402.576	
Wissenschaftlich, kaufmännisch oder technisch ausgebildetes Verwaltungspersonal :						
97.961	268.212	268.270			634.443	
Sonstige Gehilfen, Lehrlinge, Fabrik-/Lohn- u. Tagearbeiter :						
7.097.722	6.167.084	1.448.098	67.719	449.256	15.229.879	
Summe	11.940.929	8.566.442	2.908.388	401.883	449.256	24.266.898
ca. %	49	35	12	2	2	100

Invalidenversicherte

Der Invalidenversicherung gehörten 1905 insgesamt 13.948.200 Personen an, davon 9.232.800 Männer und 4.715.400 Frauen. Der Anteil der Frauen an der Gesamtbevölkerung war mit 30.593.000 höher als jener der Männer mit 29.721.000 (jeweils gerundete Zahlen).

Arbeitsverdienste

Interessant erscheinen auch die Arbeitsverdienste (Lohnhöhen) der größten Beschäftigungsgruppe, also der einfachen Arbeitnehmerschaft. So verdienten z. B. die Gemeindearbeiter in den deutschen Städten zumeist zwischen 3 Mark und 4 Mark pro Arbeitstag. Aber bereits in dieser Zeit stiegen die Löhne an und damit die Arbeitskosten. So erbrachte die statistische Erhebung der Gemeindearbeiterzahlen nach Lohngruppen für die Jahre 1902 und 1907 das folgende Resultat:

Auswirkungen der RV – Gesetze vor und nach dem 1. Weltkrieg 117

Lohngruppen	Arbeitsverdienste			
	1902		1907	
	Personen	%	Personen	%
unter 3 Mark/Tag	9.407	26,7	4.705	9,4
3 bis unter 4 Mark	21.009	59,5	27.967	56,0
4 bis unter 5 Mark	4.185	11,9	14.356	28,7
5 und mehr Mark	678	1,9	2.932	5,9
Gesamt	35.279	100,0	49.960	100,0

Größere Abweichungen von den Tagelohnsätzen der Gemeindearbeiter sind für die Arbeiter in den anderen Wirtschaftszweigen nicht anzunehmen. Durch den zu verzeichnenden Lohnanstieg wuchsen auch die Beitragseinnahmen der Invalidenversicherung. Die unterste Lohngruppe war gemäß dem Jahresarbeitsverdienst der Lohnklasse III (550 bis 850 Mark) zuzuordnen. Durch die Lohnerhöhung auf 3 bis unter 4 Mark gelangten die betroffenen Arbeiter wegen des höheren JAV in die Lohnklasse IV (mehr als 850 Mark), sofern sie während der anzusetzenden 300 Arbeitstage pro Jahr gegen Entgelt beschäftigt waren. Nach dem IVG wurde die Lohnklasse IV auf 1150 Mark begrenzt und die Lohnklasse V mit mehr als 1150 Mark eingeführt. Um den Tagelohnsatz, der in die Lohnklasse V hineinreicht, zu ermitteln, sind die 1.150 Mark durch 300 zu dividieren. Das ergibt einen Tagelohn von 3,83 Mark, so daß viele Gemeindearbeiter bereits im Jahre 1902 der Lohnklasse V zuzurechnen waren. Das wirkte sich positiv auf die Einnahmen aus.

Wochenbeiträge

In der Lohnklasse III betrug der Wochenbeitrag 24 Pfennige, in der Lohnklasse IV 30 Pfennige und in der Lohnklasse V 36 Pfennige. Werden nur die beiden höheren Lohngruppen einem Vergleich der Jahre 1902 und 1907 unterzogen, so ist bei diesen Arbeitern die Personenzahl von 4.863 im Jahre 1902 auf 17.288 im Jahre 1907 angestiegen, also um 12.425. Auf nur einen Wochenbeitrag von 36 Pfennigen bezogen, erbringt dieser Zugang eine Mehreinnahme von 4.473 Mark, und für ein Beitragsjahr 4.473 x 52 Wochen = 232.596 Mark. Bei einem Wechsel aus der Lohnklasse IV in V, also einem um 6 Pfennige höheren Wochenbeitrag, entsteht eine Mehreinnahme von immerhin noch 38.766 Mark. Dies läßt erahnen, daß der Invalidenversicherung bei mehr als 14 Millionen Versicherten in jedem Jahr ungeheure Summen zuflossen, obgleich die Verdienste der Arbeiterschaft gemessen an heutigen Verhältnissen unvorstellbar niedrig waren.

Jahresdurchschnittsentgelte und Einnahmenentwicklung

Gegenüber den Jahresdurchschnittsentgelten (siehe Tabelle 7 im Anhang) erscheinen die Beitragseinnahmen der Versicherungsanstalten (Tabelle 8) geradezu majestätisch. Sie beliefen sich von 1891 bis 1913 auf insgesamt 3.445.663.616 Mark (ohne die Sonderkassen), auf 3.512.830.800 Mark (mit den Sonderkassen). Im Gefolge steigender Einnahmen, die nicht sogleich zu entsprechend

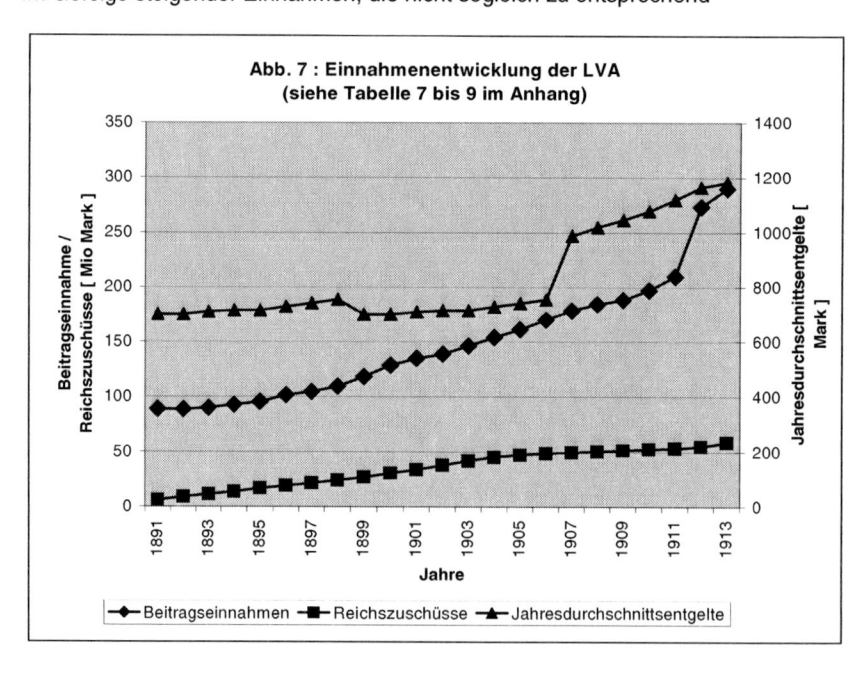

Abb. 7 : Einnahmenentwicklung der LVA
(siehe Tabelle 7 bis 9 im Anhang)

angestiegenen Ausgaben führten, wuchs auch das Geldvermögen der LVA an. Dadurch erlangte die gesetzliche RV Einfluß auf die allgemeine Wirtschaftsentwicklung, in dem sie nicht unerheblich auf die Richtung der Geldströme einwirkte. So konnte sie in solche als sozialgemäß empfundene Projekte investieren, wie sie die Krankenanstalten, Alten- und Erholungsheime, Arbeiterwohnungen etc. darstellen. Das trug zum Auftrieb in der gesamten Volkswirtschaft bei, worauf im Kapitel VIII besonders eingegangen wird.

Seit dem Entstehen der RV im Jahre 1891 stieg die Zahl von Versicherten beständig an, welche die Voraussetzungen für die Gewährung einer Alters- oder Invalidenrente erfüllten. Die Zunahme der Rentenempfänger verursachte immer höhere Reichszuschüsse, weil das Reich an jeder Rente einen festen Reichsanteil von jährlich 50 Mark zu tragen hatte. Diese Reichszuschüsse wurden aus den Steuer-, Gebühren- und sonstigen Einnahmen des Fiskus finanziert und belasteten so im gleichen Umfang die Steuerzahler. Damit verschmolz die Renten-Gesetzgebung das ganze deutsche Volk zu einer Solidargemeinschaft angesichts schicksalshafter Bedrängnisse im Leben eines jeden Menschen. Das ständige Anwachsen der Reichszuschüsse zeigt die vorstehende Übersicht.

Anstieg des Vermögens

Um die Finanzkraft der sozialen Versicherung zu erhalten, wurden die Beiträge für die Versicherten in einer Höhe festgesetzt, daß auch die zukünftigen Aufwendungen finanziert werden konnten. Ein erheblicher Teil der Beitragseinnahmen verblieb in den Kassen der Versicherungsträger, konnte zur Vermögensanlage verwendet werden und diente somit der Zukunftssicherung in diesem Versicherungszweig. Die Vermögensbestände der Rentenversicherung waren mündelsicher und ertragswirksam anzulegen. Sie ergaben als Gesamtposition für das Bar- und Anlagevermögen die in Tabelle 10 verzeichneten Werte.

Höhere Vermögenserträge

Die Entwicklung der Vermögenserträge zeigte ein identisches Bild, also auch ein stetiges Ansteigen der Ertragseinnahmen wie Kredit-, Miet- und Pachtzinsen. Die statistischen Angaben enthielten über die Jahre hin nur nicht immer einheitliche Ausgangsgrößen. In einigen Zeitabschnitten wurden die Zinsen von den sonstigen Einnahmen getrennt ausgewiesen, in anderen mit diesen zusammengefaßt veröffentlicht. Als sonstige Einnahmen wurden die Zuschüsse zum Reservefonds, (der durch das IVG wieder aufgegeben wurde), die Rentenerstattungen und Strafgelder erfaßt. Außerdem ergibt sich dadurch ein Vergleichsproblem, daß die Einnahmen der Versicherungsanstalten nicht immer getrennt von denen der Kasseneinrichtungen oder Sonderkassen dokumentiert sind, wie z. B. die Zinserträge von 1891 bis 1899. Sie betreffen nur die Versicherungsanstalten und erbrachten die in der Tabelle 11 angegebenen Werte:

Ab 1900 beinhalten die Zahlenangaben auch die sonstigen Einnahmen und zwar getrennt nach LVA mit bzw. ohne Sonderkassen (siehe Tabelle 12). In den Jahren von 1891 bis 1913 beliefen sich diese Einnahmen auf insgesamt 758.638.524 Mark.

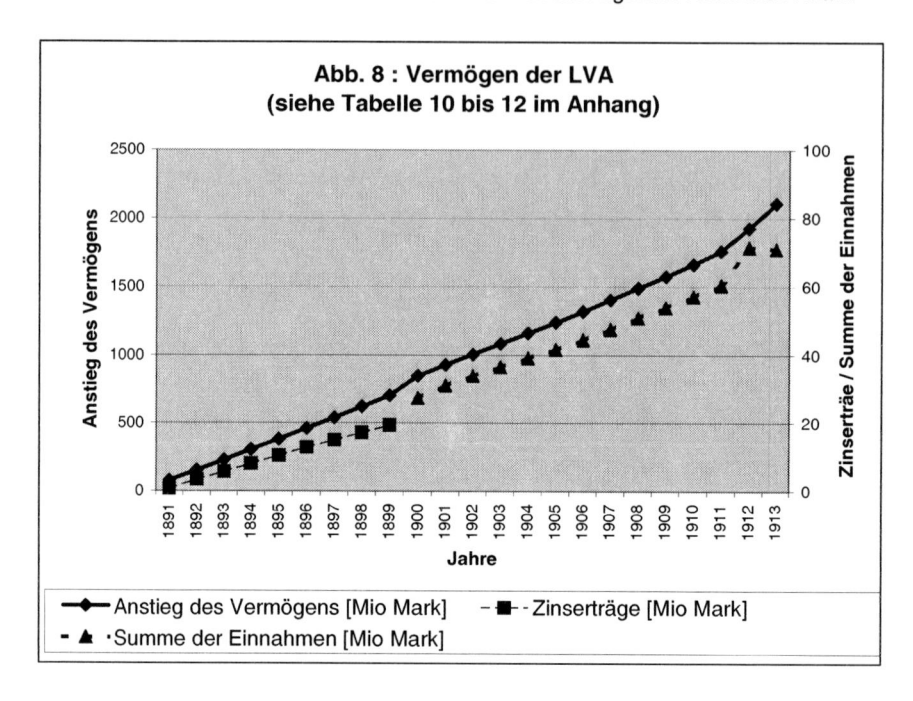

**Abb. 8 : Vermögen der LVA
(siehe Tabelle 10 bis 12 im Anhang)**

[Diagramm mit den Kurven:
— Anstieg des Vermögens [Mio Mark]
− ■ − Zinserträge [Mio Mark]
− ▲ · Summe der Einnahmen [Mio Mark]
Jahre 1891 bis 1913]

Die Entwicklung der Renten

So wie die Beitragseinnahmen und Vermögenserträge von Jahr zu Jahr beständig zunahmen, wuchsen auch die Rentenausgaben. Die Ursachen hierfür lagen einerseits in dem Anstieg der Zahl der Rentenempfänger und andererseits in der Notwendigkeit, die Rentenbeträge der allgemeinen Teuerung anzupassen, also die Renten zu erhöhen.

Die erste Rentenerhöhung erfolgte bereits durch das am 1.1.1900 in Kraft getretene Reichsinvalidenversicherungsgesetz. Gegenüber den in den §§ 25 und 26 IuAVG festgelegten Sätzen wurde der Grundbetrag der Invalidenrenten ab

Lohnklasse II erheblich gesteigert, und zwar von zuvor einheitlich 60,- auf 70,- Mark/Jahr, in Lohnklasse III auf 80,-, in Lohnklasse IV auf 90,- und in Lohnklasse V betrug dieser Versicherungsanteil 100,- Mark.

Während die höchstmögliche Altersrente in Lohnklasse IV - Anfang der 90er Jahre - nur 191,- Mark jährlich betragen hatte, erbrachte sie nunmehr in Lohnklasse V 230,- Mark, weil mit ihr ein Grundbetrag von 180 Mark verbunden war. (Die Jahresmiete für eine Arbeiterwohnung lag bei 150 bis 175 Mark).

Mit dem Inkrafttreten der RVO am 1.1.1914 erfolgte eine weitere Erhöhung der Invalidenrenten durch die Einführung eines Kinderzuschusses von 10% für jedes Kind unter 15 Jahren.

Das Anderthalbfache der Invalidenrente durfte allerdings nicht überschritten werden. Die Einführung der Hinterbliebenenrenten erhöhte zwar die Zahl der Leistungsempfänger, stellte aber keine Rentenerhöhung dar, weil bei einem Zusammentreffen einer Invalidenrente mit einer Hinterbliebenenrente die jeweils niedere ruhte; das war zumeist die letztere.

Die Fortsetzung der durch das IVG eingeführten neuen Berechnungsweise für die Invalidenrenten, welche von der RVO übernommen wurde, hätte nach damaliger Auffassung zu annehmbareren Renten führen sollen, als dies bei den Altersrenten der Fall gewesen wäre. So hätten die Invalidenrenten mit dem Reichszuschuß in den einzelnen Lohnklassen folgende Jahresrenten ergeben:

nach Wochen	I Mark	II Mark	III Mark	IV Mark	V Mark
500 (ca. 10 J.)	125	150	170	190	210
1000 (ca. 20 J.)	140	180	210	240	270
1500 (ca. 30 J.)	155	210	250	290	330
2000 (ca. 40 J.)	170	240	290	340	390
2500 (ca. 50 J.)	185	270	330	390	450

Zu diesen Beträgen wären die Kinderzuschläge und evtl. Leistungen aus einer Zusatzversicherung, zu der jeder Versicherte berechtigt gewesen war, hinzugekommen. Wie wenig realisierbar solche Zukunftserwartungen und besonders Prognosen für ökonomische und politische Gegebenheiten in fernerer Zukunft sein können, zeigt diese aus einem Kommentar dieser Zeit entnommene Übersicht. Bis zum Beginn des 1.Weltkrieges, der solche Berechnungen illusorisch werden ließ, waren seit dem 1.1.1891 lediglich 24 Jahre vergangen und die ermittelten Beträge nur ein Jahr alt. Daß die Invalidenrenten im Vergleich zu den Altersrenten wesentlich höher lagen, war vom Gesetzgeber ausdrücklich gewollt, weil die Invalidität weit jüngere Arbeiter treffen konnte, die noch eine zumeist kinderreiche Familie zu versorgen hatten. Dennoch reichten sie lediglich für ein kärgliches Dasein aus. Sie sollten auch nur die Möglichkeit einer bescheidenen Lebenshaltung bieten, wie sie insbesondere der Aufenthalt an einem billigen Ort zuließ. Für den Rentenempfänger, der im Kreise seiner Familie lebte, war die Rente dennoch ein sehr geschätzter Beitrag oder die einzige Quelle zur Finanzierung des Haushaltes.

Preisanstieg

Da immer mehr Arbeiter in die höheren Lohngruppen gelangten, sie also mehr verdienten und damit ihre Kaufkraft anwuchs, kam es infolge der stärkeren Nachfrage nach Gütern des täglichen Bedarfs zu Preiserhöhungen, die der Rentnerhaushalt nicht verkraften konnte. Die völlig unzuträgliche Versorgung der Rentner wird an folgendem Beispiel sichtbar. Aus der Übersichtstabelle der Arbeiterlöhne unter vergleichender Berücksichtigung der jeweiligen Preise wird zunächst die Ergiebigkeit des Arbeitslohnes für eine Arbeitsstunde ermittelt. Dabei wurden die Arbeiter in 3 Klassen eingeteilt, denen die römischen Ziffern I, II und III zugeordnet worden sind, und zwar die I für die erste Arbeiterklasse, II für die mittleren Arbeiter und III für Tagelöhner und Handlanger. Beim Vergleich mit den Preisen für Brot und Fleisch ergaben sich folgenden Relationen:

Im Jahre 1895 kostete ein Pfund Brot 11,6 Pfennige, ein Pfund Rindfleisch 60 Pfennige. Die Stundenlöhne betrugen für den Arbeiter I = 53 Pfennige, II = 42 Pfennige, III = 23 Pfennige. Um sich je ein Pfund Brot und Fleisch kaufen zu können, mußte der Arbeiter I 1,35 Stunden, II 1,70 Stunden und III 3,11 Stunden, im üblichen Zeitmaß eine Stunde 21 Minuten (I), eine Stunde 42 Minuten (II) und 3 Stunden 7 Minuten (III) arbeiten.

Renten reichen nur für die Ernährung

Ein Altersrentner, der eine Höchstrente von 230 Mark pro Jahr empfing, verfügte über einen Tagesrentenbetrag von 63 Pfennig. Damit konnte er sich ein ½

Pfund Brot zu 5,5 Pfg., ½ Pfund Fleisch für 30 Pfg., einen Liter Milch für 18 Pfg. und fast ½ Liter Bier für die restlichen 10 Pfennige kaufen, also wenigstens sein 'Essen und Trinken' finanzieren. Er brauchte somit nicht zu befürchten, wie es von Bismarck in einer Reichstagsrede formulierte, "von der Schwiegermutter seines Sohnes aus dem Hause gewiesen zu werden". Für den alleinstehenden Senior, der auch noch Mittel für Wohnung, Kleidung und anderes aufwenden mußte, waren die Renten zu niedrig und die Preise zu hoch, und während die Rente auf ihrem Niveau verharrte, stiegen ständig die Preise. Das zeigte die Statistik aus dieser Zeit mit den Angaben über die Butter- und Rindfleischpreise in Berlin, Hannover und München sowie den Preis für 1 Kilo Brot in Berlin und München:

1 kg Brot kostete:

In den Jahren	in Berlin	in München
1913/14	28 Pfg.	34 Pfg.

Es kostete 1 kg Butter (in Pfg.) und 1 kg Rindfleisch (in Pfg.)

in	Butter			Rindfleisch		
	Berlin	Hannover	München	Berlin	Hannover	München
1897	228	213	214	124	125	142
1898	224	210	204	126	127	144
1899	230	222	222	125	129	140
1900	233	217	218	126	129	140
1901	233	224	198	129	129	140
1902	230	227	214	134	132	144
1903	231	232	214	137	138	144
1904	234	236	206	138	141	138
1905	246	243	212	144	147	148
1906	250	249	216	154	158	160

Infolge der zunehmenden Verknappung von Gütern des zivilen Bedarfes während des 1. Weltkrieges war es zu weiteren spürbaren Preiserhöhungen gekommen, so daß zu Gunsten der Rentenempfänger besondere Fürsorgemaßnahmen ergriffen wurden.

Zu diesen gehörten am Ende des Krieges die Zulagen an Empfänger von Invaliden-, Witwen- oder Witwerrenten, und zwar in Höhe von 8 Mark an die Invaliden und von monatlich 4 Mark an Witwen und Witwer.

Inflation

Die Altersrentner bekamen 1919 ebenfalls 8,- Mark monatlich mehr Rente. Diese Zulagen erwiesen sich jedoch bald als unzureichend, so daß sie im letzten Quartal des Jahres 1919 auf 20 Mark für Invaliden- und Altersrentner und auf 10 Mark für die Witwen und Witwer erhöht wurden. Auf Grund des 'Gesetzes über Abänderung der Leistungen und der Beiträge in der Invalidenversicherung' vom 20. Mai 1920 erhöhten sich die Zulagen an die Invaliden- und Altersrentenempfänger auf 30 Mark, an die Witwen und Witwer auf 15 Mark monatlich und für jede Waise um 10 Mark.

Waisenbeihilfen

Die wachsende Not der Rentenempfänger veranlaßte den Reichstag, den Waisen eine außerordentliche Beihilfe von 20 Mark und den anderen Rentenempfängern eine solche in Höhe von 40 Mark durch Gesetz vom 26.12.1920 zuzubilligen.

Anpassungsgesetze

Diese Zulagen reichten bei weitem nicht aus, um die Lebensverhältnisse der Rentner zu verbessern. Die Arbeitsverdienste und mit ihnen die Teuerung stiegen immer weiter an und erforderten eine ständige Anpassung der einschlägigen Bestimmungen durch den Gesetzgeber. So wurden auch die Lohn- bzw. Beitragsklassen der RV auf die laufenden Erhöhungen der Durchschnittsverdienste hin immer wieder geändert.

In dem "Gesetz über die anderweitige Festsetzung der Leistungen und der Beiträge in der Invalidenversicherung" vom 23.7.1921 erhielten die Lohnklassen an Stelle der üblichen römischen Zahlen (I bis VIII) die Buchstaben A bis H und folgende Jahresarbeitsverdienste und Wochenbeiträge zugeordnet:

	Lohnklassen		Wochenbeitrag in Mark
	von	bis zu	
Klasse A	0	1.000	3,50
Klasse B	mehr als 1000	3.000	4,50
Klasse C	mehr als 3000	5.000	5,50
Klasse D	mehr als 5000	7.000	6,50
Klasse E	mehr als 7000	9.000	7,50
Klasse F	mehr als 9000	12.000	9,00
Klasse G	mehr als 12000	15.000	10,50
Klasse H	mehr als 15000		12,00

Die Beiträge galten zunächst bis zum 31.12.1926. Bis dahin sollte geprüft werden, ob sie ausreichen.

Mit gleichem Gesetz wurden die Invaliden-, Alters-, Witwen- und Witwerrenten 'bis auf weiteres' um jährlich 600 Mark, die Waisenrenten um jährlich 300 Mark und der Grundbetrag der Invalidenrente für alle Lohnklassen auf 360 Mark angehoben. Die Steigerungssätze der Invalidenrente mußten stark erhöht werden. Es ergaben sich in den Lohnklassen A auf 10 Pfg, B auf 30 Pfg, C auf 50 Pfg, D auf 70 Pfg, E auf 90 Pfg, F auf 120 Pfg, G auf 150 Pfg und H auf 180 Pfg.

Der Kinderzuschuß zur Invalidenrente erhöhte sich für ein Kind unter 15 Jahren auf jährlich 96 Mark, für zwei Kinder auf jährlich 168 Mark und für jedes weitere auf jährlich 48 Mark. Elternlose Enkel, die der Invalidenempfänger überwiegend unterhielt, waren den Kindern gleichgestellt.

Der Anteil der Versicherungsanstalt betrug bei den Witwen- und Witwerrenten 4/10, bei jeder Waisenrente 2/10 des Grundbetrages und der Steigerungssätze der Invalidenrente, und an den Altersrenten in den Lohnklassen A 300 Mark, B 500 Mark, C 700 Mark, D 900 Mark, E 1100 Mark, F 1400 Mark, G 1700 Mark und H 2000 Mark.

Bereits laufende Invaliden- und Altersrenten erhielten eine Zulage von 70 Mark monatlich, Witwen- und Witwerrenten von 55 Mark und Waisenrenten von 30 Mark monatlich.

Witwengeld und Waisenaussteuer wurden nicht mehr gezahlt.
Der Gesetzgeber war bemüht, mit der allgemeinen Teuerung, der Aufblähung der Löhne und Gehälter und galoppierenden Geldentwertung Schritt zu halten. Das 'Gesetz über die Änderung des Versicherungsgesetzes für Angestellte und der

Reichsversicherungsordnung' vom 10.11.1922 versah die nunmehr 13 Lohnklassen mit arabischen Ziffern und den inzwischen erreichten exorbitanten Jahresarbeitsverdiensten von 7.200 Mark in Lohnklasse 1, bis zu 720.000 in der Lohnklasse 12 und von mehr als 720.000 Mark in der Lohnklasse 13.

Angleichung von Alters - und Invalidenrenten

Die Worte 'Invaliden- oder Altersrenten' wurden durch das Wort 'Invalidenrente' ersetzt, die 'Altersrente' gab es also nicht mehr, so daß auch die besonderen Regelungen für diese Rente fortan nicht mehr existierten.

Zu den Renten aus der Invalidenversicherung traten Teuerungszulagen, und zwar bei den Invaliden-, Witwen- und Witwerrenten von jährlich 9.000 Mark, bei den Waisenrenten von jährlich 4.500 Mark. Der Grundbetrag der Invalidenrente wurde auf 720 Mark erhöht und die Steigerungsbeträge zwischen 0,72 Mark in Lohnklasse 1 und 86,40 Mark in der Lohnklasse 13 erheblich aufgestockt. Entsprechendes geschah mit den Wochenbeiträgen, die bis zum 31.12.1926 von 10 Mark in der Lohnklasse 1 bis zu 320 Mark in der Lohnklasse 13 reichen sollten.

Die Invalidenrente wurde bei Vollendung des 65. Lebensjahres oder bei dauernder Invalidität gezahlt. Am 31.12.23 endete die Inflation mit der Umstellung auf die Goldmarkwährung (Rentenmark, später Reichsmark).

Die Einführung der Reichsmark fand ihren unmittelbaren Niederschlag in den die Sozialversicherung betreffenden Gesetzen, so z. B. im Gesetz vom 16.4.1924:

1. Nach der Höhe des wöchentlichen Arbeitsverdienstes des Versicherten wurden folgende Lohnklassen und Wochenbeiträge festgesetzt:

Lohnklasse in Goldmark		Wochenbeiträge in Goldpfennige
	von	bis zu	
Klasse 1		10.-	20
Klasse 2	mehr als 10	15.-	40
Klasse 3	mehr als 15	20.-	60
Klasse 4	mehr als 20	25.-	80
Klasse 5	mehr als 25		100

2. Der Reichszuschuß betrug für jede Invaliden-, Witwen- oder Witwerrente 36 Goldmark und für jede Waisenrente jährlich 24 Goldmark.
3. Der von der Versicherungsanstalt zu leistende Grundbetrag der Invalidenrente belief sich auf 120 Goldmark jährlich, der Steigerungsbetrag auf 10% der gültig entrichteten Beiträge und der Kinderzuschuß für jedes Kind unter 18 Jahren auf jährlich 36 Goldmark.
4. Der Anteil der Versicherungsanstalt betrug bei Witwen- und Witwerrenten 6/10, bei Waisenrenten für jede Waise 5/10 des Grundbetrages und des Steigerungsbetrages der Invalidenrente.

Bereits ein Vierteljahr danach erhöhte das Gesetz zur Änderung der RVO vom 31.7.1924 den Reichszuschuß für die Invaliden-, Witwen- und Witwerrente auf 48 RM, für die Waisenrente auf 24 RM.

Im selben Jahre erschien im Reichsgesetzblatt Nr. 75 die Bekanntmachung der neuen Fassung der RVO vom 15.12.1924, welche jedoch keine weiteren Änderungen bei den Beiträgen, Renten und Anteilen der VA enthielt.

Durch Gesetz vom 23.3.1925 wurden der Reichszuschuß zu jeder Invaliden-, Witwen- und Witwerrente auf 72 RM und für die Waisenrente auf 36 RM sowie der Steigerungsbetrag für die Invalidenrente auf 10% der seit dem 1.1.24 entrichteten Beiträge festgelegt, außerdem für jede Beitragsmarke

der Lohnklasse II	ein Steigerungsbetrag von 2 Rpfg
der Lohnklasse III	ein Steigerungsbetrag von 4 Rpfg
der Lohnklasse IV	ein Steigerungsbetrag von 7 Rpfg
der Lohnklasse V	ein Steigerungsbetrag von 10 Rpfg

Die obigen Bestimmungen wurden bald geändert: Das Gesetz vom 28.7.1925 sah nun für die Lohnklassen folgende wöchentliche Arbeitsverdienste und Beiträge vor:

	Lohnklassen in Reichsmark		Wochenbeitrag in Reichspfennig
	von	bis zu	
Klasse 1		6.-	25
Klasse 2	mehr als 6	12.-	50
Klasse 3	mehr als 12	18.-	70
Klasse 4	mehr als 18	24.-	100
Klasse 5	mehr als 24	30.-	120
Klasse 6	mehr als 30		140

Außerdem wurden der Grundbetrag für die Invalidenrente auf 168 RM, der Steigerungsbetrag auf 20% der gültig entrichteten Beiträge und der Kinderzuschuß von 36 auf 90 RM jährlich angehoben. Ferner konnten allgemeine Maßnahmen zur Verhütung des Eintritts vorzeitiger Berufsunfähigkeit sowie zur Hebung der gesundheitlichen Verhältnisse der versicherten Bevölkerung gewährt werden.

Im 'Gesetz über Leistungen und Beiträge in der Invalidenversicherung' vom 8.4.1927 erschienen die Lohnklassen wieder mit römischen Ziffern und den folgenden wöchentlichen Arbeitsverdiensten (=A), Beiträgen (=B) und Steigerungsbeträgen (=S) für jede bis zum 30.9.1921 verwendete Beitragsmarke (bis Lohnklasse V):

	A (in RM)		B	S
	von	bis zu	in Rpfg	
Klasse I		6.-	30	2
Klasse II	mehr als 6	12.-	60	4
Klasse III	mehr als 12	18.-	90	8
Klasse IV	mehr als 18	24.-	120	14
Klasse V	mehr als 24	30.-	150	20
Klasse VI	mehr als 30	36.-	180	
Klasse VII	mehr als 36	(ab 1.1.1928)	200	

Für die laufenden Renten, welche Steigerungsbeträge von vor Oktober 1921 enthielten, wurde der Steigerungsbetrag ab 1.7.1927 verdoppelt. Vor dem 1.4.25 festgestellte Hinterbliebenenrenten erhielten die o.a. Steigerungsbeträge (S). Die Steigerungsbeträge für die Beitragsmarken vor dem 1.10.1921 wurden auf Grund des 'Gesetzes über Leistungen in der Invaliden- und Angestelltenversicherung' vom 29.3.1928 abermals erhöht, und zwar in der Lohnklasse I auf 3 Rpfg, II auf 6 Rpfg, III auf 12 Rpfg, IV auf 18 Rpfg und V auf 27 Rpfg sowie der Kinderzuschuß von 90 auf jährlich 120 RM. Weitere Erhöhungen gab es für die Steigerungsbeträge in den Hinterbliebenenrenten aus der Zeit vor dem 1.10.1923.

Zu einer nochmaligen Aufstockung dieser Steigerungsbeträge kam es durch das Gesetz über die Leistungen in der IV vom 12.7.1929, und zwar in Lohnklasse I auf 4 Rpfg, II auf 8 Rpfg, III auf 14 Rpfg, IV auf 20 Rpfg und V auf 30 Rpfg sowie für die laufenden Renten um 15 % mindestens um 12 RM, bei der Waisenrente um mindestens 6 RM für das Jahr.

Die Ausgaben wuchsen also beständig, ohne daß auch die Einnahmen entsprechend anstiegen. Diese spendable Phase in der Entwicklung der Leistungen der RV fand ihr Ende in der IV. Notverordnung von 8.12.1931. Kinderzuschuß und Waisenrente gab es nur noch bis zum 15. Lebensjahr. Stiefkinder und Enkel galten nicht mehr als Kinder. Beschränkungen gab es bei den Waisenrenten, dem Zusammentreffen mehrerer Renten, der Verlängerung der Wartezeiten, den Ruhensvorschriften für die Invalidenrenten neben Krankengeld, Verletztenrente, Ruhegehältern und Wartegeldern. Sie führten zu den notwendig gewordenen Einsparungen. Die Notverordnung vom 8.12.1931 brachte eine Ersparnis von 160 Millionen RM jährlich, von denen das Reich mit 30 Millionen pro Jahr profitiert hätte.

Bereits ein halbes Jahr später erschien die "Verordnung des Reichspräsidenten über Maßnahmen zur Erhaltung der Arbeitslosenhilfe und Sozialversicherung sowie zur Erleichterung der Wohlfahrtslasten der Gemeinden' vom 14.6.1932. Sie führte zur Absenkung des Grundbetrages der Invalidenrente auf die Hälfte (= 84 RM/Jahr bei sämtlichen Lohnklassen) sowie des Kinderzuschusses auf 90 RM. Der Anteil der Versicherungsanstalt wurde jeweils um 10% reduziert. Er betrug fortan 50% bei den Witwen- und Witwerrenten und 40% des Grundbetrages und des Steigerungsbetrages der Invalidenrente bei den Waisenrenten. Für die AV wurden als Grundbetrag aller Gehalts- und Beitragsklassen 396 RM/Jahr festgelegt, der Kinderzuschuß ebenfalls auf 90 RM reduziert und der Anteil der Versicherungsanstalt wie bei den IV-Renten abgesenkt. Diese Notverordnung vom 14.6.1932 hätte zu Minderausgaben von jährlich 250 Millionen RM beigetragen. Trotz dieser Maßnahmen befand sich die Invalidenversicherung in finanziellen Schwierigkeiten. Ihr fehlten Anfang 1933 noch 115 Millionen RM.

Deflation

Ursache der damaligen Finanzmisere waren zum einen der starke Rückgang der Beitragseinnahmen infolge der Arbeitslosigkeit, Kurzarbeit und Lohnsenkung, zum andern das ständige Anwachsen der Zahl der Renten und ihrer Höhe, auch bedingt durch die mehrfache Erhöhung der Rentensätze durch den Gesetzgeber in den Jahren von 1925 bis 1929.

Aus dieser Zwangslage konnte die Invalidenversicherung nur durch eine umfassende Finanzreform befreit werden. Denn allein zum Ausgleich des Defizits im Jahre 1933 wäre eine Wiederbeschäftigung von 2 Millionen Arbeitsloser und ab 1934 von einer weiteren Million erforderlich gewesen. Selbst wenn alle ca. 7 Millionen Arbeitslose wieder eine Arbeitsstelle erhielten, konnten die hierdurch erzielten Mehreinnahmen nur wenige Jahre ausreichen, um die ständig steigenden Ausgaben zu decken.

Lehren für die Rentenversicherung

Deshalb waren Regierung und Rentenversicherung bestrebt, das geltende Umlageverfahren aufzugeben und das Anwartschaftsdeckungsverfahren wieder einzuführen, nach dem die Beiträge so zu bemessen waren, daß aus ihnen und den Vermögenserträgen sowohl die laufenden Leistungen als auch die Anwartschaften auf künftige Leistungen gedeckt werden konnten.

Ähnlich katastrophal wie bei den Personenkörperschaften, also den Landesversicherungsanstalten, war die Finanzsituation der Gebietskörperschaften - wenigstens bei den meisten Städten und Gemeinden - gegen Ende 1932 und zu Beginn 1933.

"Mit einer Schuldenlast von 11,5 Milliarden Reichsmark waren sie oft unfähig, den Schuldendienst aufrechtzuerhalten oder überhaupt ihren Zahlungsverpflichtungen nachzukommen. Wesentliche Gründe der hohen Überschuldung waren erstens die in der Periode der relativen Stabilisierung aufgenommen sehr hohen Investitionskredite (häufig kurzfristige Kredite für die Finanzierung langfristiger Vorhaben) und zweitens die in der Zeit der Weltwirtschaftskrise massenhaft aufgenommenen kurzfristigen Kredite, um die Folgen der Wirtschaftskrise (der Jahre 1929 bis 1932) auf den kommenden Haushalt abzufangen und überhaupt über Betriebsmittel zu verfügen [...]"[19]

In welche noch größere Katastrophe die damalige finanzielle Immobilität des Staates das deutsche Volk geführt hatte, ist heute noch für jedermann erkennbar und könnte den Regierenden und den Interessenverbänden unserer Tage eine Warnung sein.

---

[19] aus Archiv Nr.21.06 Umschuldungsverband deutscher Gemeinden EF 1

Kapitel V
Die Rentenversicherung im Nationalsozialismus und danach

Die Nationalsozialistische Deutsche Arbeiterpartei (NSDAP) gewann mit steigender Arbeitslosigkeit eine immer größer werdende Anhängerschaft. Bei den Reichstagswahlen im Mai 1924 erreichte sie 1,9 Millionen Stimmen (= 32 Mandate). Im Dezember desselben Jahres verlor die NSDAP zwar ca. eine Million an Stimmen und rutschte auf 18 Mandate ab, erzielte dann aber im Verlauf des Rückgangs der auf zumeist kurzfristigen US-Anleihen beruhenden Wirtschaftskonjunktur und der 1929 einsetzenden Weltwirtschaftskrise bei den Reichstagswahlen im September 1930 6,4 Millionen (= 107 Mandate). Im Jahre 1932 stieg die Arbeitslosenzahl auf über 6 Millionen. Bei der Reichspräsidentenwahl im April d.J. stimmten 13,4 Millionen für Adolf Hitler, den Führer der NSDAP, und 19,3 Millionen für den seit März 1925 amtierenden Reichspräsidenten Generalfeldmarschall Paul von Hindenburg.

Im Juli 1932 wählten 13,7 Millionen NSDAP-Kandidaten in den Reichstag und im November d.J. waren es 'nur' noch 11,7 Millionen Wahlberechtigte, die für die Nationalsozialisten stimmten. Nach dem Rücktritt des Reichskanzlers General Kurt von Schleicher am 28. Januar 1933 wurde Adolf Hitler am 30. Januar d.J. zum Reichskanzler berufen. Hitler löste am 1. Februar den Reichstag auf. In der Reichstagswahl vom 5. März 1933 erhielt die NSDAP 17,2 Millionen Stimmen. Der Reichstag verabschiedete im selben Monat das Ermächtigungsgesetz, das Hitler zu einer eigenmächtigen Gesetzgebung berechtigte. Mit dem Tode Hindenburgs am 2. August 1934 gingen dessen Befugnisse auf den `Führer und Reichskanzler Adolf Hitler` über.

Nach der Machtergreifung der NSDAP wurde das 'Führerprinzip' (nach dem alle entscheidenden Stellen im Staat solchen Führern anvertraut werden, die sich selbst nach oben voll verantwortlich fühlen) auch in der Sozialversicherung eingeführt. Die Selbstverwaltungsorgane Vertreterversammlung und Vorstand wurden abgeschafft und an deren Stelle ein Leiter der Versicherungsanstalt eingesetzt.

Gegenüber Minderheiten und politischen Gegnern wurde ein Ausnahmerecht geschaffen und die Rassengesetzgebung auch in der Sozialversicherung angewandt. Der bisherige Aufbau der gegliederten Sozialversicherung wurde nicht angetastet, obwohl es Forderungen einer Einheitsversicherung in der Partei gab.

Das Gesetzgebungswerk des nationalsozialistischen Reiches bei der 'RV'

Es begann mit dem 'Gesetz zur Erhaltung der Leistungsfähigkeit der Invaliden-, der Angestellten- und der knappschaftlichen Rentenversicherung' vom 17. Dezember 1933.

Geänderte Rentenberechnung

Die Invalidenrente und das Ruhegeld der 'AV' bestanden fortan aus Grundbetrag, Steigerungsbetrag und Kinderzuschuß. Der Grundbetrag für die Invalidenrente betrug einheitlich 72,- RM pro Jahr und für das Ruhegeld 360,- RM. Das Reich hatte den Grundbetrag für die IV zu tragen. Die jährlichen Steigerungsbeträge wurden für jeden Wochenbeitrag zur IV zwischen 8 Reichspfennig in der ersten Klasse und 62 Rpfg in der zehnten Klasse festgelegt. Die Zeit der Inflation (vom 1.10.21 bis 31.12.23) enthielt keine Steigerungsbeträge. Der Steigerungsbetrag für jeden Monatsbeitrag zur 'AV' lag zwischen 0,25 RM in der Klasse A und 8,00 RM in der Klasse K. Auf Beiträge, die für die Zeit vom 01.08.1921 und 31.12.1923 entrichtet worden sind, entfiel kein Steigerungsbetrag. Der jährliche Grundbetrag für Witwen - und Witwerrenten der IV entsprach dem der Invalidenrente, für jede Waisenrente jedoch nur zur Hälfte (= 36 RM). Die Steigerungsbeträge betrugen für Witwen(-er) 5/10, für Waisen = 4/10 der Invalidenrente.

Anwartschaftsdeckungsverfahren

Die Finanzierung der 'RV' erfolgte nach dem Anwartschaftsdeckungsverfahren. Ein Durchschnittsbeitrag war so zu bemessen, daß der Wert aller künftigen Beiträge samt dem Vermögen - und in der IV auch samt den Reichsmitteln - den Betrag deckte, der nach der Wahrscheinlichkeitsrechnung mit Zins und Zinseszins erforderlich war, um alle zukünftigen Aufwendungen der Versicherungsträger zu bestreiten. Um dieses Finanzierungsziel zu erreichen, mußte das Reich als Stützung einen jährlichen Reichsbeitrag von 200 Millionen RM an die IV zahlen. Außerdem wurde in der IV eine Lohnklasse VIII für einen wöchentlichen Arbeitsverdienst von mehr als 42,- RM eingefügt, die bisherige Lohnklasse VII galt für einen wöchentlichen Arbeitsverdienst von mehr als 36,- bis zu 42,- RM. Für die freiwillige Beitragsentrichtung wurden die Beitragsklassen IX und X gebildet. In der 'AV' wurden die 'JAV'-Grenze auf 7.200,- RM herabgesetzt, die bisherige Gehaltsklasse H in eine Beitragsklasse für die freiwillige Beitragsentrichtung umgewandelt und, soweit in Vorschriften noch die Grenze von 8.400,- RM zugrunde gelegt worden war, diese auch auf 7.200,- RM abgesenkt. Die Bestimmungen dieses Gesetzes wurden in die RVO eingefügt (§§ 1268 ff), der jährliche Kinderzuschuß dabei auf 90,- RM für jedes Kind bis zum vollendeten 15. Lebensjahr festgelegt und bestimmt, daß er an versicherte Ehefrauen nur gezahlt werden sollte, wenn der Ehemann das Kind nicht überwiegend unterhielt. Bei einem Zusammentreffen von mehreren Hinterbliebenenrenten waren diese ggf. anteilig zu kürzen, wenn sie zusammen den Gesamtbetrag aus der Invalidenrente des Verstorbenen und dem Kinderzuschuß überstiegen.

Die 'Verordnung über die Änderung, die neue Fassung und die Durchführung von Vorschriften der Reichsversicherungsordnung, des Angestelltenversicherungsgesetzes und des Reichsknappschaftsgesetzes vom 17.05.1934' enthielt einheitliche Regelungen für den Leistungskomplex der drei Versicherungszweige 'IV', 'AV' und 'KnV', und zwar folgenden Inhalts :

1. 'Regelleistungen' sind Renten und Heilverfahren.
2. der Reichsarbeitsminister konnte Mehrleistungen zulassen.
3. zur Verhütung vorzeitiger Invalidität und Verbesserung der gesundheitlichen Verhältnisse der versicherten Bevölkerung konnten Mittel aufgewendet werden.
4. Invalidenrente erhielt der Versicherte bei Erfüllung der Wartezeit und der Anwartschaftsbestimmung, wenn er a) dauernd invalide oder b) vorübergehend invalide, d. h. bereits 26 Wochen ununterbrochen invalide war, und die Invalidität nach Wegfall des Krankengeldes noch bestand, oder c) das 65. Lebensjahr vollendet hatte.
5. als invalide galt, wer außerstande war, ein Drittel dessen zu erwerben, was gesunde Personen in vergleichbarer beruflicher Tätigkeit verdienen konnten.
6. Witwenrente wurde unter den gleichen Bedingungen (von 4. u 5.) wie die Invalidenrente gezahlt,
7. Witwerrente für erwerbsunfähige, bedürftige Ehemänner, wenn die versicherte Ehefrau die Familie überwiegend unterhalten hatte,
8. Waisenrente bis zum vollendeten 15.Lebensjahr für eheliche, als ehelich erklärte, an Kindes Statt angenommene, uneheliche Kinder eines männlichen Versicherten, wenn dessen Vaterschaft festgestellt war, und die unehelichen Kinder einer Versicherten,
9. Verschollenenrente unter bestimmten Voraussetzungen.
10. Verwirkung des Rentenanspruchs bei vorsätzlicher Herbeiführung des Versicherungsfalles (= Versagung der Leistungen).

11. Die Wartezeit dauerte 250 Beitragswochen der Versicherungspflicht oder 500 Beitragswochen (also inklusive freiwilliger Beiträge) oder für die Altersinvalidenrente 750 Beitragswochen. Als Beitragszeiten galten auch Ersatzzeiten wegen Arbeitsunfähigkeit, Militärdienstes, Schwangerschaft bis zu 12 Wochen.
12. Die Anwartschaft wurde nur erhalten, wenn während zweier Jahre ab Ausstellungstag der mindestens 20 Beitragswochen, bei Selbstversicherung 40 Beitragswochen zurückgelegt oder bis zum Versicherungsfall drei Viertel der Zeit mit Wochenbeiträgen belegt worden waren. Die Anwartschaft lebte wieder auf, wenn von neuem mindestens 200 Beitragswochen vorlagen. Hatte der Versicherte aber bereits das 60. Lebensjahr erreicht, dann mußten vor dem Erlöschen mindestens 1000 Beitragswochen, bei Vollendung des 40. Lebensjahres und dem Wiederaufleben durch freiwillige Beiträge mindestens 500 Beitragswochen vor dem Erlöschen und ebenso viele danach zurückgelegt worden sein. Auch Ersatzzeiten wurden berücksichtigt.
13. bei den Grund- und Steigerungsbeträgen sowie dem Kinderzuschuß wurde keine Veränderung vorgenommen.
14. Das Reich hatte zur Deckung der Rentenausgaben der 'IV' die für die Grundbeträge erforderlichen Mittel sowie einen jährlichen Reichsbeitrag von 200 Millionen RM zu leisten (§ 1384).
15. Zur Deckung des Aufwandes für Arbeitslose mußte die Reichsanstalt für Arbeitsvermittlung und Arbeitslosenversicherung an die Versicherungsträger monatlich 50 Reichspfennig für jeden Arbeitslosen zahlen (§ 1385) ;
16. Die Lohn- und Beitragsklassen sowie die Höhe der Beiträge wurden neu festgelegt (§§ 1387, 1390).
17. Allgemeines Anwartschaftsdeckungsverfahren : Der Durchschnittsbeitrag war so zu bemessen, daß der Wert aller künftigen Beiträge samt dem Vermögen, den Reichsmitteln und den Zahlungen für Arbeitslose den Betrag deckte, der nach der Wahrscheinlichkeitsrechnung mit Zins und Zinseszins erforderlich war, um alle zukünftigen Aufwendungen der Versicherungsträger zu bestreiten. (§ 1391).

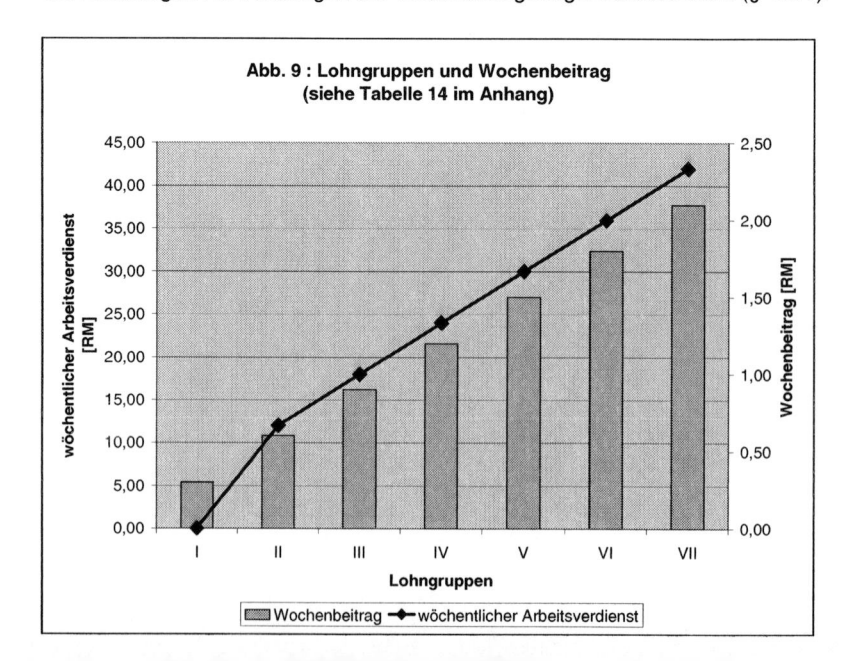

Abb. 9 : Lohngruppen und Wochenbeitrag
(siehe Tabelle 14 im Anhang)

Monatliche Renten

In den Amtlichen Nachrichten für Reichsversicherung Nr. 12, 1934 erschien eine Übersicht zur durchschnittlichen Höhe der monatlichen Rentenbeträge seit 1926, und zwar ab 1927 jeweils für die einzelnen Quartale bis zum 2. Quartal 1934. Diese Durchschnittswerte wurden aus den wirklich gezahlten Rentenbeträgen errechnet. Sie enthielten also auch viele Kleinstrenten, welche den aus der ersten Zeit der 'IV' eingerechneten sehr niedrigen Steigerungsbeträgen entstammen. Aus dieser Übersicht werden die jeweils höchsten monatlichen Durchschnittsrenten eines Jahres wie folgt übernommen:

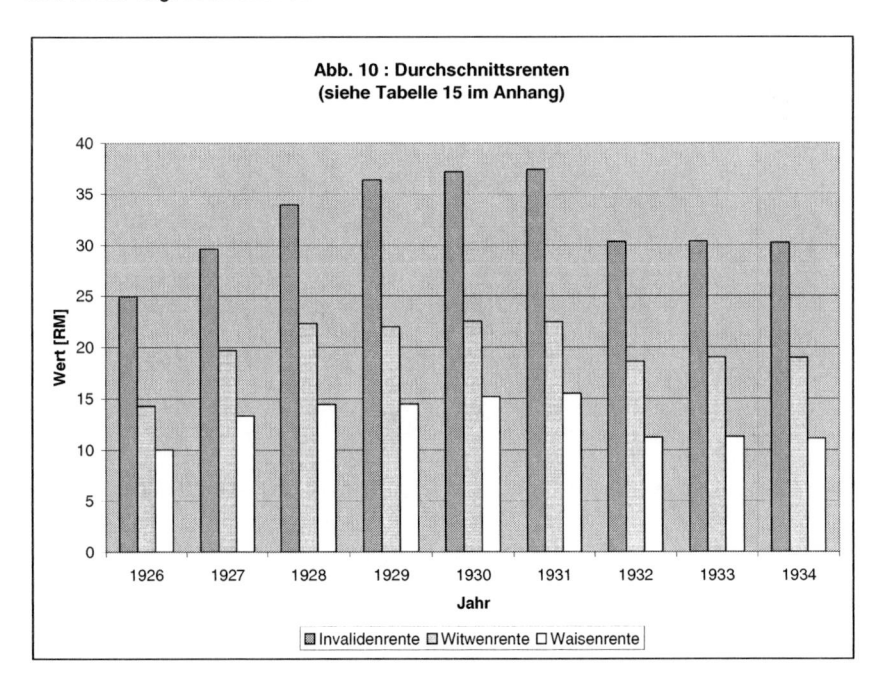

Abb. 10 : Durchschnittsrenten (siehe Tabelle 15 im Anhang)

Der höchstmögliche Rentenbetrag bei einer Neufestsetzung ab 1.1.1934 wäre bei einer Invalidenrente (ohne Kinderzuschuß) 64 RM, bei den Witwenrenten 35 RM und bei den Waisenrenten 26,20 RM gewesen, der niedrigste vorkommende Betrag bei den Invalidenrenten (Grundbetrag und Mindeststeigerungsbetrag) 12 RM, bei den Witwenrenten 9 RM und den Waisenrenten 5,40 RM.

Gesetz über den Ausbau der Rentenversicherung

Das 'Gesetz über den Ausbau der Rentenversicherung vom 21.12. 1937' enthielt eine Reihe von Änderungsvorschriften. Sie betrafen :

1. die Nachversicherung von Angehörigen des Reichsarbeitsdienstes oder Soldaten, die ohne Versorgung aus dem Dienst ausgeschieden waren ;
2. die Anrechnung von solchen Dienstzeiten auf die Wartezeit ;
3. den freiwilligen Eintritt in die Versicherung, der nunmehr für alle deutschen Staatsbürger bis zum vollendeten 40. Lebensjahr möglich war (= Selbstversicherung) ;
4. die Weiterversicherung der aus einer versicherungspflichtigen Beschäftigung ausscheidenden Personen, welche mindestens 26 Wochen an Pflichtbeiträgen nachweisen konnten.
5. Der § 1250 RVO erhielt die folgende Fassung : 'Regelleistungen sind Renten, Beitragserstattungen und Heilverfahren'.
6. Es wurde der Steigerungsbetrag der 10. Klasse von 62 auf 65 Rpfg heraufgesetzt und
7. die Zahlung des Kinderzuschusses und der Waisenrente über das 15. Lebensjahr hinaus bis zum 18. Lebensjahr verlängert, sofern sich das Kind in einer Schul- oder Berufsausbildung befand oder infolge körperlicher oder geistiger Gebrechen außerstande war, sich selbst zu unterhalten.
8. Der Kinderzuschuß wurde ab dem 3. Kinde von 90,- RM auf 120,- RM jährlich erhöht.
9. Die Wartezeit war erfüllt, wenn mindestens 260 Wochen mit Pflichtbeiträgen oder 520 Wochen mit Beiträgen (also einschließlich der freiwilligen Beiträge) und bei der Altersinvalidenrente 780 Wochen mit Beiträgen belegt wurden.
10. Die Anwartschaft galt als erhalten, wenn die Zeit seit dem ersten Eintritt in die Versicherung mit Beiträgen zur Hälfte belegt war (= Halbdeckung statt bisher Dreivierteldeckung). Dabei wurden auch Zeiten ohne Beiträge 'angerechnet' (Ersatzzeiten), wie die der Wehr- oder Arbeitsdienstpflicht, der beruflichen Fortbildung oder weltanschaulichen Schulung, der Arbeitsunfähigkeit und Arbeitslosigkeit.
11. Bei Heirat konnte eine Versicherte sich die Hälfte der abgeführten Beiträge unter bestimmten Voraussetzungen erstatten lassen.
12. Die Beitragsklasse VIII umfaßte nunmehr Arbeitsverdienste von mehr als 42 bis zu 48 RM wöchentlich und die Beitragsklasse IX jene von mehr als 48 RM.
13. Für die Wartezeit nach dem AVG traten an die Stelle der o.a. Wochenbeiträge 60, 120 bzw. 180 Monatsbeiträge.

Auf Grund der 'Verordnung zur Durchführung und Ergänzung des Gesetzes über den Ausbau der Rentenversicherungsgesetze vom 01.09.1938' wurden für die Zeit der aktiven Dienstpflicht und der Reichsarbeitsdienstpflicht Steigerungsbeträge nach den Sätzen der II. Klasse gewährt. Das galt für Soldaten, Arbeitsmänner und Kriegsteilnehmer - zunächst am 1. Weltkrieg -. Das Reich leistete ab 01.04.1938 jährliche Beiträge zu den Steigerungsbeträgen in Höhe von 9,4 Mio RM an die Rentenversicherung der Arbeiter, 4,5 Mio RM an die 'RV' der Angestellten, 0,4 Mio

RM an die knappschaftliche Pensionsversicherung der Arbeiter und 0,2 Mio RM an die knappschaftliche Pensionsversicherung der Angestellten. Für die Kriegsteilnehmer (einschließlich der Kriegsgefangenschaft) wurden an die 'RV' der Arbeiter 20 Mio RM gezahlt.

Sanierung der 'RV'

Für die Zeit vom 01.10.1935 bis 31.03.1938 erhielten die 'RV' der Arbeiter 19,8 Millionen, die 'RV' der Angestellten 9,5, die knappschaftliche Pensionsversicherung der Arbeiter 0,9 Millionen und die knappschaftliche Pensionsversicherung der Angestellten 0,4 Millionen RM. Durch diese 'Finanzspritze' sollte die 'RV' endgültig saniert werden und das Anwartschaftsdeckungsverfahren funktionieren.

Gesetz zum weiteren Abbau der Notverordnungen in der Reichsversicherung

Das 'Gesetz zum weiteren Abbau der Notverordnungen in der Reichsversicherung' vom 19.04.1939 sah eine einheitliche Weiterzahlung der Waisenrente und des Kinderzuschusses über 15. Lebensjahr hinaus bis zum 18. Lebensjahr und eine Milderung der Ruhensvorschriften bei Zusammentreffen von Invalidenrente und Verletztenrente aus der 'UV' sowie eine Erleichterung zur Erhaltung der Anwartschaft für Kriegsteilnehmer vor.

Gesetz über weitere Maßnahmen in der Reichsversicherung aus Anlass des Krieges

Das 'Gesetz über weitere Maßnahmen in der Reichsversicherung aus Anlaß des Krieges' vom 15.01.1941 bestimmte, daß für die Halbdeckung auch die Zeiten, in denen der Versicherte während des Krieges Kriegs-, Sanitäts- oder ähnliche Dienste leistete, nicht mitgezählt wurden, wohl aber die hierfür entrichteten Beiträge. Dadurch verkürzte sich der 'Vergleichszeitraum' für diese Personen, so daß für die 'Deckung' weniger Beiträge erforderlich waren, um die Anwartschaft zu erhalten, und dies begünstigte die Kriegsteilnehmer des ersten wie des zweiten Weltkrieges in gleicher Weise.

Bei Versicherten, die während des Krieges als Soldaten gestorben oder infolge einer Wehrdienstbeschädigung invalide (berufsunfähig) geworden waren, galt die Wartezeit als erfüllt.

Gesetz über die Verbesserung der Leistungen in der Rentenversicherung

Durch 'Gesetz über die Verbesserung der Leistungen in der Rentenversicherung' vom 24.07.1941 wurden erhöht :

1. die laufenden Renten aus Mitteln des Reiches um 7 RM monatlich, die der Witwen und Witwer um 5 RM und der Waisen um 4 RM ;
2. für die neu festzustellenden Renten der 'RV' der Arbeiter der Grundbetrag für die Invalidenrenten auf 156,- RM, für die Witwen- und Witwerrenten auf 132 RM und für die Waisen auf 84 RM jährlich und
3. in der 'RV' der Angestellten für das Ruhegeld auf 444,- RM.
4. Entsprechend hoch waren die Zuschläge zu den Grundbeträgen in der knappschaftlichen Pensionsversicherung der Arbeiter einerseits und der Angestellten andererseits.
5. Die Anwartschaft aus allen Beiträgen, die für die Zeit vom 01.01.1924 bis zum Ablauf des auf das Kriegsende folgenden Kalenderjahres entrichtet waren, galt als erhalten, sofern nicht der Versicherungsfall bereits vor dem 26.08.1939 eingetreten war.

Die '2. Verordnung über die Vereinfachung des Lohnabzugs (2. LAV) vom 24.04.1942' legte im § 6 die Beiträge der versicherungspflichtigen Arbeiter und Angestellten zur 'RV' einheitlich auf 5,6%, in den österreichischen Ländern und in den ehemals tschecho-slowakischen Gebieten auf 10% des Entgelts fest. Für die Angestellten galt dabei die Bemessungsgrenze von 7.200,- RM jährlich oder 600,- RM monatlich. Die Beiträge wurden zusammen mit denen für die 'KV' und den Reichsstock für Arbeitseinsatz in einem Gesamtbetrag jener Krankenkasse zugeführt, bei welcher der Versicherte krankenversicherungspflichtig war oder wäre. Marken wurden hierfür nicht verwendet. Die Krankenkasse hatte die 'RV'-Beiträge unverzüglich an die zuständigen 'RV'-Träger abzuführen. Gemäß §10 mußte der Arbeitgeber zum Nachweis der Beitragsentrichtung spätestens nach Ablauf jedes Kalenderjahres auf der Quittungskarte (Versicherungskarte) die Beschäftigungszeit gegen Entgelt und das gesamte Entgelt eintragen. Nach §11 wurde der jährliche Steigerungsbetrag für die Invalidenrente mit 1,2% des eingetragenen Entgelts berechnet, höchstens jedoch von 3.600,- RM jährlich, 300,- RM monatlich und 10,- RM täglich.

Der jährliche Steigerungsbetrag des Ruhegeldes in der 'AV' war 0,7%, in den Reichsgauen Österreichs und den ehemals tschecho-slowakischen Gebieten 1,2% des eingetragenen Entgelts.

2. Gesetz über die Verbesserung der Leistungen in der 'RV'

Das '2. Gesetz über die Verbesserung der Leistungen in der 'RV' vom 19.06.1942 führte zur Erhöhung des Kinderzuschusses für die ersten beiden Kinder des Versicherten auf 120,- RM jährlich.

Witwen erhielten Witwenrente, ohne invalide zu sein, auch dann, wenn sie

1. mindestens zwei waisenrentenberechtigte Kinder unter sechs Jahren erzogen,
2. wenn sie das 55. Lebensjahr vollendet und mindestens vier lebende Kinder geboren hatten.

Nach dem Tode des Ehemannes bekam die versicherte Ehefrau Invalidenrente aus der eigenen Versicherung, wenn sie das 55. Lebensjahr vollendet und mindestens vier lebende Kinder geboren hatte. Sie mußte also nicht invalide gewesen sein.

Einer geschiedenen Ehefrau konnte Witwenrente gewährt werden, wenn ihr der Versicherte Unterhalt geleistet hatte. Entsprechendes galt bei Nichtigkeit oder Aufhebung der Ehe.

Am 17.03.1945 wurde die letzte Verordnung des 3. Reiches zur 'SV' erlassen. Zur Vereinfachung des Leistungs- und Beitragsrechts und der Verwaltung in der Sozialversicherung wurde auf Grund des 'Gesetzes über weitere Maßnahmen. aus Anlaß des Krieges' vom 15.01.1941 und der 'Zweiten Lohnabzugsverordnung' vom 24.04.1942 u.a.

1. die Wartezeit für die Altersinvalidenrente auf 180 Beitragsmonate, ansonsten auf mindestens 60 Beitragsmonate festgelegt. Nur teilweise belegte Monate galten als volle Beitragsmonate und je 13 Beitragswochen als 3 Beitragsmonate.
2. Im AVG traten an die Stelle der „Invalidität" die „Berufsunfähigkeit" und an die Stelle der Altersinvalidenrente das Altersruhegeld.

Mit dem 08.05.1945 endete der 2. Weltkrieg durch die bedingungslose Kapitulation der deutschen Wehrmacht und damit die Befugnis des Deutschen Reiches, gesetzgeberisch zu wirken.

Die Reichsregierung hatte nichts aus den Erfahrungen des 1. Weltkrieges gelernt, und die von den Alliierten in der Mantelnote zum Versailler Vertrag ausgesprochene Hoffnung, daß das deutsche Volk „jene aggressive und trennende

Politik, welche den Krieg herbeiführte, aufgegeben hat, und daß es nunmehr ein Volk geworden ist, mit dem man in nachbarschaftlicher Kameradschaft leben kann" erfüllte sich nicht. Deutschland rüstete statt dessen wieder auf, um u.a. mit kriegerischen Mitteln jene Gebiete wieder zu erlangen, die es durch den Versailler Vertrag verloren hatte. Der so von der Hitler-Regierung angezettelte 2. Weltkrieg stürzte ganz Europa ins Chaos, verschlang unermeßliche Kunstschätze und hinterließ 55 Millionen Tote, davon rund 24,75 Millionen gefallene Soldaten und ca. 30,25 Millionen getötete Zivilisten. Die deutschen Verluste betrugen etwa 4 Millionen Soldaten und 2,5 Millionen durch den Luftkrieg und auf den Flüchtlingstrecks umgekommene Zivilisten. Während nach dem 1. Weltkrieg trotz der an Polen und Litauen abgetretenen Gebiete die Reichshauptstadt Berlin noch nahezu 200 km von der polnischen Grenze entfernt war, sind es heute nur noch knappe 80 km. Vor dem 1. Weltkrieg waren es rund 300 km. Die Behauptung, daß kein Volk in der Lage sei, aus seiner Geschichte zu lernen, was die Deutschen bewiesen hätten, berücksichtigt nicht die Tatsache, daß das Volk die 'wirkliche Geschichte' nie erfahren hat. Die jeweils jüngere Generation erfuhr von ihren Lehrern patriotische Erzählungen, die der Wirklichkeit dessen, was in der Politik und auf den Schlachtfeldern des Krieges geschah, nicht nahe kam.[20]

Die Rentenversicherung nach dem Zusammenbruch des 3. Reiches

Mit der bedingungslosen Kapitulation der deutschen Wehrmacht endete de facto der 2. Weltkrieg. Da Deutschland zu diesem Zeitpunkt weder eine funktionsfähige noch eine gesetzgebende Körperschaft besaß, konnte die Beendigung des Kriegszustandes durch einen Friedensvertrag - de jure - nicht herbeigeführt werden. So geriet Deutschland als Ganzes durch das sogenannte Potsdamer Abkommen vom 02.08.1945 - innerhalb der Grenzen vom 31.12.1937 - unter Besatzungsrecht. Die oberste Gewalt wurde nunmehr von dem alliierten Kontrollrat in Deutschland (mit Sitz im Kleistpark zu Berlin-Schöneberg) wahrgenommen. Durch die Proklamation Nr. 1. über die Aufstellung des Kontrollrats vom 30.8.1945 erhielten die von den Oberbefehlshabern der Truppen erlassenen

---

[20] Die Kriegsverluste wurden der 'Weltgeschichte in einem Griff' (a.a.O.) entnommen.

Anordnungen fortwirkende Rechtskraft. Die rechtsetzende und vollziehende Gewalt sollte von den Militärregierungen der einzelnen Besatzungszonen ausgeübt werden.

Die Gesetzgebung der Militärregierungen

Durch den totalen Wegfall der Reichsverwaltung fehlten auch auf dem Gebiete der Sozialversicherung funktionsfähige Behörden, also operierende Versicherungsämter und -träger. Sie mußten deshalb per Bestimmungen der Militärregierungen neu geschaffen werden. Dabei kam es zu unterschiedlichen Verfahrensweisen. In der amerikanischen Zone erhielten die dort bereits 1945 neugegründeten Länder Hessen, Baden-Württemberg und Bayern eigene Verfassungen und damit die Gesetzgebungsbefugnis. Die Invalidenversicherung wurde in Anlehnung an den aus dem 3. Reich überkommenen Gesetzen und Verordnungen, allerdings unter Aufhebung nationalsozialistischer Ausnahmeregelungen, weitergeführt. Die Aufgaben der Angestelltenversicherung mußten, da die zentrale RfA in Berlin ihre Funktionsfähigkeit verloren hatte, von den Landesversicherungsanstalten übernommen werden.

In der britischen Zone wurde die Gesetzgebungsbefugnis in Angelegenheiten der Sozialversicherung von der Militärregierung selbst wahrgenommen. Sie erließ Direktiven für die regionalen Militärverwaltungs-Standorte, welche die beteiligten Versicherungsträger und Behörden zur Durchführung der jeweiligen Anordnungen veranlassten. Um eine einheitliche Rechtsregelung zu erreichen, bediente man sich eines in Lemgo errichteten 'Zentralamtes für Arbeit', das 43 Sozialversicherungsanordnungen und viele Erlasse mit Bindungswirkung für die einzelnen Länder herausgab. Der bisherige Aufbau der deutschen Sozialversicherung in Zweigen und Trägern blieb unverändert.

Auf Betreiben des amerikanischen Befehlshabers General Lucius D. Clay wurden zur Schaffung eines einheitlichen deutschen Wirtschaftsraumes 1946 die amerikanische und britische Besatzungszone zur Bizone vereinigt und fünf deutsche Zentralstellen zur gemeinsamen Verwaltung errichtet. Ein von der amerikanischen und britischen Militärregierung am 01.01.1947 eingesetzter 'Verwaltungsrat für Wirtschaft' sollte die Verschmelzung beider Wirtschaftsräume voranbringen und Aufgaben der Sozialversicherung übernehmen, einschließlich der Annahme und des Erlasses von Gesetzen. Auf Grund dieser Befugnis entstanden das 'Gesetz über die

Anpassung von Leistungen der Sozialversicherung an das veränderte Lohn- und Preisgefüge und über ihre finanzielle Sicherung (Sozialversicherungs-Anpassungsgesetz)' vom 17.06.1949 und das Änderungsgesetz vom 10.08.1949. Mit ihnen wurden der Beitragssatz zur 'RV' von 5,6% auf 10% des beitragspflichtigen Entgelts erhöht, eine gegenseitige Finanzhilfe der 'IV' und 'AV' und die Abdeckung des Mehrbedarfs aus öffentlichen Mitteln, neue Beitragsklassen für die höheren Arbeitsverdienste, Rentenzuschläge von monatlich 12 DM zu den Witwen- und Witwerrenten, von 6 DM zu jeder Waisenrente, sowie Erhöhungen des Kinderzuschusses um monatlich 5 DM festgelegt und als Mindestrenten 50 DM/Monat für Invalide, 40 DM/Monat für Witwen und Witwer und 30 DM/Monat für jede Waise vorgeschrieben. Die Waisenrente und der Kinderzuschuß wurden fortan bis zum vollendeten 18. Lebensjahr gewährt und eine Absenkung der Invaliditätsgrenze von 66 2/3% hin zu jener der Berufsunfähigkeit der 'AV' auf 50% der Erwerbsfähigkeit vollzogen.

In der französischen Zone waren die einzelnen Länder (Hessen-Pfalz, Rheinland-Pfalz, Württemberg-Hohenzollern, Baden, Südbaden) ebenfalls befugt, Gesetze und Verordnungen zu erlassen. Da es keine einheitliche Zonenverwaltung gab, erschienen diese im zeitlichen Abstand, ohne aber in ihrem Inhalt wesentlich voneinander abzuweichen. Der Beitrag zur 'RV' wurde auf 9% festgesetzt. Davon hatte der Arbeitgeber 6%, der Arbeitnehmer 3% zu 'tragen'. Die Versicherungspflichtgrenze lag bei einem 'JAV' von 7.200 DM, und die LVA Speyer hatte die Angelegenheiten der Angestelltenversicherung wahrzunehmen.

In Berlin entstand ein völlig neues System der Sozialversicherung. Die bisherigen Träger stellten ihre Tätigkeit ein, ihr Vermögen geriet unter treuhänderische Verwaltung, und die Aufgaben der 'SV' wurden von der Sozialversicherungsanstalt Berlin (VAB) als einzigen Träger übernommen. An sie waren die Beiträge in Höhe von 20% der Einkünfte bis zu einer Bemessungsgrenze von 600 DM monatlich zu entrichten. Daraus sollten sowohl Leistungen bei Krankheit, Unfall und Tod als auch Renten wegen Erwerbsunfähigkeit oder bei Erreichen des 60. Lebensjahres (für Frauen) bzw. des 65. Lebensjahres (von Männern) gewährt werden.

Die Rentenversicherung in der sowjetischen Besatzungszone und in der DDR

In der sowjetischen Besatzungszone wurden die gegliederte Sozialversicherung beseitigt, eine Einheitsversicherung eingeführt und ihre Zuständigkeit auf die Versorgung der Kriegsbeschädigten, der Opfer des Nationalsozialismus und ehemaliger Beamter erweitert.

Als Rechtsgrundlagen dienten dabei die auf Grund des SMAD-Befehls Nr. 323 erlassene Verordnung über die 'SV' der Bergleute vom 18.12 1946 sowie die gemäß dem SMAD-Befehl Nr. 28 vom 28.01.1947 von der Deutschen Verwaltung für Arbeit und Sozialfürsorge der sowjetischen Besatzungszone verabschiedete VO über die Sozialpflichtversicherung, welche ab 1.02.1947 in Kraft trat. Sie enthielten einheitliche Regelungen für die Versorgung der Arbeiter, Angestellten und kleinen Unternehmer bei Krankheit, Betriebsunfällen, Invalidität und im Alter und galten für alle Rentenansprüche, die bis zum 30.06.1968 entstanden waren. Für die Berechnung der Alters- und Invalidenrenten wurde 'zur Sicherung der Existenz' ein jährlicher Grundbetrag von 360 Mark festgesetzt. Ein hinzugerechneter Steigerungsbetrag und der Kinderzuschuß machten die Jahresrente und davon 1/12 die Monatsrente aus. Frauen erhielten bereits ab 60 Jahren Rente. Im Jahre 1948 wurden auf Befehl Nr. 44 der SMAD vom 18.03.1948 Mindestbeträge für die Alters- und Invalidenrente in Höhe von 50 Mark monatlich verfügt. Im selben Jahre hatte sich im Sowjetsektor Berlins ein selbständiger Magistrat als oberstes Organ der Gesetzgebung und Verwaltung gebildet, der auch Angelegenheiten der 'SV' wahrnahm.

Kontinuierliche Rentenzuschläge

Nach der Gründung der DDR am 07.10.1949 bekamen Rentner zu ihrer Rente und den Familienzuschlägen

1. ab 01.11.1949 einen monatlichen Zuschlag von 5 Mark ;
2. auf Grund der VO über die Erhöhung der Renten vom 17.08.1950 einen weiteren Zuschlag von monatlich 10 Mark ;
3. für ihre erwerbsunfähigen Ehegatten, die keinen eigenen Rentenanspruch hatten, einen Ehegattenzuschlag, ferner
4. Hinterbliebenenrentenempfänger bei Pflegebedürftigkeit auch Pflegegeld.

Der Magistrat von Ostberlin verfügte per VO vom 18.12.1950 die Übertragung der im sowjetischen Sektor gelegenen Verwaltungsgebäude und Heilanstalten der früheren Reichsversicherung auf die VAB (Ost).

Die VO über die Erhöhung der Renten und der Sozialfürsorgeunterstützung vom 25.03.1953 führte zu Mindestrentenbeträgen der Alters- und Invalidenrenten von monatlich 75 Mark und, sofern Ehegattenzuschläge gezahlt wurden, zu Renten von monatlich 95 Mark.

Das 'Gesetz über die Erhöhung der Renten und der Sozialfürsorgeunterstützung' vom 16.11.1956 brachte bei der Vollrente eine Steigerung um monatlich 30 Mark, so daß Mindestrentenempfänger nunmehr über monatlich 105 Mark verfügen konnten.

Die kontinuierlichen Rentenerhöhungen wurden fortgesetzt durch die 'VO über die Zahlung von Zuschlägen an Rentner, Sozialfürsorgeempfänger sowie andere Unterstützte' vom 08.05.1958, welche die Renten um 9 Mark anhob sowie durch 'VO über die Erhöhung der Renten der Sozialversicherung der Arbeiter und Angestellten und der Renten für Mitglieder sozialistischer Produktionsgenossenschaften und Mitglieder der Kollegien der Rechtsanwälte' vom 09.04.1959, welche 10 Mark monatlich mehr einbrachte und die Kinder- und Ehegattenzuschläge weiter erhöhte. Am 08.07.1959 schrieb die 'VO über die Erhöhung der Renten der 'SV' für Bauern, Handwerker, selbständige Erwerbstätige und Unternehmer sowie freiberuflich Tätige und der Rentner aus der freiwilligen Versicherung bei der Deutschen Versicherungsanstalt' ebenfalls einen Anstieg von 10 Mark und weitere Vergünstigungen vor. Die Mindestrenten erreichten zu diesem Zeitpunkt 124 Mark.

Weitere Erhöhungen folgten durch die VO vom 05.09.1963. Ferner kam die Anrechnung von Arbeitslosenzeiten hinzu. Für jedes Jahr der versicherungspflichtigen Tätigkeit um 0,50 Mark sowie für die Invalidenrentner ein Mindesterhöhungsbetrag von 17,50 Mark, wenn sie seit der Schulentlassung bis zur Invalidität ununterbrochen eine versicherungspflichtige Tätigkeit ausgeübt hatten. Die Mindesterhöhung machte 5 Mark monatlich aus. Aus dem Reichsrecht übernommene Bestimmungen über die Voraussetzungen einer Zahlung von Waisenrente (überwiegender Unterhalt durch den verstorbenen Versicherten) und über die Erhaltung der Anwartschaft wurden aufgegeben. Es kam 1966 zu einer weiteren Erhöhung der Renten um 21 Mark, bei den Witwen sogar um 31 Mark monatlich, so daß eine Mindestrente von 150 Mark erreicht wurde.

Auf Grund der VO über die Gewährung und Berechnung von Renten der Sozialversicherung vom 15.03.1968 erhielten Frauen ab 60 und Männer ab 65 Jahren eine Altersrente, wenn sie mindestens 15 Jahre eine versicherungspflichtige Tätigkeit ausgeübt hatten.

Diese Mindestversicherungszeit verringerte sich bei Frauen, die drei und mehr Kinder geboren hatten, um jeweils ein Jahr pro Kind. Für Frauen und Männer, welche bis zum 01.07.1968 erstmalig versicherungspflichtig wurden und bereits das 50. Lebensjahr vollendet hatten, ermäßigte sich diese Zeit ebenfalls. Eine 5jährige versicherungspflichtige Tätigkeit mußte allerdings vorliegen.

Grundlage der Rentenberechnung waren

1. der in den letzten 20 Jahren (frühestens ab 01.01.1946) erzielte beitragspflichtige Durchschnittsverdienst (es wurden mindestens 150 Mark zugrunde gelegt) ;
2. die Anzahl der Jahre der versicherungspflichtigen Tätigkeit ;
3. die Zurechnungszeiten und
4. die gezahlten Beiträge zur freiwilligen 'RV' der Sozialversicherung.

Die monatliche Altersrente wurde errechnet aus

1. einem Festbetrag von 110 Mark ;
2. einem Steigerungsbetrag von 1% des Durchschnittsverdienstes der letzten 20 Jahre für jedes Jahr ab 01.01.1946 und 0,7% des Durchschnittsverdienstes für jedes Jahr bis zum 31.12.1945 sowie für jedes Jahr der Zurechnungszeit. Die Rente erhöhte sich um einen weiteren Steigerungsbetrag in Höhe von 0,85% der insgesamt zur freiwilligen 'RV' gezahlten Beiträge. Für ohne Versorgung ausgeschiedene Angehörige der bewaffneten Organe und Zollverwaltung wurde ein zusätzlicher Steigerungsbetrag aus den über 60 Mark hinausgehenden Beiträgen angewandt. Die Mindestrente betrug weiterhin 150 Mark.

Als Zurechnungszeiten wurden Zeiten der Arbeitslosigkeit bis zum 31.12.1946, bei Frauen ein Jahr für jedes geborene oder vor Vollendung des 3. Lebensjahres angenommene Kind und bei Nachweis einer versicherungspflichtigen Tätigkeit von mindestens 20 Jahren jeweils weitere Jahre angerechnet.

Für einen Anspruch auf Invalidenrente wurden Mindestvoraussetzungen erlassen, die hier nicht erörtert werden sollen. Als Invalidität galt eine durch Krankheit, Unfall oder eine sonstige geistige oder körperliche Schädigung hervorgerufene Minderung des Leistungsvermögens und Verdienstes um mindestens zwei Drittel. Die Berechnung der Invalidenrente erfolgte nach den Bestimmungen, welche für die der Altersrente galten. Kinderzuschlag und Ehegattenzuschlag betrugen je 40 Mark monatlich.

Eine Kriegsbeschädigtenrente erhielten Soldaten der Wehrmacht oder Angehörige einer gleichgestellten Organisation bei einem Körperschaden von mindestens 66 2/3%, und zwar in Höhe von monatlich 150 Mark (zuzüglich die oben angegebenen Kinder- und Ehegattenzuschläge).

Hinterbliebenenrenten

Die Witwen- (Witwer-)Rente betrug 60% der Rente des Verstorbenen ohne Zuschläge (mindestens 150 Mark), die Waisenrente für eine Halbwaise 30%, für eine Vollwaise 40% der Rente des Verstorbenen (mit dem höheren Rentenanspruch), die Mindestrente der Halbwaisen 55 Mark, für die Vollwaise 80 Mark monatlich.

Die Renten wurden auf Höchstbeträge (85% des mtl. Durchschnittsverdienstes) begrenzt.

Mindestrenten

Es folgten die 'VO über die Gewährung und Berechnung von Renten der Sozialversicherung - Rentenverordnung' vom 04.04 1974, die '2. VO über die Gewährung und Berechnung von Renten der 'SV' - Rentenverordnung' vom 29.07.1976, welche die Mindestrente für Versicherte ohne 15 Arbeitsjahre auf 230 Mark, bei 15 und mehr Jahren auf 240 bis 300 Mark, die Kriegsbeschädigtenrente auf 300 Mark und die Mindestrente an Witwen und Witwer auf 230 Mark/Monat erhöhte.

Die 3. Rentenverordnung vom 11.10. 1979 enthielt u.a. folgende Regelungen: Die Mindestrente wurde auf 270 Mark erhöht und an Versicherte gezahlt, die weniger als 15 Arbeitsjahre nachwiesen sowie an Frauen ab 60 Lebensjahren, welche fünf und mehr Kinder geboren hatten, und an Invalide, die keine Berufstätigkeit aufnehmen konnten.

Jene Renten, für die bereits vor dem 01.01.1978 ein Anspruch bestand, wurden je nach dem Jahre des Rentenbeginns prozentual angehoben. Es erging dann am 23.11.1979 eine 'VO über die Gewährung und Berechnung von Renten der Sozialpflichtversicherung - (1.) Rentenverordnung – ' die einen Mindestrentenbetrag für Frauen und Männer, welche 15 und mehr Arbeitsjahre nachwiesen, zwischen 280 und 340 Mark vorsahen. Der Mindestrentenbetrag für Frauen, die fünf und mehr Kinder geboren und mindestens 15 Arbeitsjahre hatten, war 340 Mark.

Die o.a. Verordnungen und die dazugehörigen Durchführungsbestimmungen führten zu Rentensteigerungen. Die Statistischen Jahrbücher der DDR weisen z.B. für die Jahre 1970 und 1979 folgende Durchschnittsrenten in Mark/Monat aus:

Rentenart im Jahr	1970	1979
Altersrente	199	343
Invalidenaltersrente	166	312
Invalidenrente	210	340
Witwen- u. Witwer-Rente	158	272
Waisenrente	77	111

Die Rentenausgaben stiegen also ständig weiter an, und zwar gegenüber dem Vorjahr um die unten angegebenen Vomhundertsätze:

Anstieg der Rentenausgaben gegenüber Vorjahr (%)					
1971	um	6,3	1976	um	2,1
1972	um	10,4	1977	um	13,2
1973	um	14,6	1978	um	0,0
1974	um	3,4	1979	um	0,5
1975	um	0,7	1980	um	10,9

Die '2. VO über die Gewährung und Berechnung von Renten der Sozialpflichtversicherung - 2. Rentenverordnung' vom 26. 06.1984 setzte die Mindestrente für Versicherte, die keine 15 Arbeitsjahre erreichten, und an die oben angegebenen Frauen mit mindestens fünf Kindern sowie für die berufsunfähigen Invaliden auf 300 Mark mtl. fest. Für diejenigen, welche 15 und mehr Arbeitsjahre besaßen, betrugen die Mindestrenten je nach dem Jahr des Rentenbeginns 310 bis 370 Mark, und für Frauen mit mindestens fünf Kindern und 15 Arbeitsjahren 370 Mark, für Witwen und Witwer 300 Mark, für Halbwaisen 130 Mark, für Vollwaisen 180 Mark. Die Kriegsbeschädigtenrenten kamen auf 370 M/Monat. Ferner wurden der Festbetrag von 110 Mark auf 140 Mark und der Ehegattenzuschlag auf 150 Mark pro Monat erhöht.

Die '3. VO über die Gewährung und Berechnung von Renten der Sozialpflichtversicherung - 3. Rentenverordnung' vom 09.10. 1985 sah Verbesserungen für die Kämpfer gegen den Faschismus vor.

Die '4. VO über die Gewährung und Berechnung von Renten der Sozialpflichtversicherung – 4. Rentenverordnung' vom 08.06.1989 erhöhte die Mindestrenten an die oben angegebenen Personen von 300 auf 330 Mark/Monat und an jene, welche die Mindestarbeitsjahre erzielten, von 340 bis 470 Mark. Die Alters- und Invalidenrenten wurden ebenfalls um 30 bis 70 Mark aufgestockt, ebenso die Renten aus der Zusatzversorgung der Intelligenz sowie der Pädagogen. Weitere Erhöhungen ergaben sich aus dem neuen Festbetrag von 210 Mark (statt bisher 170 Mark) ab 1.12.1989. Die Mindestrenten an Witwen und Witwer sollten 330 Mark, an Halbwaisen 165 Mark und an Vollwaisen 220 Mark betragen.

Die Wiedervereinigung unseres Landes führte zur Überleitung des Rentenrechts der DDR auf das der Bundesrepublik im selben Jahre.

Kapitel VI
Vom Beginn der Bundesgesetzgebung bis in die Gegenwart

Am 01.07.1948 erteilten die Militärgouverneure der drei Westzonen den Ministerpräsidenten der Länder die Vollmacht zur Einberufung einer verfassungsgebenden Versammlung für die Errichtung eines Bundesstaates. Am 08.05.1949 beschloß der Parlamentarische Rat das 'Grundgesetz für die Bundesrepublik Deutschland' und stellte am 23.05.1949 in öffentlicher Sitzung in Bonn am Rhein fest, daß dieses Grundgesetz durch die Volksvertretungen von mehr als Zweidritteln der beteiligten deutschen Länder angenommen worden ist. Es trat mit Ablauf des Tages seiner Verkündung (am 23.05.1949), also am 24.05.1949 in Kraft. Weiterhin galt allerdings Besatzungsrecht. Das Besatzungsregime endete erst mit Inkrafttreten des 'Vertrages über die Beziehungen zwischen der Bundesrepublik Deutschland und den Drei Mächten (Deutschlandvertrag)' vom 26.05.1952 und der 'Proklamation betreffend die Aufhebung des Besatzungsstatuts und die Auflösung der Alliierten Hohen Kommission sowie der Länder-Kommissariate' vom 05.05.1955. Zur BRD gehörten anfangs 10 westdeutsche Länder und das Land Berlin (West). Das Saarland kam am 01.01.1957 hinzu. Am 07.10.1949 trat die Verfassung der Deutschen Demokratischen Republik in Kraft und besiegelte damit die 40jährige Trennung Deutschlands in zwei Staatsgebilden unterschiedlicher Prägung.

Was die Lebenslage der Rentner anbetraf, so konnte in diesen Jahren allgemein, insbesondere auch für die BRD konstatiert werden : Für viele Rentenempfänger waren die Renten zu niedrig und die Preise zu hoch, um sich ausreichend zu ernähren. Deshalb erließ der Bundestag nacheinander mehrere Teuerungszulagengesetze .

Teuerungszulagengesetze

Das 'Gesetz über die Gewährung von Zulagen in den gesetzlichen Rentenversicherungen und über Änderungen des Gemeinlastverfahrens (Rentenzulagengesetz -RZG-)' vom 10.08.1951 gewährte monatliche Zulagen zwischen 5 DM bei Renten bis zu 25 DM, und 22,50 DM bei Renten von mehr als 85 DM bis zu 95 DM. Diese Zulagen stiegen um 2,50 DM monatlich für jede weitere der in Stufen von 10 DM mtl. fortschreitenden Rentengruppen. Für jedes zuschußberechtigte Kind wurden 5 DM mtl. Kinderzuschuß gewährt. Diese Zulage sollte aber nur bis zur Höhe der vorgeschriebenen Mindestrenten gezahlt werden.

Das 'Gesetz über die einstweilige Gewährung einer Teuerungszulage zur Abgeltung von Preiserhöhungen bei Grundnahrungsmitteln (Teuerungszulagengesetz)' vom 10.08.1951 sah für Rentenempfänger, die Sozialleistungen erhielten und deren Gesamteinkommen im Durchschnitt der letzten 3 Monate je nach Ortsklasse der Wohnsitzgemeinde die festgelegten Höchstbeträge nicht überstieg, bis auf weiteres 3 DM mtl. je empfangsberechtigte Person vor. Der Bund hatte die entstehenden Mehraufwendungen zu übernehmen, vom Inkrafttreten des Gesetzes bis zum 31.03.1952 jedoch nur zu 80%. Den Rest trugen die Versicherungsträger. Am 25.06.1952 erging eine 2. Fassung zu diesem Teuerungszulagengesetz mit ergänzenden Regelungen, die aber keine Erhöhungen vorsahen.

Das am 13.08.1952 erlassene 'Gesetz über die Deckung der Rentenzulagen nach dem Rentenzulagengesetz im Haushaltsjahr 1952' erweiterte die Bundesbeteiligung in Höhe von 80% bis zum 31.03.1953. Die von den Versicherungsträgern für die Zeit vom 01.04.1952 bis 31.03.1953 weiterzutragenden Mehraufwendungen hatte der Bund durch Übertragung solcher Vermögenswerte auszugleichen, die laufende Erträge brachten. Ein 2. Gesetz vom gleichen Tage sah eine Änderung der §§ 1274 und 1279 RVO bezüglich der Ruhensvorschriften bei einem Zusammentreffen einer Invalidenrente mit einer UV-Verletztenrente, von mehreren Renten aus der IV oder mit Hinterbliebenenrenten aus der AV oder KnV vor. Im ersten Fall wurde die IV-Rente bis zu 3 Vierteln unverkürzt gewährt, der Rest ruhte bis zur Höhe der Verletztenrente. Beim Zusammentreffen mehrerer IV-Renten oder einer Invalidenrente mit einer AV- oder KnV-Hinterbliebenenrente erhielt der Berechtigte die höchste Rente und von den anderen ohne Kinderzuschuß 3 Viertel. Das 'Grundbetrags-Erhöhungs-Gesetz' vom 17.04.1953 führte zur Rentenerhöhung für Versicherte um monatlich 5 DM, für Witwen(r) um 4 DM und Waisen um 2 DM.

Durch Gesetz vom 07.08.1953 wurde die Bundesversicherungsanstalt für Angestellte als selbstständiger Träger der Angestelltenversicherung mit Sitz in Berlin errichtet.

Das 'Gesetz zur Gewährung von Mehrbeträgen in den gesetzlichen Rentenversicherungen und zur Neufestsetzung des Beitrages in der RV der Arbeiter, der RV der Angestellten und der Arbeitslosenversicherung (Renten-Mehrbetrags-Gesetz - RMG-)' vom 23.11.1954 stockte sämtliche Versicherten-, Witwen- und Witwerrenten von Personen, die vor 1924 geboren waren, bis zu 30 DM mtl. auf. Der Mehrbetrag wurde durch zusätzliche Bewertung der Steigerungsbeträge aus den Beiträgen vor 1939 ermittelt. Dabei erhielten Beiträge von vor 1924 in der ArV um 80 %, in der AV um 120%, in der KnV für Knappschaftsvollrenten (Witwenvollrenten) um 40% und für Knappschaftsrenten (Witwenrenten) um 70% höhere Steigerungsbeträge. Beiträge, die vom 01.01.1924 bis 31.12.1938 entrichtet worden sind, wurden - in der obigen Reihenfolge - mit um 40, 60, 20 und 35 % höheren Steigerungssätzen bedacht. Die sich dadurch ergebenden höheren Rentenausgaben waren durch die Erhöhung der RV-Beiträge von 10 auf 11 % des beitragspflichtigen Entgelts 'gegenfinanziert'. Die RV-Träger hatten für die Monate Dezember 1954 und Januar bis einschließlich März 1955 Vorschüsse bis zum 20.12.1954 (als Weihnachtsgabe) aus den Mehrbeträgen zu zahlen.

Dem RMG folgte das 'Gesetz zur Gewährung einer Sonderzulage für den Monat Dezember 1956 in den gesetzlichen Rentenversicherungen (Zweites Sonderzulagen-gesetz - 2. SZG -)' vom 16.11 1956. Die Sonderzulage zur Dezemberrente betrug das 3fache des Rentenmehrbetrages, jedoch bei Bezug von Versichertenrenten mindestens 21 DM, von Witwen- und Witwerrenten mindestens 14 DM, für Empfänger von Waisenrenten 10 DM.

Nach dem 'Gesetz über die Gewährung einer Vorschußzahlung in den RV (Rentenvorschußzahlungsgesetz - RVZG -)' vom 23.12.1956 wurden an Rentenempfänger, die für den Monat Februar 1957 Anspruch auf Rente hatten, als Vorschuß auf die Rentenerhöhungen das 3fache des Rentenmehrbetrages nach dem RMG, jedoch mindestens die gleichen Beträge wie nach dem 2. SZG gezahlt.

Neuregelungsgesetze

Die letzten Gesetze (das 1. u. 2. SZG, RMG und RVZG) standen unter dem Vorbehalt einer Neuregelung des gesamten materiellen Rechts der RV. Sie erfolgte mit der Verabschiedung des 'Gesetzes zur Neuregelung des Rechts der Rentenversicherung der Arbeiter - Arbeiterrentenversicherungs-Neuregelungsgesetz (ArVNG)' - vom 23.02.1957, des 'Gesetzes zur Neuregelung des Rechts der Rentenversicherung der Angestellten – Angestelltenrentenversicherungs-Neuregelungsgesetz (AnVNG) –' vom 23.02.1957 - und des 'Gesetzes zur Neuregelung der knappschaftlichen Rentenversicherung Knappschaftsrentenversicherungs-

Neuregelungsgesetz (KnVNG)'- vom 21.05.1957. Diese Gesetze erhielten nahezu wörtlich gleiche Texte. Abweichungen erforderte lediglich die Gestaltung des Versicherungs- und Leistungsrechts für die Beschäftigten im Bergbau. Der Inhalt des ArVNG und des AnVNG sei wie folgt kurz dargestellt:

Die bisherige Rentenberechnung aus Grundbetrag, Steigerungsbetrag und Kinderzuschuß wurde aufgegeben. Die Rente wurde nunmehr auf Grund einer persönlichen Bemessungsgrundlage berechnet, die sich aus dem im Versicherungsleben erzielten beitragspflichtigen Arbeitsentgelt des Versicherten, das zum durchschnittlichen Bruttoarbeitsentgelt aller Versicherten der ArV und AV ins Verhältnis gesetzt wurde, ergab. Der hierbei ermittelte Prozentsatz wurde auf die allgemeine Bemessungsgrundlage angewandt. Diese allgemeine Bemessungsgrundlage war der Durchschnitt aller Bruttoarbeitsentgelte der Versicherten der ArV und AV ohne die Lehrlinge und Anlernlinge des letzten zu berücksichtigenden Dreijahreszeitraumes. Die sich aus dem persönlichen Prozentsatz und der allgemeinen Bemessungsgrundlage ergebende 'Rentenbemessungsgrundlage' durfte nur bis zur Höhe der für das betreffende Jahr geltenden Beitragsbemessungsgrenze berücksichtigt werden. Ferner wurden die anrechnungsfähigen Versicherungsjahre festgestellt und jedes Jahr mit einem Rentenfaktor versehen. Für die Berufsunfähigkeitsrente betrug er 1%, für das Altersruhegeld und die Erwerbsunfähigkeitsrente 1,5%. Die so errechnete Jahresrente erhöhte sich um den Kinderzuschuß und durch die jährliche Anpassung an das gestiegene Preisniveau. Zur Verdeutlichung wird die Rentenberechnung vereinfacht wie folgt dargestellt:

Die Rentenunterlagen ergaben an Beitragszeiten, Ersatzzeiten und Ausfallzeiten 586 Monate = 48 Jahre 10 Monate, d.h. 49 anrechnungsfähige Versicherungsjahre; für das Altersruhegeld beträgt der Rentenfaktor 1,5%, d.h. 49x1,5% = 73,5%. Diese auf die Rentenbemessungsgrundlage von angenommenen 12000 DM angewandt, ergibt eine Jahresrente von 8.820 DM, also monatlich 735 DM.

Die Witwenrente betrug 60% der (niedrigeren) Berufsunfähigkeitsrente, jedoch 60% der (höheren) Erwerbsunfähigkeitsrente des Versicherten, wenn die Witwe das 45. Lebensjahr vollendet hatte oder selbst berufsunfähig oder erwerbsunfähig war oder ein waisenrentenberechtigtes Kind erzog.

Als Halbwaisenrente wurden 10% der EU-Rente des Versicherten, als Vollwaisenrente 20% dieser Versichertenrente gezahlt. Dazu kam der Kinderzuschuß, sofern die Voraussetzungen hierfür gegeben waren. Er betrug 10% der allgemeinen Bemessungsgrundlage (später geändert durch das 20. RAG).

Renten, die nach jenen Vorschriften, welche vor der Neuregelung galten, festgestellt worden sind, mußten umgestellt werden. Dabei kam es in den meisten Fällen zu Rentenerhöhungen. Diese durften jedoch nicht zu einem Überschreiten der in Art. 2 §§34 ArVNG und 33 AnVNG vorgeschriebenen monatlichen Rentenhöchstbeträge führen. Andererseits sollten sämtliche Renten eine Erhöhung durch einen Sonderzuschuß erfahren, falls der monatliche (neue) Zahlbetrag bei den Versichertenrenten nicht um 21 DM und bei den Hinterbliebenenrenten nicht um 14 DM über der früheren Rente lag.

Waisenrenten für Halbwaisen wurden auf den Monatsbetrag von 50 DM und für Vollwaisen auf 75 DM umgestellt (vgl. Art. 2 §§ 35 ArVNG, 34 AnVNG), aber auch sie mußten die o. a. Mindesterhöhung von 14 DM erreichen, andernfalls gab es den hierzu erforderlichen Sonderzuschuß. Zu den Aufwendungen für den Sonderzuschuß hatte der Bund der ArV im Jahre 1957 den Betrag von 240 Millionen DM und in den folgenden 14 Jahren einen Betrag, der jeweils um 16 Millionen DM geringer war als im Vorjahr, zu erstatten. Der BfA mußte der Bund 1957 80 Millionen DM und in den folgenden 14 Jahren jeweils um 5,3 Millionen DM geringere Summen als ein Jahr zuvor zahlen. Die Staatsverschuldung hatte bereits die Höhe von 50 Milliarden DM erreicht. Eine weitere Erhöhung war angesichts der Ausgabenfreudigkeit der Regierung für die nächsten Jahre zu erwarten, wenn auch die Nichtanpassung der Renten im Jahre 1958 darauf hindeutet, - was zur Einsparung über die Jahre hin von rd. 20 Milliarden DM geführt hat - , daß sich die an der Gestaltung des Rentenleistungssystems Verantwortlichen selbst nicht sicher waren, ob die getroffenen Erhöhungen auf Dauer finanzierbar bleiben würden.

Das 'Gesetz zur Änderung des Angestelltenversicherungs-Neuregelungsgesetzes' von 27.07.1957 enthielt (geringe) Änderungen, die den Komplex 'Rente' nicht berührten, wie ebenso das 'Gesetz zur Anpassung der Vorschriften der Reichsversicherungsordnung und des Angestelltenversicherungsgesetzes an Vorschriften des Knappschaftsversicherungs-Neuregelungsgesetzes und des Soldatengesetzes' vom 27.07.1957. Letzteres regelte die Zuständigkeit für die Feststellung und Zahlung der Leistungen sowie deren Zahlungsausgleich unter den einzelnen RV-Zweigen, wenn ein Antragsteller bei mehreren Zweigen versichert war (also für Fälle der Wanderversicherung). Die Änderungsgesetze zum AnVNG vom 30.04.1958 und vom 25.03.1959 betrafen die Versicherungsfreiheit der Handwerker.

Rentenanpassungsgesetze

Die erste Anpassung von Renten an das veränderte Preisniveau erfolgte durch das 1. RAG vom 21.12.1958. Sein voller Wortlaut, der auch für die sich jährlich wiederholenden RAG verwendet wurde, lautete: 'Gesetz über die Anpassung von Renten aus den gesetzlichen Rentenversicherungen aus Anlaß der Veränderungen der allgemeinen Bemessungsgrundlage für das Jahr 1959 (usw.) -Erstes Rentenanpassungsgesetz'. Die sich durch die 'Anpassung' ergebende Rentenerhöhung wurde durch einen gesetzlich vorgeschriebenen Anpassungsfaktor (lt. 1. RAG = 1,061) erzielt, der mit einem Anpassungsbetrag multipliziert, den neuen Rentenbetrag ergab. Dieser Anpassungsbetrag entsprach dem Rentenzahlbetrag für den Monat Januar einschließlich Kinderzuschuß, aber abzüglich Sonderzuschuß und Steigerungsbetrag aus Beiträgen der Höherversicherung. Diese Form der Beteiligung der Rentner an den Zuwächsen der Bruttobezüge der arbeitenden Bevölkerung ging über den bisherigen Ausgleich wegen der Teuerung hinaus und führte - wie später eingehend dargelegt - zu einer zusätzlichen Belastung der Rentenkassen, die man sich hätte sparen können. (2. RAG v. 21.12.1959, Faktor 1,0594).

In der Chronologie der RV-Gesetze ist angesichts der Vereinigung unseres Landes das 'Gesetz zur Änderung des Bundeszuschusses zu den Rentenversicherungen aus Anlaß der wirtschaftlichen Eingliederung des Saarlandes in die Bundesrepublik sowie die Einführung der Vorschriften über die Gemeinlast und weiteren sozialversicherungsrechtlichen Vorschriften im Saarland' vom 26.03.1960 bemerkenswert. Der Bundeszuschuß für das Kalenderjahr 1960 wurde auf 3.283,6 Millionen DM festgesetzt. Das sind 51.537.491 DM mehr - für das Saarland - als es ohne diese Vereinigung erforderlich gewesen wäre. Von den Aufwendungen für den Sonderzuschuß hatte der Bund im Jahre 1960 195,36 Millionen DM und in den folgenden 11 Jahren einen Betrag, der jeweils um 16,2 Millionen DM geringer ist als in Vorjahr, an die ArV zu erstatten. Der Bundeszuschuß für die AV betrug im Jahre

1960 818,3 Millionen DM. Für den Sonderzuschuß mußten der BfA 65,096 Millionen und in den folgenden 11 Jahren jeweils eine um 5,383 Millionen DM jährlich geringere Summe erstattet werden.

In den folgenden Jahren erschienen Verordnungen zur Ergänzung der Beitragsklassen und über die Änderungen der Bezugsgrößen für die Berechnung der Renten, also der Werte (Werteinheiten) je Markenbeitrag, der durchschnittlichen Bruttojahresarbeitsentgelte aller Versicherten, der allgemeinen Bemessungsgrundlage, der Beitragsbemessungsgrenze und des Kinderzuschusses. Außerdem enthalten die Bundesgesetzblätter die alljährlichen RAG, deren Steigerungssätze z.B. dem Statistischen Jahrbuch 1996 auf S. 463 zu entnehmen sind, und auf die erst wieder im Zusammenhang mit dem 20. RAG eingegangen wird.

Im 'Gesetz über die Neuregelung des Finanzausgleichs zwischen der RV der Arbeiter und der RV der Angestellten (Rentenversicherungs-Finanzausgleichsgesetz - RFG -)' vom 23.12.1964 wurde der Bundeszuschuß für 1965 an die ArV in Höhe von 4.802.540.905 DM und an die AV in Höhe von 1.081.000.597 DM festgelegt und bestimmt, daß er sich in den Folgejahren entsprechend der allgemeinen Bemessungsgrundlage verändern sollte. Außerdem wurde eine prozentual gleichmäßige Erfüllung der vorgeschriebenen Rücklagen für die beiden Versicherungszweige angestrebt, ggf. auch durch eine Reduzierung des Bundeszuschusses an einen Versicherungszweig, und hierin ist eine deutliche Reaktion auf die immer prekärer werdende Finanzklemme zu erkennen (die Staatsschulden betrugen 80 Milliarden DM). Durch das 'Gesetz zur Beseitigung von Härten in den gesetzlichen Rentenversicherungen und zur Änderung sozialrechtlicher Vorschriften (RV-ÄndG)' vom 09.06.1965 wurden die Versicherungspflichtgrenze der AV von 15.000 DM Jahresarbeitsverdienst auf 21.600 DM angehoben, die Anrechnung der Ausfall- und Zurechnungszeiten für die Rentenbemessungsgrundlage neu geregelt, und für Frauen, die das 60. Lebensjahr vollendet und die Wartezeit erfüllt hatten, ein vorzeitiges Altersruhegeld ermöglicht. Sie mußten allerdings in den letzten 20 Jahren überwiegend rentenversicherungspflichtig beschäftigt gewesen sein und eine solche Beschäftigung oder Erwerbstätigkeit nicht mehr ausüben. Bei Erfüllung der Voraussetzungen erfolgte nunmehr eine Umwandlung einer BU-Rente in eine EU-Rente oder einer EU-Rente in ein Altersruhegeld.

Das 'Gesetz zur Sicherung des Haushaltsausgleichs (Haushaltssicherungs-Gesetz)' vom 20.12.1965 ermächtigte den Bundesminister für Arbeit, mit den RV-Trägern zu vereinbaren, daß von dem Bundeszuschuß ein Betrag von 750 Millionen DM im Rechnungsjahr 1966 durch Zuteilung von Schuldbuchforderungen gegen den Bund begeben werden sollte. Es mangelte an barem Geld.

Das '2. Rentenversicherungs-Änderungs-Gesetz' vom 23.12.1966 betraf die Versicherung von Beschäftigten bei deren Ehegatten. Einen Bezug zur Rente hatte erst wieder das 'Gesetz zur Verwirklichung der mehrjährigen Finanzplanung des Bundes II. Teil – Finanzänderungsgesetz 1967 –', vom 21.12.1967. Es beseitigte die Versicherungspflichtgrenze für die Angestellten und die Weiterzahlung der Rente bei Bezug von Arbeitslosengeld, verlegte den Rentenbeginn auf das Monatsende, erhöhte die Beitragssätze für 1968 auf 15%, für 1969 auf 16% und 1970 auf 17% und setzte die Bundeszuschüsse für 1968 um 63 Millionen, für 1969 um 262 Millionen, für 1970 um 485 Millionen und für 1971 um 563 Millionen DM herab...(ein Freischlag des Bundesfinanzministers).
Das '3. RVÄndG' vom 28.07.1969 schrieb eine Dreimonatsausgabe für die RV als Rücklage vor. Für jeden Zweig der RV genügte eine Zweimonatsausgabe. Der RV-Beitrag wurde auf 18% erhöht. Das bedeutete eine Abkehr vom Abschnittsdeckungsverfahren hin zu einem Umlageverfahren für die RV.

Rentenreformgesetze

Einschneidende Änderungen brachte auch das 'Gesetz zur weiteren Reform der gesetzlichen Rentenversicherungen und über die 15. Anpassung der Renten aus der gesetzlichen Rentenversicherung sowie über die Anpassung von Geldleistungen aus der gesetzlichen Unfallversicherung (RRG)' vom 16.10.1972: Die starre Altersgrenze wurde beseitigt. Nunmehr konnten alle Versicherten, die das 63. Lebensjahr vollendet und 35 anrechnungsfähige Versicherungsjahre, in denen mindestens eine Versicherungszeit von 180 Kalendermonaten enthalten ist, zurückgelegt hatten, Altersruhegeld beantragen. Schwerbehinderte, Berufs- oder Erwerbsunfähige, welche diese Wartezeit erfüllt hatten, erhielten bereits ab Vollendung des 60. Lebensjahres auf Antrag ein Altersruhegeld, desgleichen Arbeitslose, die mindestens

52 Wochen in den letzten 1 ½ Jahren arbeitslos waren und in den letzten 10 Jahren mindestens 8 Jahre eine rv-pflichtige Beschäftigung oder Tätigkeit ausgeübt hatten. Vor Vollendung des 65. Lebensjahres durften Altersruhegeldempfänger bis zu 1/8 der Beitragsbemessungsgrenze hinzuverdienen. Für 65jährige betrug die Wartezeit lediglich 60 Kalendermonate Versicherungszeit. Versicherte, die mindestens 25 anrechnungsfähige Versicherungsjahre ohne Zeiten der freiwilligen Versicherung und Ausfallzeiten zurückgelegt hatten, wurden so gestellt, als ob sie während der Pflichtbeitragszeiten vor 1973 stets 75% des Durchschnittsentgelts aller Versicherten verdient hätten. Sie hatten also Anspruch auf eine 'Rente nach Mindesteinkommen'. Wer das Altersruhegeld bis zur Vollendung des 67. Lebensjahres nicht in Anspruch nahm und Beiträge für diese Zeit nachwies, bekam einen Zuschlag von 0,6% zu seiner Rente. Die Konjunktur und nahezu Vollbeschäftigung in den 70ern verleiteten zu diesen 'Geschenken'. Die Staatsschulden hatten den Betrag von 120 Milliarden DM überschritten.

'Das Gesetz zur Veränderung von Vorschriften der gesetzlichen RV (4. RV ÄndG)' vom 30.03.1973 erlaubte nur geringfügige (Neben-) Beschäftigungen für Altersruhegeldempfänger vor dem 65 Lebensjahr.

Das RRG von 1972 verursachte in den Folgejahren übermäßig erhöhte Rentenausgaben, so daß man sich zur Gegensteuerung gezwungen sah. Tiefe Einschnitte in das Leistungssystem brachte das 'Gesetz zur 20. Anpassung und zur Verbesserung der Finanzgrundlagen der gesetzlichen Rentenversicherung (20. RAG)' vom 27.06. 1977.

Der Art. 2. 'Regelungen zur Verbesserung der Finanzgrundlagen der gesetzlichen RV und sonstige Regelungen' verfügte vielfache Leistungsbeschränkungen. Sie betrafen - in Reihenfolge der Bestimmungen :

1. die Waisenrenten: Ein Anspruch bestand nicht mehr, wenn dem Kind eine Ausbildungsvergütung von wenigstens 1.000 DM brutto oder ein Unterhaltsgeld von wenigstens 730 DM oder ein Übergangsgeld mit einer Bemessungsgrundlage von wenigstens 1000 DM zustand.

2. Wiederholungskuren: Diese durften erst 2 Jahre nach der letzten Kur gewährt werden. Wer in einem öffentlichen Dienstverhältnis stand, erhielt keine medizinische Maßnahme mehr. Ledige Betreute und solche, die weder einem Ehegatten noch einem Kind Unterhalt leisten mußten, bekamen nur noch 75%

des ihnen sonst zustehenden Übergangsgeldes. Das galt auch für Personen, deren Ehegatte 50% der monatlichen Bezugsgröße hinzuverdiente.

3. das Altersruhegeld vor dem 65. Lebensjahr (flexibles ARG). Es wurde nur noch neben einer höchstens 2monatigen statt bisher 3monatigen bzw. 50 statt bisher 75 arbeitstägigen Beschäftigung gewährt, und die Einkommensgrenze einer solchen laufenden 'Nebenarbeit' von zuvor 3/10 der für Monatsbezüge geltenden BBG (für 1977 3.400 DM, 3/10 = 1.020 DM) auf 1.000 DM ermäßigt. Bei einem ARG ab dem 60.Lebensjahr für Arbeitslose und Frauen wurde die Hinzuverdienstgrenze bis zum Erreichen des 63. Lebensjahres oder bis zu einer Behinderung bzw. BU oder EU auf 425 DM festgelegt, (vorher: 1/8 der monatlichen BBG, z.B. von 1977 = 1/8 von 40.800 DM : 12 Monate = 425 DM). Dadurch verloren die Hinzuverdienstgrenzen ihre Dynamik, und die Rentenzugänge aus dieser Altersgruppe entwickelten sich moderater ;

4. eine geringere Bewertung von Ersatzzeiten, Ausfallzeiten und Zurechnungszeiten ;

5. den Kinderzuschuß, der nicht mehr gewährt wird, wenn das Kind Waisenrente bezieht oder der Berechtigte wegen des Kindes in Dienst- oder Versorgungsbezügen entsprechende Beträge erhält. Der Kinderzuschuß beträgt nun nicht mehr 1/10 der allg. Bemessungsgrundlage, sondern 1.834,80 DM/Jahr, steigt also nicht mehr weiter an. Er wird zusätzlich zu einer Halbwaisenrente gewährt, für eine Vollwaise nur in Höhe von 1/10 der allgemeinen Bemessungsgrundlage. Waisengeldbezieher auf Grund öffentlich-rechtlicher Vorschriften bekommen nur 50% der o.a. Erhöhungsbeträge.

6. die Rentenanpassung: Ihre Vorverlegung durch das 15. RAG wurde rückgängig gemacht. Sie erfolgte wieder alljährlich zum 1. Januar ;

7. die Renten auf Zeit. Sie wurden ab der 27. Woche der BU/EU nicht mehr nur für 2, sondern für 3 Jahre längstens, gewährt, im Wiederholungsfalle jedoch nicht über 6 Jahre insgesamt bzw. über das 60. Lebensjahr hinaus ;

8. die Liquiditätshilfen seitens der BfA (auf die später eingegangen wird) sowie die Schwankungsreserve (Rücklage) und die Vermögensanlagen.

Sämtliche Regelungen des 20.RAG sollten bis 1980 zu Einsparungen von über 20 Milliarden DM führen. Das 21. RAG vom 25.07. 1978 setzte für 1979 4,5%, für 1980 und 1981 je 4% als Anpassungssätze fest und trug damit zur Sicherung des Einsparziels bei. Die Staatsverschuldung hatte bereits einen Betrag von über 300 Milliarden DM erreicht, so daß die Regierung weitere Sparmaßnahmen im Bundestag durchsetzen konnte, die auch die gesetzliche RV tangierten.

Das 'Gesetz zur Wiederbelebung der Wirtschaft und Beschäftigung und zur Entlastung des Bundeshaushaltes' vom 20.12.1982 (Haushaltsbegleitgesetz 1983) beinhaltete somit u.a. veränderte Bewertungen der Ersatz-, Ausfall- und Zurechnungszeiten für die Ermittlung der Rentenbemessungsgrundlage, die Gewährung lediglich einer Zeitrente, wenn die BU/EU nicht ausschließlich gesundheitsbedingt war, ferner geänderte Ruhensvorschriften für ein Zusammentreffen mit UV-Renten und die Beitragsentrichtung seitens der AlV für die Arbeitslosen.

Eine weitere Sanierung der RV wurde mit dem 'Gesetz über Maßnahmen zur Entlastung der öffentlichen Haushalte und zur Stabilisierung der Finanzentwicklung in der gesetzlichen Rentenversicherung sowie über die Verlängerung der Investitionshilfeabgabe' vom 22.12.1983 (Haushaltsbegleitgesetz 1984) angestrebt. Der bisher für die Ermittlung der allgemeinen Bemessungsgrundlage zugrunde gelegte Dreijahreszeitraum, in dem die Summe der durchschnittlichen Bruttoentgelte für die 2 darauf folgenden Jahre festgestellt wurde, ist aufgegeben worden. Die aktuelle Lohnentwicklung sollte sich schneller auf die Renten auswirken. Aus der ersten Faustregel: 'Man nehme von den letzten fünf Jahren vor dem Versicherungsfall die ersten drei und berechne daraus das durchschnittliche BAE' ist nach mehreren Änderungen eine Prozentformel entstanden, die den prozentualen Anstieg der Bruttoarbeitsentgelte in den beiden Jahren vor jenem Jahr wiedergibt, für das die allgemeine Bemessungsgrundlage bestimmt ist. Das eigentliche Motiv hierfür lag in der Belastung durch einen stärkeren Anstieg der Rentenzahlbeträge, während die Arbeitslosenzahlen (1983/1984 Quote: 9,3%) noch nie so hoch waren.

Eine Einsparung für die Rentenkasse würde sich dann einstellen, wenn die Erhöhung der durchschnittlichen Bruttoentgelte geringer ausfiel als in den Vorjahren oder gar in einen Rückgang umschlug. Bei der Rentenanpassung sollte von nun an von dem Grundsatz einer gleichgewichtigen Entwicklung der Renten und der verfügbaren Arbeitsentgelte ausgegangen werden. Die Witwen- und Witwerrentenabfindung bei Wiederheirat wurde vom Fünffachen auf das Zweifache des letzten Rentenjahresbetrages verkürzt.

Das 'Gesetz zur Stärkung der Finanzgrundlagen der gesetzlichen RV' vom 16.05.1985 änderte für alle drei RV-Zweige den Beitragssatz und wies der ArV und AV neben dem Bundeszuschuß bis zum 31.12.1985 einen einmaligen zusätzlichen Zuschuß bis zu 1,5 Milliarden DM an, falls die Schwankungsreserve bis zum 31.12.1985 für die 'Versicherungsträger zusammen den Betrag einer Monatsausgabe zu eigenen Lasten im voraufgegangenen Kalenderjahr unterschreitet'. Überzahlungen mußten dem Bund zu Beginn des Jahres 1986 erstattet werden.

In chronologischer Folge ist das 'Hinterbliebenenrenten und Erziehungszeiten Gesetz (HEZG)' vom 17.11.1985, das am 01.01.1986 in Kraft trat, zu erwähnen. Es sah die Pflichtversicherung von Müttern und Vätern, die Kinder erziehen, vor. Diese Kindererziehungszeiten wurden bis zum 10. Lebensjahr eines Kindes als Berücksichtigungszeiten[21] angerechnet, sofern die gesetzlichen Voraussetzungen hierfür erfüllt waren. Für das erste Lebensjahr des Kindes galt der Pflichtbeitrag als entrichtet. Seine Finanzierung sollte aus Bundesmitteln erfolgen und kostete den Steuerzahler im Jahre 1990 5 Milliarden DM.

Dem HEZG schließt sich das 'Kindererziehungsleistungsgesetz' vom 12.07.1987 an, das am 17.07.1987 in Kraft trat und zugunsten von Müttern, die vor 1921 geboren waren, eine Leistung für Kindererziehung für jedes zu berücksichtigende Kind vorschrieb. Die monatliche Höhe der Leistung sollte 75% des jeweils für die Berechnung von Renten maßgebenden aktuellen Rentenwerts betragen. Rentenbezieherinnen erhielten diese Leistung als Zuschlag zur Rente, Nichtbezieherinnen als 'eigenständige Geldleistung'. Der Anspruch endete mit dem Todesmonat der Berechtigten.

Das 'Rentenreformgesetz 1992 (RRG 92)' vom 18.12.1989 verlängerte die Einjahresfrist der Kindererziehungszeit, in welcher Pflichtbeiträge als entrichtet galten, für nach 1991 geborene Kinder auf drei Jahre, verlagerte aber die Finanzierungs-

---

[21] Sie dienen der Anrechnung bei der Wartezeiterfüllung. Jedem Kalendermonat an. Berücksichtigungszeiten werden außerdem mindestens 0,0625 Entgeltpunkte zugeordnet, so daß sich ein höherer Rentenbetrag ergibt.

verantwortung für diese Maßnahme vom Bund auf die RV-Träger. Zum Ausgleich sollte der Bundeszuschuß ab 1992 um einen Festbetrag erhöht werden. Besondere Beachtung sei dem RRG 92 deshalb zu schenken, weil es beweisen würde, daß die Beibehaltung des bisherigen beitragsabhängigen Leistungssystems der RV für den Bürger günstiger ist als das in der Diskussion stehende Grundrenten- oder gar Einheitsrentensystem. Der Gesetzgeber hatte im Vergleich zum bisherigen Recht außerdem verschiedene Änderungen vorgesehen. Sie betrafen :

1. die Rentenarten: Renten werden geleistet wegen Alters, wegen verminderter Erwerbsfähigkeit oder wegen Todes. Als Altersrenten werden geleistet a) die Regelaltersrente, b) Altersrente (AR) für langjährig Versicherte, c) AR für Schwerbehinderte, Berufsunfähige oder Erwerbsunfähige, d) AR wegen Arbeitslosigkeit, e) AR für Frauen, f) AR für langjährig unter Tage beschäftigte Bergleute. Rente wegen verminderter Erwerbsfähigkeit wird geleistet als Rente wegen BU, EU oder für Bergleute. Rente wegen Todes wird geleistet als Witwen- oder Witwerrente, Erziehungsrente und Waisenrente.
2. die Voraussetzungen für den Rentenanspruch, und zwar :
   a) bei den Renten vor dem 65. Lebensjahr sollte fortan nur noch ein zweimaliges Überschreiten der vorgeschriebenen Hinzuverdienstgrenzen möglich sein ;
   b) für eine Frauenaltersrente reicht es aus, wenn ab dem 40. Lebensjahr mehr als 10 Jahre Pflichtbeitragszeiten zurückgelegt sind und die Wartezeit erfüllt ist, c) bei einer AR für langjährig unter Tage beschäftigte Bergleute müssen das 60. Lebensjahr vollendet und die Wartezeit von 25 Jahren erfüllt sein.
3. die stufenweise Anhebung und Flexibilisierung der Altersgrenzen von 60 und 63 Jahren: Für Frauen und Arbeitslose, die nach dem 31.12.1940 geboren sind, erhöht sich die Altersgrenze je nach ihrem Geburtsjahr und Geburtsmonat um die in Tabellen festgelegten Monate. (Beispiel: Geburtstag 03.03.1941, Altersrente wegen Alo - Altersgrenze nicht mehr Vollendung des 60. Lebensjahres, sondern 60. Lebensjahr + 1 Monat, vorzeitige Inanspruchnahme, also flexible AR möglich ab 60, aber bei Anwendung eines vorgeschriebenen Zugangsfaktors (Kürzungsbetrages)). Die schrittweise Anhebung der Altersgrenzen wird ab dem Jahre 2001 bis 2004 jährlich in 3-Monatsschritten, danach in 6-Monatsschritten erfolgen und erreicht das 65. Lebensjahr beim obigen Beispiel im Jahre 2012. Die Altersgrenze von 63 Jahren wird für Versicherte, die nach dem 31.12.1937 geboren sind, entsprechend angehoben und erreicht die Regelaltersgrenze im Jahre 2006. Mit dieser Regelung sollten die finanziellen Auswirkungen der längeren Rentenbezugsdauer in Grenzen gehalten werden.
4. die Teilrente wegen Alters: Sie beträgt ein Drittel, die Hälfte oder zwei Drittel der erreichten Vollrente und soll einen gleitenden Übergang vom Erwerbsleben in den Ruhestand ermöglichen und zusätzlich in den Betrieben Teilzeitarbeitsplätze schaffen. Allerdings unterliegen die Hinzuverdienste bestimmten Grenzen.

5. die kleine Witwenrente: Sie beträgt nunmehr 25% der EU-Rente des Verstorbenen: Das Aufrunden von Geldbeträgen entfällt.
6. die Rentenberechnung : Sie erhielt eine neue Formel, deren Ergebnis aber den gleichen Jahresrentenbetrag erreicht wie mit der 'alten' Formel. Abweichungen ergeben sich bei den Pfennigen der monatlichen Rentenbeträge. Zum besseren Verständnis werden beide Formeln wie folgt dargestellt [22] :

Alte Rentenformel :

40 x Versicherungs- -jahre	130 x persönlicher VHS	30709 x allgem. BMG ab 7/89	1,5% Steigerungs- satz für ARG	= 23953,02:12 Jahresrente Monate	1996,09 Monats- rente

Neue Rentenformel :

40 x Versicherungs- jahre (Vj)	1,3 x Entgeltpunkte (Ep)	38,39 = aktueller Rentenwert (aR)	1996,28 Monats- rente

7. die Rentenanpassung: Sie erfolgt am 1. Juli eines jeden Jahres in dem Maße, wie Bruttolöhne des Vorjahres und die Belastungen der Arbeitnehmer sowie der Rentner infolge von Steuern und Sozialversicherungsbeiträgen sich verändert haben, gelangt also endlich zu der längst überfälligen 'Nettoanpassung'.
8. den Bundeszuschuß: Er wird entsprechend der Veränderung der Bruttolöhne und -gehälter sowie des Beitragssatzes festgesetzt.
9. Beitragssatz, Bundeszuschuß und Rentenanpassung werden selbstregulierend miteinander verbunden, was zu einem besseren Vertrauen der Bevölkerung in die Sicherheit der Renten führen soll.

Bereits am 11. Dezember 1975 hatte die Bundesregierung mit Zustimmung des Bundesrates das Sozialgesetzbuch (SGB 1. Buch – Allgemeiner Teil -), das am 1. Januar 1976 in Kraft trat, beschlossen. Es bezeichnet im Wesentlichen die einzelnen sozialen Rechte des Bürgers, aus denen Ansprüche hergeleitet werden können, die

---

[22] Entnommen der Broschüre 'Entwicklungsprobleme der gesetzlichen Altersversorgung in der Bundesrepublik Deutschland seit 1949' von Dietmar Günter -eurotrans-Verlag-, S. 92, Quelle: Ruland, F., Rentenrecht 1989/12, S. 764

durch die besonderen Teile des SGB geregelt sind. Die entsprechenden Vorschriften für die RV wurden im 6. Buch (SGB VI) ab § 1 neu verfaßt, von denen die Mehrzahl am 1.1.1992 in Kraft trat. Alle bisherigen Regelungen des AVG, der RVO und des RKG (einschl. der Änderungen) werden seitdem in das SGB übernommen.

Im Zusammenhang mit der Teilrente wegen Alters sei auf das 'Gesetz zur Förderung eines gleitenden Übergangs in den Ruhestand' vom 23.07.1996 hingewiesen, das Erstattungen an Arbeitgeber in Höhe von 20% des für die Altersteilzeitarbeit gezahlten Entgelts unter bestimmten Voraussetzungen vorsieht. Als 'Begünstigte' kommen Arbeitnehmer in Betracht, die das 55. Lebensjahr vollendet und mit ihrem Arbeitgeber vereinbart haben, nur noch die Hälfte der tariflichen regelmäßigen wöchentlichen Arbeitszeit, aber nicht weniger als 18 Stunden, im Betrieb beschäftigt zu werden. Analog wurde die Überschrift des § 237 SGB VI 'Altersrente wegen Arbeitslosigkeit' auf 'Altersrente wegen Arbeitslosigkeit oder nach Altersteilzeitarbeit' geändert und dieser neue Begriff in den Gesetzestext eingefügt.

Das 'Gesetz zur Umsetzung des Programms für mehr Wachstum und Beschäftigung in den Bereichen der Rentenversicherung und Arbeitsförderung (Wachstums- und Beschäftigungsförderungsgesetz-WFG)' vom 25.09.1996 befaßt sich u.a. mit der :

1. Altersrente für Frauen: Die Altersgrenze wird je nach Geburtsjahr um einen bis zu 11 Monaten angehoben.
2. Anhebung der Altersgrenze bei Altersrente wegen Arbeitslosigkeit oder nach Teilzeitarbeit (nach den Angaben der betr. Tabelle, Anlage 19 des WFG) ;
3. Anhebung der Altersgrenze von 63 Jahren (lt. Anlage 21).
4. Begrenzung der Gesamtleistungsbewertung[23] für Zeiten der beruflichen oder schulischen Ausbildung auf 75%, für Zeiten der Krankheit und Arbeitslosigkeit auf 80% (mit speziellen Weiterungen - siehe WFG -) und
5. Veräußerung bzw. Auflösung nicht liquider Anlage- und Beteiligungsvermögen der BfA (durch angefügte Absätze zum § 293 SGB VI).

Trotz der Gesetze zur Förderung eines gleitenden Übergangs in den Ruhestand und zur Umsetzung des Programms für mehr Wachstum und Beschäftigung in den

---

[23] Wer länger 'beitragslos' studiert, bekommt diese Zeit bis zu insgesamt 13 Jahren wie eine Beitragszeit (zu 75%) bewertet. Wer 'nur' eine 3jährige Ausbildung nachweist, wird eben nur für diese Zeit (zu 75%) begünstigt. Die Höchstdauer der Anrechnungszeit (13 J.) wird bis 2004 auf 7 J. gekürzt.

Bereichen der RV und Arbeitsförderung kam es nicht zu der erwarteten und erhofften Entspannung am Arbeitsmarkt. Da die Prognosen für die Entwicklung des Beitragssatzes bis zum Jahre 2030 seine Höhe zwischen 25 und 26% befürchten ließen, hat die Bundesregierung eine Kommission (Fortentwicklung der RV) eingesetzt, die ihre Vorschläge am 27.01.1997 unterbreitet hatte. Die Alterssicherungskommission der SPD hatte am 04.05.1997 einen Entwurf unter dem Titel 'Strukturreform statt Leistungskürzungen in der Alterssicherung' vorgelegt, und unter dem Motto 'Den Generationenvertrag neu verhandeln' haben Bündnis 90/Die Grünen ihre Auffassung zur künftigen RV der Öffentlichkeit vorgetragen. Kein einziger Entwurf sah den Wiederaufbau einer von den Zeit- und Krisenerscheinungen befreiten RV vor, sondern lediglich 'eine Reform innerhalb des heutigen Systems', also der 'Umlage'. Entsprechend gestaltete sich der 'Entwurf zum Rentenreformgesetz 1999'. Im einzelnen (und wesentlichen) enthält dieser Entwurf

1. eine verbesserte Berücksichtigung der Kindererziehung (ab 01.07.1998) ;
2. die Einführung eines Demographiefaktors, der den Anstieg der Renten verlangsamen und sie damit an die längere Rentenbezugsdauer angleichen soll, (ab 01.01.1999) ;
3. eine Verstetigung des Beitragssatzes: Er soll während eines Dreijahreszeitraumes möglichst unverändert bleiben (um der Wirtschaft eine bessere Kalkulationsbasis zu gewährleisten) ;
4. einen zusätzlichen Bundeszuschuß (um die Lohnzusatzkosten nicht steigen zu lassen) ;
5. eine Beitragsentrichtung nach einer Abfindung der Betrieblichen Altersversorgung ;
6. ein abgestuftes System der Erwerbsminderungsrenten - kombiniert mit Rentenabschlägen durch Anwendung eines 'Zugangsfaktors' - ;
7. die Neuregelungen für das Zusammentreffen mit Einkommen und Lohnersatzleistungen ;
8. den Wegfall der BU-Rente ;
9. Änderungen bei den Altersrenten, die mittelfristig zur Abschaffung der vorzeitigen Altersrenten führen werden, und
10. Änderungen im Fremdrentenrecht.

Korrekturgesetze

Das RRG 1999 wurde am 16.12.1997 erlassen und hätte zu Einsparungen von 100 Milliarden DM führen sollen, allerdings bis zum Jahre 2030. Nach Auffassung der neuen Bundesregierung enthält das RRG 1999 'sozialpolitisch nicht vertretbare Eingriffe' und bedürfe deshalb der Korrektur. Der Deutsche Bundestag hat am 20.11.1998 den von den Regierungsfraktionen der SPD und des Bündnis 90/Die Grünen eingebrachten Entwurf eines Gesetzes zu Korrekturen in der Sozialversicherung und zur Sicherung der Arbeitnehmerrechte in erster Lesung behandelt und das Gesetz am 19.12.1998 verabschiedet. Es schreibt eine Aussetzung des ab dem 01.07.1999 vorgeschriebenen 'Demographiefaktors' bei der Rentenanpassung für die Jahre 1999 und 2000 vor. Hier handelt es sich um die durchschnittliche Lebenserwartung der 65jährigen, die in der Rentenanpassungsformel zu einem geringeren Anstieg der Renten beitragen und das Nettorentenniveau längerfristig auf 64% absenken sollte. Bei der Rentenanpassung am 01.07.1999 hätte die Ersparnis 0,5 Prozentpunkte betragen. Ausgesetzt wurden außerdem die Reform der Renten wegen Berufs- bzw. Erwerbsunfähigkeit, die zum 01.01.2000 wirksam werden sollte sowie die mit einer vorzeitigen Altersrente verbundenen Rentenabschläge. Andererseits werden ab 01.01.1999 Personen, die als selbständig Tätige keinen versicherungspflichtigen Arbeitnehmer beschäftigen und regelmäßig nur für einen Auftraggeber tätig sind, sozialversicherungspflichtig. Für versicherungspflichtige Selbständige wird ein Mindestbeitrag eingeführt, der auch für freiwillig Versicherte gilt.

Angesichts der Gesetzesfülle, die eine Reduzierung der Rentenleistungen bewirken und damit den Bestand der gesetzlichen RV - über die Krisenzeiten hinaus - sicherstellen soll, ist Skepsis angebracht. Eher ist zu erkennen, daß dieses System der sozialen Sicherung dem einer staatlichen Versorgung oder Grundsicherung Platz machen könnte, sofern nicht - wie bisher - (nur) an Symptomen kuriert, sondern ein mutiger Schritt gewagt wird, hin zum Aufbau einer kapitalgesicherten RV. Sie hatte jahrzehntelang Bestand , und zwar zum Nutzen der arbeitenden Bevölkerung in unserem Lande. Entsprechende Vorschläge für diesen Wiederaufbau eines solchen Sicherungssystems wagt der Autor im Teil IX der Leserschaft zu unterbreiten, obwohl er die gegenwärtigen Vorbehalte kennt (Doppelbelastung der jetzigen Erwerbsgeneration; das Umlageverfahren sei der sinnfällige und praktische Ausdruck des Generationenvertrages, bei dem die Beitragszahler einer bestimmten Periode die Renten derselben Periode finanzieren und erwarten, daß ihre späteren Rentenansprüche von der Kindergeneration eingelöst werden). Aber wenn die ehemalige Erwerbsgeneration das erwirtschaftete RV-Vermögen verbraucht und nichts für die Kindergeneration spart, woher soll dann diese die Gelder nehmen angesichts der unabwendbar erscheinenden hohen Arbeitslosigkeit? Und dies ist nur ein Aspekt der deutschen Zukunftserwartungen. So stiegen die Renten beharrlich an, wie es in der folgenden Übersicht der Jahre 1993 bis 1997 deutlich erkennbar wird.

Die in den vergangenen Jahren ausgezahlten durchschnittlichen Versichertenrenten der Angestelltenversicherung - getrennt nach männlichen und weiblichen Versicherten - zeigt das folgende Bild:

Durchschnittliche monatliche Zahlbeträge der laufenden/zugegangenen AV -Renten :

	Beträge in vollen DM (gerundet)				ABL	ABL
Männer im Jahr	1987	1988	1990	1991	1993	1994
BU-Rente	945*	977*	1 019*	1 080*	1 191	1 262
EU-Rente	1 360*	1 417*	1 542*	1 642*	1 909	1 990
Normales ARG	1 789*	1 802*	1 759*	1 798*	1 382	1 405
Arbeitslosen RG	2 051*	2 112*	2 250*	2 360*	2 370	2 450
Flex. ARG bei GE	2 014*	2 072*	2 192*	2 294*	2 251	2 346
Flex. ARG ab 63	2 190*	2 252*	2 378*	2 488*	2 421	2 511
An Frauen						
BU-Rente	568*	604*	672*	724*	835	875
EU-Rente	635*	675*	768*	834*	1 210	1 274
Normales ARG	663*	665*	645*	664*	522	538
Arbeitslosen RG	829*	866*	943*	998*	1 266	1 390
Frauenalters RG	1 161*	1 191*	1 245*	1 298*	1 287	1 378
Flex. ARG bei GE	1 428*	1 462*	1 532*	1 599*	1 307	1 383
Flex. ARG ab 63	1 287*	1 324*	1 373*	1 434*	1 098	1 173
	ABL	ABL	ABL	NBL	NBL	NBL	NBL
An Männer	1995	1996	1997	1993	1994	1995	1996	1997
BU-Rente	1273	1256	1229	838	876	965	1003	1045
EU-Rente	2022	2029	2037	1280	1349	1474	1544	1522
Normales ARG	1439	1447	1382	1799	1907	2000	2134	2314
Arbeitslosen RG	2479	2485	2490	1552	1678	1806	1845	1967
Flex. ARG bei GE	2385	2415	2414	1526	1645	1763	1876	1973
Flex ARG ab 63	2551	2557	2587	1671	1806	1960	2076	2262
An Frauen								
BU-Rente	876	848	799	638	716	774	818	833
EU-Rente	1299	1298	1309	911	1019	1107	1170	1200
Normales ARG	556	570	511	275	499	530	651	779
Arbeitslosen RG	1422	1434	1425	968	1127	1219	1280	1282
Frauenalters RG	1397	1406	1390	996	1146	1222	1302	1331
Flex. ARG bei GE	1407	1430	1426	975	1090	1308	1379	1417
Flex. ARG ab 63	1167	1179	1142	1185	1134	1244	1353	1380

GE = geminderte Erwerbsfähigkeit. Die Zahlen stammen aus den Geschäftsberichten der BfA (in Zeitschrift "Die Angestelltenversicherung").

Bei der am meisten gewählten Rentenform, dem flexiblen Altersruhegeld ab dem 63. Lebensjahr, ist der Anstieg des durchschnittlichen monatlichen Rentenzahlbetrages deutlich zu sehen.

	Altersrente in DM			
	für Männer		für Frauen	
	ABL	NBL	ABL	NBL
1987	2.190		1.161	
1988	2.252		1.191	
1990	2.378		1.245	
1991	2.488		1.298	
1993	2.421	1.671	1.287	996
1994	2.511	1.806	1.378	1.146
1995	2.551	1.960	1.397	1.222
1996	2.557	2.076	1.406	1.302
1997	2.587	2.262	1.390	1.331
1998	2.621	2.263	1.408	1.403
1999	2.639	2.290	1.419	1.454

Einem Bericht über die Sitzung der Vertreterversammlung der BfA am 07.12.2000 (in Die ANGestelltenVERSicherung Heft 1 Januar 2001, S. 33) ist zu entnehmen, daß nach den Berechnungen des Schätzerkreises, dem Vertreter des Bundesarbeitsministers (BMA), des BVA, der BfA und des VDR angehören, für die ArV und AV per Ende 2000 ein Überschuß von 1,9 Mrd. DM erwartet werden kann. "Damit überschritten die Einnahmen der gesetzlichen RV im vierten Jahr hintereinander die Ausgaben. Folgerichtig werde sich die Schwankungsreserve im Vergleich zum Jahresende 1997 beinahe verdoppeln und Ende 2000 bei ca. 27,9 Mrd. DM liegen. Damit entspräche sie dann exakt einer Monatsausgabe zu eigenen Lasten." Ursache für diese positive Entwicklung seien die erhöhten Beitragseinnahmen infolge der günstigen wirtschaftlichen Lage, die Erhöhung des Bundeszuschusses und die Ausweitung des versicherten Personenkreises. Außerdem würden die in den vergangenen Jahren beschlossenen leistungsbegrenzenden Reformmaßnahmen inzwischen greifen. Doch weitere müßten folgen. Mit einem angestrebten Altersvermögensgesetz solle der Beitragssatz bis 2020 unter 20 % und bis 2030 unter 22

% gehalten werden. Dazu sei ein Absenken des RV-Leistungsniveaus erforderlich mit der Folge, daß künftige Rentner nur mit ihrer Rente allein ihren Lebensstandard nicht absichern können. Die angestrebte Minderung des Rentenniveaus soll durch eine Rentenanpassung erreicht werden, die sich nur an den Veränderungen des durchschnittlichen Bruttoarbeitsentgeltes, des Beitragssatzes und dem Aufwand für eine ergänzende private Vorsorge orientiert.

Für die Jahre von 2011 bis 2030 würde zudem ein 'Ausgleichsfaktor' eingeführt werden, der die Rente bei ihrer erstmaligen Feststellung stufenweise um einen bestimmten Prozentsatz mindert, so z. B. im Jahre 2011 um 0,3%, im Jahre 2012 um 0,6% usw. Bis 2030 würde dann der volle Ausgleichsfaktor von 6% erreicht sein. Die heutigen Rentner und alle bis zum Jahr 2010 zugehenden Neurentner würden von dem Ausgleichsfaktor unberührt bleiben. Außerdem müßten die betriebliche und private Altersvorsorge stärker gefördert, die Hinterbliebenenrenten reformiert und für eine verbesserte eigenständige Altersversorgung der Frauen Regelungen gefunden werden.

Kritik an dem angestrebten Altersvermögensgesetz löste u. a. der Zeitplan für die Anwendung des Ausgleichsfaktors aus. Denn "allein den Jüngeren eine immer stärkere Senkung des Rentenniveaus zuzumuten, trage nicht dazu bei, die demographischen Belastungen fair auf alle Generationen zu verteilen". Von Arbeitgeberseite wurde kritisiert, daß die Wirkungen des Ausgleichsfaktors nicht genügten, einen Beitragssatz von 22% könne man weder ökonomisch noch sozialpolitisch vertreten, und ein Nettorentenniveau von 64% oder 65% sei ohne eine Überforderung der Beitragszahler auch im Jahr 2030 nicht finanzierbar. Man sei zudem von sehr optimistischen Daten der Arbeitsmarktentwicklung ausgegangen. "Zur Stabilisierung des Beitragssatzes auf einem tragfähigen Niveau" sei "eine schnelle Senkung des Nettorentenniveaus auf 60% bis 62%" zu empfehlen. Dem Gesetzentwurf fehle ferner die Weichenstellung für eine weitere Anhebung der Regelaltersgrenze vom Jahr 2010 an. Es wäre nur fair gegenüber den betroffenen Generationen gewesen, diesen Anstieg der Regelaltersgrenze schon jetzt zu erklären.

Vertreter der Versicherten wiesen darauf hin, daß von ihnen verlangt würde, den Einkommensverlust bei ihrer künftigen Rente selbst auszugleichen, indem sie einen bis auf 4% im Jahr 2008 steigenden Teil ihres Bruttoentgeltes zum Abschluß eines eigenfinanzierten Privatrentenvertrages oder eines Rentensparplanes verwendeten. Das würde langfristig bedeuten, daß 11% der Beiträge von den

Arbeitgebern und 15% von den Versicherten zu zahlen seien. Der Autor sieht dies allerdings anders. 'Die Gewinner der angeblichen Reform seien die Unternehmer, die von Beiträgen entlastet würden, und die Finanzkonzerne, die mit zusätzlichen Anlagemöglichkeiten rechnen könnten'. Die soziale Sicherung würde zunehmend den Gesetzen und Risiken der Finanzmärkte ausgeliefert sein.

Gegen die Stimmen der Oppositionsparteien hat die rot-grüne Koalition im Bundestag am 26.01.2001 die Gesetze zur Rentenreform beschlossen. Sie enthalten im wesentlichen an weiteren Ausgabenkürzungen zu Lasten der Rentner

1. eine Absenkung des gegenwärtigen Rentenniveaus von etwa 70,7% (im Jahr 2000) bis auf 67,9% (im Jahr 2030) ;
2. eine Kürzung der Rentenanpassungen ab 2003 acht Jahre lang um je 0,5% ;
3. eine Minderung der Hinterbliebenenrente von bisher 60% der Rente des Versicherten auf 55%.
4. An jüngere Witwen ohne Kinder wird die 'kleine' Witwenrente nur noch zwei Jahre lang gezahlt.
5. Ehegatten können durch übereinstimmende Erklärungen die gemeinsam in der Ehezeit erworbenen Rentenanwartschaften je zur Hälfte auf beide aufteilen (splitten), wenn jeder 25 Jahre lang versichert gewesen ist. Dann erhält der Hinterbliebene keine zusätzliche Witwen- oder Witwerrente.

Das neue Gesetz berechtigt die Arbeitnehmer, einen Teil ihres Arbeitsentgeltes in Beiträge zur betrieblichen Zusatzvorsorge umwandeln zu lassen. Bietet der Arbeitgeber hierzu keine Versicherung in einer Pensionskasse an, kann der Arbeitnehmer den Abschluß einer Direktversicherung verlangen.

Mit der Rentenreform wird des weiteren eine neue Grundsicherung für ältere und erwerbsunfähige Menschen angestrebt. Dazu haben die Regierungsparteien das 'Gesetz über die bedarfsorientierte Grundsicherung im Alter und bei Erwerbsminderung' (GsiG) eingebracht, die sich nach den Regelsätzen der Sozialhilfe zuzüglich einer Pauschale von 15% für einmaligen Bedarf bemißt und die Erstattung der Kosten für Unterkunft und Heizung vorsieht. Die Grundsicherung soll von den Landkreisen und kreisfreien Städten durchgeführt werden. Deshalb bedurfte das GsiG der Zustimmung des Bundesrates. Sie erfolgte am 11.05.01. Als ein neues Konzept bisheriger Fördermaßnahmen und steuerlicher Vergünstigungen kann das von der Rentenreform involvierte 'Altersvermögensgesetz' betrachtet werden. So sind künftig Anlagen zur privaten und betrieblichen kapitalgedeckten Zusatzvorsorge mit staatlichen Mitteln zu fördern oder sie können als Sonderausgaben steuerlich abgesetzt werden. Da sich die Länder an den Kosten von ca. 20 Mrd. in der Endstufe beteiligen müssen, bedurfte es ebenfalls ihrer Zustimmung im Bundesrat. Diese und weitere Informationen zur Rentenreform 2001 enthält u. a. die Zeitschrift der BfA, Heft 2, S. 94. Die erheblichen Kritiken an den Gesetzesvorhaben zeigt Heft 1,. SS 34-41). Zur Debatte stehen ferner die Pläne einer Strukturreform in der gesetzlichen Rentenversicherung, die schließlich zu einer Zerschlagung der BfA zugunsten der 16 LVA führen würden. Letzteren sollen die bisher von der BfA betreuten Versicherten und Rentner ihres Wirkungsbereiches – und natürlich auch die Immobilien der BfA übertragen werden. Die Folgen würden sein:

Ausgabensteigerungen statt der angestrebten Reduzierungen, auch weil

1. Arbeitskräfte (in Berlin) entlassen würden, was sozial verträglich und deshalb kostenträchtig geschehen müsse.
2. Es würde die bisherige Bundeskompetenz in Fragen der solidarischen Rentenversicherung verloren gehen und
3. in bezug auf den europäischen Wettbewerb kein adäquates Gegengewicht gegen die zentralen Einflüsse aus den Nachbarstaaten vorhanden sein, wenn die RV nicht einheitlich auftritt.
4. Es sei bedenklich und fragwürdig, wie man eine wirtschaftlich arbeitende Institution zu Gunsten weniger wirtschaftlich arbeitender Träger zerschlagen könnte.
5. Der aufwendige Finanzausgleich, den die BfA für die anderen RV-Träger erbringe, führe zu erheblichen Zinsverlusten und zu unwirtschaftlichem Handeln.
6. Auf Unverständnis treffe auch das Vorhaben, die Bundesknappschaft zum bedeutendsten unmittelbaren Versicherungsträger aufsteigen zu lassen, "weil sie ansonsten bis zum Jahr 2030 Überkapazitäten von 1700 Mitarbeitern hätte. Es käme einer Bankrotterklärung der Knappschaft gleich, wenn diese nicht in der Lage wäre, über einen Zeitraum von 30 Jahren im Rahmen der normalen Fluktuation ihren derzeitigen über 14000 Personen umfassenden Mitarbeiterbestand an die Aufgabenentwicklung anzupassen"[24]

Bis zum Jahre 2003 wurde dieses Gesetzesvorhaben zwar nicht realisiert, dennoch steht eine Strukturreform der AV in Zukunft bevor.

Zur Entwicklung der knappschaftlichen Rentenversicherung

Auf Grund des vom Allgemeinen Deutschen Knappschaftsverband im Jahre 1921 vorgelegten Entwurfs wurde das Reichsknappschaftsgesetz (RKG) vom 23.06.1923 erlassen. Es sah die Errichtung des Reichsknappschaftsvereins vor, (der

---

[24] a.a.O. Heft 1, S. 34

in der IV als Sonderanstalt galt) und führte die Alterspensionen für Bergleute ein. Sie wurden nach Vollendung des 50. Lebensjahres bei 25jähriger Mitgliedschaft und 15 Jahren wesentlicher Bergarbeit in Höhe der Berginvalidenpension gewährt. Es folgten mehrere Änderungsgesetze, welche die Bezeichnungen 'Reichsknappschaft' und Bezirksknappschaft und die Trennung in eine Arbeiterabteilung und Angestelltenabteilung anordneten.

Zu den Pflichtleistungen dieser Pensionskassen gehörten die Invalidenpension, das Ruhegeld für berufsunfähige Angestellte, die Witwenpension und das Waisengeld bis zur Vollendung des 15. Lebensjahres, in besonderen Fällen darüber hinaus. Die Beiträge zur Pensionskasse waren zu 2/5 von den Arbeitgebern und zu 3/5 von den Versicherten zu tragen. Durch die Notverordnungen des Jahres 1931 wurden die Leistungen der Pensionskassen beschnitten.

Die Rechtsentwicklung im Dritten Reich verband die knappschaftliche Pensionsversicherung weitgehend mit den Vorschriften der Invalidenversicherung. Das gleiche geschah mit der AV, so daß die drei Versicherungszweige in Anbetracht ihrer Leistungen und hinsichtlich der Aufbringung der Mittel als eine einheitliche Rentenversicherung angesehen werden konnten.

Nach dem Zusammenbruch blieb das gemeinsame Schicksal dieser drei Rentenversicherungszweige weitgehend erhalten. So galten das RZG, Teuerungszulagen-, Grundbetragserhöhungs-, Rentenmehrbetrags- und Rentenvorschußzahlungsgesetz auch für die knappschaftliche Versicherung, allerdings nur in den westlichen Zonen und beim RMG mit anderen Wertmaßstäben. Im sowjetisch besetzten Teil Deutschlands wurden die im Bergbau Beschäftigten der allgemeinen SV zugewiesen, erhielten aber durch die VO über die Sozialversicherung der Bergleute vom 19.12.1946 besondere Vergünstigungen. Es folgten die VO über die Verbesserungen der Bergleute-Renten vom 28.06.1951 und vom 18.06.1955.

Die Rechtsentwicklung im Knappschaftswesen des Westens führte zu speziellen Vorschriften:

Das 'Gesetz zur Vermeidung von Härten in der knappschaftlichen Rentenversicherung bei langer bergmännischer Tätigkeit' vom 20.06.1951 erhöhte die Höchstgrenzen der Renten auf das volle Durchschnittsentgelt, für das Beiträge zur knappschaftlichen RV entrichtet worden waren.

Das Neuregelungsgesetz (KnVNG) brachte weiterhin Vergünstigungen für im Bergbau Beschäftigte mit sich wie z.B. die Bergmannsrente und das knappschaftliche Ruhegeld mit Vollendung des 60. Lebensjahres nach langjähriger Arbeit unter Tage, höhere Rentenbeträge bei den übrigen Rentenarten, ferner Leistungszuschläge bei langjähriger Hauerarbeit sowie höhere Grenzbeträge bei einem Zusammentreffen mit Verletztenrenten der UV.

Das SGB VI übernahm diese Sonderregelungen, so daß es auch gegenwärtig - u.a. wegen des höheren KnV-Beitragssatzes - zu entsprechenden Rentenzahlbeträgen an ausscheidende Bergleute kommt. Eine knappschaftliche Sonderleistung ist die Rente für Bergleute. Sie soll die Lohneinbuße ausgleichen, die ein knappschaftlich Versicherter hinnehmen muß, wenn er aus gesundheitlichen Gründen oder nach langjähriger Untertagearbeit zur Vorbeugung eine leichtere Beschäftigung übernimmt. Eigentlich ist das ein Unikum im Sozialbereich, denn einem älteren schwer arbeitenden Menschen wird in anderen Berufen ein solcher Ausgleich nicht zuteil, und das gab Anlaß zu Kritik. Mit einem Aufsatz über finanzielle Zusammenhänge und Reformüberlegungen fragte schon 1988 Dr. Thomas Ebert, Bonn: „Wie teuer ist die knappschaftliche Rentenversicherung?"[25] und führte dazu folgendes an: „Als Zusatzrentenaufwand der knappschaftlichen RV haben alle Aufwendungen zu gelten, die durch das im Vergleich zur RV der Arbeiter und Angestellten günstigere Leistungsrecht entstehen. Dies umfaßt: - die höheren Steigerungssätze (1,2 bzw. 1,8% statt 1% bei den Berufsunfähigkeitsrenten, 2 statt 1,5% bei den Erwerbsunfähigkeitsrenten, Altersrenten, großen Witwen- und Waisenrenten, 1,8% statt 1,0% bei den kleinen Witwenrenten), - Leistungszuschläge für Unter-Tage-Arbeiten, - Sonderleistungen, die in der allgemeinen RV nicht vorgesehen sind, nämlich Bergmannsrenten, Knappschaftsausgleichsleistungen und erleichterte Zugangsmöglichkeiten zur Altersrente mit dem 60. Lebensjahr".

Die Mittel der knappschaftlichen Rentenversicherung werden 1. durch Beiträge und 2. durch Beteiligung des Bundes an der knappschaftlichen Versicherung (§ 215 SGB VI) aufgebracht. Der Beitragssatz betrug im Jahre 1991 noch 23,45%, im Jahre 1998 bereits 26,9% der Bemessungsgrundlage. Wie auch bei den anderen RV-Zweigen muß der Arbeitgeber den (gestiegenen) Beitrag selbst finanzieren. Die

---

[25] Zeitschrift 'Sozialer Fortschritt' - Rentenversicherung - S. 208 1988

Vorschrift, daß er lediglich 16,75% und der Arbeitnehmer 10,15% - wie in der ArV und AV - zu tragen habe, ist irreal, läßt aber die Frage zu, ob die Bevorzugung einer bestimmten Arbeitnehmergruppe für die Bevölkerung, welche mit ihren Steuern einen erheblichen Teil dieser o.a. Zusatzleistungen finanzieren muß, angesichts der knappen Kassen heute noch vertretbar ist. Wenn auch die Rentenspargesetze der letzten Jahre in der knappschaftlichen RV ebenfalls gegriffen haben, so ist dennoch eine Minderung in der Besserstellung von Rentnern der KnV gegenüber jenen der ArV und AV nicht eingetreten. Die Bestimmungen der §§ 67 und 82 SGB VI, welche erhebliche Unterschiede für die Rentenartenfaktoren, die für die Höhe der Renten maßgeblich sind, festlegten, bleiben unverändert.

Dazu folgende Übersicht:

Der Rentenartfaktor beträgt für persönliche Entgeltpunkte bei		in der kn. RV gem.§ 82 SGB VI	in der ArV / AV gem. § 67 SGB VI
1.	Renten wegen Alters	1,3333	1,0
2.	„ BU		0,6667
a)	bei knappschaftlicher Weiterbeschäftigung	0,8	
b)	im übrigen	1,2	
3.	Renten wegen EU	1,3333	1,0
4.	Renten für Bergleute	0,5333	

Ein Rechenbeispiel (aus Brettschneider: Die RV der Bergleute a.a.O.) zeigt den erheblichen Unterschied zwischen KnV- und ArV/AV-Renten:
Unter gleichen Bedingungen beträgt die ArV/AV-Rente wegen EU 1.740,48 DM, die KnV-Rente hingegen 2.320,58 DM

Entsprechend unterschiedlich hoch sind auch die H-Renten (Renten wegen Todes). Die Rentenartfaktoren werden in den o.a. §§ wie folgt festgelegt:

		in RV	ArV/AV
5.	Erziehungsrenten	1,3333	1,0
6.	kleine Witwen- und Witwerrenten bis zum Ablauf des 3. Kalendermonats nach dem Sterbemonat des Ehegatten	1,3333	1,0
	anschließend	0,3333	0,25
7.	große Witwen- und Witwerrenten bis zum Ablauf des 3. Kalendermonats nach dem Sterbemonat des Ehegatten	1,3333	1,0
	anschließend	0,8	0,6
8.	Halbwaisenrenten	1,3333	0,1
9.	Vollwaisenrenten	0,2667	0,2

(Weitere Sonderbestimmungen für ständige Arbeiten unter Tage - s. § 82-) Hier ergeben sich Kürzungsmöglichkeiten, da die H-Rentenempfänger nicht selbst unter Tage gearbeitet hatten, sondern lediglich von den Versicherten profitieren.

Kapitel VII

Problematische Entwicklungen in der gesetzlichen Rentenversicherung

Arbeitgeber als Beitragszahler

Otto von Bismarck wollte die Sozialversicherung als eine rein staatliche Einrichtung ins Leben rufen, deren Finanzierung durch Beiträge der Arbeitgeber und Zuschüsse des Reiches zu geschehen hatte. Die so aufgebrachten Mittel sollten für die Unterstützung der Arbeiter im Krankheitsfalle oder bei Erreichen des 70sten Lebensjahres verwendet werden. Weder private Versicherungsunternehmen noch die Arbeiter selbst wollte er daran beteiligen und der Arbeiterschaft auf diese Weise zeigen, daß sich der Staat um die Sicherung ihrer Existenz kümmert und daß die Erhaltung dieses Staatswesens deshalb gänzlich in ihrem Interesse liege. Aber seine Ministerialen setzten sich schließlich mit ihrer Ansicht durch, daß es geboten und unverzichtbar sei, den Arbeiter und die anderen Versicherten an der Finanzierung der Rentenversicherung zu beteiligen, um nicht ihr Selbstverantwortungsgefühl für das eigene Wohl und Wehe verkümmern zu lassen.

Arbeitnehmeranteil

So konnte der Arbeitgeber bei der Lohnzahlung den halben Markenwert einbehalten und in der Lohnabrechnung wurde ein Arbeitnehmeranteil zur RV ausgewiesen, der darauf hindeuten sollte, daß auch der Arbeitnehmer mit dazu beiträgt, die Versicherungsleistungen zu finanzieren.

Auf die Belastung der Arbeitgeberschaft wirkte sich dieser gesetzliche Kunstgriff in keiner Weise aus. Sie war und blieb die einzig Zahlende, was zum besseren Verständnis an den heutigen Verhältnissen dargestellt wird.

Kosten der Arbeit

Der Unternehmer ist gegenüber seinen Beschäftigten zur Zahlung von Lohn und Gehalt verpflichtet. Arbeiter und Angestellte erhalten für die Überlassung ihrer Arbeitskraft das sogenannte Entgelt entweder in bar oder auf ein Bankkonto überwiesen. Auf Grund gesetzlicher Bestimmungen muß der Arbeitgeber an das

Finanzamt pro Beschäftigten Lohnsteuern, an die Sozialversicherung den Gesamtsozialversicherungsbeitrag und für seinen Betrieb die Unfallumlage entrichten.

Dazu kommen weitere einzel- oder tarifvertraglich festgelegte soziale Aufwendungen zugunsten der Belegschaft, wie z. B. Essenzuschüsse, Urlaubsgeld, Weihnachtszuwendungen, Jubiläumszuschüsse, Gewinnanteile usw. Sämtliche Beträge zusammengenommen ergeben die 'Personallast', die der Unternehmer bei Einsatz fremder Arbeitskräfte tragen muß. Sie werden auch als Arbeitskosten bezeichnet. Das ist heute so und war auch zu Bismarcks Zeiten nicht anders. Nur die Überweisung des sogenannten Nettoentgeltes auf ein Bankkonto und die tariflich geregelten Zuschüsse sind Erfindungen unserer Tage.

Auch die Berechnung der Beiträge unterschied sich von der heutigen erheblich: sie wurden in Lohnklassen abgestuft und als Wochenbeiträge zur RV in festen Werten entrichtet. So betrug der Wochenbeitrag in Lohnklasse I (bei einem Jahresarbeitsverdienst bis zu 350 Mark) 14 Pfg, in Lohnklasse II (bei einem JAV von mehr als 350 bis 550 Mark) 20 Pfg usw. (vgl. u. a. §§ 22, 96 ff IuAVG).

Dadurch konnte der 'Arbeitnehmeranteil' leicht berechnet werden. Die Anwendung des § 19 IuAVG, der vorschrieb, daß Arbeitgeber und Arbeitnehmer die Beiträge je zur Hälfte aufzubringen hätten, verlief also problemlos. Schwierigkeiten ergaben sich erst, als die RV-Beiträge nach vom Gesetzgeber vorgeschriebenen Prozentsätzen ermittelt werden mußten.

Bruttolohnrechnung

Hierzu wurde erst ein Basiswert errechnet, auf den die Prozentsätze anzuwenden waren. Er umfaßte den halben SV-Beitragssatz, die Lohnsteuer nach der Lohnsteuertabelle und den an den Arbeitnehmer zu zahlenden Lohn. Die sich ergebende Summe war der Bruttobetrag, der mit dem Arbeitnehmer vertraglich vereinbart wurde. Welchen Lohn der Arbeitnehmer schließlich ausgezahlt erhielt, erfuhr er immer erst durch die Lohnabrechnung oder bei der Lohnzahlung, und das führte zu unliebsamen Überraschungen. Denn die sogenannten Abzüge ließen den im Arbeitsvertrag vereinbarten Betrag um einen beträchtlichen Anteil schrumpfen.

Anschein einer Beteiligung der Versicherten

So wurde der Eindruck erzeugt, als würde der Arbeiter oder Angestellte nicht nur seine Arbeitskraft einsetzen, sondern auch noch bares Geld zahlen müssen. Das bei einem Salär, welches bei vielen ohnehin nicht ausreichte, um die eigene damals oft vielköpfige Familie zu unterhalten. Angesichts der gehobenen Lebensweise und des zur Schau getragenen Reichtums der Besitzenden und Herrschenden konnte von einer Anhänglichkeit der Arbeiterschaft an ihren Staat so kaum die Rede sein.

Insofern wäre von Bismarcks Vorhaben, den Arbeitnehmer nicht an der Finanzierung der RV zu beteiligen, klüger gewesen und hätte unserem Volke möglicherweise manche widerwärtigen und verlustreichen Fehlentwicklungen erspart.

Statt die 'Abzüge' vom Bruttolohn in der Lohnabrechnung (Gehaltsliste) aufzuführen, wäre es besser gewesen, lediglich den gezahlten Nettolohn zu vermerken und dem Empfänger mitzuteilen, welche weiteren Leistungen der Unternehmer für ihn an den Staat zu erbringen hat, so z B. den KV-Beitrag, den RV-Beitrag, den AIV-Beitrag und die Lohnsteuer. Wenn die Gewerkschaften in den vergangenen Jahrzehnten Lohnerhöhungen wegen angeblich ständig anwachsender Belastung der Arbeitnehmer durch Beitragserhöhungen und sonstige Abgaben forderten, dann liegt der Gedanke nahe, daß die hierbei ausgelösten Warnstreiks, Arbeitsniederlegungen und oft monatelangen Streiks ohne die sogenannte Bruttolohnrechnung mit dem Ausweisen des 'Arbeitnehmeranteils' vermeidbar gewesen wären. Diese Arbeitskämpfe verursachten für unserer Volkswirtschaft milliardenschwere Verluste und zogen die Wettbewerbsfähigkeit der heimischen Betriebe stark in Mitleidenschaft. Aus alledem folgt:

Die Wagenersche Erfindung des Arbeitnehmeranteils zur RV und sogar die der Lohnsteuer und des Bruttoarbeitsentgeltes sowie dann deren Buchungen und Dokumentation in Lohnlisten und anderen Nachweisen waren nicht nur überflüssig. Sie erwiesen sich sogar im Laufe der Geschichte als wirtschaftliche Belastungen und Hemmnisse, die auch heute noch nicht an ihrer virulenten Kraft eingebüßt haben. In jedem Falle hätten die buchhalterische Erfassung und Dokumentation der Beitragsentrichtung, der Abführung der (dem Arbeitgeber auferlegten) Lohnsteuern, die ein Teil der Arbeitskosten sind, und der Entgeltzahlungen an den Arbeitnehmer ausgereicht. Es wäre auch nicht so deutlich der ohnehin falsche, aber im

Volksglauben stark verhaftete Eindruck entstanden, daß der Staat nur dem Arbeitnehmer oder hauptsächlich ihm hemmungslos in die Tasche greife. Durch die direkte Buchung 'per Lohnsteueraufwand an Bank' zugunsten des Finanzamtes ohne Umweg über das Bruttolohnkonto des Arbeitnehmers ('Bruttolohnkonto Müller an abzuführende Lohnsteuer') verlöre die Lohnsteuer zudem den Charakter einer Einkommenssteuer, so daß als solche nur noch jene aus Kapitalvermögen, Gewerbebetrieb, selbständiger Arbeit, Land- und Forstwirtschaft, Vermietung und Verpachtung verblieben. Das würde zu einem unschätzbaren Spareffekt bei den Finanzämtern führen, denn sie bräuchten dann nicht mehr millionenfache Lohnsteuer-Jahresausgleichs-Anträge zu überprüfen und die ermittelten Steuerermäßigungen usw. anzuweisen. Dem Einwand, daß dadurch der Arbeitnehmer nicht mehr die ihm zustehenden Ermäßigungen geltend machen könnte, d.h. daß er auf diese 'Sozialzuschüsse' aus der Finanzkasse verzichten müßte, ist zu begegnen. Die Betriebe würden bei der Lohnsteuerermittlung für den Arbeitnehmer derartige Vergünstigungen mit berücksichtigen und sie ihm zu Lasten des Finanzamtes vergüten. Da die Lohnsteuer ihren Sinngehalt verlieren würde, wäre ihre Umbenennung in eine Betriebs- oder Arbeitgebersteuer ratsam. Sie ist dies heute ohnehin schon, da sie als Teil der Arbeitskosten das Betriebsergebnis belastet, und zwar zu Recht, denn sie wird beim Arbeitgeber erhoben, weil seine finanzielle Beteiligung an den Aufwendungen des Gemeinwesens unverzichtbar ist. So hatte der Staat Vorleistungen erbracht, die den Betrieb erst möglich machten, und zwar für die Schul- und Berufsausbildung der künftigen Arbeitskräfte, die Anbindung des Betriebes an das Kanal- und Verkehrswegesystem, die Sicherheit durch Polizei, Feuerwehr usw. Die Selbstentrichtung von Einkommenssteuer durch den Steuerpflichtigen bei gemeinsamer Veranlagung von Ehegatten oder Mehrfachbeschäftigung ändert nichts an der Tatsache, daß die Lohnsteuer für den Arbeitnehmer vom Arbeitgeber an das Finanzamt entrichtet und von ihm auch allein getragen wird. Eine Freisetzung von Dienstkräften der Finanzbehörden durch den Verzicht auf das bisherige Lohnsteuer-Verfahren könnte zu einer verstärkten Bearbeitung und Verfolgung von Steuerverkürzungs- bzw. -hinterziehungsfällen und damit zur Milderung des Defizits in den öffentlichen Haushalten beitragen. Der Abbau dieses Defizits liegt auch im besonderen Interesse der Rentenversicherung, denn sie würde ohne die laufenden Zuschüsse aus der Staatskasse ihre gesetzlichen Leistungen nicht mehr erbringen können.

Systemimmanente Diskrepanzen

Die angespannte Finanzsituation in der RV hat ihre Ursachen im eigenen System. Es ist beweglich, wenn die Konjunktur in der Wirtschaft nachwachsende Arbeitskräfte und Arbeitslose in zunehmenden Maß einer entgeltlichen Beschäftigung zuführt, und schwerfällig bis starr, wenn ein konjunktureller Abschwung die Arbeitslosenzahlen ansteigen läßt. Finanziell bedeutet das: Fließen die Versicherungsbeiträge reichlich, dann werden die Renten per Gesetz erhöht, gelten so auch für die Zukunft, ohne daß bei einer rückläufigen Konjunktur automatisch eine Rückstufung der erhöhten Rentenbeträge erfolgt. Im Gegenteil, der Gesetzgeber erhöht weiter, nur nicht im gleichen Ausmaß wie zuvor und zwar ohne Beachtung der für die Allgemeinheit damit verbundenen größeren Belastung mit Steuern, Gebühren und sonstigen Abgaben. Die vielgepriesene Rentenanpassung an die wirtschaftliche Entwicklung hat sich längst von der realen stark abwärts gerichteten Beschäftigungsentwicklung abgekoppelt. Die Furcht, bei einer spürbaren Kürzung der hohen Renten, die erforderlich wäre, Wählerstimmen zu verlieren, hat die Koalition wie die Opposition in der gleichen Weise ergriffen. Somit wurde statt der Reduzierungen bei den RV-Leistungen der Weg ständig steigender Beiträge beschritten. Die Warnungen von Wirtschaftsfachleuten, daß Beitragserhöhungen zu steigenden Arbeitskosten und Preisen und infolge dessen zur Verschlechterung der Konkurrenzfähigkeit der deutschen Unternehmen und dadurch zum weiteren Arbeitsplatzabbau führen werden, verhallten ungehört.

Die Gründe für diese Tatenlosigkeit liegen zum einen in der gleichen Interessenlage aller Beteiligten an der RV, zum andern in der hiervon geprägten Gesetzgebung des Bundes. So forderten die Arbeitnehmer höhere Löhne und Gehälter. Die Arbeitgeber widersetzten sich anfänglich solchem Begehren, einigten sich dann aber mit den Gewerkschaften, weil sie durch Weitergabe der Kosten an den Markt höhere Gewinne erwarteten. Ein höherer Herstell- oder Einkaufspreis erbringt naturgemäß bei einer gleichbleibenden Handels- oder Gewinnspanne auch höhere Erträge. An dieser Entwicklung wollten schließlich die Rentenempfänger ebenfalls beteiligt werden. Solange die Unternehmen ihre dadurch verteuerten Produkte noch absetzen konnten, funktionierte dieses Lohn-Preis-Renten-Karussell. Als aber ausländische Anbieter gleichartiger Produkte den deutschen Firmen mit spürbar niedrigeren Preisen Konkurrenz machten, schrumpfte der

Verhandlungsspielraum zwischen den Verbänden der Arbeitgeber und den Gewerkschaften. So nahmen hierzulande die Verteilungskämpfe an Schärfe zu. Die Rentenversicherung profitierte stets von den erzielten Lohnerhöhungen, denn sie zogen die Beitragseinnahmen hinauf. Dazu kam nach 1957 der Anstieg der anderen Berechnungsfaktoren für die RV-Beiträge, nämlich der Beitragssätze und der Beitragsbemessungsgrenzen. Dafür sorgte der Bundesgesetzgeber im Interesse der Arbeitnehmerschaft, die sich davon einen stärkeren Kapitalzufluß und die Absicherung des hohen Leistungsniveaus für ihre Versicherten versprach. So sollten sich diese Beitragsbemessungsgrenzen stets zum ersten Januar jeden Jahres in dem Verhältnis ändern, in dem die Bruttolohn- und -gehaltssumme je durchschnittlich beschäftigten Arbeitnehmer im vergangenen Jahr zur entsprechenden des vorvergangenen Kalenderjahres stand.

Erhöhte Durchschnittsentgelte

In dem Zeitraum von 1957 bis 1972 betrugen diese Durchschnittsentgelte je Arbeitnehmer die folgenden Werte im Jahresverlauf (siehe Abbildung 11)

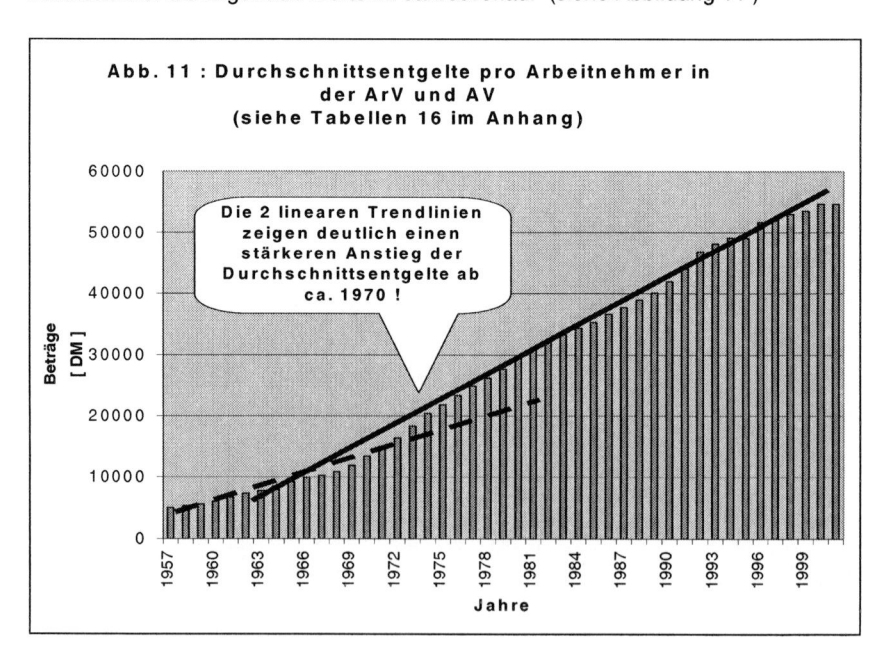

Abb. 11 : Durchschnittsentgelte pro Arbeitnehmer in der ArV und AV (siehe Tabellen 16 im Anhang)

Die 2 linearen Trendlinien zeigen deutlich einen stärkeren Anstieg der Durchschnittsentgelte ab ca. 1970 !

Entwicklungen in der gesetzlichen Rentenversicherung 185

Während der Anstieg der Durchschnittsentgelte vor 1970 niemals über 1.000,- DM pro Jahr lag und somit als moderat bezeichnet werden konnte, änderte sich die Situation ab diesem Jahr bis 1995. Das zeigen die Zahlen in Tabelle 16. Nirgends läßt sich deutlicher die Aufblähung der Arbeitseinkommen darstellen. (Zu Vergleichszwecken nur Entgelte der alten Bundesländer, z. T. vorläufige Zahlen). Für den gleichen Zeitraum (von 1957 bis 2002) sind für die ArV und AV die folgenden Beitragsbemessungsgrenzen festgesetzt worden, d.h. jene höchsten Arbeitsverdienste, von denen die Beiträge noch berechnet wurden. (ab 2002 in Euro). Siehe dazu Tabelle 17.

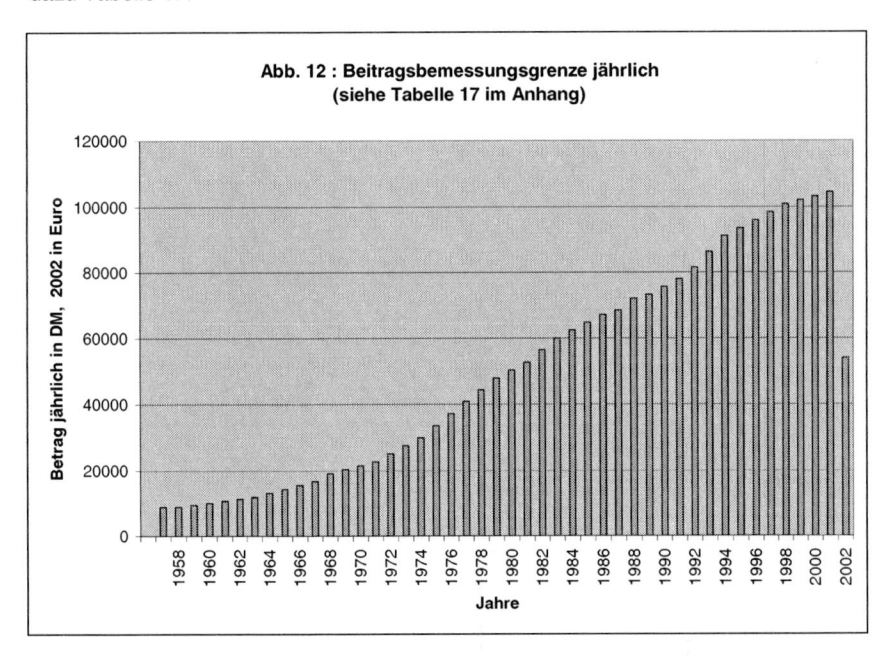

Abb. 12 : Beitragsbemessungsgrenze jährlich (siehe Tabelle 17 im Anhang)

So erbrachte jeder aufgestockte Grenzwert bei gleichbleibendem Beitragssatz einen höheren Beitrag als die Bemessungsgrenze des Vorjahres. Für Beiträge in den Neuen Bundesländern und Ost-Berlin gab es die in Abbildung 13 dargestellten ansteigenden Beitragsbemessungsgrenzen. Dadurch wurden auch die ostdeutschen Betriebe zusätzlich belastet, allerdings ab 2000 mit abnehmender Tendenz.

Nach den gegenwärtig geltenden Bestimmungen des § 160 SGB VI - Verordnungsermächtigung - hat die Bundesregierung durch Rechtsverordnung mit Zustimmung des Bundesrats für die Zeit vom 1. Januar des folgenden Jahres neben der Beitragsbemessungsgrenze auch die Beitragssätze in der Rentenversicherung festzusetzen. Dies soll bis zum 30. September erfolgen.

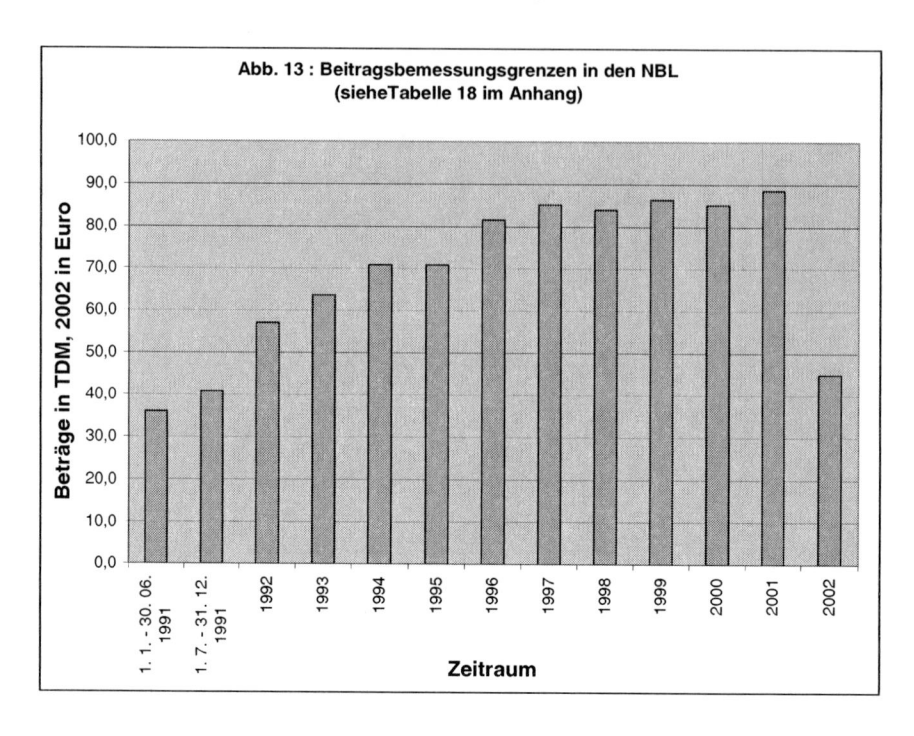

Abb. 13 : Beitragsbemessungsgrenzen in den NBL (sieheTabelle 18 im Anhang)

Steigende Beitragssätze
Seit den RV-Neuregelungsgesetzen zeigten die Beitragssätze (BS) folgende Entwicklung; und so wird auch ihr Anteil an den gestiegenen Arbeitskosten erkennbar. Sie betrugen in den Jahren

1957 bis 1967	14,00%	1. 6. 85 bis 31. 12. 86	19,20%
1968	15,00%	1. 1. 87 bis 31. 3. 91	18,70%
1969	16,00%	1. 4. 91 bis 31. 12. 92	17,70%
1970 bis 1972	17,00%	1993	17,50%
1973 bis 1980	18,00%	1994	19,20%
1981	18,50%	1995	18,60%
1.1. 82 bis 31. 8. 83	18,70%	1996	19,20%
1. 9. 83 bis 31. 12. 84	18,50%	1997	20,30%
1. 1. 85 bis 31. 5. 85	18,70%	1998	20,30%

Aber bei Erhöhung der Mehrwertsteuer um 1 % ab 1. 4. 1998. Die neue Bundesregierung ermäßigte den BS ab 1. 4. 99 auf 19,5 %,. für 2000 auf 19,3%, für 2001 und 2002 auf 19,1%, beteiligte die RV aber an den Einnahmen der Ökosteuer.

Die Geschäftsführer in den Unternehmen zeigten wenig Verständnis für diesen in der deutschen Rentenversicherung herrschenden Regelmechanismus, der erkennbar die Wirtschaft unseres Landes ins Abseits führen mußte, weil er die Kosten in die Höhe trieb. Die durch den Anstieg der Arbeitskosten verursachten Preissteigerungen erforderten eine Anhebung der Renten (getreu dem Prinzip des SVAG vom 17. 6. 1949). Sie wurde durch die Verknüpfung der o. a. durchschnittlichen Arbeitsverdienste, die sich von Jahr zu Jahr erhöhten, mit der Berechnungsgrundlage der Renten erzielt. Da hierbei nicht die dem Arbeitnehmer ausgezahlten Löhne und Gehälter zugrunde gelegt werden, sondern die Bruttobeträge, entstand zwischen der Entwicklung der an die Erwerbstätigen ausgezahlten Nettoentgelte und den Renten, die ohne Abzüge gezahlt wurden, eine für die Rentenkasse folgenschwere Diskrepanz. Die Renten enthielten dadurch einen höheren Steigerungsfaktor als die Nettoverdienste der Arbeitnehmer, und die Rentenausgaben wuchsen somit unverhältnismäßig und führten - in Zusammenhang mit anderen Auftriebskräften (wie längere Rentenleistungszeiten, versicherungsfremde Leistungsanteile) - zu einer allmählichen 'Entleerung' der Rentenkasse.[26]

Definitionen der Allgemeinen Bemessungsgrundlage (ABG)

Die Berechnungsgrundlage für die Renten, die sogenannte 'allgemeine Bemessungsgrundlage' wurde im Verlaufe der Jahre des öfteren neu definiert, ohne daß zugleich die doch offensichtliche Diskrepanz zwischen der Brutto- und der Netto-

---

[26] Beispiel (vereinfacht) : Brutto-Rechnung: Das monatl. Bruttoentgelt betrug im Vorjahr 3000 DM, fürs laufende Jahr wurde es um 5 % angehoben, also auf 3150 DM erhöht. Der Steigerungssatz von 5 % auf eine monatliche Rente von 1.000 DM angewandt, erbringt eine um 50 DM höhere Rente, also 1050 DM/Monat.
Nettorechnung: Vom monatl. Brutto 3000 DM gehen 15 % Lohnsteuer und 20 % Arbeitnehmeranteil zur SV usw., also 35 %=1050 DM ab. Es verbleiben dem Arbeitnehmer also 3000-1050=1950 (netto). Die Lohnerhöhung von 5 % erbringt für das Nettoentgelt von 1950 DM 97,50 DM mehr. Dieser Mehrbetrag beläuft sich jedoch auf nur 65 % der Lohnerhöhung nach der Bruttomethode (von 150 DM). Auf die Rente bezogen ergibt dies eine Erhöhung von 32,50 DM (statt 50 DM). Die Belastung für die Rentenkasse war somit sehr kostspielig, und zwar Jahrzehnte lang.

Entwicklung korrigiert wurde. Das geschah erst durch das RRG 1992, also viel zu spät.

Für die allgemeine Bemessungsgrundlage galt ab 1. 1. 1957 folgende Regelung: Nach § 1255 Abs. 2 RVO bzw. § 32 Abs. 2 AVG ist die allgemeine Bemessungsgrundlage "der durchschnittliche Bruttojahresentgelt aller Versicherten der Rentenversicherungen der Angestellten und der Arbeiter ohne Lehrlinge und Anlernlinge im Mittel des dreijährigen Zeitraumes vor dem Kalenderjahr, das dem Eintritt des Versicherungsfalles vorausgegangen ist". Durch das 20. RAG erhielt der Abs. 2 folgende Fassung:

> „Die allgemeine Bemessungsgrundlage, die für das Jahr 1977 20.161 Deutsche Mark beträgt, verändert sich in den folgenden Jahren jeweils um den Vomhundertsatz, um den sich die Summe der durchschnittlichen Bruttoarbeitsentgelte (Absatz 1) in den drei Kalenderjahren vor dem Eintritt des Versicherungsfalles gegenüber der Summe dieser Durchschnittsentgelte in den drei Jahren vor dem Kalenderjahr, das dem Eintritt des Versicherungsfalles voraufgegangen ist, verändert hat. Für das jeweilige Kalenderjahr vor dem Eintritt des Versicherungsfalles ist das durchschnittliche Bruttoarbeitsentgelt zugrunde zu legen, das den statistischen Daten entspricht, die dem statistischen Bundesamt am 1. Oktober des jeweiligen Jahres zur Verfügung stehen."

Diese Regelung trat am 1.7.1977 in Kraft.

Das 21. RAG vom 25. Juli 1978 (Inkrafttreten: 1.7.1978) sah abermals eine Änderung vor. Die allgemeine Bemessungsgrundlage für die Berechnung der Renten wurde für die Zeit vom 1. 7. 1978 bis 31. Dezember 1979 auf 21.068 DM, für das Jahr 1980 auf 21.911 DM und für das Jahr 1981 auf 22.787 DM festgesetzt. Durch das RAG 1982 wurde Absatz 2 wiederum neu gefaßt (Inkrafttreten 5.12.1981). Er lautete:

> „Die allgemeine Bemessungsgrundlage für das Jahr 1981 beträgt 22.787 Deutsche Mark. Sie verändert sich in den folgenden Jahren jeweils um den Vomhundertsatz, um den sich die Summe der durchschnittlichen Bruttoarbeitsentgelte (Abs. 1) in den drei Kalenderjahren vor dem Kalenderjahr, das dem Eintritt des Versicherungsfalles voraufgeht, gegenüber der Summe dieser Durchschnittsentgelte in dem Dreijahreszeitraum verändert hat, der ein Jahr vorher endet."

Das Haushaltsbegleitgesetz 1984 vom 22. Dezember 1983 schrieb eine Neufassung des Abs. 2 vor, die am 1. 1. 1984 in Kraft trat. Sie hatte folgenden Wortlaut:

> „ Die allgemeine Bemessungsgrundlage beträgt für das Jahr 1983 25.445 Deutsche Mark. Sie verändert sich in den folgenden Jahren entsprechend der Entwicklung der Bruttoarbeitsentgelte (Abs. 1). Die Veränderung richtet sich nach dem

Vomhundertsatz, um den das Bruttoarbeitsentgelt des Kalenderjahres vor dem Jahr, für das die allgemeine Bemessungsgrundlage bestimmt wird, das Bruttoarbeitsentgelt des voraufgegangenen Kalenderjahres übersteigt. Für die Feststellung des Bruttoarbeitsentgelts des Kalenderjahres vor dem Jahr, für das die allgemeine Bemessungsgrundlage bestimmt wird, sind die Daten des statistischen Bundesamtes zugrunde zu legen, die diesem zu Beginn des Jahres vorliegen, für das die allgemeine Bemessungsgrundlage bestimmt wird. Als Bruttoarbeitsentgelt des voraufgegangen Jahres ist der Betrag maßgebend, der für die letzte Feststellung der allgemeinen Bemessungsgrundlage zugrundegelegt worden ist. Die Veränderung der allgemeinen Bemessungsgrundlage wird durch das jeweilige Rentenanpassungsgesetz festgestellt."

Auf der Grundlage der zitierten Bestimmungen wurden ab 1957 allgemeine Bemessungsgrundlagen errechnet, wie in Abb. 14 dargestellt.

Der stetige Anstieg der allgemeinen Bemessungsgrundlage verursacht die entsprechenden Rentenerhöhungen automatisch, also jeweils mit dem so ermittelten jährlichen Steigerungssatz für die unterschiedlichsten Rentenhöhen. So erbrachte

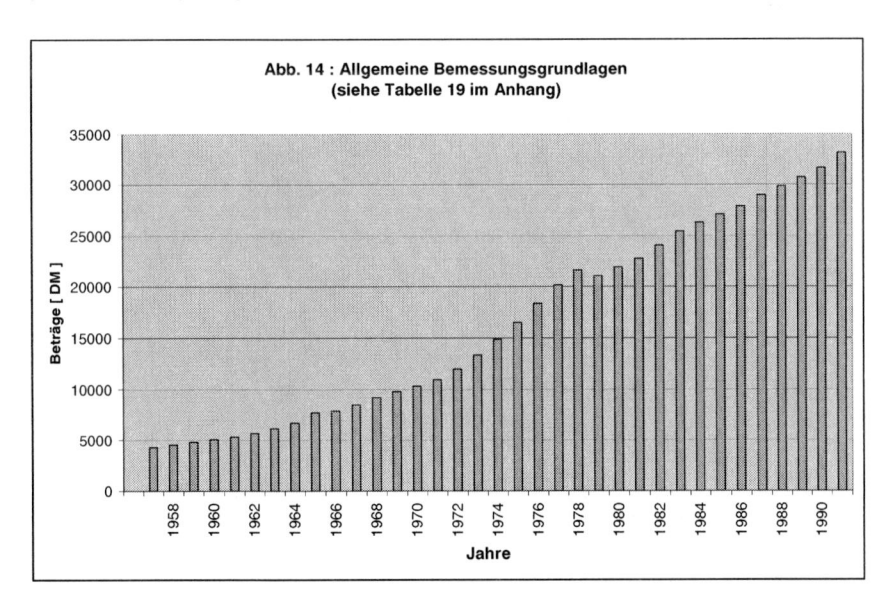

Abb. 14 : Allgemeine Bemessungsgrundlagen (siehe Tabelle 19 im Anhang)

eine Monatsrente von 1000 DM am 1.1.1972 zusätzliche 63 DM, eine solche von 300 DM aber nur 18,90 DM. Das mögliche Argument für diese Diskrepanz, wer mehr Beiträge oder höhere Beiträge eingezahlt hat, dem stehe eben auch eine entsprechend stärkere Rentenerhöhung zu, stimmt so nicht. Denn für ihn hat der Arbeitgeber den Beitrag entrichtet, also müßte diesem jener Teil zugehen, der über dem durchschnittlichen Teuerungsbetrag liegt. Die alljährlichen Steigerungssätze sind z.B. der S. 463 des Statistischen Jahrbuchs 1996 zu entnehmen (s. Abb. 31). Sie führten zu jährlichen Mehrbelastungen der Rentenkassen in Milliardenhöhe. Dazu die folgende Übersicht:

```
01. RAG 1959 verursacht Mehraufwendungen von      710 Mio DM
02. RAG 1960 verursacht Mehraufwendungen von      770 Mio DM
03. RAG 1961 verursacht Mehraufwendungen von      770 Mio DM
04. RAG 1962 verursacht Mehraufwendungen von      760 Mio DM
05. RAG 1963 verursacht Mehraufwendungen von    1.070 Mio DM
06. RAG 1964 verursacht Mehraufwendungen von    1.510 Mio DM
07. RAG 1965 verursacht Mehraufwendungen von    1.850 Mio DM
08. RAG 1966 verursacht Mehraufwendungen von    1.775 Mio DM
09. RAG 1967 verursacht Mehraufwendungen von    1.931 Mio DM
10. RAG 1968 verursacht Mehraufwendungen von    2.190 Mio DM
11. RAG 1969 verursacht Mehraufwendungen von    2.365 Mio DM
12. RAG 1970 verursacht Mehraufwendungen von    2.050 Mio DM
13. RAG 1971 verursacht Mehraufwendungen von    1.949 Mio DM
14. RAG 1972 verursacht Mehraufwendungen von    2.506 Mio DM
15. RAG 1973 verursacht Mehraufwendungen von    4.286 Mio DM
16. RAG 1974 verursacht Mehraufwendungen von    6.866 Mio DM
17. RAG 1975 verursacht Mehraufwendungen von    7.934 Mio DM
18. RAG 1976 verursacht Mehraufwendungen von    8.834 Mio DM
19. RAG 1977 verursacht Mehraufwendungen von   10.112 Mio DM
20. RAG 1978 verursacht Mehraufwendungen von   15.552 Mio DM
21. RAG 1979 verursacht Mehraufwendungen von   32.400 Mio DM
bis 1981 also insgesamt:                      108.190 Mio DM
```

also 108 Mrd 190 Mio DM. Eine Rentenanpassung auf Netto-Basis hätte um ca. 20 % geringere Aufwendungen (= rd. 21,6 Milliarden) ergeben.

In den Folgejahren entstanden Mehraufwendungen in Höhe von 7,93 Milliarden für 1982, 8,09 Milliarden für 1983, 5,33 Milliarden für 1984, 4,80 Milliarden für 1985, 5,20 Milliarden für 1986. Für 1987 und 1988 liegen nur die von Bund zu tragenden Mehraufwendungen (420 Millionen bzw. 400 Millionen DM) vor. Die gesamten Mehrbelastungen für 1989 wurden mit 5,64 Milliarden, für 1990 mit 6,1 Milliarden, und für 1991 mit 9,7 Milliarden angegeben. Die Mehraufwendungen vom 1. bis zum 21. RAG sowie für die folgenden Jahre (mit Ausnahme von 1986: hier einschließlich der UV) beziehen sich nur auf die der ArV, AV und KnV.

Ohne die Jahre 1987/1988 lassen sich weitere 52,79 Milliarden DM bis einschließlich 1991 errechnen (und ein zusätzliches Einsparpotential von 10,56 Milliarden DM).

Entwicklungen in der gesetzlichen Rentenversicherung   191

Rentenanpassung (nach der Nettomethode)

Das Rentenreformgesetz 1992 brachte auch für die Rentenanpassungen[27] veränderte Regelungen mit sich. Anstelle der allgemeinen Bemessungsgrundlage wurde ab 1.1.1992 der aktuelle Rentenwert jener Faktor, der die weitere Dynamisierung der Renten bewirkte. Er wird zum 1. Juli eines jeden Jahres angepaßt. Dies erfolgte entsprechend der Entwicklung des Durchschnittsentgeltes unter Berücksichtigung der Belastungsveränderung bei Arbeitsentgelten und Renten durch Steuern und Beiträge zur Sozialversicherung und zur Bundesanstalt für Arbeit. Damit sollte erreicht werden, daß die Renten wie die verfügbaren Arbeitnehmereinkommen steigen (oder fallen?).

Finanzierung der Rentenerhöhungen

Die Finanzierung der auf diese Weise ausgelösten Rentenerhöhung oblag - und obliegt auch heute noch - den Arbeitgebern und Steuerzahlern. Daß ein solches Verteilungskonzept der Zuständigkeiten seine Grenzen finden werde, war abzu-

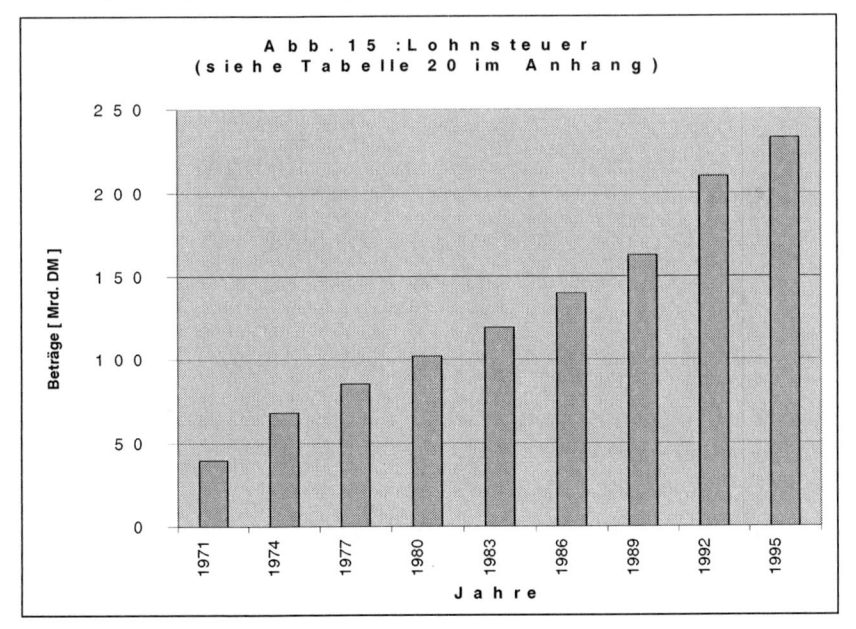

Abb. 15 : Lohnsteuer
(siehe Tabelle 20 im Anhang)

---
[27] Die Steigerungssätze für die laufenden Renten und die monatlichen Rentenbeträge ab 1993 auf S. 463 des Statistischen Jahrbuchs 1996

sehen. Für viele Unternehmer wurden die wiederholten Lohn-, Beitrags- und Steuererhöhungen sowie die Streiks zu einer nicht mehr hinnehmbaren Belastung, und es erschien einigen vorteilhafter, ihren Betrieb ins Ausland zu verlagern. Dies könnte auch zum Verlust von Arbeitsplätzen, zu geringeren Beitragseinnahmen und Steueraufkommen sowie zu einem Anstieg der Leistungen der Arbeitslosenversicherung beigetragen haben. Der hohe Stand der Arbeitslosigkeit hat aber vielfältige Gründe, die vor allem im Teil IX behandelt werden. Die jährlichen Beitragseinnahmen der AV und ArV lassen trotz steigender Arbeitslosenzahlen einen Rückgang nicht erkennen, denn an Stelle des Arbeitgebers hat die Bundesanstalt für

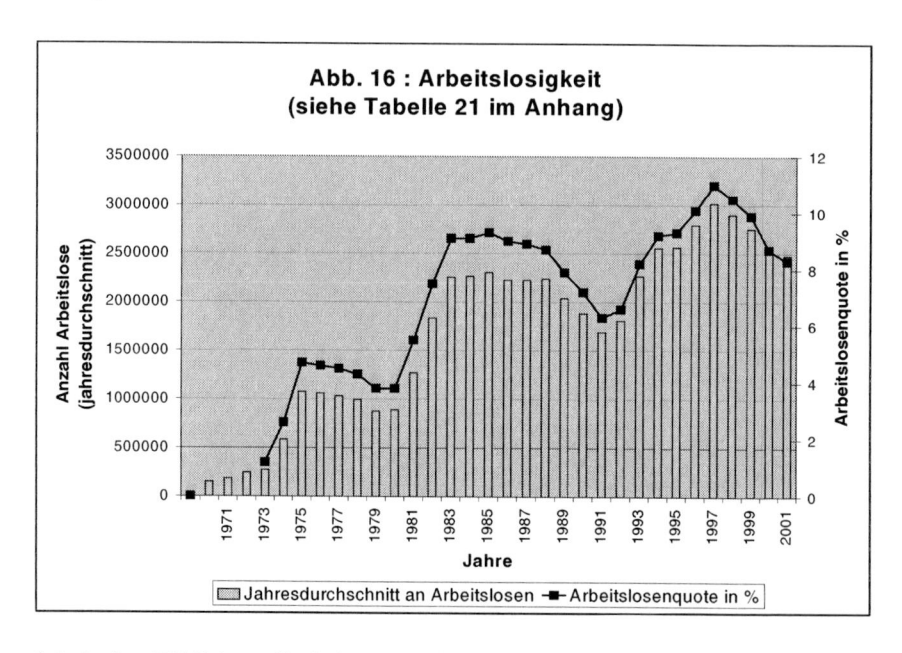

Abb. 16 : Arbeitslosigkeit (siehe Tabelle 21 im Anhang)

Arbeit den RV-Beitrag für jeden arbeitslos Gemeldeten an die Einzugsstelle zu entrichten. Die dazu erforderlichen Finanzmittel werden von der Solidargemeinschaft, also den Steuerzahlern, aufgebracht. Je höher die Arbeitslosigkeit ansteigt, um so stärker ist die steuerliche Belastung des Bürgers, aber (offensichtlich) ebenso die Lohnsteuerlast für die Arbeitgeber, allerdings mehr durch (erstreikte) Lohn-

Entwicklungen in der gesetzlichen Rentenversicherung 193

erhöhungen verursacht. Sie ist deutlich an der Jahreslohnsteuer-Statistik abzulesen. So wurden Lohnsteuern wie in Abb. 15 dargestellt erhoben.

Stärkere Belastung der verbliebenen Betriebe

Die statistischen Angaben über die Arbeitslosen und die Beitragseinnahmen der Arbeiter- und Angestelltenversicherung lassen - auch ohne die AIV-Beiträge - anscheinend den Schluß zu: Je weniger Beitragszahler (Arbeitgeber) desto mehr Arbeitslose, aber auch höhere SV-Beiträge, wobei sich diese Einnahmen allerdings nicht an die Entwicklung der Arbeitslosenzahlen anpassen. Sie steigen harmonischer an, was der Vergleich beider Diagramme verdeutlicht. Die Ursachen hierfür liegen wohl einerseits in der nicht vorhersehbaren Wirtschaftsentwicklung und deren Auswirkungen auf den Arbeitsmarkt - was die jahrelangen Fehlprognosen der

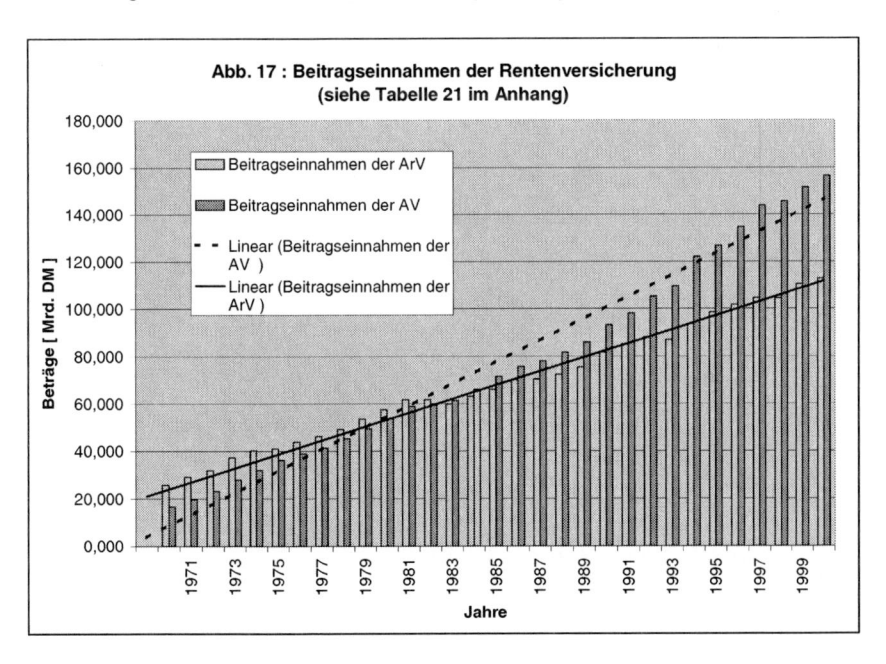

Abb. 17 : Beitragseinnahmen der Rentenversicherung (siehe Tabelle 21 im Anhang)

194 Die deutsche Rentengeschichte - Kapitel VII

Wirtschaftsinstitute beweisen - andererseits an der Dauer gesetzgeberischer Reaktionen und der Beständigkeit (Unbeweglichkeit) des dann gefundenen Regelwerkes.

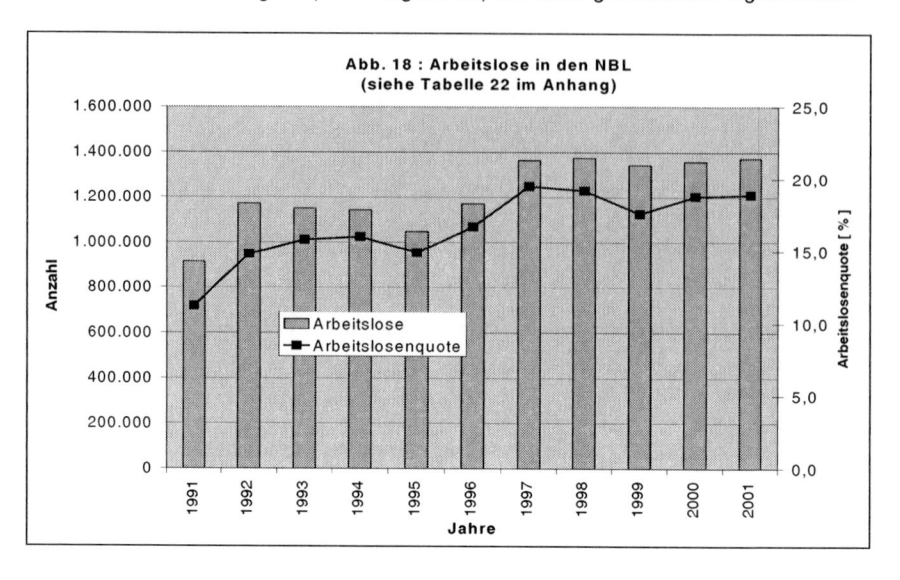

Abb. 18 : Arbeitslose in den NBL (siehe Tabelle 22 im Anhang)

Fest steht allerdings, daß die SV-Beiträge von den Unternehmen erwirtschaftet werden müssen und daß deren Anstieg infolge von Arbeitslosigkeit von diesen 'mitverschuldet' wurde.

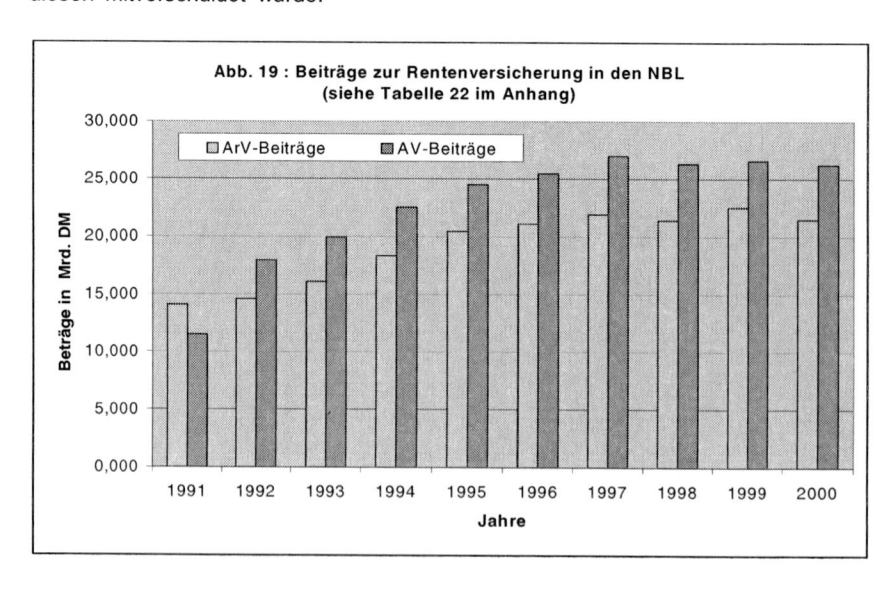

Abb. 19 : Beiträge zur Rentenversicherung in den NBL (siehe Tabelle 22 im Anhang)

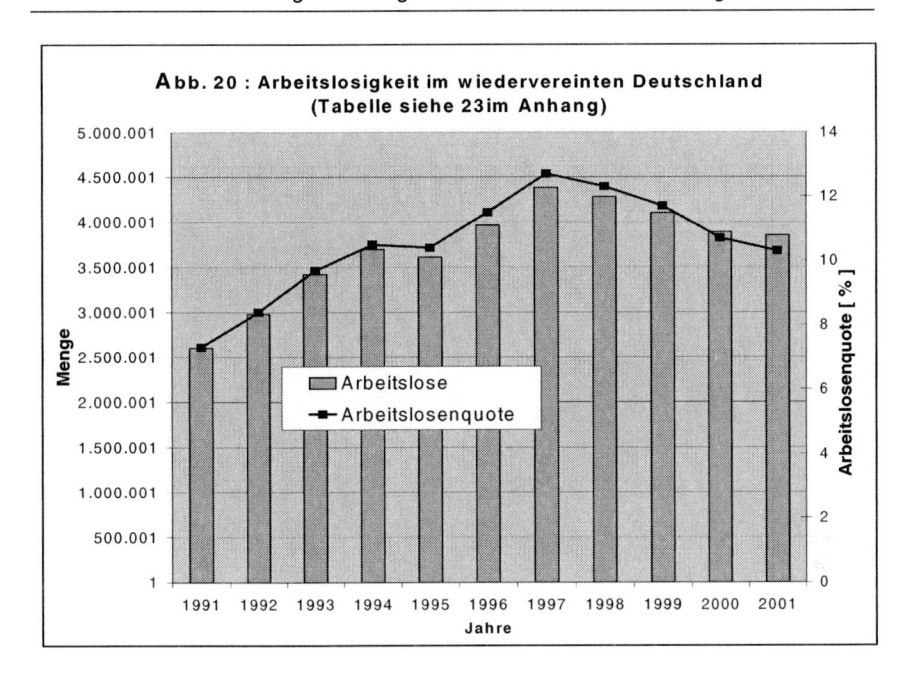

Entwicklungen in der gesetzlichen Rentenversicherung 195

Abb. 20 : Arbeitslosigkeit im wiedervereinten Deutschland
(Tabelle siehe 23 im Anhang)

Arbeitslosigkeit und RV-Beiträge

Die Entwicklung der Arbeitslosenzahlen und -quoten sowie der Beitragseinnahmen der Rentenversicherung ab 1970 zeigen die Abbildungen 16 bis 21. Ab 1991 enthalten die einschlägigen Statistiken Daten für die NBL und für das vereinte Deutschland .

Der vermeintliche zahlenmäßige Rückgang der Beitragszahler (Arbeitgeber) kann nicht durch statistische Erhebungen belegt werden. Die Arbeitsstättenzählungen der Jahre 1950, 1961, 1970 und 1987 erbrachten folgende Ergebnisse:

Arbeitsstättenzählung		
im Jahr	gab es an Arbeitsstätten	gab es an Unternehmen
1950	2.335.345	Keine Angaben
1961	2.579.101	2.191.168
1970	2.288.439	Keine Angaben
1987	2.581.203	2.097.853

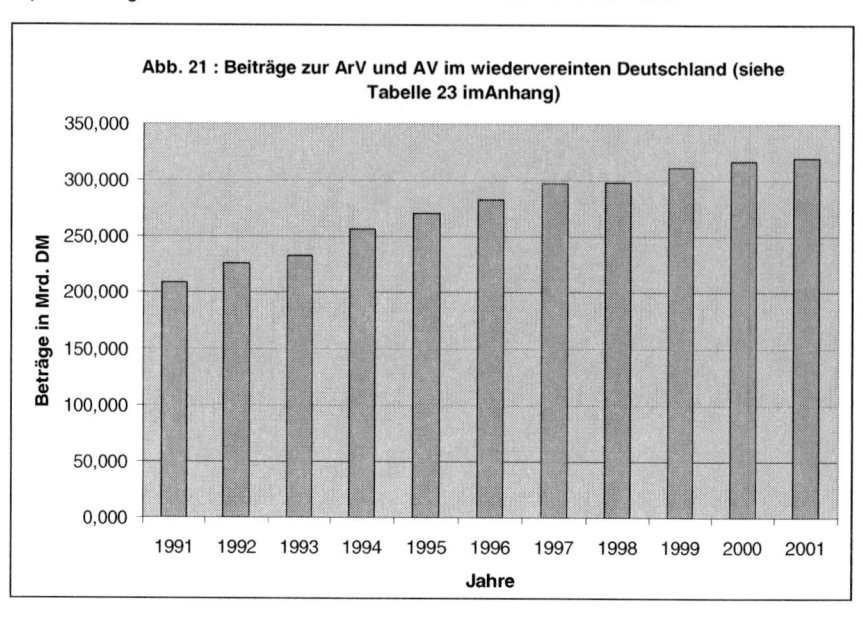

Spätere Angaben fehlen in den Statistischen Jahrbüchern bis 1998.

Abb. 21 : Beiträge zur ArV und AV im wiedervereinten Deutschland (siehe Tabelle 23 imAnhang)

Der zahlenmäßige Rückgang der Unternehmen im Vergleich der Jahre 1961 und 1987 hat in bezug auf die These, daß bei einem Rückgang der Beitragszahler (s. o.) sowohl die Arbeitslosenzahlen als auch die Beitragseinnahmen ansteigen, eine lediglich geringe Aussagekraft, wenngleich sie logisch erscheint. Da ein Unternehmen über mehrere Arbeitsstätten verfügen kann, sind die dafür ermittelten Zahlen für diese Beweisführung nicht verwendbar.

Ungünstige Altersstruktur

Nicht nur die wachsenden Arbeitslosenzahlen sorgten für Probleme, sondern auch die demographische Entwicklung, das Absinken der Geburtenrate (Geburten pro 1000 Einwohner) bei gleichzeitigem Anstieg der durchschnittlichen Lebenserwartung. Die Folgen dieses (Miß-)Verhältnisses sind hinlänglich bekannt : Nachteilige Altersstruktur in der Gesellschaft, ggf. geringeres Erwerbseinkommen bei steigenden Transfereinkünften, Verlängerung der Rentenbezugsdauer und Zunahme der Rentnerzahlen, mehr Rentenausgaben und abnehmende Rücklagen zur Absicherung der Leistungsansprüche der jüngeren Generationen. Allerdings hat diese demographische Komponente nicht nur negative Auswirkungen. Der hohe

Altenanteil löst sich naturgegeben in absehbarer Zeit selbst auf, die Abnahme der Bevölkerungszahlen könnte ein günstigeres Verhältnis der 'Befähigteren' zur Gesamtbevölkerung bringen und damit die durchschnittlichen Erwerbseinkünfte pro Versicherten anheben, so daß ein Teil der Altenlast kompensiert würde.

Flexible Altersrente

Ab 1973 führte die Flexibilisierung des Zugangsalters für männliche Versicherte zu einer spürbaren Mehrbelastung der Rentenfinanzen. Die bis dahin starre Altersgrenze von 65. Lebensjahren (für Frauen und Arbeitslose von 60 Lebensjahren) wurde für Männer ab 63 durch einen von ihnen bestimmbaren Rentenbeginn abgelöst, sofern sie die dafür festgelegten Voraussetzungen erfüllten. Vor dieser Regelung gingen mehr als 70 % der Arbeiter und mehr als 80 % der Angestellten mit dem 65. Lebensjahr in Rente. Im Jahr danach verblieben nur noch 40 % der Versicherten im Arbeitsprozeß. Vom Jahrgang 1921, der 1986 das 65. Lebensjahr vollendete, waren es nur noch 10 % der männlichen Arbeiter und 5 % der männlichen Angestellten. Dennoch war die flexible Gestaltung des Renteneintrittsalters - angesichts der steigenden Arbeitslosenzahlen - ein richtiger Schritt, um den Jüngeren zu einer Arbeitsstelle zu verhelfen. Außerdem ist das Leistungsvermögen der jüngeren Arbeitnehmer höher einzuschätzen, und davon sind Arbeitsentgelt und RV-Beiträge mit 'betroffen'.

Länger in Rente

Belastend wirkte sich allerdings die verlängerte Rentenbezugsdauer aus. Sie lag 1964 bei den Männern bei rd. 10 Jahren, 1987 bei 13; bei den Arbeiterinnen waren es 1964 11,5 Jahre und 1987 15,4 , während sie für angestellte Frauen von 10 auf 14,7 Jahre angestiegen war.

Niederer Bundesanteil

Die Finanzsituation in der gesetzlichen RV litt zudem unter dem prozentual rückläufigen Anteil des Bundeszuschusses an den Rentenausgaben. Ursache hierfür ist die gesetzliche Regelung, daß sich seine Höhe nach der Veränderung der allgemeinen Bemessungsgrundlage bzw. des durchschnittlichen Bruttoarbeitsentgeltes richtet und nicht nach der Ausgabenentwicklung. Auch hier zeigt sich eine Diskrepanz im Gesetz:

Im § 1389 RVO (116 AVG) Abs. 1 heißt es: Der Bund leistet zu den Ausgaben der RV, die nicht Leistungen der Alterssicherung sind, einen Zuschuß (also wegen der versicherungsfremden Bestandteile der Renten). Im Abs. 2 wird seine Veränderung aber nicht den Ausgaben angepaßt, sondern den Durchschnittsverdiensten. Das führt nun dazu, daß die Beitragszahler immer stärker zur Kasse gebeten werden und dadurch die Arbeitskosten steigen - mit den mehrfach dargelegten Folgen für den Arbeitsmarkt -. Der Rückgang des Bundesanteils ist beträchtlich. Während er 1957 31,9 % der Rentenausgaben umfaßte, betrug er 1988 nur noch derer 17,3 %; der versicherungsfremde Anteil an den RV-Leistungen wird gegenwärtig auf 25 % geschätzt.[28]

Dem Betrachter entgeht dabei nicht die Tatsache, daß der Bundeszuschuß real innerhalb der letzten 30 Jahre von (nur) ca. 7. Milliarden im Jahre 1969 auf ca. 70 Milliarden DM im Jahre 1999, also um das 10fache angestiegen ist und vor allem mit einem hohen Anteil 'kreditfinanziert' wurde, was dem BMAuS den Vorwurf einbrachte, er gewähre hier 'Renten auf Pump'.

Anrechnung beitragsloser Zeiten

Die Erhebung ständig wachsender Steuer- und Beitragsvolumen in den letzten Jahrzehnten war notwendig geworden, um die gesetzlichen Leistungen erbringen zu können, die sich nicht nur aus der Beitragsentrichtung, sondern auch aus den vielen Anrechnungsvorschriften für die beitragslosen Zeiten der Versicherten ergaben. So mußten Beitragsausfallzeiten wegen Arbeitsunfähigkeit infolge von Krankheit, Schwangerschaft und Wochenbett, ferner Zeiten der Arbeitslosigkeit, der Schul-, Fachschul- und Hochschulausbildung von den Beitrags- und Steuerzahlern mitfinanziert werden. Hinzu kamen die durch das 3. Reich verursachten Beitragsausfälle infolge der Wehrpflicht, des Kriegsdienstes und der Kriegsgefangenschaft, der Flucht, der Vertreibung und Inhaftierung, ferner jene, die durch Frühinvalidität verursacht und als Zurechnungszeiten (gemäß §§ 59 SGB VI, 1260 RVO und 37 AVG) berücksichtigt wurden.

---

[28] Ruland, F, Die Rentenreform 1992, in Neue Zeitschrift (a.a.O)

Staatsanteile an den Renten

Bereits im deutschen Kaiserreich sind gemäß § 28 IuAVG Krankheits- und Militärzeiten für die Invaliden- und Altersrenten angerechnet worden, die der Staat mit dem Reichszuschuß zu den Ausgaben der Rentenversicherung insoweit auszugleichen hatte, wie sie die Militärzeiten betrafen. Darüber hinaus bestand jede Rente aus einem Versicherungsanteil und einem festen Reichszuschuß (gemäß §§ 25, 26 IuAVG). Wenn auch alljährlich mehr als 50 Millionen Mark hierfür im Kaiserreich aufgebracht werden mußten, war die Belastung für den Steuerzahler gemessen an den heutigen Bundeszuschüssen, die bereits mehr als 70 Milliarden DM pro Jahr betragen, gering.

Eine weitere Erhöhung des Staatsanteiles an der Rentenfinanzierung war unausweichlich, weil eine Steigerung des Beitragssatzes, also der RV-Beiträge, die Arbeitskosten ansteigen ließ, so daß mit einem verstärkten Abbau von Arbeitsplätzen gerechnet werden mußte.

Die zukünftige Entwicklung des Beitragssatzes für die RV, wie sie bereits 1990 in der Veröffentlichung des Bundesarbeitsministers dargestellt wurde, ließ für 1996 einen erforderlichen Beitragssatz von 20,4 %, für 1997 von 20,8 %, für 1998 von 21,2 %, für 1999 von 21,6 %, für 2000 von 22,1 %, für 2001 von 22,6 %, für 2002 von 22,9 %, für 2005 von 23,9 % und für 2010 von 24,7 % des beitragspflichtigen Bruttoarbeitsentgeltes der Versicherten erwarten. So konnte eine liquide Schwankungsreserve von nur einer Monatsausgabe erhalten werden. Dies alles unter der Voraussetzung, daß es nicht zu einer Rentenreform mit Leistungskürzungen kommt. Die Rentenkassen sollten, bei gleichzeitiger Entlastung des Beitragszahlers, entlastet werden.

Mit der Rentenreform 1992 konnten als voraussichtliche Beitragssätze angenommen werden: bis 1995 jährlich 18,7 %, für 1996 18,9 %, für 1997 19,3 %, für 1998 19,5 %, für 1999 19,9 %, für 2000 20,1 %, für 2001 20,3 %, für 2002 20,7 %, für 2003 20,8 %, für 2005 21,2 % und für 2010 21,4 %.

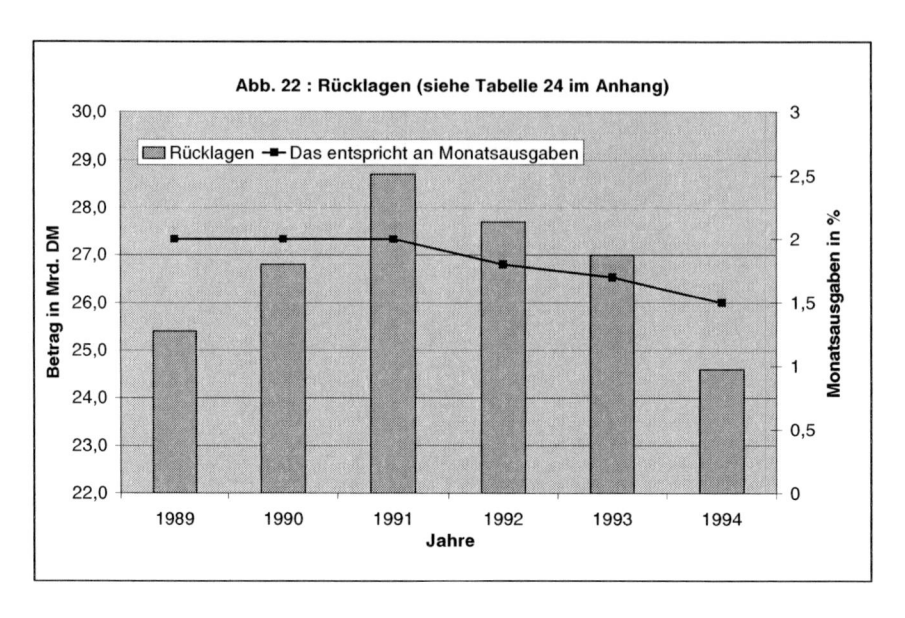

Abb. 22 : Rücklagen (siehe Tabelle 24 im Anhang)

Bei den Rücklagen (Schwankungsreserven) erwartete der Bundesminister die Entwicklung nach Abbildung 22.

Betriebsstillegungen und Entlassungen von Arbeitskräften einerseits sowie der fortlaufende Anstieg der Versichertenrentenzugänge, der (durchschnittlichen) Rentenbezugsdauer sowie der Rentenbeträge andererseits führten zu erheblichen Abweichungen von den veranschlagten Daten für die Jahre ab 1996.

Verfehlte Prognosen

Die Erwartungen des früheren Bundesministers haben sich nicht erfüllt, weil die Grundannahmen der Berechnungen zur Rentenreform falsch waren.
1. erreichten die Entgelte nicht die prognostizierten Erhöhungen - z. B. für die Jahre 1991 bis 1993 um 3,5 % p.a., ab 1994 um 3 % p.a. - sondern sie lagen darunter.
2. traten auch die Steigerungen der Beschäftigtenzahlen - z. B. von 1991 bis 1993 um 0,8 % p.a., in 1994 um 0,5 %, ab 1995 alle zwei Jahre allerdings um

0,1 % fallend bis auf 0 % im Jahre 2003 - nicht ein. Statt dessen kam es hier zu weit weniger Beschäftigung.
3. stiegen die Arbeitslosenzahlen an, während von einer beständigen Absenkung dieser Daten ausgegangen wurde. So sollten z. B. von 2.037.781 Arbeitslosen im Jahre 1989 im folgenden Jahre nur noch 1.980.000, 1991 1.919.000, 1992 1885.000, 1995 1.665.000 und im Jahre 2000 lediglich 1.283.000 arbeitslos sein. Die realen Arbeitslosenzahlen lagen ab 1995 - wie bereits dargestellt - wesentlich höher.

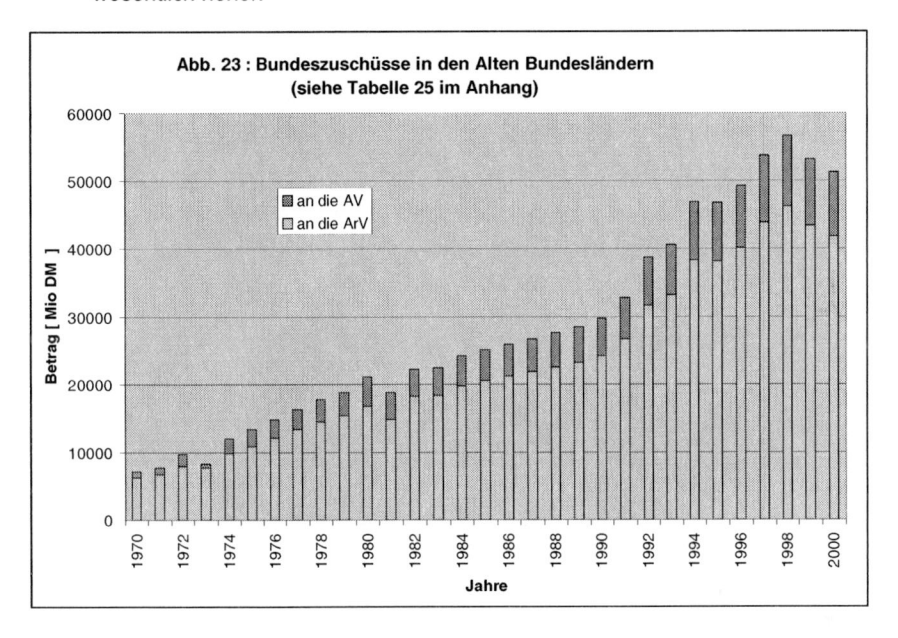

Abb. 23 : Bundeszuschüsse in den Alten Bundesländern (siehe Tabelle 25 im Anhang)

Die Folgen dieser deutlichen Fehleinschätzung der künftigen Entwicklungen auf dem Arbeitsmarkt wirk(t)en sich auf sämtliche Aufgabenbereiche im sozialen Sicherungssystem aus. Die gesetzlich vorgeschriebenen Leistungen konnten und können auch in Zukunft nur durch zusätzliche Bundesmittel finanziert werden, es sei denn, daß es zu spürbaren Leistungskürzungen kommt.

Bundeszuschüsse

In welchem Ausmaß der Steuerzahler an der Finanzierung der RV in den vergangenen drei Jahrzehnten beteiligt war, läßt die folgende Zusammenstellung der Bundeszuschüsse erkennen, die aufgrund der §§ 213 SGB VI (1389 RVO, 116 AVG) alljährlich in die Rentenkassen flossen. So wurden im früheren Bundesgebiet ohne die KnV Zuschüsse wie in Abb. 23 dargestellt gezahlt. Für die Neuen Bundesländer ergibt sich das Bild wie nach Abb. 24.

Ab 1998 mußten zusätzliche Bundeszuschüsse an die RV-Träger gezahlt werden, um die Leistungen finanzieren zu können, und zwar an die ArV im früheren Bundesgebiet (in Mio. DM) 1998 6.103, 1999 10.013, 2000 11.388, an die AV 1998 1.374, 1999 2.254, 2000 2.563.

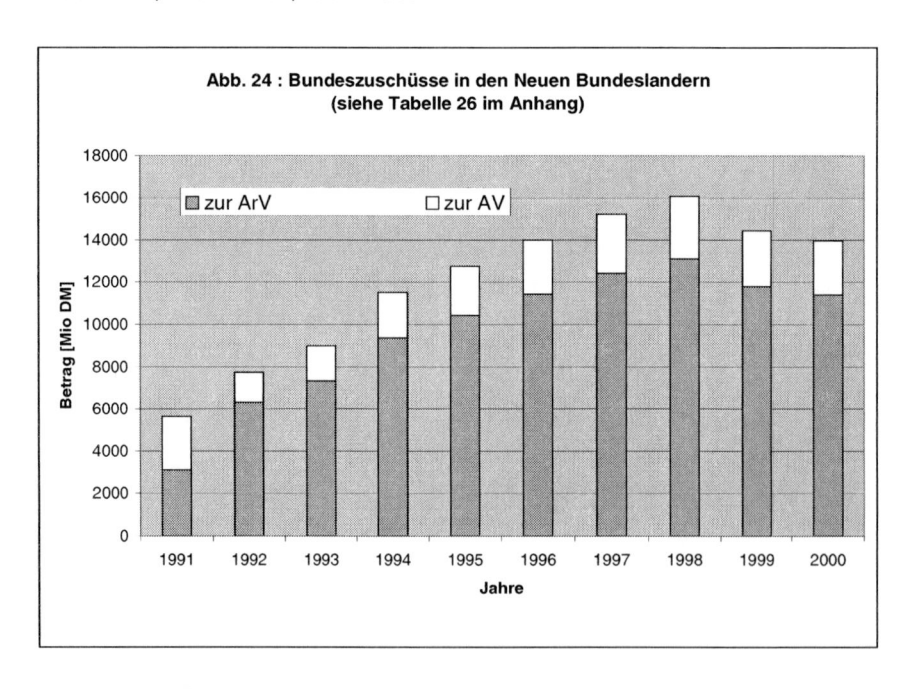

Abb. 24 : Bundeszuschüsse in den Neuen Bundeslandern (siehe Tabelle 26 im Anhang)

An die Neuen Bundesländer betrugen diese zusätzlichen Bundeszuschüsse zur ArV 1998 1.731, 1999 2.721, 2000 3.105 Mio. DM ; zur AV 1998 390, 1999 612, 2000 699 Mio. DM.

Das RV-Vermögen als Ausweg aus der Finanzkrise?

Angesichts der gegenwärtigen Finanzierungsprobleme bei der Bewältigung der gesetzlichen staatlichen Aufgaben ist das Augenmerk auch auf die Entwicklung des Vermögens der Rentenversicherung gerichtet. Bis noch vor wenigen Jahren hatte die deutsche Rentenversicherung als reichbestücktes Kapitalsammelbecken international einen guten Ruf. Diese Auffassung wird durch die folgende Vermögensübersicht, insbesondere von 1971 bis 2001 gestützt: Die statistischen Jahrbücher weisen für diese Jahre als Vermögen (bestehend aus

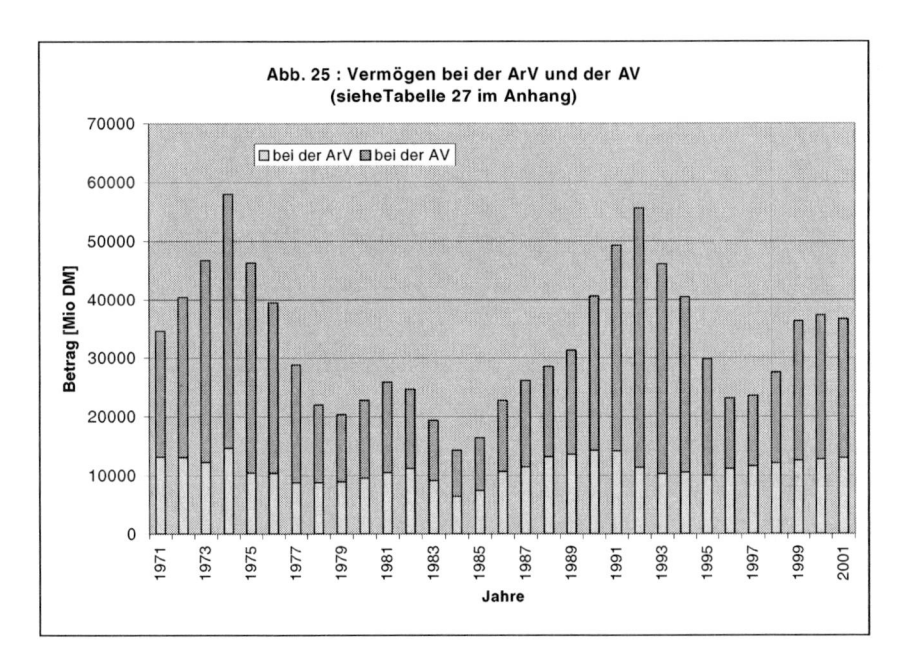

Abb. 25 : Vermögen bei der ArV und der AV (sieheTabelle 27 im Anhang)

Bar- und Anlagevermögen) nachstehende Zahlen auf, die allerdings auch Zeiten wirtschaftlicher Schwierigkeiten mit offensichtlichen Einbrüchen bei den Beschäftigtenzahlen, Löhnen, Gehältern und RV-Beiträgen erkennen lassen und auf das Vermögen durchschlagen. So geschehen in den Jahren nach der 1. Ölkrise 1973, die innerhalb von 3 Jahren die Arbeitslosenzahlen um 800.000 in die Höhe trieb, die Bundeszuschüsse verdoppelte und erste Entnahmen aus der Rücklage verursachte. Der 2. Ölpreisschock 1979, die Revolution im Iran, erhöhte innerhalb von 4 Jahren die Arbeitslosenzahlen sogar um 1.400.000. Der 3. und 4.

Ölpreisschock wurden 1999 und 2003/2004 durch die Kürzung der Fördermengen seitens der Opec ausgelöst. Sie machten damit alle Bemühungen der Regierung, die Arbeitslosigkeit zu reduzieren, zunichte (aus : Der Spiegel 39/2000).

Die Vermögensbestände der ArV und AV werden in Abb. 25 aufgeführt. Ab 1998 entstammen die Zahlen dem 'Rechnungsergebnis der Einnahmen und Ausgaben und des Vermögens der ArV und AV – in Mio Euro – Stand 4.6.2002.

So ist zunächst in den Jahren 1971 bis 1974 ein Ansteigen der Vermögensbestände bis auf 58 Milliarden DM, danach ein Einbruch auf 20 Milliarden im Jahre 1979, gefolgt von einer Erholung bis auf ca. 26 Milliarden in 1981, danach wieder ein Abgleiten auf Werte um 14 Milliarden im Jahre 1984 und schließlich ein erneutes Aufholen mit dem sichtbaren Wiedervereinigungseffekt bis auf die goldenen Höhen der 70er Jahre von über 55 Milliarden DM zu verzeichnen. Dieser 'Zugewinn' war schnell vertan und verbraucht, und ab 1993 geht's wieder rapide abwärts - wie in der Beschäftigung -. Ab 1998 erhöhte sich der Vermögensbestand bis auf 36 Milliarden im Jahre 2001.

Eines ist bei der Frage nach dem Entstehen dieser Vermögensmassen, ihrer Entwicklung und volkswirtschaftlichen Bedeutung allerdings zu beachten: Während das Vermögen eines Wirtschaftsbetriebes in diesen Zusammenhängen vornehmlich seine Ertragskraft widerspiegelt, wird das Vermögen der RV-Träger im wesentlichen durch die Gesetzgebung des Bundes geprägt. Sie bestimmt die Höhe der Beiträge und die sonstigen Finanzierungsmodalitäten und schafft damit die Grundlagen für die Durchsetzung sozialpolitischer Überzeugungen der jeweiligen Regierungsparteien.

Die Entwicklung der Vermögenserträge, also der Ertragseinnahmen an Kredit-, Miet- und Pachtzinsen zeigt ein ähnliches Bild, nämlich 'schwankende' Ertragsergebnisse, wie es die folgenden jährlichen Angaben in den statistischen Jahrbüchern der Bundesrepublik Deutschland erkennen lassen. So betrugen sie nach dem Geschäftsbericht der BfA für 1996: 550.177,330 DM, lt. Geschäftsbericht für 1997:

Entwicklungen in der gesetzlichen Rentenversicherung 205

340.898,333 DM. Ab 1998 stammen die Zahlen aus dem Rechnungsergebnis der Einnahmen und Ausgaben und des Vermögens der ArV und AV in Mio Euro, Stand 4.6.2002.

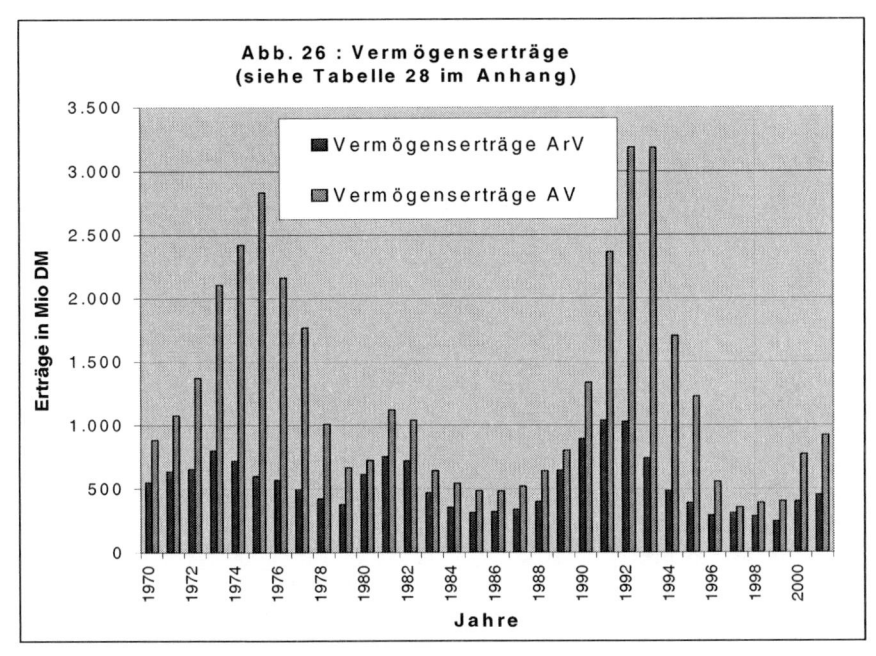

Abb. 26 : Vermögenserträge (siehe Tabelle 28 im Anhang)

Hohe Erträge dienten der Kostendeckung, wie folgende Beispiele zeigen: Die Summen-Statistik für die Jahre 1891-1905 ergab bei den Ausgaben (in Mark)für
Heilverfahren (Krankenfürsorge) einen Betrag von	65.574.410
für die Angehörigenunterstützung von	2.057.837
für die gesamten Verwaltungs- und Verfahrenskosten	131.888.562
insgesamt Kosten in Höhe von	199.520.809

Im gleichen Zeitraum erreichte die Summe der Zinseinkünfte und sonstigen Einnahmen den Betrag von 324.102.875
Für den Betrachtungszeitraum von 1891 bis 1913 beliefen sich die Ausgaben für Heilverfahren auf einen Betrag von	221.800.000
für die Angehörigenunterstützung von	16.215.000
für die Verwaltungs- und Verfahrenskosten von	298.907.100
insgesamt von	536.922.100
Die Vermögenserträge und sonstigen Einnahmen betrugen	780.747.100

Aus diesem Vergleich ist ersichtlich, daß die Heilverfahren, die dadurch bedingte Angehörigenunterstützung, die gesamten Verwaltungs- und Verfahrenskosten und weitere Aufgaben allein aus den Vermögenserträgen und nicht aus den Einnahmen von Beiträgen finanziert wurden. Gleiches ist auch noch in den ersten Jahren des Vergleichszeitraumes von 1970 bis 1974 festzustellen, und zwar an Hand der Aufwands- und Ertragsrechnung des reichsten Versicherungsträgers, der Bundesversicherungsanstalt für Angestellte in Berlin. Abbildung 27 zeigt die Entwicklung der Aufwendungen, Abb. 26 die der Erträge.

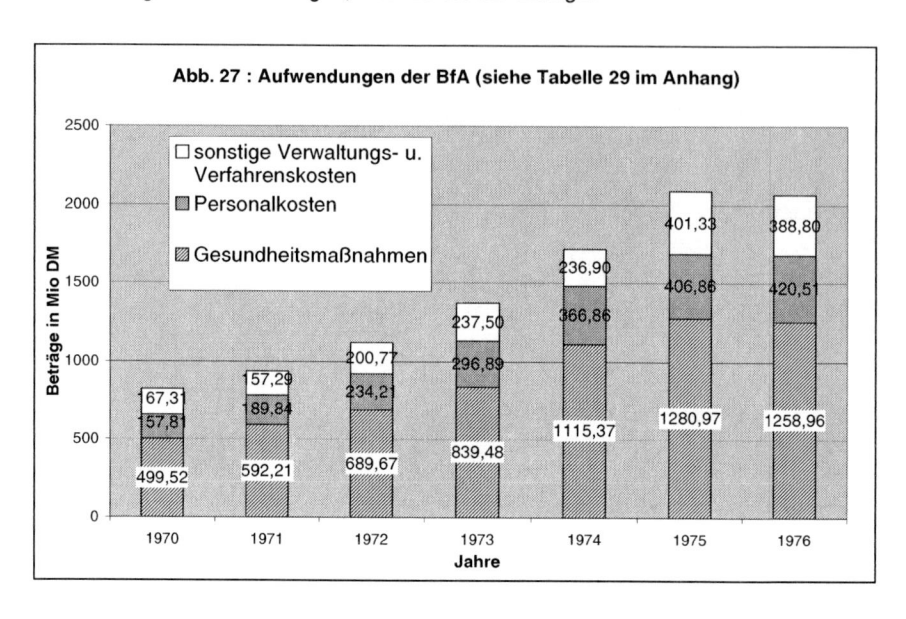

Abb. 27 : Aufwendungen der BfA (siehe Tabelle 29 im Anhang)

Jahr	sonstige Verwaltungs- u. Verfahrenskosten	Personalkosten	Gesundheitsmaßnahmen
1970	67,3	57,8	499,52
1971	157,29	189,84	592,21
1972	200,77	234,21	689,67
1973	237,50	296,89	839,48
1974	366,86	1115,37	
1975	401,33	406,86	1280,97
1976	388,80	420,51	1258,96

(Beträge in Mio DM)

Die Vermögenserträge liegen in jedem Jahre höher als die oben angegebenen Kosten. In diesen sieben Betrachtungsjahren vollzog sich allerdings ein finanzieller Wandel: 1970 bis 1974 erwirtschaftete die BfA einen Überschuß, welcher der Rücklage zugeführt wurde. Dieser Rücklage mußten in den Folgejahren erhebliche Beträge entnommen werden. In 1980 und 1981 wurden wieder Überschüsse erzielt. Die folgenden Jahre 1982 und 1983 erbrachten Fehlbeträge, die weiteren bis einschließlich 1992 wieder Überschüsse der Erträge über die Aufwendungen, danach wieder milliardenschwere Deckungslücken, die aus der Rücklage finanziert werden mußten, gefolgt von den Überschussbeträgen der Jahre 1997 bis 1999.

Entwicklungen in der gesetzlichen Rentenversicherung 207

Für die Zuweisung von Überschussbeträgen an die Rücklage bzw. für die Entnahmen aus der Rücklage wurden die folgenden Zahlen in Tabelle 30 veröffentlicht:

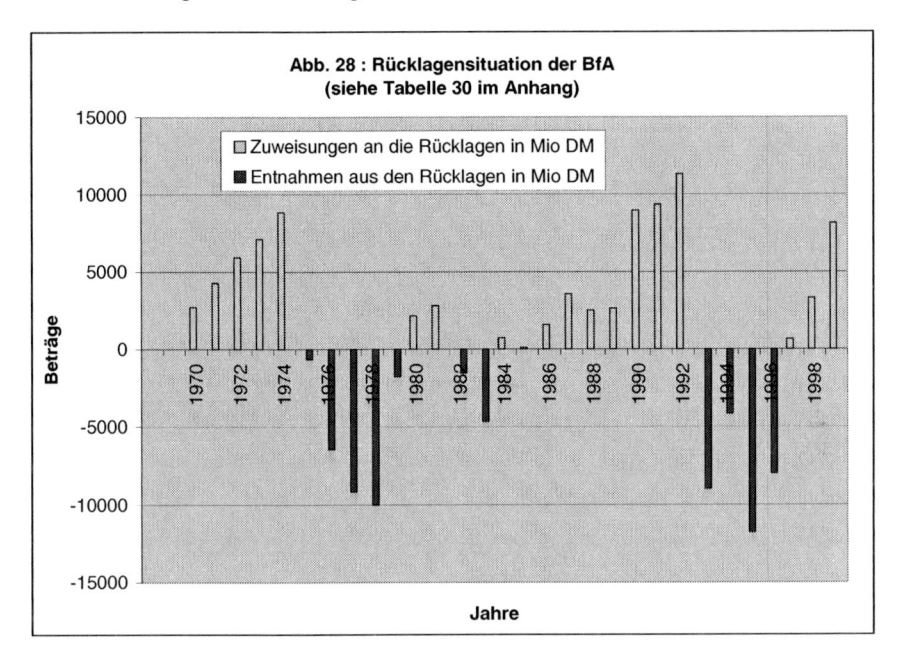

Abb. 28 : Rücklagensituation der BfA (siehe Tabelle 30 im Anhang)

[Balkendiagramm: Zuweisungen an die Rücklagen in Mio DM; Entnahmen aus den Rücklagen in Mio DM; Beträge von -15000 bis 15000; Jahre 1970-1998]

Dieses Finanzierungsverfahren hat folgenden gesetzlichen Hintergrund: Nach den Gemeinsamen Vorschriften des SGB für die Sozialversicherung (hier des § SGB IV, in Kraft ab 1. Juli 1977) haben die Versicherungsträger zur Sicherstellung ihrer Leistungsfähigkeit, insbesondere für den Fall, daß Einnahme- und Ausgabenschwankungen durch den Einsatz der Betriebsmittel nicht mehr ausgeglichen werden können, eine Rücklage bereitzuhalten. Betriebsmittel sind kurzfristig verfügbare Mittel zur Bestreitung der laufenden Ausgaben und zum Ausgleich von Einnahme- und Ausgabenschwankungen (§ 81 SGB IV).

Für die RV schreibt § 216 SGB VI vor, daß die Träger der RV der Arbeiter und der Angestellten eine Schwankungsreserve (Betriebsmittel und Rücklage) zu halten haben, der die Überschüsse der Einnahmen über die Ausgaben zugeführt werden und aus der Defizite zu decken sind. Die Schwankungsreserve ist liquide anzulegen. Als liquide gelten alle Vermögensanlagen mit einer Laufzeit, Kündigungsfrist oder Restlaufzeit bis zu 12 Monaten (§ 217 SGB VI). Die Anlegung der Rücklage kann nach § 83 SGB IV nur erfolgen in festverzinslichen Schuldverschreibungen, Schuldbuchforderungen, Schatzwechseln, unverzinslichen Schatzanweisungen und Kassenobligationen, bestimmten Namenspfandbriefen und Namenskommunalobligationen, durch Hypotheken, Grund- oder Rentenschulden gesicherten Forderungen, staatlich abgesicherten Forderungen gegen Unternehmen, Kreditinstituten, Beteiligungen an gemeinnützigen Einrichtungen und Darlehen für gemeinnützige Zwecke. Ferner gehören auch Bankguthaben, der Kassenbestand, Darlehensforderungen als kurzfristig verfügbare Betriebsmittel zur Schwankungsreserve.

In den Geschäftsberichten der BfA heißt es: Für die Beurteilung der Vermögenslage einer Versicherungsanstalt ist in erster Linie das Rücklagevermögen und nicht das Reinvermögen von Bedeutung. Das Reinvermögen besteht aus dem Verwaltungsvermögen, der Schwankungsreserve und dem sonstigen Reinvermögen. Das Verwaltungsvermögen umfaßt die Verwaltungsgrundstücke, eigene Kliniken, Kurkliniken, im Bau befindliche Anlagen, erworbene Grundstücke, die Betriebs- und Geschäftsausstattung, Beteiligungen, Schuldschein- und Hypothekendarlehen als nicht liquide Teile des Anlagevermögens. Für das o. a. Rücklagevermögen (ab 1977 Schwankungsreserve) werden hierin ab 1970 folgende Beträge ausgewiesen:

Rücklagen der BfA			
Jahr	Mio DM	Jahr	Mio DM
1970	15310,6	1986	9595,4
1971	19199,2	1987	12854,9
1972	24902,7	1988	14519,4
1973	31340,0	1989	16818,8
1974	36780,8	1990	25457,4
1975	35800,0	1991	32003,9
1976	28800,0	1992	44219,9
1977	19587,4	1993	34230,6
1978	12100,0	1994	28514,2
1979	10190,0	1995	16962,8
1980	11950,3	1996	8862,9
1981	14453,6	1997	8690,2
1982	12758,3	1998	12347,2
1983	7726,9	1999	20497,1
1984	8299,9	2000	21546,4
1985	8205,7	2001	20629,1

Die Zahlen ab 1998 wurden den o.a. Rechnungsergebnissen – Stand 4.6.2002.- entnommen. Nach § 158 SGB VI sollten die Schwankungsreserven am Ende eines Kalenderjahres dem Betrag der durchschnittlichen Ausgaben für einen Kalendermonat zu eigenen Lasten der Träger der RV der Arbeiter und der Angestellten entsprechen. Diese gesetzliche Mindestreserve lag erstmalig 1995 mit 0,9 unter der Monatsausgabe von 1,0. Bei der AV (allein) war das ein Jahr später der Fall, was folgende Übersicht für die BfA erkennen läßt.[29]

Rücklagen der BfA			
Jahr	in Monatsausgaben	Jahr	in Monatsausgaben
1974	19,80	1988	2,33
1975	15,50	1989	2,54
1976	8,80	1990	3,64
1977	5,00	1991	4,49
1978	2,80	1992	4,40
1979	2,30	1993	2,92
1980	2,80	1994	2,29
1981	3,30	1995	1,24
1982	2,70	1996	0,77
1983	1,50	1997	0,62
1984	1,50	1998	0,87
1985	1,50	1999	1,42
1986	1,60	2000	1,39
1987	2,07	2001	1,28

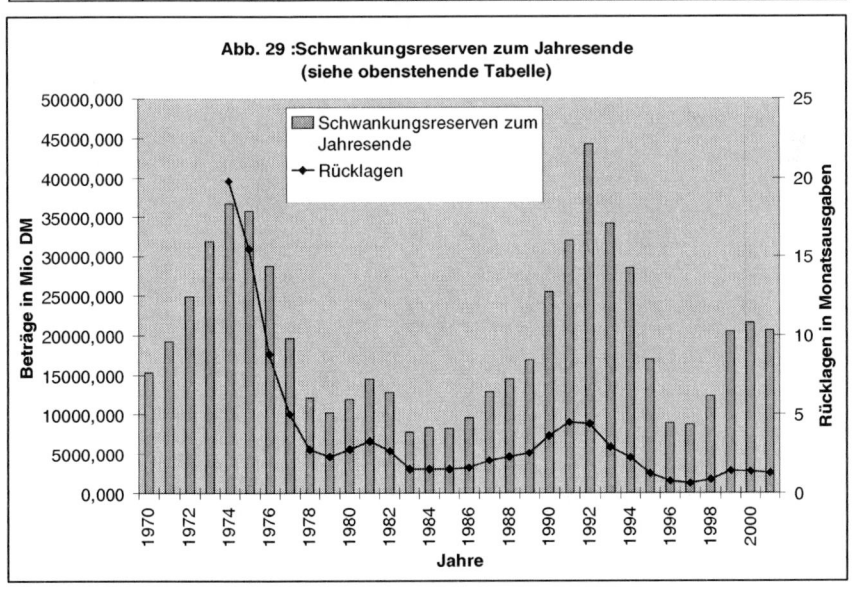

Abb. 29 : Schwankungsreserven zum Jahresende (siehe obenstehende Tabelle)

[29] lt. 'RV in Zeitreihen 1998', ab 1992 lt. Geschäftsberichten der BfA

Diese Grafik zeigt klar die Verkümmerung der Rücklage zu einer Monatsausgabe. Hier zeigt sich deutlich die Finanzklemme, in der sich die RV befindet, zumal die Reserven der ArV höchstens 2,0 Monatsausgaben (1974 und 1975) betrugen und in den folgenden Jahren bis auf 0,5 Monatsausgaben (ab 1992) absanken.

Nach § 214 SGB VI hat der Bund Liquiditätshilfe in Höhe der fehlenden Beträge zu leisten, wenn die liquiden Mittel der Schwankungsreserve nicht ausreichen, um die Zahlungsverpflichtungen zu erfüllen (Bundesgarantie). Dadurch wird die 'Mindestreserve' disponibel, was dann von Bedeutung ist, wenn bei rückläufiger Beschäftigung und gleichbleibendem Beitragssatz die Beitragseinnahmen sinken.

Einer Ausweitung des Bundeszuschusses sind Grenzen gesetzt. Er verändert sich lediglich entsprechend der Entwicklung der Bruttolohn- und -gehaltssummen der Vorjahre und des Beitragssatzes (§ 213 Abs. 2 SGB VI). Eine Anhebung des Beitragssatzes erhöht die Arbeitskosten in den Betrieben und führt zu einem weiteren Stellenabbau. Da Manipulationen auf der Einnahmenseite keine Entlastung bringen können, muß an den Ausgaben gespart werden. Statt der 'Brutto-Anpassung' hätte längst die 'Nettoanpassung' bei den Renten eingeführt werden müssen. Sie kam aber erst mit dem RRG 1992.

Die oben angegebene Liquiditätshilfe des Bundes für die gesetzliche RV hat der Steuerzahler zu finanzieren. Es ist müßig, feststellen zu wollen, welche Personenkreise hierdurch am meisten belastet werden, die Arbeitnehmer oder Unternehmer oder sonstige Gruppen. Vom Staat erhobene Abgaben gleich welcher Art schlagen auf die Preise für Dienste und Waren durch und verteuern die Leistungen deutscher Anbieter. Das läßt die Umsätze schrumpfen, die Auslastung der Betriebe schmälern und bedroht damit die hiesigen Arbeitsplätze. Kommt es schließlich zu Betriebsstilllegungen oder -verlagerungen ins kostengünstigere Ausland, so haben mitunter Bemühungen gefehlt, die Arbeitsplätze durch 'Lohnverzicht' zu sichern, das Unternehmen an seinem Standort zu erhalten. Streiks zur Durchsetzung eines finanziellen Ausgleichs für die erhöhte Abgabenbelastung sind der falsche Weg.

Schwerwiegende Finanzierungsprobleme und möglicherweise sogar Gefahren für den sozialen Frieden drohen durch das von der früheren Bundesregierung erzeugte Phantom 'Generationenvertrag'. Ein solcher Vertrag existiert in Wirklichkeit gar nicht. Dennoch wird seit langem die jüngere, noch berufstätige Generation unter Hinweis auf diesen Vertrag belastet, indem die Renten der aus dem Berufsleben

Ausgeschiedenen mit den Beiträgen und Steuern finanziert werden, welche später für die noch Arbeitenden bestimmt sein sollten.

Als ein weiterer von Bundestag und früherer Bundesregierung geschaffener Hemmschuh bei der Rückführung der Ausgaben der RV wirkt der sogenannte 'Vertrauensschutz'. Er verhindert, daß die unter günstigeren wirtschaftlichen Bedingungen gewährten Rentenerhöhungen in Krisenzeiten rückgängig gemacht und negative Veränderungen, die in den RV-ÄndG enthalten sind, auch für bereits laufende Renten wirksam werden können.

Die Einführung des Umlageverfahrens durch das SGB bedeutete zudem eine Abkehr von der Überzeugung der Schöpfer des IuAVG, daß der Versicherte selbst an seiner eigenen Altersversorgung schon während seiner Erwerbstätigkeit beteiligt werden müsse, um ihm das Gefühl der Eigenverantwortlichkeit für seine späteren Lebensumstände zu vermitteln. Das glaubte man durch die Erfindung eines 'Arbeitnehmeranteils' zur Rentenversicherung erreichen zu können. Aber wie erwähnt: Gegenwärtig erscheint der Arbeitnehmeranteil als ein 'Lohn- bzw. Gehaltsabzug', welcher lediglich (neben dem Arbeitgeberanteil) der Finanzierung unter anderem der heute an die ältere Generation gezahlten Renten dient, ohne daß der Versicherte mit einem entsprechenden Ausgleich oder einer angemessenen Entschädigung rechnen kann, wenn er selbst aus dem Arbeitsleben ausscheidet.

Dennoch ist das seinerzeit beabsichtigte Eigenverantwortlichkeitsgefühl auch heute noch von Bedeutung, nur in einem anderen Sinne: Jedem Sozialversicherten wird geraten, sich für die verschiedenen Lebensrisiken zusätzlich privat zu versichern, weil die zukünftige Finanzlage der RV nicht in einer Verfassung sein wird, welche die Beibehaltung des gegenwärtigen Leistungsniveaus erwarten läßt. Eine solche 'Rentendiskussion' beunruhigt und beeinträchtigt das Sicherheitsgefühl der Bevölkerung in einem beträchtlichen Maße.

Die Finanzierungssysteme der gesetzlichen Rentenversicherung

Das Reichsgesetz betreffend die Invaliditäts- und Altersversicherung vom 22. Juni 1889 schrieb zur Sicherung der zukünftigen Leistungen der Versicherungsanstalten das sogenannte Kapitaldeckungsverfahren vor. Nach § 20 IuAVG sollten die Beiträge so bemessen werden, daß sie die Verwaltungskosten, die Rücklagen für die Reservefonds, die voraussichtlichen Beitragserstattungen und den Kapitalwert der von der Versicherung aufzubringenden Anteile an denjenigen Renten deckten, die zunächst in den ersten zehn Jahren und dann in den jeweils weiteren fünf Jahren voraussichtlich zu bewilligen wären.

Dieses Verfahren wurde bereits im Jahre 1899 aufgegeben, da einige andere Versicherungsanstalten nicht in der Lage waren, den für die Rentenleistungen benötigten Kapitalstock zu bilden. Daraufhin wandte man von 1899 bis 1923 ein allgemeines Anwartschaftsdeckungsverfahren[30] an, bei dem die Beiträge so hoch sein mußten, daß aus dem Kapital die später anfallenden Leistungen gezahlt werden konnten".[31]

Dieses Finanzierungssystem wurde in der RVO beibehalten (§ 1389 RVO) und als Beitragsdurchschnittsverfahren in der Fachliteratur, bzw. als Prämiendurchschnittsverfahren des Versicherungsgesetzes für Angestellte bezeichnet. Sein vorherrschendes Merkmal war, daß zu jeder Zeit der Gesamtwert aller künftigen gleichbleibenden Beiträge unter Hinzuziehung des vorhandenen Vermögens dem Gesamtwert aller Verpflichtungen entsprach. Wegen des Währungsverfalls konnte dieses System nicht aufrechterhalten werden. Nach der Inflation wurde die Versicherung mittels des sogenannten Umlageverfahrens neu aufgebaut. Die Beiträge wurden so bemessen, daß sie zur Deckung der laufenden Aufwendungen ausreichten. Das ist ein für die Rentenversicherung völlig unzureichendes Verfahren, weil es keine genügenden Rücklagen für die künftigen Rentenleistungen ermöglicht. Bei Steigerungen der Aufwendungen müssen außerdem die Beiträge ständig erhöht werden.

Durch § 4 des Gesetzes vom 7. 12. 1933 wurde das Anwartschaftsdeckungsverfahren eingeführt. Nach ihm waren die Beiträge so zu bemessen, daß eine für die künftige Steigerung der Leistungen ausreichende Prämienreserve, also Rücklage, vorhanden war. Diese Rücklage wurde entsprechend den Bestimmungen mündelsicher und verzinslich angelegt. Der so erzielte Zinsertrag sollte zusammen mit den eingehenden Beiträgen ausreichen, um die Leistungen des RV-Trägers zu finanzieren.

Der 2. Weltkrieg zehrte die Rücklagen der Versicherungsträger weitgehend auf. Das Versprechen der Reichsregierung, die für Kriegszwecke aufgenommenen

---

[30] Beachte 'Kapitalbildung aus der Sicht der gesetzlichen RV' von Klaus Hoffmann in Kapitalbildung und Altersvorsorge - Schriftenreihe der Gesellschaft für Versicherungswissenschaft und -gestaltung Bd. 4

Kredite beim 'Endsieg' mit Zins und Zinseszins zu tilgen, blieb unerfüllt. Zum Zeitpunkt der bedingungslosen Kapitulation des Deutschen Reiches waren die Vermögen der Versicherungsanstalten soweit dezimiert und damit dem Anwartschaftsdeckungsverfahren die Grundlage entzogen, daß - wie zuvor nach dem Ende der Inflation - im Wege des Umlageverfahrens die RV neu aufgebaut werden mußte, mit dem Ziel, das Anwartschaftsdeckungsverfahren wieder anwenden zu können. Dazu waren allerdings umfangreiche staatliche Zuschüsse erforderlich.

Die Neuregelungsgesetze der Rentenreform des Jahres 1957 brachten das Abschnittsdeckungsverfahren. Es sah einen Durchschnittsbeitragssatz vor, der für 10 Jahre die Bestreitung der Aufwendungen aus Beiträgen, sonstigen Einnahmen und Vermögen deckte. Außerdem sollte eine Rücklage verbleiben, deren Höhe den Aufwendungen des 10. Jahres entsprach.

Das 3. Rentenanpassungsgesetz vom 28. 7. 69 führte dann ein modifiziertes Umlageverfahren ein, in dem an Stelle einer größeren, der Höhe nach festgelegten Rücklage eine unbestimmte Liquiditätsreserve trat, welche ihrem Charakter nach - trotz der im § 1383 b RVO (§ 110b AVG) beibehaltenen Bezeichnung 'Rücklage' - keine solche mehr war. Die ihr zuzurechnenden Vermögenswerte waren liquide anzulegen, d. h. mit einer Laufzeit, Kündigungsfrist oder Restlaufzeit bis zu 12 Monaten oder in Form von Schatzwechseln[32] und unverzinslichen Schatzanweisungen.

Ab 1.1.92 gilt das reine Umlageverfahren: Die Ausgaben eines Kalenderjahres werden durch die Einnahmen des gleichen Kalenderjahres und, soweit erforderlich, durch Entnahme aus der Schwankungsreserve gedeckt.

Der Finanzverbund in der RV bezweckt die Sicherung der Liquidität

Infolge der Vorschriften der §§ 218 und 219 SGB VI über den Finanzausgleich zwischen der Rentenversicherung der Arbeiter und der Rentenversicherung der

---

[31] aus: Die LVA Schwaben 1891-1991). - Siehe § 32 IVG
[32] Schatzwechsel und unverzinsliche Schatzanweisungen sind sogenannte Geldmarktpapiere mit unterschiedlichen Laufzeiten. Diese betragen bei den Schatzwechseln bis zu 90 Tagen, bei den Schatzanweisungen bis zu 2 Jahren. Schatzwechsel werden vom Bund und den Ländern ausgegeben. Die voraus berechneten Zinsen ermäßigen den Ausgabepreis, den der Erwerber bezahlen muß. Die unverzinslichen Schatzanweisungen werden vom Bund ohne Zinsscheine zum Nennwert abzüglich eines von der Bundesbank festgesetzten Abgabesatzes veräußert.

Angestellten sowie den Finanzverbund in der Rentenversicherung der Arbeiter erleiden schließlich sämtliche RV-Träger das gleiche Schicksal, zumeist auf Kosten der Angestelltenversicherung.

Festlegung der Rücklage

Das 3. RVÄndG vom 28. Juli 1969 ergänzte die Bestimmungen der §§ 1382 ff RVO und 109 ff AVG über die Aufbringung der Mittel durch die §§ 1385a, 1385b und 1385c sowie die §§ 110a bis c AVG (jeweils mit identischem Text). Sie regelten die Schwankungsreserve und Liquidität und legten in den §§ 1385 RVO bzw. 110 AVG für die ArV und AV zusammen eine Rücklage in Höhe von 3 Monatsausgaben fest. Nach ihr sollte sich der Beitragssatz richten. Würde die Rücklage der ArV am Jahresende die Aufwendungen von 2 Monatsausgaben zu ihren Lasten (im voraufgegangenen Kalenderjahr) unterschreiten, so hätte die BfA den Fehlbetrag zu zahlen, wenn ihre eigene Rücklage vier entsprechend berechnete Monatsausgaben überschreiten sollte. Umgekehrt sollte dasselbe gelten. Der Teil der Rücklage, welcher den durchschnittlichen Ausgaben für 1½ Kalendermonate zu Lasten des Versicherungsträgers im voraufgegangenen Jahr entsprach, war als Liquiditätsreserve bereitzuhalten. Konnte diese Liquiditätsreserve eines RV-Trägers nicht mindestens zu einem Drittel aufgefüllt werden, mußten die anderen Versicherungsträger ihm auf Ersuchen Mittel zur Verfügung stellen. Diese Regelungen der §§ 1385c RVO bzw. 110c AVG wurden durch das 20. RAG vom 27. 6. 1977 aufgehoben und zugleich die Bestimmungen der §§ 1385, 1385a und b sowie der §§ 110, 110a und b geändert. Die Rücklage brauchte nun nicht mehr den Umfang von 3 Monatsausgaben anzunehmen, sondern es reichte künftig eine Monatsausgabe aus.

Die Schwankungsreserve der BfA mußte nun am Jahresende mindestens liquide Mittel in Höhe einer halben Monatsausgabe umfassen, gemessen an den durchschnittlichen Aufwendungen des Vorjahres. Bei einem Unterschreiten war die ArV verpflichtet, den Fehlbetrag zu zahlen, sofern ihre eigenen Schwankungsreserven die Ausgabenlast in Höhe eines halben monatlichen Aufwandes überschreiten würden.

Veräußerung von Vermögensanlagen

Vorrangig hat aber die BfA ihre Liquidität durch Veräußerung solcher Vermögensanlagen sicherzustellen, die mindestens zum Buchwert veräußert werden können. Abs. 5 dieser Bestimmung schließt dabei Grundstücke und Beteiligungen nicht aus und verfügt, daß die so erworbenen liquiden Mittel, soweit dies zur Sicherung der Zahlungsfähigkeit unumgänglich ist, auf die Versicherungsträger mit den geringsten liquiden Mitteln zu verteilen sind, bis eine gleichmäßige Ausstattung mit liquiden Mitteln erreicht ist. Der Regierungsmehrheit ging es in erster Linie um die Sicherstellung der laufenden Rentenzahlungen und nicht um die Zukunftssicherung der gesetzlichen RV im Interesse späterer Generationen. Der von Jahr zu Jahr zunehmende Anteil der Rentner an der Wählerschaft mußte konsequent als Medium für den Machterhalt genutzt werden. Deshalb lautete die eingängige Parole des Bundessozialministers ungebrochen: Die Renten sind sicher!

Liquiditätshilfe der BfA

Auf Grund des 3. RVÄndG vom 28. 7. 69 hatte die BfA erstmalig im Jahre 1974 Liquiditätshilfe an die anderen Versicherungsträger leisten müssen. Sie betrug 2.145.651.979,10 DM und zeigte in den nächsten Jahren folgende Entwicklung:

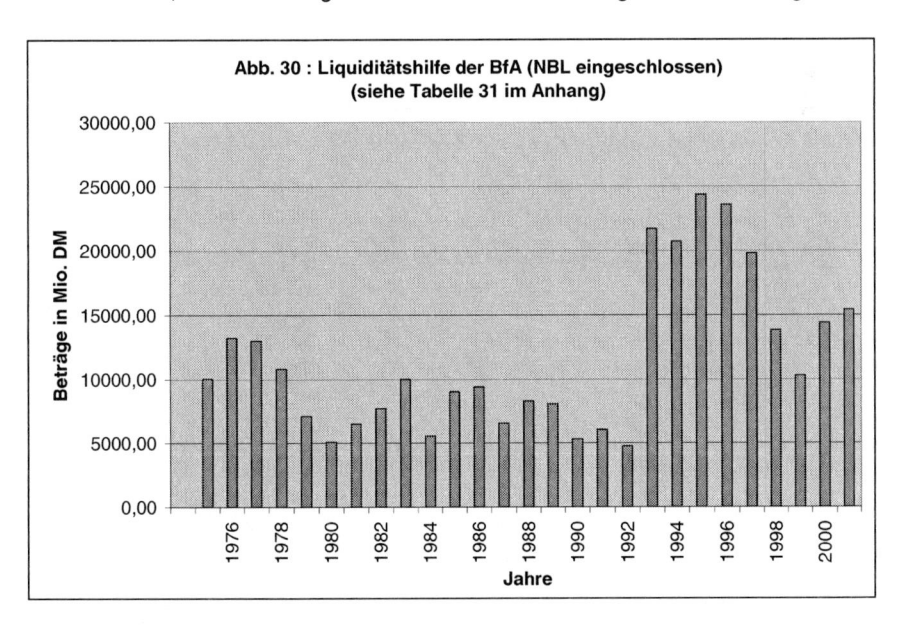

Abb. 30 : Liquiditätshilfe der BfA (NBL eingeschlossen)
(siehe Tabelle 31 im Anhang)

Die obigen Angaben wurden - mit Ausnahme des geschätzten Betrages für die Jahre 1998/1999 - den Geschäftsberichten der BfA entnommen. Danach hatte die BfA von 1974 bis einschließlich 2001 an die anderen Versicherungsträger insgesamt über 312 Milliarden 687 Millionen DM (312.687.567.670,00 DM) gezahlt. Allerdings aus unterschiedlichen Gründen. Zum einen mußten die LVA ihre Arbeiterrenten weiterhin leisten (können), obwohl sie im großen Umfang Versicherte an die BfA verlor. Zum anderen kamen erhöhte Rentenausgaben wegen des hohen Beschäftigungsstandes in der DDR-Arbeiterschaft hinzu, welche von den LVA zu finanzieren waren.

Die Geschichte des Finanzausgleichs

Der Finanzausgleich in der RV war ebenfalls keine Erfindung der letzten vier Jahrzehnte oder gar nur des Jahres 1969. Anlaß zur Klage hatten die ausgleichspflichtigen, weil besser gestellten Versicherungsanstalten bereits seit dem Inkrafttreten des IuAVG. So hatte das Rechnungsbüro gemäß den §§ 87 bis 90 dieses Gesetzes u. a. die gesamte Rentenlast nach Abzug des vom Reich aufzubringenden Zuschusses entsprechend den Beitragseinnahmen und den anzurechnenden beitragslosen Zeiten auf die Versicherungsanstalten aufzuteilen. Das Gemeinlastverfahren des § 33 IVG sah vor, daß ¾ aller Altersrenten und die Grundbeträge der Invalidenrenten sowie die Rentensteigerungen infolge von Krankheitswochen und die Rentenabrundungen zur Gemeinlast gehörten. Um sie zu decken, mußten von jeder VA ab 1.1.1900 bis zum 31.12.1910 4/10 (also 40 %) der Beiträge buchmäßig als Gemeinvermögen ausgesondert werden und waren mit einem vom Bundesrat festgesetzten Zinsfuß zu verzinsen. Der Verfasser der Broschüre „Ein Weg bis an den Abgrund..." (a. a. O.) beschreibt in dem Kapitel 'Ostopfer" die neue Regelung wie folgt:

> „Für die Verantwortlichen der LVA Rheinprovinz blieb allerdings noch genug, um sich aufzuregen. Da war z. B. der neue Modus der Rentenzahlung, der ab Januar 1900 galt und mit Einführung einer sogenannten Gemeinlast dem rheinischen Versicherungsträger nicht unerhebliche zusätzliche Kosten aufbürdete. Auf einen kurzen Nenner gebracht, sah das Ganze so aus: Die reicheren Versicherungsanstalten mußten für die ärmeren einen Teil der Renten finanzieren. Dieser Liquiditätsausgleich aus der Frühzeit der Invalidenversicherung bescherte der LVA Rheinprovinz folgende Bilanz: Sie mußte allein in den ersten 8 Jahren der neuen Verfahrensweise mehr als 5 Millionen Mark für andere Landesversicherungsanstalten zahlen. Dazu zählten vor allem jene im Osten des Kaiserreiches wie die LVA Ostpreußen oder die LVA Pommern. Der Ärger war vor allem deshalb so groß, weil festgestellt wurde, daß gerade östlich von Elbe und Oder die Invalidenversicherung am teuersten arbeitete. Im Jahre 1902 z.B. verschlangen beim Spitzenreiter mit dem Sitz in Königsberg die Verwaltungskosten nicht weniger als 13,6 % der gesamten Einnahmen - bei einem

Reichsdurchschnitt von 6,4 %. Bei der LVA Rheinprovinz waren es nur 3,6 %. Sie arbeitete am billigsten. Die sparsame Wirtschaftsführung trug selbstverständlich dazu bei, daß sich das Vermögen der LVA Rheinprovinz von Jahr zu Jahr vermehrte, mit z.T. frappierenden Zuwachsraten. Ende 1891, zum Abschluß des ersten Rechnungsjahres, hatte es 8,5 Millionen betragen. 1900 war die Kurve auf 89,1 Millionen geklettert und bis Ende 1913 sogar auf die enorme Höhe von 231 Millionen Mark. Davon war über die Hälfte in Wertpapieren angelegt, die gute Zinsen brachten":

In dem oben aufgeführten Zitat steckt eine Menge Wahrheit, aber eben nicht die ganze. So heißt es in den Amtlichen Nachrichten des Reichsversicherungsamtes Nr. 1 vom 15. Januar 1908 zu der

„ [...]Darstellung der von den Versicherungsanstalten und zugelassenen Kasseneinrichtungen aufgewendeten Verwaltungskosten und ihre Vergleichung nach verschiedenen Gesichtspunkten: Die Zahlen sind aber nur in beschränktem Maße vergleichbar. Einerseits werden die Anstalten mit durchschnittlich höheren Lohnklassen naturgemäß einen geringeren Prozentsatz ihrer Einnahmen als Verwaltungsaufwand brauchen, andererseits wird die Höhe der Verwaltungskosten wesentlich beeinflußt von der Art der Beitragserhebung und von den für die Kontrolle erforderlichen Aufwendungen; endlich ist der Arbeitsumfang der Versicherungsanstalten nicht allein abhängig von der Zahl der Versicherten, sondern noch mehr von der Zahl der eingegangenen Renten- und Beitragserstattungsanträge, und diese ist wiederum um so größer, je ungünstiger die Altersgruppierung der Versicherten ist".

Sicherlich hatte sich die Aufregung bei den Verantwortlichen der LVA Rheinprovinz wieder gelegt, nachdem sie diese Einschränkungen in den Amtlichen Nachrichten des Reichsversicherungsamtes gelesen hatten. Denn, wenn die sehr unterschiedliche Besetzung der unteren und oberen Lohnklassen der LVA Ostpreußen und der LVA Pommern einerseits und der LVA Rheinprovinz andererseits mit einander verglichen werden, dann ergibt sich folgendes Bild:
Von 1000 Stück der vereinnahmten Wochenbeiträge entfielen auf die Lohnklasse

	I			II		
Im Jahr	Ostprß.	Pommern	Rh.-prov.	Ostprß.	Pommern	Rh.prov.
1910	325	319	18	424	375	118
1911	322	294	19	416	377	113
1912	303	270	21	400	360	105
1913	312	280	22	400	359	102
1914	275	221	32	383	347	90
	III			IV		
Im Jahr	Ostprß.	Pommern	Rh.prov.	Ostprß.	Pommern	Rh.prov.
1910	108	151	257	84	87	227
1911	107	163	246	87	90	219
1912	112	174	226	98	102	209
1913	110	164	224	88	97	192
1914	131	199	220	94	106	159

In der Lohnklasse V ergaben sich folgende Besetzungszahlen:

Für die LVA	1910	1911	1912	1913	1914
Ostpreußen	59	68	87	90	117
Pommern	68	76	94	100	127
Rheinprovinz	380	403	439	460	499

Da mit Inkrafttreten der RVO der Leistungsbereich der VA um die Hinterbliebenenrenten erweitert worden war, mußte das zu seiner Deckung erforderliche Gemeinvermögen aufgestockt werden. Gemäß § 1397 RVO waren nunmehr nicht 40 %, sondern 50 % der Beiträge dem Gemeinvermögen buchmäßig zuzuführen.

Welche Sicherungsfunktion für die Rentenzukunft dem Gemeinlastverfahren zukam, wird in den Tabellen der folgenden Abbildung 31 erkennbar, die den Amtlichen Nachrichten des Reichsversicherungsamts entnommen wurden. Sie stellen die Vermögensentwicklung der VA, das Gemeinvermögen und die Gemeinlast vor dem 1. Weltkrieg dar. Und so ergibt sich immer wieder die Frage: Was für eine Zukunft stellte sich die damalige Reichsregierung für das deutsche Volk vor, als sie diesen verheerenden Krieg begann, wenn sie zuvor jahrzehntelang dem Bedürfnis des Bürgers, für den Fall der Invalidität und des Alters gesichert zu sein, durch Gesetzesinitiativen und Verordnungen Rechnung trug und somit ihre hohe Verantwortlichkeit für das Wohl des Gemeinwesens bezeugte?

Tabelle 7.
Vermögen der Versicherungsträger.

Jahr	Vermögen sämtlicher Versicherungsträger am Schlusse des Jahres	Hiervon entfallen auf			
		Wertpapiere	Darlehen	Grundstücke	Kassenbestand
1906	1 318 525 631	552 759 926	680 587 722	61 097 898	24 080 085
1907	1 404 067 650	556 861 913	757 442 748	68 573 490	21 189 499
1908	1 489 610 615	564 272 499	827 331 671	76 736 298	21 270 147
1909	1 574 111 380	569 870 745	899 108 238	81 936 989	23 195 408
1910	1 662 158 741	580 609 220	968 604 290	85 013 983	27 931 248

Tabelle 7.
Vermögen der Versicherungsträger.

Jahr	Vermögen sämtlicher Versicherungsträger am Schlusse des Jahres	Hiervon entfallen auf					
		Wertpapiere	Darlehen	Grundstücke	Bewegliche Einrichtung	Kassenbestand	Schuldverpflichtungen
1914	2 252 472 131	930 530 170	1 326 084 628	101 112 606	8 298 273	27 365 404	140 918 950
1913	2 105 491 550	744 083 080	1 226 600 478	96 676 361	7 609 164	30 729 426	206 959
1912	1 929 095 321	671 838 574	1 117 529 203	92 306 607	7 005 914	40 623 333	207 310
1911	1 759 362 075	607 239 205	1 032 474 238	89 083 104	—	30 565 528	—
1910	1 662 158 741	580 609 220	968 604 290	85 013 983	—	27 931 248	—

Tabelle 8.
Gemeinvermögen und Gemeinlast.

Jahr	Bestand des Gemeinvermögens am Anfange des Jahres	Anteil des Gemeinvermögens an den Beiträgen des laufenden Jahres	Dem Gemeinvermögen gutgeschriebene Zinsen	Summe der Spalten 2, 3 und 4	Aus dem Gemeinvermögen gedeckte Gemeinlast	Bestand des Gemeinvermögens am Schlusse des Jahres (Spalte 5 — Spalte 6)
1	2	3	4	5	6	7
1906	38 053 884,16	68 050 468,27	1 907 184,34	108 011 536,87	68 040 757,47	39 970 779,40
1907	39 970 779,40	71 516 114,45	2 003 679,68	113 490 573,53	69 950 815,02	43 539 758,51
1908	43 539 758,51	73 697 736,14	2 135 292,29	119 372 786,94	71 995 201,96	47 377 584,98
1909	47 377 584,98	75 386 337,52	2 269 423,88	125 033 346,38	74 197 546,91	50 835 799,47
1910	50 835 799,47	78 930 203,61	2 413 038,82	132 179 041,90	76 444 629,40	55 734 412,50

Tabelle 8.
Gemeinvermögen und Gemeinlast.

Jahr	Bestand des Gemeinvermögens am Anfang des Jahres	Anteil des Gemeinvermögens an den Beiträgen des laufenden Jahres	Dem Gemeinvermögen gutgeschriebene Zinsen	Summe der Spalten 2, 3 und 4	Aus dem Gemeinvermögen gedeckte Gemeinlast	Bestand des Gemeinvermögens am Schlusse des Jahres (Spalte 5 weniger Spalte 6)
1	2	3	4	5	6	7
1914	181 726 599,72	133 662 926,77	6 955 505,96	322 345 032,45	93 172 774,97	229 172 257,48
1913	120 091 060,14	145 008 784,32	5 234 080,64	270 333 925,10	88 607 325,38	181 726 599,72
1912	64 003 413,06	136 731 355,27	3 458 330,16	204 193 098,49	84 102 038,35	120 091 060,14
1911	55 734 412,50	83 918 109,19	2 616 111,09	142 268 632,78	78 265 219,72	64 003 413,06
1910	50 835 799,47	78 930 203,61	2 413 038,82	132 179 041,90	76 444 629,40	55 734 412,50

Abbildung 31: Vermögen der Versicherungsträger, Gemeinvermögen und Gemeinlast

Kapitel VIII

Wohnungsbau, Wohnungsfürsorge und das Klinikwesen

Die Folgen dieser immensen, durch die Liquiditätshilfe hervorgerufenen Belastung der Finanzen der BfA, die im vorangegangenen Kapitel beschrieben wurde, ist früh erkannt worden. So beschloß der Vorstand der BfA, im Jahre 1973 letztmalig Mittel für die Förderung von Eigentumsmaßnahmen zur Verfügung zu stellen.

Es konnten im Jahre 1974 mit dem 1973 begründeten Fonds noch 5.300 Wohnungen gefördert werden. Dies geschah stets dadurch, daß die BfA Wertpapiere in entsprechender Höhe von den beteiligten Realkreditinstituten erwarb. 1973 wurden auf diese Weise 14.300 Wohnungen mit Mitteln der 'AV' finanziert.

Warnungen vor dieser auch für die Gesamtwirtschaft negativen Entwicklung hatte es bereits 1958 gegeben. So betitelte der Bundestagsabgeordnete Georg Schneider seinen Aufsatz in der November-Ausgabe der Zeitschrift 'Die Angestelltenversicherung' mit den Worten "Die Angestelltenversicherung am Ende?". Anlaß zu diesen Äußerungen war der Sozialbericht der Bundesregierung, aus deren Berechnungen zu entnehmen war, daß das Vermögen der BfA, welches 1958 noch 4 Milliarden DM betrug, bereits im Jahre 1968 aufgezehrt sein würde. Die Vertreterversammlung der BfA verkündete daraufhin in ihrer Entschließung vom 28. November 1958, daß die 'AV' unter diesen Umständen nicht mehr in der Lage sein werde, den Wohnungsbau für die Angestellten zu fördern. Da der Rechnungszinsfuß in der Rentenversicherung damals 3 ½ % betrug, die Mittel also für 4 bis 4½ % p. a. zur Verfügung gestellt werden konnten, würde der Wegfall der Fördermittel zu einer Verteuerung des sozialen Wohnungsbaus beitragen.

In den Jahren 1950 bis 1955 wurden insgesamt 450.000 Wohnungen aus Mitteln der Rentenversicherung zinsgünstig finanziert. Nach Berichten des Verbandes Deutscher Rentenversicherungsträger sind damals für 233,3 Millionen DM Hypotheken und für 1.466,6 Millionen DM Pfandbriefe von den Trägern der 'RV' erworben worden. Sie hatten also insgesamt 1.699,9 Millionen DM direkt und indirekt für die Finanzierung des sozialen Wohnungsbaus bereitgestellt. Das sei dann nicht mehr möglich, wenn die anfallenden Überschüsse der Einnahmen über die

Ausgaben liquide angelegt werden müßten, also nicht wie für den Wohnungsbau erforderlich, zu einer langfristigen Anlage zur Verfügung stünden.

Hier zeigen sich die negativen Folgen einer ungehemmten Zugriffsstrategie und Zukunftspolitik auf einen Reservefonds, welcher sich nicht im Eigentumsbereich der Parteien oder Abgeordneten oder der Regierungen eines Landes oder des Bundes, sondern der Versicherungsgemeinschaft befindet, selbst wenn sie dazu den geringsten Beitrag geleistet hat (wobei jedoch im allgemeinen das Gegenteil geglaubt wird). Dieser Fonds war aber einmal der eigentliche Kraftquell für ein lebenswichtiges Organ unserer Volkswirtschaft in allen Regionen, nämlich des Bauwesens. Die Bauwirtschaft ist noch immer wegen ihrer starken Ortsanhänglichkeit das Zentrum wirtschaftlicher Aktivitäten und somit Urheber des Wohlstandes und Schöpfer des sozialen Friedens. Dort, wo 'Häusle' gebaut werden, siedeln sich nicht nur Baufirmen an, sondern auch andere Betriebe, welche mit Bauen anscheinend gar nichts zu tun haben. Dazu gehören solche der Chemie, der Kraftwagenproduzenten, des Verkehrs und vor allem arbeitsuchende und arbeitswillige Menschen lassen sich nieder. Auf diese Weise entstehen Arbeitsplätze, Erwerbseinkünfte und damit die Nachfrage nach Gütern aller Provenienzen, wie solchen des täglichen Konsums, aber auch für das einfache und das luxuriöse Ambiente der unterschiedlichen Volksschichten.

Ursprünglicher Anlaß für den Bau von Sozialwohnungen und Kliniken waren die katastrophalen Wohnverhältnisse des Industrieproletariats zum Ende des 19. Jahrhunderts.

Die LVA als Förderer des sozialen Wohnungsbaus

Bereits am Anfang der Epoche der sozialen Sicherungssysteme betätigten sich die Landesversicherungsanstalten im Wohnungsbau, zunächst als Kreditgeber, späterhin sogar als Bauherren. Sie verfolgten mit ihrer Initiative im Baubereich nicht in erster Linie eine zukunftssichere Anlagenpolitik, sondern vor allem sozialpolitische Ziele, wie die Linderung und Beseitigung von Not und Elend unter den Arbeitern in den Städten und auf dem Lande, wo sie in engen und ungesunden Wohnverhältnissen lebten. Die Elendsquartiere waren der Nährboden für die Verbreitung der damaligen Volksseuchen, der Tuberkulose, des Typhus' und der Geschlechtskrankheiten. In einem Aufsatz mit dem Titel 'Der Bau von Arbeiterwohnungen mit Hilfe der Invaliditäts- und Altersversicherungsanstalt Hannover' in der Jubiläums-Zeitschrift Landesversicherungsanstalt Hannover – 100 Jahre – heißt es hierzu: „Nur über ein einziges Zimmer verfügte fast die Hälfte aller Haushalte. Um die Miete aufbringen zu können, waren viele Familien gezwungen, Untermieter aufzunehmen. Nicht selten kam es vor, daß sogenannte 'Schlafburschen' oder 'Schlafmädchen' im Bett der Vermieter schliefen, während diese in der Nachtschicht arbeiteten."

In seiner 'Dokumentation der Bekämpfung und Behandlung der Tuberkulose durch die LVA Westfalen' beschreibt Andreas Daniel die Situation um 1900 mit den Worten: „Das zusammengedrängte Leben in engen unhygienischen Wohnverhältnissen förderte die Ansteckung. Eine Untersuchung im Jahre 1895 ergab für das rheinisch-westfälische Industrierevier, daß 48 % aller Wohnungen als überfüllt, 21 % als hochgradig überfüllt und nur 30 % als normal belegt galten."[33] Als normal sah man allerdings eine Belegziffer von 6 Personen pro Raum an.

Um dieser bedrohlichen Ausbreitung der Seuchen begegnen zu können, mußten vorsorglich die Wohnbedingungen in der Arbeiterschaft verbessert werden. Deshalb beschloß der Ausschuß der Invaliditäts- und Altersversicherungsanstalt Hannover in seiner Sitzung am 18. Mai 1891, ein Zehntel des Vermögens fortan in den Bau von Arbeiterwohnungen zu investieren. Die in Berlin ansässige 'Zentralstelle für Arbeiterwohlfahrts-Einrichtungen' ermutigte den Vorstand in Hannover, Grundstücke für Arbeitergenossenschaften zu kaufen oder an sie zu verpachten. In einer Konferenz im Reichsversicherungsamt im Juni 1891 einigten sich die Versicherungsanstalten darauf, in erster Linie Darlehen zu gewähren.[34] So erhielt der 'Harburger Kredit-Konsum- und Bauverein', der ein Grundstück von 11 Morgen Land zum Preis von 3.000,-- Mark erworben hatte, um Häuser zu bauen, von der Versicherungsanstalt Hannover Darlehen in Raten. Gewährt wurden bei Baubeginn Darlehen in Höhe des halben Grundstückspreises, und in weiteren Raten mindestens je 3000,- Mark, sobald eine Feuerversicherungspolice für das neu errichtete Gebäude vorgelegt wurde. Die Versicherungsanstalt ließ zu ihrer Absicherung jeweils eine erststellige Hypothek im Grundbuch eintragen.

---

[33] Aus 'Wohnungsfürsorge' S. 3 von Termöhlen
[34] s. S. 70f der Jubiläumszeitschrift a.a. O.

Weitere Darlehensempfänger der VA Hannover waren der Göttinger Spar- und Bauverein, der Spar- und Bauverein zu Hannover, der 'Bauverein Heimstätte' der Firma Karl Breiding und Sohn in Soltau, aber auch ein einzelner Arbeiter in Nienburg, der bereits ein Grundstück erworben hatte. Ihm wurde ein Darlehen in Höhe des halben Kaufpreises für das Grundstück und Gebäude von 5.500 Mark gewährt. Ab 1893 wurden auf diese Weise weitere Arbeiter gefördert. Sie mußten dazu eine ordentliche Beitragsentrichtung zur Sozialversicherung nachweisen, einen Kaufvertrag vorlegen und das fertige Haus bei der 'Landschaftlichen Brandkasse' versichern.[35]

In dieser Zeitschrift heißt es weiterhin:

„Durch den ständig steigenden Zuzug von Arbeitskräften aus ländlichen Gebieten nahm die Wohnungsnot in den Städten weiterhin zu" Dem wollte die LVA Hannover begegnen "durch Seßhaftmachung tüchtiger und strebsamer Arbeiterfamilien in gesunden Wohnungen auf einem Eigenthume, dessen Bewirtschaftung ihre Haushaltung erleichtert und ihnen mit der Werthschätzung des selbst errungenen Besitzes zugleich die Liebe zur Heimat stärkt, die sie in der Heimat erhält."[36]

Geeignete Geschäftspartner fand die LVA Hannover in den gemeinnützigen Sparkassen, denen die Mittel überwiesen wurden, welche zum Bau von Arbeiterwohnungen auch auf dem Lande ausgeliehen werden sollten. Die mit diesen Geldern geschaffenen Wohnungen mußten über mindestens 3 Räume verfügen.

Auch die anderen 30 Landesversicherungsanstalten sind im Rahmen ihrer finanziellen Möglichkeiten in der Arbeiterwohnungsfürsorge aktiv gewesen. Das gleiche gilt für die 10 Sonderanstalten. Von den 31 LVA wurden zum Bau von Arbeiterfamilienwohnungen und Ledigenheimen von 1891 bis Dezember 1914 482.840.733,-- Mark und von den Sonderanstalten im gleichen Zeitraum 49.700.409,-- Mark, also insgesamt 532.541.142,-- Mark an Krediten 'hergegeben'. Empfänger waren Genossenschaften, Gesellschaften, Aktienbauvereine, sonstige gemeinnützige Vereine und Stiftungen, aber auch Provinzen, Kreise, Gemeinden, Sparkassen und sonstige Anstalten des öffentlichen Rechts sowie Arbeitnehmer (Versicherte) und Arbeitgeber. Die Zinssätze beliefen sich auf 2½ bis 4½ % p.a., so daß der Nutzeffekt der Kreditaufnahme für den Bauherrn hoch war und sich günstig auf den von den Arbeitern zu zahlenden Mietzins auswirkte. Interessant sind dabei

---

[35] s. Jubiläumsschrift a. a. O.
[36] AN Nr.1, 1899, S.1

die sehr unterschiedlichen Kreditvolumen, welche die Versicherungsträger eingesetzt hatten . Sie betrugen z. B. im Jahre 1914

seitens der LVA Rheinprovinz	84.356.228,-- Mark
seitens der LVA Westfalen	61.245.407,-- Mark
seitens der LVA Königreich Sachsen	53.448.542,-- Mark
seitens der LVA Hannover	49.038.762,-- Mark
seitens der LVA Baden	36.325.586,-- Mark
seitens der LVA Württemberg	28.324.807,-- Mark
seitens der LVA Schlesien	13.364.175,-- Mark
seitens der LVA Sachsen-Anhalt	13.144.035,-- Mark
seitens der LVA Hansestädte	12.049.400,-- Mark
seitens der LVA Thüringen	10.971.492,-- Mark
seitens der LVA Schleswig-Holstein	10.710.167,-- Mark

Die übrigen LVA lagen unter 10 Millionen Mark. Sie waren durch eine überwiegend im Agrarbereich tätige Bevölkerung und Wirtschaft gekennzeichnet.

Angesichts dieser entliehenen Beträge könnte mancher Wirtschafter der Ansicht gewesen sein, daß ein nur um ½% oder gar 1% höherer Zinssatz für die Versicherungsanstalten vorteilhafter gewesen wäre und zugleich zusätzliche Mittel für die Wohnungsfürsorge oder die anderen Aufgaben der VA erbracht hätte. Dabei war aber in erster Linie an die Nutzer der Arbeiterwohnungen, die zu damaliger Zeit über ein nur geringes Einkommen verfügten, zu denken. Es kam darauf an, mit Hilfe dieser Kredite möglichst viele Wohneinheiten zu schaffen. Das führte auch zu einer spürbaren Entlastung der VA, die immer wieder beklagten, daß sich die Entlassung des Erkrankten aus der Heilbehandlung auch dadurch verzögerte, daß die Wohnverhältnisse in dessen Familie nicht den hygienischen Anforderungen entsprach und der Kurerfolg gefährdet erschien.

Gesundheitsaufklärung der Bevölkerung

Um die Ansteckungsgefahr zu reduzieren, mußten die Bürger zur Mitwirkung gewonnen werden. Dazu bedurfte es zunächst einer intensiven Aufklärung über die Infektionsmöglichkeiten, die Symptome der Krankheit und deren Behandlungsmethoden. Schon im Jahre 1900 forderte deshalb der 'Kunstindustrielle' August

Gerber als Vertreter der Arbeitgeber im Ausschuß der Invaliditäts- und Altersversicherungsanstalt Rheinprovinz,

„daß aus dem im Etat pro 1901 für Heilverfahren eingestellten 450.000,-- Mark (...) 3.000,-- Mark dem Verbande Rheinisch-Westfälischer Samaritervereine vom Rothen Kreuz zur Verfügung gestellt werden zur Abhaltung von Vorträgen in den Kreisen der Versicherten nach dem vom Kaiserlichen Reichs-Gesundheitsamte herausgegebenen Gesundheitsbüchlein".

Die Vorträge sollten namentlich umfassen: a) die erste Hilfe bei Unglücksfällen vor Ankunft des Arztes; b) die Gesundheitspflege bzw.. Vorbeugung von Krankheiten in der Familie; c) die Bekämpfung der Tuberkulose. "Es ist im Interesse der Anstalt, Belehrung zu erteilen über die Verhinderung von Krankheiten, über die erste Hülfe bei Unfällen und eine möglichst frühzeitige Krankenpflege, namentlich auf dem Lande". Der Antrag wurde abgelehnt. [37]

Die LVA Westfalen brachte im Jahre 1905 die Aufklärungsbroschüre ‚Ratgeber für Lungenkranke – Verhalten Erkrankter, Verhütung der Ansteckung' in Umlauf, während die LVA Hannover schon früh mit Merkblättern, Broschüren und Anzeigen in den 'Wohlfahrtsblättern' Öffentlichkeitsarbeit zu Gesundheitsthemen betrieb.[38] Es gab aber auch negative Erscheinungen. So beklagte sich die LVA Oldenburg-Bremen, "daß ausgerechnet die Versicherten, die keiner Krankenkasse angehörten, die Krankenfürsorge der Versicherungsanstalt am wenigsten in Anspruch nahmen. Dazu gehörte die Mehrzahl der in der Landwirtschaft tätigen Versicherten, weil sie zu selten rechtzeitig auf die Leistungen der LVA aufmerksam gemacht wurden". [39] Denn bereits seit 1891 waren die Versicherungsanstalten gem. § 12 'IuAVG' befugt, Nichtkrankenversicherten Heilverfahren zu gewähren, wenn deren Erkrankung eine spätere Erwerbsunfähigkeit befürchten ließ, und die zuständige Krankenkasse zu veranlassen, für den betreffenden Versicherten in einem Umfange zu sorgen, den der 'RV'-Träger für erforderlich hielt. Er mußte allerdings die dadurch entstandenen Kosten der Krankenkasse ersetzen.

Seit der Entdeckung der Tuberkelbakterien durch Robert Koch 1882 waren auch die Übertragungswege bekannt geworden: Sie gelangen durch Aushusten des

---

[37] entnommen aus der Broschüre „Ein Weg bis an den Abgrund"... S. 2.
Herausgegeben vom Referat für Öffentlichkeitsarbeit der LVA Rheinprovinz
[38] Jubiläumszeitschrift S. 51 a. a. O.

Erkrankten in die Atemwege anderer Personen, können aber auch an Staubpartikeln kleben oder mit infizierten Lebensmitteln, insbesondere der Milch an TBC erkrankter Kühe, in den menschlichen Körper gelangen. Dort befallen sie am häufigsten die Atemwege, aber auch andere Organe wie die Haut, die Nieren, Genitalien, Lymphdrüsen, das Gehirn, die Knochen und Gelenke. Eine akute und früher gewöhnlich tödliche Form war die Miliartuberkulose, bei welcher der ganze Körper von Tuberkeln überschwemmt wurde (entnommen aus 'Abschied von der Tuberkulose' a. a. O.).

Im Frühstadium war die Krankheit besserungsfähig und in vielen Fällen sogar heilbar. Doch daß die vom Patienten empfundene Gesundheitsstörung ein solches Frühstadium war, wurde oft nicht erkannt, und damit war sein Schicksal besiegelt. Denn während die Unterbringung der Erkrankten in Lungenheilstätten, welche in Gegenden mit gesunder Luft errichtet worden waren, bei guter Verpflegung und vielen Ruhezeiten im Frühstadium gute Heilerfolge zeigte, war die Lage für den Patienten im fortgeschrittenen Stadium angesichts der damaligen Therapiemöglichkeiten ziemlich hoffnungslos. Sie bestanden nämlich 'in Schwitzkuren, Aderlässen und Verabreichungen von Dachs-, Hunde- oder Gänsefett'.

Im Jahre 1808 starben in der Stadt Würzburg, die damals etwa 19.000 Einwohner zählte, 1754 Kranke an Abzehrung und Lungensucht [40]. Dem Tode ging in vielen Fällen ein langjähriges Siechtum voraus, dem Ärzte und Angehörige des Patienten untätig zusehen mußten, weil es noch keine Medikamente gab, die den Krankheitsprozeß hätten aufhalten können. Und nicht selten trugen Siechtum und früher Tod eines Familienmitgliedes zur Verarmung einer ganzen Sippe bei, deren finanzielle Folgen sich in der Belastung der Gemeindekasse mit einer jahrelangen Unterstützung niederschlugen. Den größten Beitrag zur Bekämpfung und schließlichen Überwindung der Tuberkulose leisteten die Rentenversicherungsträger im Klinikwesen.

---

[39] aus "Landesversicherungsanstalt Oldenburg-Bremen 1890-1990" S. 80
[40] aus „Das Ende einer langjährigen Ära" der Zeitschrift ‚wir' a.a. O.

TBC als Volksseuche

Im 19. Jahrhundert war die Tuberkulose die verheerendste Volkskrankheit im Deutschen Reich. Jährlich wurden viele Tausende von ihr dahingerafft. So waren nach statistischen Erhebungen in deutschen Städten mit über 15.000 Einwohnern in jedem Jahre mehr als 10 % der Todesfälle auf die Lungen-TBC zurückzuführen (siehe Abb. 32). Ab 1914 wurde diese Zählung nicht mehr vorgenommen. Aufschlussreich ist auch die Statistik über den Zugang der TBC-Krankheitsfälle in den allgemeinen Krankenhäusern in den Jahren von 1877 bis einschließlich 1910. Danach wurden die betreffenden Abschnitte XX des Statistischen Jahrbuches des Deutschen Reichs ebenfalls 'nicht mehr behandelt'. Statt dessen zierten Todesanzeigen gefallener Dienstkräfte des Reichsamtes als 1. Seite die Bände eines jeden Jahrgangs.

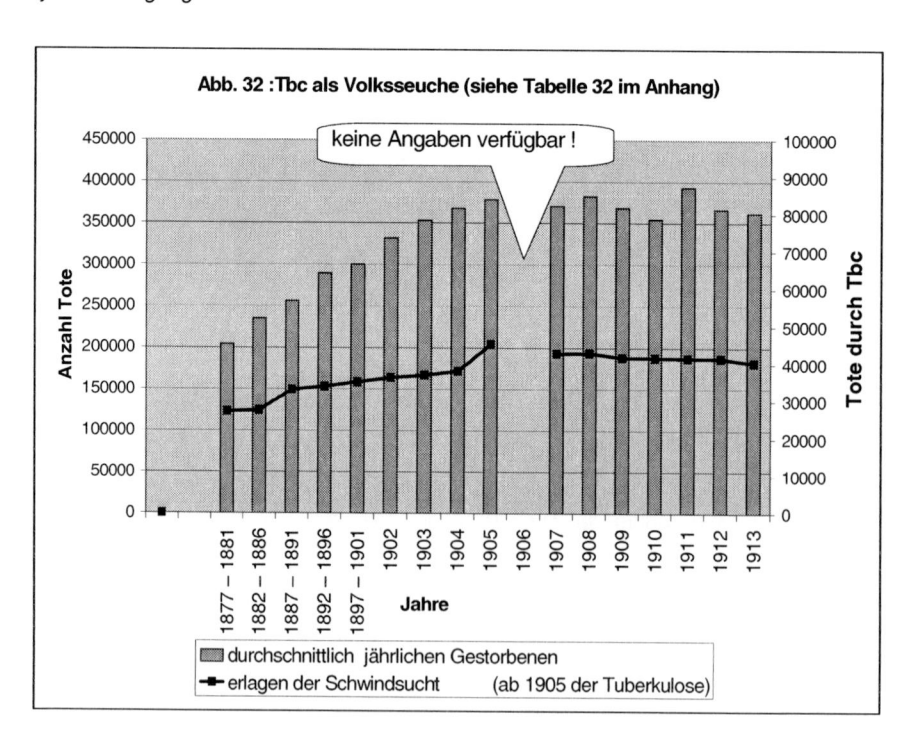

Abb. 32 : Tbc als Volksseuche (siehe Tabelle 32 im Anhang)

■ durchschnittlich jährlichen Gestorbenen
◆ erlagen der Schwindsucht   (ab 1905 der Tuberkulose)

TBC-Zugänge

Die TBC-Zugänge betrugen in den Jahren 1877-1879 50.511 Fälle, von 1880-1882 55.943 Fälle, von 1883-1888 (also für 6 Jahre) 75.240 Fälle, 18891891 106.371 Fälle, von 1892-1894 96.829 Fälle, von 1895-1897 112.462 Fälle, von 1898-1901 (für 4 Jahre) 204.959 Fälle, 1902-1904 285.918 Fälle und von 1905-1907 365.901 Aufnahmen, für die Jahre 1908-1910 451.161 Patienten. Die Tuberkulose grassierte also auf eine erschreckende Weise.

Berühmte TBC-Opfer

Ihr fielen nicht nur die Armen und Schwachen, sondern Menschen aller Stände, unter ihnen auch Berühmtheiten der damaligen Zeit zum Opfer. So starben Friedrich Schiller (1759-1805), Niccolo Paganini (1782-1840), Carl Maria von Weber (1786-1826), Annette Droste-Hülshoff (1797-1848), Frédéric Francois Chopin (1810-1849), Franz Josef Karl, Napoleon I. Sohn, König von Rom und Herzog von Reichsstadt (1811-1832), Alexander von Graefe (1828-1870), Begründer der modernen Augenheilkunde, Anton Pawlowitsch Tschechow (1860-1904), Christian Morgenstern (1871-1914) nach nahezu 20jähriger schwerer Krankheit und Klabund (Alfred Henschke, 1891-1928) an Tuberkulose. Johann Wolfgang von Goethe (1749-1832) war ebenfalls an TBC erkrankt, die aber offensichtlich günstig verlief und nahezu geheilt wurde. Der Blutsturz, den er am 26. September 1830 erlitt, könnte eine späte Erscheinung dieser Krankheit gewesen sein.

Paul Ehrlich (1854-1915) hatte sich bei seinen Laboratoriumsarbeiten infiziert und fand in seinem Auswurf Tuberkelbazillen. Daraufhin begab er sich mit seiner Frau 1 ½ Jahre lang auf Reisen, auch nach Ägypten, und kehrte dann geheilt nach Deutschland zurück. Maxim Gorki (eigentlich A. M. Pjeschkow, 1868-1936) hatte im Dezember 1887 einen Suizidversuch unternommen. Er schoß sich in die Brust, um das Herz zu treffen. Die Kugel durchschlug die Lunge und blieb unter der Rückenhaut stecken. Gorki war möglicherweise danach an der Tuberkulose erkrankt. Im Jahre 1905 emigrierte er nach Italien und lebte dort auf Capri bis zum Ende des 1. Weltkrieges. Hier wurde er von Dr. Manuchin, der bei seinen Patienten ein von ihm entdecktes neues Verfahren anwandte, behandelt und geheilt.

Diese Kuren dauerten zumeist viele Monate, bis die von den Bakterien befallene Stellen in der Lunge im günstigsten Falle vernarbten oder verkalkten, so daß der Patient als geheilt entlassen werden konnte. Und es vergingen zwei Jahrhunderte bis Behandlungsmethoden gefunden wurden, welche der TBC den Charakter der bedrohlichsten Volksseuche in Deutschland nahmen. Welche Wege die Medizin im 18. und 19. Jahrhundert gegangen war, um ihrer Herr zu werden, schilderte Dr. Ebstein in seinem Buch 'Tuberkulose als Schicksal' (a.a.O.) auf Seiten 168 – 171 auf akribische Weise.

Eine derartig langwierige und kostspielige Heilbehandlung, die zum mindesten eine Besserung der Krankheit „erwarten ließ, konnten sich nur vermögende Patienten leisten. Der unbemittelte arme Lungenkranke war bis jetzt der Ärmste der Armen. Langsam hinsiechend, sich zeitweise zur Arbeit aufraffend, wieder niederbrechend und unter dem unerbittlichen Joch sich zur Last, den Seinen doppelt zur Last, die Kräfte der Familie und ihre spärlichen Mittel erschöpfend " war er seinem Schicksal hilflos ausgeliefert. [41]

TBC-Bekämpfung mit Mitteln der LVA

Zu einer Linderung dieses sozialen Elends in weiten Kreisen der Bevölkerung trug erst die Einrichtung der Invaliditäts- und Altersversicherungsanstalten bei. Sehr schnell sammelte sich bei ihnen aus den Beiträgen mehr Kapital an, als diese für die Zahlung der Invaliden- und Altersrenten benötigten. So waren sie in die Lage , ihren Versicherten eine Behandlung zunächst in den allgemeinen Krankenhäusern und dann später in den durch sie geförderten Spezialkliniken finanzieren zu können. Nach dem Krankenversicherungsgesetz von 1883 waren die Krankenkassen berechtigt, die Kosten einer Heilbehandlung nur für maximal 13 Wochen zu übernehmen. Wer in dieser Zeit nicht genesen war, mußte die weiteren Kosten selber tragen. Hatte der Erkrankte seine Anwartschaft auf eine Invalidenrente aufrechterhalten, konnte die Versicherungsanstalt die zur Abwendung der Indivalidität noch erforderlich gewordene Behandlung finanzieren. Sie war gemäß § 12 'IuAVG' auch befugt, Nichtkrankenversicherten ein Heilverfahren zu gewähren, wenn die Erkrankung eine spätere Erwerbsunfähigkeit befürchten ließ. Sie konnte die Krankenkasse veranlassen, für den Versicherten in einem Umfange zu sorgen, wie es der 'RV'-

---

[41] Aus einem Bericht des Frankfurter Stadtanzeigers im September 1884, zitiert auf S. 11 der Dokumentation des Andreas Daniel a. a. O.

Träger für erforderlich hielt. Nach § 18 'IVG' war die Versicherungsanstalt schließlich selbst berechtigt, auf ihre Kosten ein Heilverfahren in einem Krankenhause oder einer sonstigen Genesungsanstalt durchführen zu lassen, wenn dadurch eine Invalidenrente abgewendet wurde.

Die einzelnen 'RV'-Träger gingen dabei verschiedene Wege. Die Invaliditäts- und Altersversicherungsanstalt Schleswig-Holstein bewilligte bereits wenige Monate nach der Aufnahme des Dienstbetriebes das erste Heilverfahren in den akademischen Heilanstalten Kiel, die späteren auch in dem städtischen Krankenhaus Kiel oder dem neu errichteten Zander-Institut. Ab 1895 wurden dort auch Lungenkranke behandelt.

Da es aber an geeigneten Krankenhäusern im Lande mangelte, wurden die Patienten z. T. nach St. Andreasberg im Harz und sogar nach Davos in der Schweiz verschickt, wo sie in Privatquartieren untergebracht wurden. Das konnte für die aufnehmenden oft kinderreichen Familien eine Gefahr bedeuten. Der bis zu drei Monaten dauernde Aufenthalt in der gesunden Luft des Harzes oder der Alpen bewirkte zwar eine Besserung des Gesundheitszustandes, doch wurde immer wieder die hohe Rückfallquote beklagt, wenn die Erkrankten daheim den rauheren Arbeits- und klimatischen Bedingungen ausgesetzt waren. Deshalb wurde die Verschickungspraxis aufgegeben und statt dessen eine Belegungsvereinbarung mit dem Johanniter-Hospital in Plön getroffen, in der Überzeugung, daß eine Kur in der gesunden Luft Schleswig-Holsteins erfolgversprechender wäre. Die Versicherungsanstalt konnte so am 9. Juni 1896 ihren ersten Patienten in Plön unterbringen. Bald zeigte es sich, daß die dort verfügbaren Betten nicht ausreichten. Für Erkrankte, bei denen bereits durch Luftveränderung, gute Verpflegung und Liegekuren eine erhebliche Besserung ihrer Erwerbsfähigkeit erwartet werden konnte, suchte die VA geeignete Einrichtungen. In St. Peter und später in Büsum fand sie Gastwirte, die bereit waren, regelmäßig Lungenkranke aufzunehmen.

In Hannover wurden am 30. März 1892 für den ersten Versicherten eine Heilkur bewilligt und bis zum Oktober selben Jahres 51 Personen in der Universitätsklinik Göttingen operiert, in der eigenen Wohnung gepflegt oder über den 'Verein zur Errichtung von Heilstätten für Lungenkranke' in Bad Rehburg und später auch in St.

Andreasberg behandelt. Außerdem wurden auf dem Klostergut Kreuzhorst bei Loccum und in Wilsede bei Pyrmont eigene 'Erholungsstationen' eingerichtet, welche Rekonvaleszenten aufnahmen. Die Unterbringung der Patienten in den Badeorten wurde schwieriger. Da die Versicherten überwiegend den unteren Volksschichten angehörten und dort unangenehm auffielen, entschied der Vorstand, eine eigene Heilstätte einzurichten.

So wurde bereits im Jahre 1895 das 'Genesungshaus Königsberg' bei Goslar als erste Heilstätte der Rentenversicherung für Lungenkranke von der Invaliditäts- und Altersversicherungsanstalt Hannover eröffnet. Es war allerdings nicht die erste Spezialklinik für an TBC Erkrankte in Deutschland. Diese wurde schon im Jahre 1854 von dem Arzt Hermann Brehmer (1826-1889) in Gröbersdorf in Schlesien gegründet. Ihm gebührt das Verdienst, mit anderen die Grundlagen für eine Allgemeinbehandlung der Lungentuberkulose geschaffen zu haben. Das Genesungshaus Königsberg verfügte über 35 Betten und wurde von einer Schwester des Henriettenstiftes Hannover geleitet. Die medizinische Versorgung erfolgte ambulant durch den Goslarer Arzt Dr. med. Andrae von seiner Praxis aus.

Das zweite Genesungshaus 'Erbprinzentanne' bei Clausthal-Zellerfeld wurde 1897 für tuberkulöse Frauen eröffnet, und die Fachklinik Hasenbach bei Zellerfeld als drittes Genesungshaus Schwarzenbach übernommen. Das vierte Genesungshaus Friedrichshöhe in Pyrmont war der erste Neubau der LVA Hannover und nahm ab 1901 die Behandlung nicht tuberkulöser Krankheiten auf.

TBC-Fürsorgestellen

Die LVA Hannover verzeichnete in der Zeit von 1897 bis 1912 an Ausgaben :

- für die Bekämpfung der Tuberkulose   154.000.000,-- Mark
- für die Gemeindekrankenpflege   30.000,-- Mark
- für die Fürsorgestellen,   25.000,-- Mark
  für die Säuglings- und Schulzahnpflege,
  zur Förderung von Krankenanstalten,
  Ferienkolonien und Sportvereinen   14.000,-- Mark
- für die Zahnbehandlung Versicherter   50.000,-- Mark

Man war zu der Erkenntnis gelangt, „daß kariöse Zähne für Tuberkelbazillen und sonstige Krankheitserreger wahre Brutstätten bildeten". In der von der LVA geförderten Lungenheilstätte Heidehaus bei Hannover wurde ein zahnärztliches Laboratorium eingerichtet und das halbe Gehalt eines Arztes übernommen, der zusätzlich als

Schulzahnarzt zu fungieren hatte. Der Erfolg aller Heilbehandlungen der LVA zeigte sich darin, daß 57 % der im Jahre 1907 Behandelten noch im Jahre 1912 erwerbsfähig waren.[42]

Darlehen für Volksheilstättenvereine

Die meisten anderen Versicherungsanstalten hielten anfangs eigene Lungenheilstätten für entbehrlich, so z. B. jene von Oldenburg-Bremen, der Rheinprovinz, von Schleswig-Holstein, Schwaben, Unterfranken, Westfalen und Württemberg. Sie sorgten jedoch dafür, daß solche gebaut wurden, indem sie Vereinen oder anderen Gesellschaften hohe Darlehen zu günstigen Zinssätzen und Rückzahlungsbedingungen gewährten.

Zum Bau der am 15. Juli 1905 in Betrieb genommenen Lungenheilstätte St. Marienheim bei Neuenkirchen gewährte die LVA Oldenburg-Bremen dem Münsterländer Volksheilstättenverein eine Anleihe von 48.000,-- Mark. Dazu kamen 30.000,-- Mark vom Oldenburger Staatsministerium und 15.000,-- Mark vom Zentralkomitee zur Einrichtung von Heilstätten für Lungenkranke in Berlin. Der LVA standen in dieser Klinik 52 Betten für Lungenkranke zur Verfügung.

Der Oldenburger Verein zur Bekämpfung der Tuberkulose errichtete eine Lungenheilstätte in Wildeshausen, die 1908 eröffnet und von der LVA belegt wurde. Sie ging im Jahre 1938 in das Eigentum der LVA über.

Für die von der 'Bergische Volksheilstätten für heilbare Lungenkranke GmbH' am 16. September 1901 eröffneten Lungenheilstätte Ronsdorf mußten insgesamt 600.000,-Mark aufgewendet werden, die zur Hälfte durch ein Darlehen der LVA Rheinprovinz gedeckt wurden. Hier standen 131 Betten zur Verfügung. Doch schon bald geriet das Unternehmen in finanzielle Schwierigkeiten, die auch nicht durch eine Belegungsgarantie seitens der LVA beseitigt werden konnten.

Erwerb von Heilstätten

Schließlich übernahm die LVA selbst diese Klinik mit dem gesamten Inventar gegen Zahlung von ca. 950.000,-- Mark. In ähnlicher Weise verliefen die Kreditierung, Finanzierung und schließliche Übernahme der von dem 'Verein zur

---

[42] aus: LVA Hannover 100 Jahre

Errichtung von Volksheilstätten für Lungenkranke der Kreise Essen-Stadt, Essen-Land, Mühlheim/Ruhr, Oberhausen, Ruhrort und Duisburg' 1902 eröffneten 'Heilstätte Holsterhausen bei Werden an der Ruhr', aus der Jahrzehnte später die moderne 'Ruhrlandklinik in Essen-Heidhausen' wurde. Zum Bau brachte der Verein 200.000,-- Mark auf. Die LVA Rheinprovinz half mit einem Darlehn von 600.000,-- Mark – sonst hätte überhaupt nicht gebaut werden können. Für spätere Erweiterungsbauten und den Ankauf eines Gutshofes legte die Landesversicherungsanstalt noch einmal 700.000,-Mark dazu.[43] Der größte Teil der Betten wurde von der LVA Rheinprovinz belegt. Ab 1. Juli 1918 gehörte die Heilstätte gegen einen Kaufpreis von 1.375.000,-- Mark ganz der Versicherungsanstalt.

Am 17. September 1913 kaufte die LVA das Sanatorium Hohenhonnef, welches Anfang der 90er Jahre von einer Aktiengesellschaft für TBC-Kranke aus besseren Kreisen erbaut worden war. Es geriet aber wegen zu geringer Nachfrage in finanzielle Schwierigkeiten. Als 'Heilstätte Rheinland' diente die Anstalt ab 9. November 1914 der Behandlung lungenkranker Männer, nachdem das Haus renoviert und zweckmäßig eingerichtet worden war. Ähnlich verhielt es sich mit der von der 'Rheinische Volksheilstätten für Nervenkranke GmbH' 1906 in Betrieb genommenen Heilstätte Roderbirken. Als Kaufpreis wurde der Gesellschaft „unter Befreiung derselben von einer noch bestehenden Darlehnsschuld von 1.300.000,-- Mark ein Kapital von 180.000,-- Mark in bar" gezahlt und der Betrieb am 1. Januar 1909 übernommen.

Die LVA Schleswig-Holstein hielt es nicht für zweckmäßig, eine eigene „prunkvoll eingerichtete" Heilstätte zu besitzen, um die Pfleglinge „in einer Weise unterzubringen, die weit über deren gewöhnliche Lebensverhältnisse hinausginge". Ihre Versicherten ließ sie in der 1897 errichteten Lungenheilstätte St. Andreasberg der LVA Lübeck kuren, während die Lübecker die Pflegestation in Büsum mitbenutzen konnten. Letztere wurden 1899 geschlossen und nach Warwerort verlegt, nachdem die LVA dort ein direkt am Nordseestrand befindliches Hotel gemietet hatte. Die ersten baulichen Maßnahmen ergriff sie im Jahr 1907, indem sie auf einem neben der Pflegestation Wilhelminenhöhe in St. Peter erworbenen Grundstück ein Holzblockhaus für 15 Kranke mit einem Kostenaufwand von 13.500,-- Mark

---

[43] aus: Ein Weg bis an den Abgrund, S. 46, a. a. O.

errichtete. Schließlich erwarb die Versicherungsanstalt im Jahre 1919 die von ihr seit 1897 genutzte Pflegestation zu einem Kaufpreis von 60.000,-- Mark. Im Jahre 1910 wurden die ersten Lungenkranken in dem von der LVA dann doch für ca. 75.000,-- Mark selbst gebauten Erholungsheim Apenrade aufgenommen.

Bau von eigenen Sanatorien

Die LVA Schwaben nutzte wie die anderen genannten Versicherungsanstalten in den ersten Jahren anstaltsfremde Heilstätten für ihre Patienten, bis sie sich 1901 für den Bau eines eigenen Sanatoriums entschied, weil dies billiger zu sein schien. In der Folgezeit gingen viele Angebote von Grundstücksbesitzern ein. Nach Beratung mit einer 1904 gebildeten Ärztekommission fiel die Entscheidung für ein Grundstück in Wasach, einem Ortsteil der Gemeinde Tiefenbach am Westrand des Oberstdorfer Talkessels, da dieser Ort der niederschlagärmste Platz um Oberstdorf war und zudem wenige Nebeltage und die längste Sonneneinstrahlung des ganzen oberen Allgäus aufwies.[44] Die Auflassung der erworbenen Grundstücke erfolgte am 2. Dezember 1905. Die aufsichtliche Baugenehmigung durch das Königlich Bayerische Landesversicherungsamt wurde am 27. Januar 1906 erteilt. Mit dem Bau wurde aber erst 1914 begonnen, weil zuvor eine 1,8 km lange Zufahrtstraße, die teilweise aus dem Fels herausgesprengt, gebaut und die Wasserversorgung geregelt werden mußte. Der 1. Weltkrieg verzögerte die Bautätigkeit und später die Beschaffung der Einrichtung erheblich, so daß die Heilstätte erst am 15. September 1917 eröffnet werden konnte.

Die LVA Unterfranken verzeichnet in ihrer Chronologie für das Jahr 1898 erstmalig ein Darlehn von 70.000,-- Mark zum Bau der Lungenheilanstalt in Lohr und ein weiteres von 188.000,-- Mark zugunsten der Stadt Schweinfurt zur Errichtung weiterer Arbeiterhäuser. Gegen den Willen des Vorstandes setzte der Ausschuß im Jahre 1907 den Bau eines Invalidenhauses durch, in dem alleinstehende, völlig hilflose invalide Männer untergebracht wurden. Im Verwaltungsbericht des Jahres 1908 erschien erstmalig ein Hinweis auf die Behandlung an TBC erkrankter Männer im Sanatorium Luitpoldheim und der Frauen in den Heilstätten Rhömhild in

---

[44] entnommen der Jubiläumsschrift „Die Landesversicherungsanstalt Schwaben von 1891 – 1991 a. a. O.

Thüringen und Ruppertsheim im Taunus. Das Sanatorium Luitpoldheim ging 1910 in den Besitz der LVA über. Der Verein zur Gründung eines Sanatoriums für unbemittelte Lungenkranke in Unterfranken beschloß 1908, eine Frauenanstalt zu erbauen. Das geschah dann auch nahe der Ortschaft Sackenbach, wo bei einem Aufwand von 600.000,-- Mark das Maria-Theresia-Heim entstand. Es wurde am 11. Juli 1914 eingeweiht. Für den Bau hatte die LVA Unterfranken einen Kredit von 140.000,-- Mark gewährt, der hypothekarisch gesichert war.

Auch die LVA Westfalen vergab in den ersten Jahren ihres Bestehens Darlehn an die Heilstättenvereine. Auf diese Weise war sie an der Finanzierung der ersten westfälischen Volksheilstätte in Hellersen bei Lüdenscheid beteiligt, die am 2. August 1898 eröffnet wurde. Träger der Heilstätte war der Kreis Altena, dessen Landrat sich für den Bau eines Sanatoriums einsetzte. Er wurde dabei vom Deutschen Zentralkomitee zur Errichtung von Lungenheilstätten und dem Kreisverein des Roten Kreuzes unterstützt. Industrielle des Kreises stifteten namhafte Beträge für diesen Zweck. Ausschlaggebend war aber die Zusage eines Baudarlehns in Höhe von 300.000,-- Mark seitens der VA Westfalen, die sich auch verpflichtete, das Haus mit Lungenkranken aus ihrem Versichertenkreis zu belegen.

„Das 400.695,42 Mark teure Lungensanatorium erhielt allerhöchste Weihen: die Kaiserin stiftete ein Kruzifix und zwei Altarleuchter für die Kapelle der Heilstätte und sprach telegraphisch ihre Glückwünsche zur Eröffnung aus". [45]

Anläßlich eines Besuches in Bielefeld überwies die Kaiserin Auguste-Viktoria dem berühmten Pastor Friedrich v. Bodelschwingh (1831-1910) eine Spende, welche die Grundlage des daraufhin gegründeten Heilstättenvereins für den Regierungsbezirk Minden wurde. Den zum Bau des Sanatoriums noch fehlenden Betrag gab die VA Westfalen als Darlehn. Die Lungenheilstätte wurde in Lippspringe erbaut und erhielt den Namen 'Auguste-Viktoria-Stift'. Im November 1901 nahm es die ersten von der LVA Westfalen eingewiesenen lungenkranken Frauen auf. Wegen der verschiedenen Religionszugehörigkeit der Pflegekräfte, einerseits der katholischen Franziskanerinnen des Mutterhauses in Salzkotten und andererseits der evangelischen Diakone des Brüderhauses Nazareth in Bethel, waren zwei Patientenhäuser errichtet worden. In ihnen wurden die Kranken von ihren Glaubensgenossen betreut, obwohl dies nach

---

[45] Andreas Daniel a. a. O.

Ansicht des Trägervereins den medizinischen und wirtschaftlichen Erfordernissen widersprach. Anläßlich der 100. Wiederkehr des Geburtstages von Kaiser Wilhelm I. gründeten Hagener Bürger den Verein 'Kaiser-Wilhelm-Volksheilstätte zu Hagen i.W.' Sie sammelten 200.000,-- Mark. Der Landkreis Hagen gab einen Zuschuß von 60.000,-- Mark und das Zentralkomitee zur Errichtung von Heilstätten für Lungenkranke in Berlin von 30.000,-- Mark. Die zusammengebrachten 290.000,-- Mark reichten nicht aus, und so bemühte man sich, die Stadtkreise Dortmund und Hagen sowie die Landkreise Hattingen und Schwelm in das Projekt mit einzubinden, was gelang. Sie gründeten am 22. Mai 1901 den Verein 'Märkischer Volksheilstätten-Verband' und faßten den Beschluß, die Heilstätte in der Nähe des Gutes Ambrock bei Dahl zu errichten und das Gut Ambrock zu erwerben. Die Finanzierung dieses Unternehmens hatte die VA Westfalen durch Gewährung einer Anleihe in Höhe von 725.000,--Mark sichergestellt. Der Zinssatz des Darlehns betrug 3½% und die Tilgung ½% im Jahr. Zum Erwerb des Gutes stiftete der Kommerzienrat Julius Ribbert aus Hoheneimberg 100.000,-- Mark. Zu seinen Ehren erhielt das Anwesen den Namen 'Ribbert-Hof'. Er lieferte der Heilstätte die erforderlichen Nahrungsmittel. Im Frühjahr 1901 begannen die Bauarbeiten für den vierstöckigen Hauptbau und die Nebengebäude. Am 22. Oktober 1903, dem Geburtstag der Kaiserin, wurde die Heilstätte in Anwesenheit des Oberpräsidenten von Westfalen, Freiherr von der Recke u. a. Honoratioren eingeweiht. Die Bettenzahl betrug anfangs 100, wurde aber schon 1904 durch Ausbau des Dachgeschosses auf 130 erhöht. Ambrock wurde hauptsächlich von der LVA Westfalen belegt. Sie überwies aber noch weiterhin Lungenkranke in die Kurorte St. Andreasberg und Bad Lippspringe sowie in das St. Vincenz-Hospital und das Johanniter-Krankenhaus in Altena. Mit den beteiligten Krankenanstalten wurden Tagespflegesätze in Höhe von 4 Mark pro Patienten vereinbart. Während der üblichen ca. 3monatigen Dauer einer Liegekur stellte sich ein höherer Aufwand ein, als eine Jahresinvalidenrente ausmachte, deren Höchstsatz bei 270 Mark lag. Im Jahre 1905 wurde das Auguste-Viktoria-Stift zu einer reinen Frauenanstalt, während Hellersen und Ambrock nur Männer aufnahmen. Da die Pflegekosten sich in den Folgejahren erhöhten, der vereinbarte Tagessatz nicht mehr ausreichte und die Übernahme des Defizits durch die LVA die finanziellen Schwierigkeiten der Trägervereine lediglich zu lindern vermochte, entschied der Ausschuß der LVA in seiner Sitzung am 13. November 1914, Hellersen als erste eigene Lungenheilstätte zu erwerben. Zuvor hatte der Trägerverein das Haus der

Intendantur des XVIII. Armeekorps gegen eine monatliche Verwaltungspauschale von 3.000,-- Mark überlassen, die hier ihre lungenkranken Soldaten unterbrachte. Die LVA übernahm diesen Vertrag. Auch der Märkische Heilstättenverein war in wirtschaftliche Schwierigkeiten geraten. Durch die kriegsbedingte Teuerung waren die Selbstkosten pro Patient auf 6,83 Mark angewachsen, während der Tagessatz weiterhin bei 4,-- Mark lag. Deshalb war der Verein sofort bereit, das Kaufangebot der LVA Westfalen zu akzeptieren, so daß nunmehr auch Ambrock am 1. April 1917 als zweite eigene Lungenheilstätte in das Eigentum der LVA Westfalen überging.

In den ersten Jahren ihres Bestehens hatte auch die damalige Invaliditäts- und Altersversicherungsanstalt Württemberg die von ihr betreuten Kranken in fremden Anstalten behandeln lassen, dann aber im Jahre 1904 die vom Verein für Volksheilstätten in Württemberg erbaute und im Sommer 1900 eröffnete Volksheilstätte Wilhelmsheim gekauft. Der Kaufpreis betrug 496.000,-- Mark, wovon auf die innere Einrichtung 50.000,-- Mark entfielen. Zur Erweiterung und baulichen Veränderung waren 600.000,- Mark erforderlich. In der Heilstätte wurden nur lungenkranke Männer untergebracht. Für die weiblichen Lungenkranken errichtete die LVA Württemberg bei Bolsternang in der Gemeinde Großholzleuten eine eigene Heilstätte, die am 1. September 1908 eingeweiht werden konnte. Wegen der Abgelegenheit des Bauplatzes mußte erst eine Zufahrtsstraße geschaffen und das Baumaterial von weit her herangebracht werden. Da einheimische Arbeiter nicht zur Verfügung standen, wurden Italiener beschäftigt. Täglich waren ca. 200 Arbeiter auf dem Bauplatz. Die Stundenlöhne für die Tagelöhner betrugen 35 Pf und für Maurer 40 Pf, und die Heilstätte kostete die LVA mehr als 2 Millionen Mark. Sie führt heute den Namen Kurklinik Überruh.[46] Bereits im Januar 1899 hatte die Versicherungsanstalt das Bad Röthenbach bei Nagold gekauft, um dort männliche Versicherte nach überstandener Krankheit zur weiteren Genesung und Erholung aufnehmen zu können. Nach den erforderlichen Umbauten wurde das Genesungsheim am 10. April 1900 eröffnet. Im 1. Weltkrieg war es Lazarett, und ab 1920 diente das Genesungsheim der Behandlung männlicher Versicherter mit geschlossener Lungen-

---

[46] entnommen aus: Entwicklung der Rehabilitationsstätten der LVA – Von Kurheimen und Sanatorien zu Kliniken

TBC. Vor der Errichtung der Lungenheilstätten verfügte die LVA bereits über ein von ihr 1903 erbautes Krankenheim für männliche und weibliche Versicherte zur Behebung ihres Rheumaleidens. Für den Bau der Rheuma-Heilstätte Wildbad wendete die LVA ca. 262.000,-- Mark auf. Im gleichen Jahre wurde das Genesungsheim Lorch für weibliche Versicherte, die an verschiedenen Krankheiten litten, in Betrieb genommen. Die Gesamtaufwendungen für den Grunderwerb, den Aufbau und die Einrichtung beliefen sich auf ca. 195.000,-- Mark. Ab 1920 diente auch diese Klinik der Behandlung tuberkulöser Frauen.

Das größte Bauprojekt einer LVA

Das größte und aufwendigste Bauprojekt einer LVA wurde nach 4jähriger Bauzeit mit der Inbetriebnahme der Arbeiterheilstätten der LVA Berlin bei Beelitz am 2. Mai 1902 verwirklicht. Die Gesamtkosten der Anlage betrugen 9.000.000,-- Mark. Vor ihrer Errichtung unternahm der Vorstandsvorsitzende in Begleitung des Verwaltungsdirektors der LVA und eines Baurates, welcher die Ausarbeitung der gesamten Pläne und Kostenanschläge sowie die Oberleitung des Baues übernommen hatte, zwei ausgedehnte Studienreisen. Die erste hatte den Zweck, Bade-Einrichtungen zu besichtigen und führte die Herren nach Dresden, Wien, Baden bei Wien, Alland, Kaltenleutgeben, Pest, Stuttgart, Karlsbad, Frankfurt am Main, Homburg, Wiesbaden, Baden-Baden, Nauheim und Hamburg. Die zweite Reise betraf die innere Einrichtung von Heilstätten und hier war das Ziel England. Außer London besuchten sie noch Birmingham und Ventnor auf der Insel Wight.

Beide Reisen waren für die Aufstellung der Baupläne von großem Nutzen, wie der Vorsitzende des Vorstandes, Dr. Richard Freund, in der Vorbemerkung zu seinem Buch 'Die Heilstätten der LVA Berlin bei Beelitz' berichtete. Dieses Buchwerk enthält Beschreibungen des Baugeländes, der einzelnen Gebäude und der Baukosten und gibt ein Spiegelbild der sozialen Einstellung und Verantwortlichkeit der damaligen Versicherungsbeamten und ihrer Anstrengungen im Interesse der von ihnen betreuten Versichertengemeinschaft wieder.

Heilstätten als Wirtschaftsfaktor

Die Lungenheilstätten und anderen Sanatorien waren für ihre ländliche Umgebung ein Wirtschaftsfaktor ersten Grades und sind dies auch noch heute. Die

Kapazitäten der zumeist in den benachbarten Städten ansässigen Tief- und Hochbauunternehmen konnten voll ausgelastet, weitere Arbeitskräfte angeworben und die zum Bau benötigten Gerätschaften bestellt werden. Das füllte die Kassen aller Beteiligten. Mit der Inbetriebnahme der Kliniken waren auch die unterschiedlichsten Berufe gefragt : Ärzte, Apotheker, Wirtschaftsführer, das Pflegepersonal, Bürokräfte, Reinigungsfrauen, Wäscherinnen, Plätterinnen, Heizer, Hausmeister, Friseure, Köche, Droschkenkutscher, Gärtner, Nachtwächter und Leichenbestatter. Für die Landwirte, Obst- und Gemüsebauern, Müller, Bäcker, Fleischereien, Meiereien, Molkereien und die Fuhrbetriebe verbesserten sich die Absatz- und Verdienstmöglichkeiten je nach Größe und Belegung der Krankenanstalten erheblich. Selbst die Eisenbahnen verdienten an der Kurverschickung durch die Rentenversicherungsträger und auf den Bahnhöfen die Kofferträger und Schuhputzer.

Die verunreinigten Straßen waren Seuchenherde. Denn solange es die 'Elektrische' (Straßenbahn) und Autos noch nicht gab, besorgten Pferdegespanne die Fuhren von Waren aller Art und Menschen und hinterließen – wo immer sie standen oder liefen – ihre Exkremente. Aber nicht nur die Pferde sorgten für die völlige Verunreinigung der Straßen und Wege, sondern auch die Anwohner und Wirtschaftsbetriebe, die ihre Abwässer einfach in die Gosse kippten. Selbst die Schlächtereien ließen von den Höfen durch den Torweg das Blut der geschlachteten Tiere auf die Straße fließen, in manchen Kleinstädten und Marktflecken sogar noch bis zum Ende des 2. Weltkrieges. Wenn es stark geregnet hatte, waren selbst die Bürgersteige Kloaken und in den heißen Sommermonaten umschwirrten Fliegen aller Größen , Bremsen und Wespen die Tiere und Passanten, und es stank überall fürchterlich. Allerorts lauerte die Gefahr einer Infektion, Typhus, Ruhr und Tuberkulose breiteten sich in diesem Milieu seuchenartig aus, und das in all jenen Städten, in welchen als Folge der zunehmenden Industrialisierung die Arbeiter vom Lande, wo sie bei harter, schwerer Arbeit oft nur ein Deputat und ganz wenig Bargeld verdienten, strömten.

Virchows Verdienste bei der Seuchenbekämpfung

In dieser Verfassung fand der später wegen seiner Zellentheorie weltbekannte Arzt Rudolf Virchow viele Stadtteile Berlins vor, als er 17jährig nach seinem Abitur in die militärärztliche Bildungsanstalt einzog, die mit dem großen Krankenhaus der

Charité[47] verbunden war. Er wurde wissenschaftlicher Assistent und konnte seine Forschungen auf dem Gebiete der pathologischen Anatomie vertiefen. Durch ein neuartiges Verfahren der Leichenöffnung wurde Virchow bald über Berlin hinaus bekannt. Hierbei ging es darum, eine einheitliche Methode auf der Grundlage einer sicheren Technik im Schneiden und der Beobachtung der einzelnen Organe anzuwenden. Der Zusammenhang der einzelnen Teile durfte in Hinblick auf das Ganze nicht übersehen werden. Zuerst beobachtete er mit bloßem Auge das Gewebe, dann untersuchte er es mit Lupen unterschiedlicher Stärkegrade, woraufhin Gewebeschnitte unter dem Mikroskop geprüft und chemisch analysiert wurden. Seine Forschungen dienten der Aufdeckung der Krankheitsursachen und galten direkt oder mittelbar der Bekämpfung der Volksseuchen und der Beseitigung der Krankheitsherde. Auf seine Anregung hin wurde das Statistische Amt der Stadt Berlin geschaffen, das durch seine sorgfältigen Ermittlungen den jeweiligen Gesundheitszustand und die Sterbeverhältnisse in der Bevölkerung erkennen ließ. Sein Augenmerk galt dabei dem Anteil der Tuberkulose, der Diphtherie und des Typhus an der Sterbehäufigkeit. Seine Mitarbeit im Stadtparlament, in das er 1859 als Stadtverordneter gewählt wurde, verhalf Berlin zu einer Abwasserkanalisation und weit vor der Stadt liegenden Rieselfeldern. Dorthin wurden die Abwasser gepumpt, so daß sie die Flüsse und Seen nicht mehr verdrecken konnten. Hinzu kam eine ausreichende Frischwasserversorgung durch ein zentrales Leitungssystem. Das erforderte eine entsprechende Niveauregulierung der Straßen und Umbauten in den Häusern, es hat das ganze Erscheinungsbild der Stadt verändert. Berlin wurde zu einer der reinlichsten, schönsten und gesundesten Großstädte.

Hervorragendes leistete Virchow auch im Krankenhauswesen, sowohl hinsichtlich der baulichen Ausführung der großen städtischen Krankenanstalten und ihrer für damalige Verhältnisse modernen und zweckmäßigen Inneneinrichtung, als auch bezüglich der beruflichen Ausbildung des Pflegepersonals. Zur

---

[47] Maison de Charité – 1710 als Pest-Krankenhaus gegründet -. Berlin blieb aber von der Pest verschont. Das Haus der ‚Barmherzigkeit' (französisch: charité) wurde als Arbeitshaus und Garnisonslazarett genutzt und unterstand der Armee-Verwaltung, durch Kabinetts-Order des Königs Friedrich Wilhelm I. vom 18. November 1726 Bürger-Lazarett und 1798 der Aufsicht der Armen-Direktion und des Oberkollegium Medicum unterstellt – zur Verbesserung der medizinischen Betreuung und des klinischen Unterrichts. Im Vordergrund stand die Ausbildung von Militärärzten für das preußische Heer.

Gesunderhaltung der städtischen Bevölkerung setzte er sich für eine aufgelockerte Bauweise, für Parkanlagen, Grünflächen, Kinderspielplätze, hygienisch einwandfreie Schulgebäude, für die Anstellung von Schulärzten, die Verbesserung der Wohngebäude und Arbeitsstätten ein. Mit besonderer Energie widmete er sich der Bekämpfung der Trichinenkrankheit, die von Parasiten erzeugt, im Fleisch der Schlachttiere auf den Menschen übertragen wird und zu schmerzhaften Störungen in der Muskulatur und in den Gliedern und vielfach zum Tode führt. Diese Trichinen können mit bloßem Auge im Fleisch der geschlachteten Tiere erkannt werden. Die Notwendigkeit der von Virchow befürworteten regelmäßigen Fleischbeschau zeigt eine Statistik des Jahres 1923, wonach in Deutschland von ca. 6 Millionen geschlachteten Schweinen 7639 Tiere als für den menschlichen Genuß völlig untauglich ausgeschieden werden mußten, und zwar 7148 wegen Tuberkulose und 491 wegen Trichinen und Finnen.

Doch nicht nur in Berlin erwarb sich Virchow durch seinen unermüdlichen Einsatz in Forschung, Lehre und Krankenbehandlung große Verdienste, sondern auch in Franken, wohin sein Weg ihn führte, nachdem ihm wegen seiner revolutionären Tätigkeit zu Ostern 1849 durch Dekret des neuen Ministers der Lehrauftrag an der 'Charité' entzogen wurde. Dieses Dekret nahm der Minister auf Betreiben angesehener Persönlichkeiten wieder zurück, doch verblieb es bei dem Entzug der freien Verpflegung und Wohnung in der Anstalt. Die bereits laufenden Verhandlungen mit der Universität Würzburg waren erfolgreich, so daß Virchow im Herbst 1849 als ordentlicher Professor der Pathologie in die dortige medizinische Fakultät aufgenommen wurde. Der Übergang in eine neue Umgebung mit anders gearteten Menschen wurde ihm durch die trefflichen Kollegen, durchweg älter als er und von anerkanntem Ruf und von feinsinnigen Menschen erleichtert. Die Universitätspoliklinik Würzburg blickte bereits damals auf eine jahrzehntelange Tradition der planmäßigen epidemiologischen Forschung zur Eindämmung der Volkskrankheiten zurück.

Im Jahre 1852 entsandte die bayerische Staatsregierung Virchow mit zwei Regierungsräten in den Spessart, um die trostlose Lage einer in Hungersnot befindlichen Bevölkerung, die vorher durch Typhus, Ruhr und Pest schwer mitgenommen war, zu studieren. Auch hier fand er viele Menschen in engen, von Flöhen wimmelnden Wohnungen vor. Am Schlusse seines Berichtes über 'Die Noth im Spessart' stellte er die Frage, ob die Priesterschaft nicht imstande sein sollte, die

Bevölkerung durch Unterweisung zu Bildung und Sittlichkeit zu bringen. Hiernach zu trachten, war sein Credo im Ansehen der Medizin, der ärztlichen Fortbildung, der Volksaufklärung sowie seines politischen Wirkens im Stadtparlament.

Neben Virchow ist in diesem Zusammenhang noch eine Reihe anderer berühmter Mediziner zu erwähnen : An erster Stelle der Begründer der Universitätspoliklinik Würzburg und seit 1807 erster Leiter, Prof. Dr. Philipp Josef Horsch (1772-1820). Er wurde von seinen Zeitgenossen wegen seiner umfassenden Bemühungen auf dem Gebiete des staatlichen Gesundheitswesens als „höchstberühmter und um das ganze Medicinalwesen im Königreich Bayern unendlich verdienter Mann" bezeichnet.

Zur Verbesserung der klinischen Diagnostik der Tuberkulose hatte besonders Prof. Dr. Johann Lukas Schönlein (1793-1864), einer der bedeutendsten Ärzte seiner Zeit, beigetragen. Er wurde schon als 26jähriger im Jahre 1819 mit der Leitung der Universitätsklinik in Würzburg betraut. Bis 1833 wirkte Schönlein am Juliusspital, danach in Zürich und Berlin. Als erster Kliniker der Welt benutzte er regelmäßig das Mikroskop und legte auch größten Wert auf die chemische Untersuchung der Sekrete. In seiner Berliner Zeit befürwortete Schönlein die Einführung der Freiliegekuren bei Lungentuberkulose.

Trotz vieler Widerstände erwirkte er, daß der am 14. August 1826 zu Kortzch bei Strehlen in Schlesien geborene Dr. Herrmann Brehmer im Jahre 1854 die Konzession zur Errichtung der ersten Lungenheilstätte der Welt in Gröbersdorf im Riesengebirge erhielt.[48] Zum Gedächtnis an Johann Lukas Schönlein hatte Virchow 1865 in der Aula der Berliner Universität eine Rede gehalten, in der er hervorhob, daß die in der Geschichte der Medizin so berühmt gewordene Würzburger Universitätsklinik Juliusspital „für Studenten ein so reiches Beobachtungsmaterial dargeboten hatte, wie es mit Ausnahme von Wien und Prag nirgends an deutschsprachigen Universitäten zu finden war."[49]

---

[48] aus 'wir' a.a.O.
[49] Quelle wie o.a.

Kapitel IX
Rückblick und Ausblick auf Konsequenzen für die Zukunft

Gesellschaftliche Last: Arbeitslosigkeit

Otto von Bismarck wollte den Arbeiter nicht zum Staatsrentner dadurch werden lassen, daß man ihn in die Arbeitslosigkeit trieb. Gerade das ist vor allem in den letzten Jahrzehnten millionenfach geschehen. Erst im hohen Alter von 70 Jahren (früher, sofern er infolge von Krankheit oder eines Unfalls erwerbsunfähig würde) sollte ihm eine Existenz sichernde, also vom Betrage her minimale, Versorgung zuteil werden.

Die Arbeitslosigkeit hatte in allen Epochen die gleichen Gründe, nämlich den Mangel an Geld. In Gegenden mit vorherrschender Agrarwirtschaft verursachten in den Friedenszeiten sich wiederholende Dürreperioden und folgende Mißernten Einnahmeverluste bei den landwirtschaftlichen Betrieben. Diese konnten dann Arbeitskräfte nicht entlohnen. In Kriegszeiten wurden Gehöfte und Ernten vernichtet, was ebenfalls zu Arbeitslosigkeit, Not und Elend in der ländlichen Bevölkerung beitrug.

Forscht man nach den Ursachen der gegenwärtigen Situation auf dem Arbeitsmarkt, so fällt die Tatsache auf, daß zwar die großen Unternehmen zufriedenstellende Gewinne vor allem im Export erzielt haben - sich diese Tendenz auch in den nächsten Jahren fortsetzen könnte -, daß sie aber neue Arbeitsplätze hierzulande nur in einem verhältnismäßig geringen Umfang geschaffen haben.

In Bezug auf die Ursachen der hohen Arbeitslosigkeit in Deutschland weisen Wirtschaftsfachleute auf die hohen Löhne und Gehälter und stetig ansteigenden Sozialabgaben hin, welche die deutschen Produkte im In- und Ausland verteuern. Offensichtlich ist das aber nicht zu stark, da man sie noch mit Gewinn absetzen kann. Einige Gründe der angewachsenen Arbeitslosigkeit sind offensichtlich : Es wurden Zechen und Fabriken stillgelegt, weil Kohle und Erze und Industriegüter von ausländischen Anbietern billiger zu haben waren. Durch den verstärkten Einsatz der EDV und die damit verbundene Automatisierung von Fertigungsschritten folgte die Freisetzung von Industriearbeitern und Büropersonal. Von den Gewerkschaften erstrittene Lohnerhöhungen veranlaßten die Unternehmen zur Automatisierung von

Arbeitsvorgängen. Dort, wo dies technisch möglich war, wurden anstatt von Fließbandarbeitern Roboter eingesetzt.

Die veränderten politischen Verhältnisse in Europa verursachten zudem einen Einbruch der Nachfrage nach Rüstungsgütern und damit die Stillegung einschlägiger Produktionszweige. Die hierdurch verlorenen Arbeitsplätze konnten nicht im gleichen Umfang durch die Konversion, d. h. durch die Umstellung der Produktion auf Friedensgüter, ersetzt werden. Bis heute erscheinen die zuständigen Gremien ratlos, wenn sie Wege finden sollen, die zum Abbau der Arbeitslosenzahl führen.

Die Unternehmerschaft spürte den Druck seitens der Gewerkschaften, die für ihre noch beschäftigten Mitglieder seit Jahren höhere Löhne fordern. Dazu gesellte sich der heftiger werdende Konkurrenzkampf auf den internationalen Märkten. Um alledem zu entkommen, sahen sich vornehmlich Großbetriebe veranlaßt, einen Teil ihrer Fertigung ins kostengünstigere Ausland zu verlagern. So entstanden dort neue Arbeitsplätze, und hierzulande gingen sie vermutlich unwiederbringbar verloren. Zuvor konkurrierende Konzerne fusionierten und reduzierten damit den Wettbewerbsdruck. Damit konnten sie Synergien nutzen, indem sie ihre Verwaltung vereinheitlichen, nicht mehr benötigte Betriebsteile stillegten und überzählige Arbeitskräfte entließen.

Durch nicht immer volkswirtschaftlich nachvollziehbare Maßnahmen der Regierungen hat der Gesetzgeber den Unternehmen die Möglichkeit geboten, den Staat nach ihren ökonomischen Notwendigkeiten und Zielvorgaben zu nutzen und, indem sie sich z. B. legaler Steuerschlupflöcher bedienen, ihn damit finanziell zu schwächen. Die Subventionspolitik ist hierfür ein beredtes Beispiel. Unter dem Deckmantel der angeblichen Schaffung und Erhaltung von Arbeitsplätzen werden Milliardenbeträge in die Wirtschaft gepumpt. Manchmal fließt dieser Geldstrom sogar solange, bis die Empfängerunternehmen pleite sind und Tausende ihrer Arbeitnehmer entlassen mußten, die nun der Staat zu versorgen hat. In einem solchen Fall mangelte es offenbar an einer Ausgewogenheit staatlicher Hilfen und deren erwartbarer Effizienz. Schon vor der Zuteilung der Mittel hätte die wirtschaftliche Potenz des betreffenden Unternehmens von Experten genauer geprüft werden müssen. Der Staat sollte eine Schutzfunktion insbesondere für den Teil der Bevölkerung übernehmen, der nicht bzw. nicht mehr mit Arbeit versorgt werden kann und deshalb auf finanzielle Unterstützung angewiesen ist. Dazu bedarf es aber umfangreicher Steuereinnahmen aus den unterschiedlichsten Einnahmequellen. Die Zunahme von Großvermögen und deren steuerliche Begünstigung (Steuerfreiheit von realisierten Kursgewinnen und der Körperschaftssteuer etc.) führte zu einer unterschiedlichen Belastung der verschiedenen Volksschichten und wird von vielen als nicht gerecht empfunden. Das ruft vor allem in der Arbeitnehmerschaft Unmut hervor. Sie fühlt und fühlte sich im Vergleich zu den Vermögenden stärker für die Finanzierung staatlicher Aufgaben in Anspruch genommen und versucht u. a. durch gewerkschaftlichen Druck zum Ausgleich höhere Arbeitsentgelte zu erzielen. Dieses Vorgehen hat allerdings zu steigenden Arbeitskosten und als deren Folge zum Arbeitsplatzabbau beigetragen.

Sofern sich die Regierung zu einer spürbaren Reduzierung der Verbrauchs- und Umsatzsteuer (Mehrwertsteuer) und zum Ausgleich für die hierdurch entstandenen Mindereinnahmen zu einer stärkeren Besteuerung der großen Privatvermögen durchringen könnte, würden zunächst die Preise für Waren und Dienstleistungen sinken und damit die Binnennachfrage nach diesen Gütern anregen und in deren Gefolge mehr Arbeitsplätze und Beschäftigungsmöglichkeiten entstehen - das ist der vielfach geäußerte Glaube. Tatsache ist, und dies wird durch Schluß- und Räumungsverkäufe sichtbar, daß die Verbilligung von Waren weit mehr die Nachfrage in der Bevölkerung stimuliert, als im gleichen Maße die erzielten Lohnerhöhungen.

Probleme bei der Zukunftssicherung der öffentlichen Kassen

Lohnsteuern und Sozialversicherungsbeiträge, Solidaritätszuschlag und Pflegeversicherungsprämien haben den gleichen Charakter, denn sie sind Abgaben an den Staat, an das Gemeinwesen. Sie fließen in öffentliche Kassen. Damit deren Zahlungsfähigkeit auch in schwierigen Zeiten erhalten bleibt, sollten die entsprechenden Institutionen über ausreichende Rücklagen verfügen können. Die Finanzverfassung des Staates ist maßgeblich für das Leistungsvermögen der öffentlichen Hand in Anbetracht der Zukunftsaufgaben, also auch der gesetzlichen Rentenversicherung. Deshalb bedarf es bei jeder Einschätzung gesetzgeberischer Maßnahmen, insbesondere auch hinsichtlich der RVÄndG und der Rentenreformgesetze, eines gleichzeitigen Seitenblicks auf den Zustand der Bundesfinanzen, und dieser stimmt derzeitig nicht optimistisch.

Die gegenwärtige Finanzlage sollte Anlaß zu der Befürchtung geben, daß die Mittelbeschaffung nach dem Umlageverfahren sich in den nächsten Jahrzehnten wegen der angestiegenen Erwerbslosigkeit infolge des Arbeitsplatzabbaus und der dadurch zunehmenden Belastung der Unternehmen mit Steuern und 'Sozialbeiträgen' nicht mehr bewerkstelligen läßt. Wenn die Reduzierungstaktik, die in diesen Gesetzen erkennbar wird, nicht zu einer stärkeren Verringerung der Leistungen beiträgt, wird der Bund weit umfangreichere Stützungsgelder aufbringen müssen. Das würde den Steuerzahler zusätzlich belasten. Günstiger wäre eine Rückführung der Ausgaben der Rentenversicherung auf ein Niveau, das vor 7 Jahren den Rentnern auch eine zufriedenstellende Lebenshaltung gewährte. In 1998 betrugen die 'RV'-Ausgaben 394 Milliarden DM, im Jahre 1994 342 Milliarden DM, also 52 Milliarden weniger. Eine solche Ersparnis ist in nur 5 Jahren nicht zu erzielen. Es bedarf dennoch wenigstens eines Ansatzes, also einer noch erträglichen Rentenkürzung. Dazu folgende Rechnung: Die vom Verband Deutscher Rentenversicherungsträger z.B. veröffentlichte 'Vorausschätzung der Einnahmen, der Ausgaben und des Vermögens der 'ArV' und 'AV' - in Mio DM - Stand 25. 02. 1999 - alle Bundesländer zusammen –' enthält folgende Prozentanteile an den Gesamteinnahmen der 'RV' ab 1994:

- für die Beiträge bis 1996 je Jahr von 75 %, 1997 76 %, und 1998 74 %, allerdings mit einem 10%igen Anteil freiwilliger Beiträge von Höher- und Weiterversicherten, deren Arbeitgeber z. T. diese Beiträge übernahmen, so daß sie hier außer Ansatz bleiben können
- für die Bundeszuschüsse in 1994 zu 17 %, 1995 und 1996 zu 16 %, 1997 zu 17 %, 1998 zu 18 % (mit den zusätzlichen Bundeszuschüssen zu 20 %).
- für den Staatsanteil (Bundeszuschüsse plus Erstattungen aus öffentlichen Mitteln) von 1994 bis 1996 je Jahr zu 17 %, 1997 zu 18 % und 1998 zu 21 %. Die Restgrößen von jeweils unter 10 % betreffen Vermögenserträge und 'andere Erstattungen'.

Damit wird deutlich: Die Arbeitgeber finanzierten als die Beitragszahler ca. drei Viertel aller 'RV'-Einnahmen. Lediglich weniger als ein Fünftel (20 %) wurde als Staatsanteil von den Arbeitnehmern, Rentnern, Pensionären, Selbständigen und anderen Steuerzahlern aufgebracht. Die oben ermittelte Ersparnis von 52 Milliarden DM würde somit zu 75 %, also in Höhe von 39 Milliarden DM, die Unternehmen entlasten, dadurch die Herstellkosten und Dienstleistungen verbilligen, die Nachfrage anregen und neue Arbeitsplätze entstehen lassen. Deren Wertschöpfung führte zu zusätzlichen Beitragseinnahmen, Lohnsteuern und sonstigen Staatseinkünften, so daß sich der finanzielle Druck des Staates auf die Wirtschaft vermindern könnte. Die Ansiedlung von Betrieben in Deutschland würden erleichtert, die Konjunktur belebt und auf diesem Wege die Staatsfinanzen saniert werden. Welche Vorgehensweise könnte eine solche positive Entwicklung anregen, also die genannten 39 Milliarden durch Einsparungen zusammenbringen? Als mögliche wirksame Methoden ließen sich die folgenden (Spar-)Modelle überdenken. Das erste (Spar)Modell betrifft die notwendigen Ausgabenkürzungen. Es könnte aus vier gesetzgeberischen Schritten entstehen:

1. aus einem 'RV'-Zukunftssicherungsgesetz (RVZG), Inhalt:
  a) Rentenkappung von 10 % einer jeden Rente, der Ruhegehälter, Wartegelder und sonstiger gleichartiger Versorgungsleistungen ab 1.250 Euro/Monat.
  b) Untere Kappungsgrenze = 1.250 Euro/Monat, je Renten-, Ruhegehalts- und sonstigen Leistungsempfänger. Bezieher mehrerer Versorgungsleistungen von insgesamt 1.250 würden insgesamt nur 1.125 Euro/Monat. zur Verfügung haben (1.250 minus 10 % Kappung). Grundlage für dieses Kappungsmodell sind die statistischen Daten aus den Statistischen Jahrbüchern 1996 sowie 2000 für die monatlichen Rentenzahlbeträge für 1994 und 1999 aus der nachfolgenden Tabelle.
  c) Kappungsfähig sind alle Rentenbeträge ab 2.250,- DM/Monat. Hiervon sind 1994 weit über 877000 Personen und 1999 sogar über 1.356.000 Personen betroffen (vgl. die beiden letzten Zahlenreihen). Bei Annahme, daß diese Rentenempfänger lediglich 2.500,- DM an Rente bezögen, würde sich in dem Jahre 1994 ein Gesamtbetrag von mindestens 2.631.000.000,-DM und 1999 von 4.068.000.000 ergeben haben (eine spürbare Ersparnis für die Rentenkasse). Die Berechnung hierzu:
  877000 x 3.000,- DM/Jahr = 2.631.000.000,-, also 2,6 Milliarden DM und in 15 Jahren würde die Gesamtersparnis 39 Milliarden (und ab 1999 sogar 61,02 Milliarden) betragen. Die monatliche Belastung der betroffenen Rentenempfänger würde mindestens 250,- DM ausmachen, so daß im Modellfall zur Bestreitung der Lebensbedürfnisse im Monat noch 2.250,- DM verblieben, und zwar für alle folgenden Jahre

Rentenzahlung an Rentenempfänger (in 1000 Personen)								
DM	Alte Bundesländer				Neue Bundesländer und Ost-Berlin			
	'ArV'		'AV'		'ArV'		'AV'	
	1994	1999	1994	1999	1994	1999	1994	1999
bis 100	258	258	52	48	20	24	13	12
100 - 500	2787	2340	968	965	200	185	222	152
500 - 1000	2343	2324	1138	1187	696	577	574	400
1000 - 1500	2356	2554	1320	1442	866	990	703	783
1500 - 2000	1099	1262	956	1113	373	498	324	384
2000 - 2500	810	977	669	749	58	164	132	266
über 2500	182	294	668	895	2	16	25	151

d) Damit auch jene Rentenbeträge, die der 10%igen Kappung nicht unterliegen, den bei c) genannten Verfügungssatz von 2.250,- DM (1.250 Euro) nicht überschreiten, sind sie auf diesen Betrag zu reduzieren, so daß sich für die Rentenkasse eine weitere Entlastung ergibt.

e) Die erzielten Kappungsbeträge sind einem Konto 'RV'-Zukunftssicherung (RVZ-Konto), das bei der jeweils größten LVA eines Bundeslandes zu führen ist, zuzuweisen. Bei Rentenempfängern der BfA, Versorgungsempfängern aus Bundeskassen ist ein solches Konto bei der BfA in Berlin einzurichten.

f) Die angesammelten Gelder sind mündelsicher und verzinslich nur für Zukunftsprojekte in Industrie, Handel und Verkehr anlagefähig.

g) Die Einsparungen bei den öffentlichen Versorgungskassen entlasten den Staatshaushalt.

2. Zu einem 'RV'-Ausgleichsgesetz (RVAG) mit folgenden Inhalten:

a) Eine Mindestrentenregelung: Die monatliche Mindestrente je Rentenempfänger wegen Erwerbsunfähigkeit oder Erreichen der Altersgrenze des 65. Lebensjahres sollte auf 750 Euro festgelegt werden, sofern für ihn mindestens 180 Monatsbeiträge wegen einer bestehenden Rentenversicherungspflicht entrichtet worden sind. Allerdings durfte er in den letzten 10 Jahren vor Erfüllung der versicherungsrechtlichen Voraussetzungen weder eine versicherungsfreie noch eine nichtversicherungspflichtige Tätigkeit ausgeübt haben (oder über ein beachtliches Vermögen verfügen).

b) Die Finanzierung der Mindestrente erfolgt zu Lasten des RVZ-Kontos.

c) Empfänger mehrerer Versorgungsleistungen, denen die Mindestrente zusteht, verlieren ihren Anspruch auf diese Versorgungsleistungen. Das gilt auch für Ansprüche nach dem BSHG, soweit sie - wie die Mindestrente - ausschließlich der Bestreitung des Lebensunterhaltes dienen.

d) Die auf Grund von Punkt c) frei werdenden Versorgungsträger haben die sonst an den Versorgungsempfänger zu zahlenden Beträge dem RVZ-Konto zuzuführen. Das gilt nicht für Leistungen nach dem BSHG.

3. Zu einem Zukunftsfinanzierungsgesetz (ZFG) mit folgendem Inhalt:
a) Möglichkeit, Werbemittel in den Medien einzusetzen, Gala-Veranstaltungen durchzuführen, durch Stiftungen, Geldgeschenke (in Form von Banküberweisungen, Bareinzahlungen, Internet-Buchungen, Schuldversprechen und auf andere geeignete Weise) die Finanzen, welche dem Wiederaufbau einer Rentenversicherung nach dem Anwartschaftsdeckungsverfahren dienen sollen, aufzubringen.
b) Die gesetzlich vorgeschriebene Überweisung von 10 % der Erbschaftssteuer durch das Finanzamt an das RVZ-Konto. Der Prozentwert ist aus dem gekürzten zu versteuernden Erbschaftsbetrag zu ermitteln, sofern per Testament, Erbvertrag oder a. G. eines Vermächtnisses zugunsten des RVZ-Kontos von der Möglichkeit zu a) Gebrauch gemacht wurde in einem Umfange, der bedeutend über dem 10%igen Steueranteil liegt.
4. Zu einem Zukunftsabsicherungsgesetz (ZAG), das den Finanzausgleich zwischen den einzelnen zuständigen 'RV'-Trägern regelt.

Problematik der Rentenkappung

Ein niederer Kappungssatz wäre nutzlos, weil er eine zu geringe Summe an Ersparnissen einbringen und somit die angestrebte Zukunftssicherung nicht gewährleisten würde. Das trifft auch für den Fall zu, daß die weiteren Versorgungsbezüge nicht in gleicher Weise gekürzt werden. Fraglich bleibt allerdings die Durchsetzung dieser für viele Betroffene empfindlichen Reduzierung der Alterseinkünfte bzw. Renten wegen Erwerbsminderung zumal bereits heute im Bundestag Stimmung gegen eine Rentenkürzung herrscht. Aber entgegen der Auffassung einiger Redner in den Debatten stellt diese unumgängliche Rückführung auf ein bedeutend niedrigeres Rentenniveau keine Enteignung der Rentner dar, sondern eher eine weitere Form der direkten Besteuerung. Sie ist dann 'gerecht', wenn in gleicher Weise die großen Privatvermögen belastet werden, und sie ist durchsetzbar, sofern immer mehr Abgeordnete sich dazu verständigen, daß auf eine andere Weise die Finanzlöcher in den staatlichen Haushalten (auch der 'RV') nicht gestopft werden können. Die Diätendiskussionen lassen daran allerdings zweifeln.

Das zweite (Spar)Modell betrifft die Organisation des staatlichen Sozialwesens durch Schaffung einer Rentenbank. Als ein weiteres Einsparungsmodell wird hierbei eine völlige Umstellung der bisherigen Sozialleistungssysteme angedacht. Die Gliederung in 'ArV', 'AV', 'KnV', Sozialhilfe etc. wird aufgehoben und durch eine einheitliche 'Rentenbank' ersetzt.

Das individuelle Leistungssystem, welches auf einer berufsbezogenen, arbeitsentgeltlichen Berechnungsweise basiert, wird von einem einfachen Staffelungs-

Modell abgelöst. Für jeden mindestens sechzehn Jahre alten Mitbürger wird bei der staatlichen Rentenbank bei Aufnahme einer Ausbildung oder Beschäftigung ein Konto eingerichtet, auf das der Ausbildungsbetrieb oder Arbeitgeber Beiträge zu zahlen hat. Die Summe aller Beiträge dient der Finanzierung der Rentenansprüche und von ertragbringenden Investitionen.

Die Rentenhöhe ergibt sich aus einem gestaffelten Grundbetrag mit Steigerungssätzen und dem Bundeszuschuß. Der jeweilige Grundbetrag wird an Hand der persönlichen Ausbildungs- und Beschäftigungszeiten des Versicherten ermittelt. Diese werden wie folgt gestaffelt und mit einem Faktor versehen: (Beispiel) Bei 0 bis 10 Jahren mit (Faktor) 1, bei 11 bis 20 Jahren mit 1,2, bei 21 bis 30 Jahren mit 1,4, bei 31 bis 40 Jahren mit 1,6, bei 41 bis 50 Jahren mit 1,8, darüber hinaus mit 2,0. Dieser Faktor wird auf die gesetzlich vorgeschriebene Mindestrente von z. B. (1500,- DM) 750 EURO, je Monat angewandt, so daß sich ein höchster Grundbetrag von (1.500 x 2 = 3.000 DM) 1.500 Euro pro Monat ergeben würde.

Die Steigerungssätze würden an die vorherrschenden Soll-Zinssätze (z. B. 4% p. a.) gekoppelt sein, die mit den pro Jahr durchschnittlich verbuchten Beiträgen für den Versicherten in Beziehung gesetzt werden. Beispiel: Durchschnittlicher Beitragseingang pro Jahr 10.000 DM (5.000 Euro) x 4 % gleich 400 DM (200 EURO) : 12 = 33,33 DM (16,66 EURO).

Grundbetrag und Steigerungssatz würden insgesamt 3.033,33 DM (1.501,65 EURO) monatlich ausmachen. Dazu kommt ein monatlicher Bundeszuschuß von 300 DM (150 EURO), so daß sich die monatliche Rente (als Höchstbetrag) auf 3.333,33 DM (1.651,65 EURO) belaufen , also mehr als die gekappte Rente des 1. Einsparmodells betragen würde. Der angewandte Soll-Zinssatz stellt eine angemessene Beteiligung des Versicherten an den Erlösen der Rentenbank sicher.

Das vorgestellte Modell würde zu einer erheblichen Entlastung des Staatshaushaltes bei den Verwaltungskosten für die 'RV' und der Sozialhilfeträger führen, da jede ausbildungsfähige Person einer Ausbildungsstätte zuzuweisen wäre. Falls es zu einer entsprechenden gesetzlichen Regelung kommen würde, reduzierte sich das Arbeitslosenproblem unter den Jugendlichen und im gleichen Maße die Kriminalitätsanfälligkeit in diesem Bevölkerungskreis automatisch, sofern die Eignung und Neigung der betreffenden Personen berücksichtigt werden. Das ist Zukunftsmusik, ein Strukturwandel im Sozialsystem war bisher Tabu, weil viele Arbeitsplätze in den Verwaltungen der Sozialträger gefährdet werden würden.

Weitere Sparmodelle

In den zuständigen Gremien hatte es an dem Bemühen, andere Lösungsmöglichkeiten des Finanzierungsproblems zu finden, nie gemangelt. So sollte nach einem 'Beitragsdichte-Modell' der VDR-Kommission die Ausbildungszeit nicht mehr beitragslos verbleiben und von 13 auf 9 Jahre verkürzt werden. Das RRG 92 reduzierte sie auf 7 Jahre (bis 2004). Die ungünstige Altersstruktur in der Bevölkerung ließe sich durch die Anrechnung von Kindererziehungszeiten als Ausfallzeiten verbessern, weil dies als Anreiz dafür gesehen wurde, daß die Familien wieder mehr Kinder haben würden. Die Folge: Das HEZG führte für erziehende Mütter und Väter die Pflichtversicherung ein.

Eine andere Meinungsgruppe wollte die Kinderzahl in die Rentenberechnung einfließen lassen. Beide übersahen allerdings, daß es gegenwärtig äußerst schwierig zu sein scheint, die große Anzahl von (nur) praktisch begabten Jugendlichen oder solcher mit einer nur mittleren Intelligenz in einer Lehrstelle unterzubringen. Das verschärft aber das Arbeitslosenproblem in der jüngeren Generation.

Auch das 3-Säulen-Modell der MIT-Kommission (gesetzliche 'RV' + betriebliche Altersversorgung + private Vorsorge), das für die Schaffung eines Kapitalstocks - zusätzlich zu der sonst weiterhin dynamischen Rentenentwicklung - vorsah, ist angesichts der hohen Arbeitslosigkeit undurchführbar. Was die 'RV' anbetrifft, so muß sie die Rentenleistungen kürzen. Die betriebliche Altersversorgung ist wiederum abhängig von dem Bestand des Unternehmens auch in späterer Zukunft und von seiner Rentabilität, während die private Altersvorsorge eine jahrzehntelange Ansparphase, also eine ebenso lange Berufstätigkeit bedingt. Für sie kann aber gegenwärtig niemand sorgen. Aus diesen Gründen sind die Überlegungen der MIT-Kommission, auf welche Weise der Kapitalstock zu schaffen sei und welchen Einfluß sein Aufbau und der Abbau je nach Lage der Einkommenssituation auf die gesamte Wirtschaft und Währung haben könnte, wenig förderlich. Es sei denn, man würde die erkennbaren Risiken durch eine entsprechende Ausstattung des Fonds absichern. Der Gedanke, einen solchen Fonds, den Kapitalstock insgesamt, außerhalb der 'RV' von einem Lebensversicherungskonsortium verwalten zu lassen, wird sicherlich von der Assekuranz begrüßt, kann aber von den Sozialpolitikern kaum als ein ernstzunehmender Vorschlag angesehen werden. Die Gefahr, daß damit auch für die Finanzreserve der 'RV' die Türen zu einer sich selbst erzeugenden Börsenspekulations-Hausse geöffnet würden, verbunden mit den Risiken eines Vermögensabflusses in undurchsichtige Kanäle, kann niemand mehr abwenden.

Beschränktes Einsparpotential verstärkt negative Entwicklungen

Weder das o. a. Rentenreformgesetz 1992 noch die 'Rentenspargesetze von 1996', welche u. a. die Altersgrenzen für Frauen, Arbeitslose und 63jährige anhoben und die anrechenbaren beitragslosen Zeiten, z. B. wegen der schulischen Ausbildung, erheblich reduzierten, noch das RRG 1999, das ab 1. 1. 1999 (voll) in Kraft treten und das Standardrentenniveau von gegenwärtig etwa 70 % des durchschnittlichen Nettoentgeltes bis zum Jahre 2030 schrittweise auf 64 % absenken sollte, können wegen der relativ geringen Einsparungen die Finanzierung der 'RV' ohne Beitragserhöhungen nachhaltig absichern. Der mit diesen Gesetzen sicherlich beabsichtigte Spareffekt tritt einerseits zu verzögert ein, weil die 'Kürzungen' nach den genannten Vorschriften über eine längere Zeitspanne gestreut sind. Andererseits stützen sie sich auf stark zurückgehende Arbeitslosenzahlen, die angesichts u. a. der Billigkonkurrenz auf dem europäischen Arbeitsmarkt nicht zu erwarten sind. Sofern noch höhere Löhne und Gehälter durchgesetzt werden, führt das zu steigenden Preisen bei Waren und Diensten, zu höheren Mieten, damit zu größerer Obdachlosigkeit und in der gesamten Wirtschaft zu einem verstärkten Arbeitsplatzabbau. Ständige Lohnerhöhungen und die daran angepaßten Renten strangulieren zunehmend die betroffenen Leistungssysteme und können schließlich zu deren Ende führen. Lohn- und Rentenverzicht sind dann die einzigen Rettungsanker.

Die Absenkung des Standardrentenniveaus bedeutet außerdem keine Kürzung bei den Rentenzahlungen, sondern sie drückt lediglich aus, daß die Rente eines 45 Jahre lang Versicherten, der in dieser Zeit stets das Durchschnittsnettoentgelt bezog, in 30 Jahren nicht mehr eine Rentenhöhe von gegenwärtig ca. 70 % dieses Nettodurchschnittsentgeltes, sondern nur noch 64 % davon erreichen würde.[50] Die

---

[50] Vgl. Thiede, Dr. Reinhold : 'Das Rentenniveau in der gesetzlichen RV' in Die Angestelltenversicherung 5/6 1998, S. 150

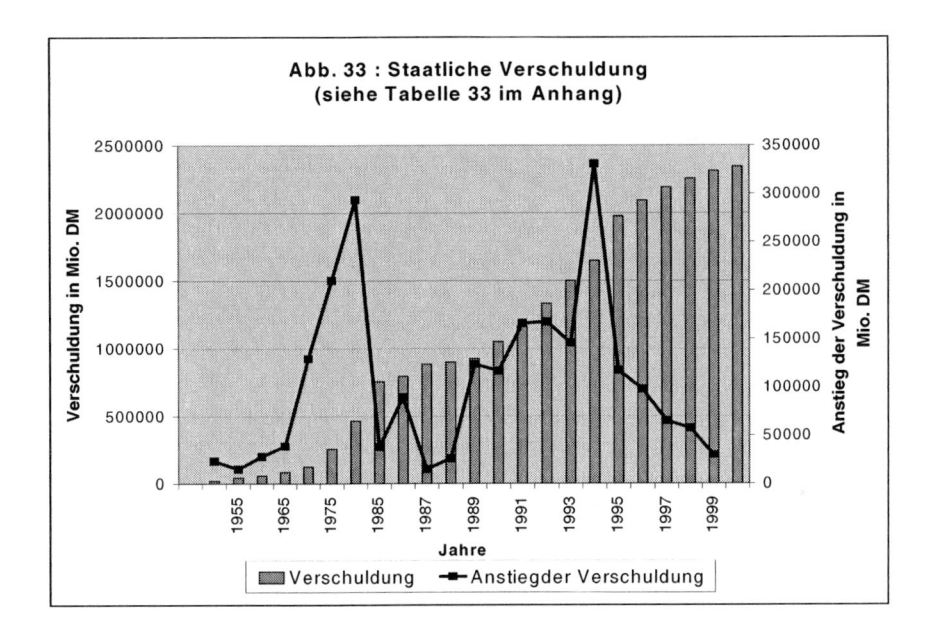

**Abb. 33 : Staatliche Verschuldung
(siehe Tabelle 33 im Anhang)**

Rentenzuwächse durch die alljährlichen RAG würden somit geringer ausfallen. Aber selbst dieser Minderungseffekt wurde von der neuen Bundesregierung für 1999 und 2000 per Korrekturgesetz ausgesetzt. Die vorläufige Beibehaltung der bisher mindestens gezahlten Rentenbeträge führt wegen der verlängerten Rentenbezugszeiten zu einer immer stärker werdenden Belastung der Rentenkassen. Da die hierfür erforderlichen Finanzen nicht mehr durch höhere Versicherungsbeiträge aufgebracht werden können, müssen sie aus den Steuereinnahmen des Bundes und der Länder gespeist werden. Doch wie ist dies zu bewältigen, wenn den Staat eine Schuldenlast nie gekannten Ausmaßes drückt? Wie bedrohlich diese Belastung im Laufe der Jahre für unser Land geworden ist, läßt sich an der Entwicklung der gesamten staatlichen Verschuldung ablesen. Sie betrug jeweils am 31.12. in den Jahren von 1950 bis 2000 die in Abbildung 33 dargestellten Beträge.

Wenn auch die Länder und Kommunen an der Finanzierung der 'RV' nicht unmittelbar beteiligt sind, so werden sie dennoch durch ihre Sozialaufgaben und die

Steuerzuweisung (d.h. welche Steuerart und wieviel von ihr an sie gehen) in das gesamtstaatliche Finanzierungsgeflecht mit eingebunden.

Die Aufgaben des Bundes in Anbetracht der 'RV' betreffen vor allem den Bundeszuschuß und die Bundesgarantie, welche die Finanzierungsfähigkeit der Leistungen auch in der Zukunft absichern sollen. Dafür werden im Haushaltsplan des Bundes alljährlich Mittel bereit gestellt, die aber nur zum Teil aus dem Steueraufkommen gedeckt werden können und deshalb in erheblichem Umfang durch Kreditaufnahme hereingeholt werden müssen. Die vielfältigen Aufgaben des Bundes führten zu ständig steigenden Bundesschulden – wie auch aus den Zahlen z.B. für die Jahre 1998 bis 2000 erkennbar. Sie betrugen 1998 954,3 Mrd, 1999 1.385,3 Mrd und 2000 1.399,6 Mrd DM.

Der starke Anstieg der Verschuldung in den Jahren ab 1990 ist vor allem auf die unglückliche Handhabung der ökonomischen Vereinigung der beiden deutschen Staaten seitens der Bundesregierung zurückzuführen. Der durch den Druck der öffentlichen Meinung entstandene Umtauschkurs DM gegen Mark von 1 : 2 ist der Hauptgrund für das 'Wegbrechen' praktisch aller osteuropäischen Kunden der DDR-Betriebe. Die Produkte und Dienstleistungen der Betriebe in den Neuen Bundesländern waren mit einem Schlag zu teuer für die alte Kundschaft in den MOE- und GUS-Staaten.

Die Unternehmen der ehemaligen DDR hatten 50% und mehr zu hohe Personalbestände, einen fast immer total überalterten Maschinenpark und damit verbunden eine zu geringe Wirtschaftlichkeit. Den übernehmenden Betrieben, meist aus den Alten Bundesländern, blieb in der Mehrzahl der Fälle nichts anderes übrig, als den Personalbestand drastisch zu reduzieren und hohe Modernisierungskosten aufzuwenden bzw. mittelfristig das Unternehmen abzuwickeln. Damit dies relativ reibungslos verlief, übernahm die Treuhandanstalt noch nicht getilgte Schulden, gewährte für die erforderliche Modernisierung und die vertraglich vereinbarte Erhaltung einer Mindestzahl von Arbeitsplätzen staatliche Subventionen und verschuldete sich bis zum Abschluß ihrer eigenen Tätigkeit mit insgesamt (mindestens) 280 Milliarden DM - so die Treuhandchefin Frau Birgit Breuel. Wie nicht anders zu erwarten bei einer wirtschaftspolitischen Umstellung dieser Größenordnung gab es in den ersten Jahren nach der Wende auch eine größere Anzahl von Glücksrittern und kriminellen Elementen auf vielen hierarchischen Ebenen, die mehr oder weniger erfolgreich ihr 'Schäfchen ins Trockene brachten'.

Die DDR-Banken sind von der Treuhandanstalt unter Wert an westdeutsche Großbanken verkauft, ihnen sind auch noch die Risiken für die uneinbringlichen Forderungen gegen (inzwischen abgewickelte) Schuldnerfirmen abgenommen worden, so daß die beteiligten Großbanken bis zum Jahre 1997 Gewinne von ca. 137 Milliarden DM erzielen konnten,[51] und zwar auf Kosten des Steuerzahlers bis hinein in das nächste Jahrtausend. Die arbeitslosen DDR-Bürger wurden der Sozialversicherung überantwortet und bis zum Jahre 1997 mehr als 800 Milliarden, die nach Aussagen des früheren Bundesfinanzministers 1998 bis auf 1000 Milliarden DM ansteigen würden, an Transferleistungen zur Stützung des 'Aufbau Ost' in die Neuen Bundesländer überwiesen.

Dabei hätte ein mehrstelliger Milliardenbetrag vielleicht genügt, um die Ostbetriebe finanziell so auszustatten, daß sie zumindest ihre osteuropäischen Kunden weiterhin bedienen und mit den Erträgen ihr Unternehmen einigermaßen stabilisieren konnten. Die Sanierung der gesamten Ostregion hätte zudem der deutschen Wirtschaft größere Absatzchancen geboten und die Arbeitslosigkeit reduziert.

Statt dessen erlebt Deutschland eine Arbeitslosigkeit, die jener gleicht, welche 1932/1933 zur Machtübernahme durch die Nationalsozialisten und schließlich zum 2. Weltkrieg geführt hatte. Vertane Chancen rächen sich stets erst in der Zukunft, und so steht Deutschland vor dem Dilemma, einerseits Gelder ausgeben zu müssen, für die es keinen irgendwie gearteten Gegenwert (Leistungen oder Erträge) erhält, andererseits die wirklich Leistenden mit höheren Belastungen 'strafen' zu müssen, um die Nichtleistung bezahlen zu können.

Ähnliche Bedingungen finden sich in der 'RV'. Die heutigen Rentner 'verzehren' die von den Arbeitenden für deren spätere Rente bestimmten 'RV'-Beitrag in einem spürbaren Ausmaß, daß gerade so etwa eine Monatsausgabe für die 'RV'- Leistungen als Schwankungsreserve übrig bleibt, die sie dann aber auch 'verbrauchen'. So sieht man sich seit langem veranlaßt, Maßnahmen zu ergreifen, die zu einer Kürzung der Rentenausgaben führen. Aber die Erfolge solcher Bemühungen, so sie überhaupt zu verzeichnen waren, sind relativ dürftig und reichten nicht aus, um sich aus der unübersehbaren Finanzklemme zu befreien.

---

[51] Die Welt v. 2. 11. 1995, Berliner Morgenpost v. 29. 10. 1995, Wirtschaftswoche 46/96, Super Illu „K(l)asse gemacht", 4/97.

Zeitweise wurde der Vorschlag unterbreitet, durch Angleichung der Rentenanpassung (nur) an die Teuerungsrate für lediglich 2 Jahre Ausgaben einsparen zu können. Schon hagelte es Proteste von der Gewerkschaft. Dabei wäre dies ein erstes Schrittchen in die richtige Richtung, wenn auch anstatt einer beständigen Absenkung der Rentenbeträge lediglich eine geringere Rentenerhöhung erreicht worden wäre.

Als einen weiteren Weg zur Einsparung von Rentenausgaben wurde eine Zwangsabgabe von 0,5% des Bruttoarbeitsentgeltes zum Aufbau einer Zusatzpflichtversicherung für das Alter, die nur 5 Jahre lang erhoben werden sollte, vorgeschlagen. Sie hätte auch nur unzureichend die Rentenkassen entlastet. Die ebenfalls angedachte Einführung einer durch einen neu zu schaffenden Tariffonds finanzierte 'Rente ab 60' ging in die Gegenrichtung. Mit ihrer Hilfe sollten zwar Arbeitsplätze für Jüngere freigemacht werden, das aber hätte auch nicht zur Entlastung der Rentenkasse geführt.

Als neueste Variante zur Ausgabensenkung wird die Reduzierung des Rentenniveaus durch gesetzgeberische Maßnahmen von gegenwärtig 70% des Nettodurchschnittsentgeltes auf 67% in den nächsten 30 Jahren vorgeschlagen. Damit die Rentner dann noch eine auskömmliche Rente beziehen können, sollten sie beizeiten einen Privatrentenvertrag abschließen und für ihr Alter mit regelmäßigen Spareinlagen ein Vermögen aufbauen. Der Staat würde dabei mit Zulagen und Steuerersparnissen helfen. Für die Jahre 2002 und 2003 sind dazu je 1% des Jahresbruttolohnes vorgesehen, wenn der Sparbetrag mindestens die gleiche Höhe erreicht. Ab 2004 sollten es maximal 2% ab 2006 max. 3% und ab 2008 max. 4% sein. Die 'RV'-Beiträge sollen bis 2030 nicht über 22% steigen.

Der Bundesarbeitsminister sieht in dieser privaten Zusatzvorsorge 'das größte Vermögensbildungsprogramm' in der Geschichte der Republik, die Individualversicherung hingegen 'das Geschäft des Jahrhunderts'[52]. Denn anstatt die Durchführung dieser neuen Versicherung den 'RV'-Trägern allein zu übertragen, können auch Banken, Versicherungskonzerne, Pensionskassen ihre 'Produkte' den Sparern zum Kauf anbieten. Aber nicht alle auf dem Kapitalmarkt gehandelten Wertpapiere, Investmentfonds, Policen sind zulagefähig, sie bedürfen vielmehr einer sogenannten Zertifizierung. Dafür wurde eine neue Behörde geschaffen, die prüfen

---

[52] lt. Der Spiegel Nr. 20/14.05.01 S. 111

soll, ob die Angebote der Banken, Versicherungen, Fondsmanager die gesetzlichen Voraussetzungen für die Gewährung der staatlichen Zulage erfüllen. Die Auszahlung wird dann von einer zweiten Behörde vorgenommen, der Zentralen Zulagenstelle. Das Antrags- und Genehmigungsverfahren ist kompliziert und für den Antragsteller auch teuer. 'Sie kostet pro geprüften Mustervertrag 10.000 DM Gebühr.'[53]

Dennoch ist das Vorsorgegeschäft für die Finanzkonzerne lukrativ. Selbst wenn die Deutschen die Fördermittel nur zur Hälfte ausschöpfen, sparen sie schon bis zum Ende dieses Jahrzehnts einen Kapitalstock von etwa 700 Milliarden Mark zusammen, also fast 20 % des Bruttoinlandsprodukts.[54] Das bringt hohe Provisionen. Diese sind jedoch in der Geschäftswelt zugleich die Kosten, die der Sparer bzw. der Steuerzahler vorschießen muß. Ob der angesparte Kapitalstock schließlich die Zinsen in der angedachten Höhe abwirft, um die Zusatzversorgung finanzieren zu können, hängt von der (Kredit-) Nachfrage seitens der Investoren und deren erzielten Renditen – kurz – von der Konjunktur im Verlauf der nächsten Jahrzehnte ab. Skepsis und Vorsicht sind angebracht. Eine Beleihung, Abtretung, Veräußerung oder Pfändung des für die Riesterrente angesparten Kapitals ist nicht möglich. Außerdem wird sie erst bei Vollendung des 60. Lebensjahres oder Bezug einer Altersrente ausgezahlt.

Das finanzpolitische Gefahrenpotential

Die Wirtschaft befindet sich in einer Rezessionsphase, deren Ende zur Zeit nicht abzusehen ist. Als deren Folge wurden in allen Wirtschaftszweigen Massenentlassungen, höhere Arbeitslosenzahlen, geringere Steuer- und Beitragseinnahmen in der Sozialversicherung, also zugleich eine stärkere Belastung des Staatshaushalts erwartet. Das kann einerseits dazu führen, daß weniger Beschäftigte staatliche Fördermittel für die Zusatzversorgung beantragen und die erforderlichen Sparraten aufbringen können. Andererseits werden die hierfür bereitgestellten Mittel nicht genutzt in der Staatskasse verbleiben und damit letztendlich auch nicht der Abfederung einer Reduzierung des Rentenniveaus dienen.

Die Zusatzversorgung können sich ohnehin nur Personen mit gesichertem Einkommen leisten. Dadurch wird sie eine reine Mittelstandsversicherung, an der die

---

[53] lt Spiegel Nr. 13/26.03.01, S. 104
[54] lt. Spiegel Nr. 20, a.a.O.

Einkommensschwachen nicht teilhaben werden. Aber gerade für die Unterpriviligierten müßte der Staat Vorsorge treffen, um sie in späteren Jahren vor Armut zu bewahren. Stattdessen läßt der Staat diesen Personenkreis jene Mittel mit aufbringen, die notwendig sind, um die Zulagen für die Zusatzversorgung zu finanzieren. Denn es geht wieder einmal nicht ohne die Erhöhung der Verbrauchssteuern, die dann ihrerseits Auftriebskräfte bei den Preisen, Löhnen, Arbeitskosten, Arbeitslosengeldern usw. freisetzen.

Dabei hätte die Regierung für eine 'Milliardenhalde' in den öffentlichen Kassen sorgen können, die eine Absenkung der Rentenausgaben ohne solche finanzpolitischen Tricks ermöglichten. Sie hätte lediglich den Kursentwicklungen an den internationalen Finanzmärkten eine größere Aufmerksamkeit widmen sollen. So aber hatte sie es versäumt, den übermäßigen Kurssteigerungen, die für den Anleger eine verdeckte Wertvernichtung darstellten, z. B. durch eine höhere Besteuerung der realisierten Kursgewinne Einhalt zu gebieten. Durch den Kursverfall war der deutsche Mittelstand hart getroffen worden. Viele Depots erlitten Wertverluste bis zu 80% des in Aktien oder Fonds angelegten Kapitals. Deshalb wird auch der verstärkte Werbeaufwand, den die Geldinstitute für ihre Zusatzversorgungsanlagen betreiben, auch aus diesem Grund nicht den erhofften Erfolg zeitigen.

Wie konnte es zu dieser 'überhitzten' Hausse in den Jahren 1998 bis zum Frühjahr 2000 kommen? Die hohe Liquidität bot bei Banken und Privatpersonen die Basis für den gewaltigen Einsatz von Geldmitteln zum Erwerb von Anteilsscheinen der Industrie, der Finanzinstitute und der Medien.
Als eine der Ursachen für den rasanten Kursanstieg auf dem deutschen Aktienmarkt können auch die niedrigen Zinsen angesehen werden. Sie lagen sogar bei öffentlichen Anleihen 10% unter jenen, die vor etlichen Jahren gezahlt wurden. Das niedrige Zinsniveau beruht zum großen Teil auf der Zurückhaltung des Staates bei der Kreditaufnahme für produktive gemeinwirtschaftliche Vorhaben. Wenn der Staat sein wirtschaftliches Engagement durch Privatisierung seiner Betriebe reduziert, verringern sich naturgemäß das Volumen öffentlicher Aufträge an die Privatwirtschaft und die hierfür benötigten Gelder. So bleiben z. B. die Gasversorgungsanlagen der Städte veraltet und gefahrträchtig. Gewiß hat das auch negative Auswirkungen auf den örtlichen Arbeitsmarkt. Die für eine komplette Erneuerung dieses Versorgungssystems sonst benötigten Arbeitskräfte einschließlich derer in den Entwicklungsbüros

bleiben zu Hause und 'gehen stempeln', anstatt zu arbeiten. So büßen die öffentlichen Kassen Steuern, Beiträge zur Sozialversicherung und Gebühren ein, während sie zugleich mehr Renten, Arbeitslosengeld oder Sozialhilfe leisten müssen. Für eine Negativwerbung sorgte dann noch der damalige Sozialminister durch seine Verlautbarungen über die Rentenentwicklung in den nächsten Jahrzehnten, ohne zu erkennen, daß er damit der Assekuranz den Werbeslogan von der 'Rentenlücke' in der gesetzlichen 'RV' in die Hand lieferte. Die auf solche Weise vom Staat produzierte Unsicherheit in der Bevölkerung ließ den Geldstrom hin zu den privaten Pensionsversicherungen anschwellen. Für ein solches Ausmaß an plötzlicher Liquidität hatten sie aber keine produktiven Verwendungsmöglichkeiten. Also wohin mit dem vielen Geld?

So folgten auch sie dem gerade üblichen Trend und legten diese Versichertengelder an der Börse in festverzinslichen Wertpapieren und Aktienfonds an. Wenn sie die letzteren noch halten, haben sie durchschnittlich 50 % ihres Kaufkurses verloren. Aber zu einer Veräußerung dieser Papiere bestand kein Anlaß, weil die Gelder auf Grund der abgeschlossenen Versicherungsverträge weiterhin in die Kasse flossen und eine hohe Liquidität erzeugten.

So handelten selbst Versicherungskonzerne, Banken und mancher Anleger wie Hasardeure, und die Geldströme flossen, wie auch hierzulande, anstatt in staatlich abgesicherte und zum Nutzen der Bürger Arbeit hervorbringende Maßnahmen der Kommunen zu einem nicht unerheblichen Teil in unüberschaubare, undurchsichtige Kanäle.

Warum diese volkswirtschaftliche Betrachtung? Durch die aus volkswirtschaftlicher Sicht gesehene Fehlleitung großen Kapitals, weg von möglichen Investitionen in den spekulativen Bereich, wurde es versäumt, zusätzliche Arbeitsplätze zu schaffen. Damit standen keine zusätzlichen Mittel für die Sozialversicherungen zur Verfügung, die geholfen hätten, das 'demographische Dilemma' zu mildern. Ob der Staat überhaupt eine Möglichkeit gehabt hätte, hier regulierend einzugreifen, ist allerdings zumindest fraglich.

Auswirkungen der Globalisierung

Die Globalisierung, also die weltumspannende Nutzung der Ressourcen in den verschiedensten Ländern zum Zwecke der Produktion und des weltweiten Absatzes der hergestellten Güter, bietet der deutschen Wirtschaft Exporterfolge in einem bisher nicht gekannten Ausmaß. Sie stützt damit die Konjunktur in unserem Lande und sichert so den Bestand an hochwertigen Arbeitsplätzen, allerdings nur solange, wie sie nicht durch preiswertere im Ausland ersetzt werden können. Dieser letzte Bedingungssatz kennzeichnet treffend die 'neue Zeitigkeit der Berufsausübung' und die Gefahren auch für hochqualifizierte Arbeitskräfte, eines Tags entlassen zu werden und dadurch in der sozialen Stellung unaufhaltsam abzusinken.

Für viele deutsche Großbetriebe lohnt es sich heutzutage, im Ausland Zweigfirmen einzurichten, welche mit viel billigeren Arbeitskräften selbst technisch komplizierte Arbeitsvorgänge bewältigen können. So werden u. a. sogar in Deutschland produzierte Halbfertigerzeugnisse ins Ausland verfrachtet, dort zu 'Dreiviertelfertigprodukten' bearbeitet, um dann wieder im deutschen Werk zum Endprodukt 'Made in Germany' komplettiert zu werden. Der Anschein deutscher Wertarbeit hebt noch immer das Ansehen eines Produktes, welches mit diesem Markenzeichen versehen ist. Der Anteil an 'ausländischer Billigarbeit' sichert seine Konkurrenzfähigkeit auf dem Weltmarkt.

Diesen Globalisierungseffekt nutzen nun schon seit Jahrzehnten die Großunternehmen, indem sie überall dort, u.a. wo hochqualifizierte Arbeitskräfte zu finden sind, Zweigbetriebe gründen. Sie aktivieren damit das hohe Ausbildungsniveau und setzen es bei der Produktion, im Handel und bei den Finanzdiensten ein mit der positiven Wirkung auf die Beschäftigung und die Lebenshaltung der Bevölkerung nicht nur dieser Region, sondern auch in ihrem eigenen Stammland. Wo es aber an einem solchen Ausbildungsniveau mangelt, bleiben Armut und soziale Mißstände, so z. B. in einigen Regionen Afrikas, Mittel- und Südamerikas. Die jeweils vorherrschende Qualifikation einer Gesellschaft scheint weitgehend deren Wohlergehen zu begründen.

Sozialpolitische Lösungsvorstellungen im Widerstreit

Die täuschende Wirkung des gesetzlich vorgeschriebenen Arbeitnehmeranteils erfaßte offensichtlich auch jene Politiker, die verkünden, daß die Abgaben gesenkt werden müßten, damit der Arbeitnehmer wieder mehr Geld in seiner Lohntüte habe. Dadurch würden seine Kaufkraft zunehmen, seine Nachfrage nach den im Inland produzierten und angebotenen Waren steigen und somit die Binnenkonjunktur angeregt werden, was neue Arbeitsplätze schaffen würde. Sie übersehen dabei, daß der höhere Nettolohn nur aus einer Verschiebung der 'ersparten' Summe aus dem Bereich Lohnsteuer, Solidaritätszuschlag und Sozialversicherungsbeiträge erwächst, also durch eine nicht einmal auf Mehrleistung beruhenden Lohnerhöhung. Für den Arbeitgeber springt dabei keine Kostensenkung heraus. Seine Abgaben an den Staat verringern sich zwar, doch gleicht der höhere Nettolohn diese Einsparung wieder aus. Der Staat wäre dann aber gezwungen, die Mindereinnahmen an Steuern und Beiträgen wieder durch eine Erhöhung der Verbrauchssteuern oder per Kreditaufnahme hereinzuholen. Das, was der Arbeitnehmer nach den Lohn- und Gehaltsnachweisen mehr erhalten würde, ginge ihm durch die höheren Steuern dann wieder zum größten Teil verloren. Die finanzielle Entlastung vieler Bürger ließe sich statt dessen durch Aufhebung von Bestimmungen des Miethöhe-Gesetzes erzielen, das seit seinem Bestehen zu ständig steigenden Mietzinsen, Wohngeldanträgen und Sozialhilfe-Leistungen an jene Personen geführt hat, welche die hohen Mieten nicht mehr bezahlen konnten. Weitere Folgen sind, wie allgemein bekannt, Räumungsklagen, Wohnungsleerstand, Obdachlosigkeit und soziales Elend der Betroffenen.

Das Fazit des Ganzen: Nur mehr Arbeitsplätze und Beschäftigung führen aus dem gegenwärtigen Dilemma, und diese entstehen durch solche 'Arbeit aktivierenden Tätigkeiten', wie z. B. die Erfassung und Bewältigung der örtlichen Aufgaben in den Kommunen, ferner im Bereich der Forschung und Entwicklung zur Marktreife des Produktes. Der Weg aus der Krise führt vor allem über die Verbilligung der Arbeit in Deutschland und damit der hergestellten und auf den internationalen Märkten angebotenen Güter und Dienstleistungen, und eben nicht automatisch - wie oft verkündet - durch den Euro oder gar die Globalisierung. Auch als der EURO 20 % gegenüber seinem Höchststand Ende 1998 verloren hatte und sich dadurch die deutschen Produkte im Ausland verbilligen konnten, folgte daraus nicht unmittelbar eine Entspannung auf dem Arbeitsmarkt. Denn gleichzeitig verteuerten sich die von deutschen Firmen im Ausland in Angriff genommenen Investitionen und somit auch die dort produzierten Güter und erschwerten deren Absatzchancen. Wo immer Überkapazitäten für bislang noch absetzbare Waren entstehen, kommt es zu einer sich verteuernden Lagerhaltung und zum Stillstand von in Angriff genommenen Bauvorhaben mit der Folge von Entlassungen der dort tätigen Arbeitnehmer. An welchem Betriebsstandort sich dies vollzieht, entscheidet die jeweilige Kostenlage. Sie ist somit unabhängig von den betroffenen Ländern, Kulturen oder Herrschaftsstrukturen. Noch vor wenigen Jahren erzielten die deutschen Stückkosten im internationalen Vergleich 'Spitzenwerte', gegenwärtig befinden sie sich im mittleren Bereich. Dazu kommen Innovationen von überragender Qualität und eine termingerechte Zulieferung, so daß die Erwartungen für einen weiteren Exporterfolg positiv sein können. Dennoch drohen unserem Lande Gefahren für den sozialen Frieden, wenn es trotz des Einsatzes von jährlich in die Milliarden gehenden 'Transferleistungen' an die Neuen Bundesländer nicht zu einer Reindustrialisierung im großen Stil kommt, sich die ehemaligen Absatzmärkte der DDR in Osteuropa nicht erschließen lassen und somit kein Ausweg aus der hohen Arbeitslosigkeit im Osten gefunden wird.

Erste Anzeichen einer solchen Entwicklung lieferte der Streit um den Länderfinanzausgleich, den mehrere Geberländer neu geregelt sehen wollten, weil sie die finanzielle Belastung für unvertretbar hielten. Eine spürbare Kürzung der Ausgleichszahlungen hätte aber die Neuen Bundesländer vor enorme wirtschaftliche und soziale Probleme gestellt. Die unter der 'Obhut' der Treuhandanstalt verkauften und zum Teil später abgewickelten Betriebe konnten nicht in einem vergleichbar angenäherten Umfang durch neue Unternehmen ersetzt und deren Beschäftigte in anderen Berufszweigen untergebracht werden. Ihre dadurch verursachte jahrelange Verdienstlosigkeit belastet die öffentlichen Kassen mit Unterstützungszahlungen wie Arbeitslosengeld und -hilfe, Beiträge zur Sozialversicherung und Sozialhilfe und trägt zu einer Verminderung der Rentenanwartschaften bei, was dort zu einer hohen Altersarmut führen könnte. Die Kluft zwischen Arm und Reich in unserem Land wird bedrohlicher, weil sie Ursache sein kann für den Anstieg der Kriminalität und des sozialen Elends. Staat und Wirtschaft müssen dieser Entwicklung gemeinsam begegnen, indem sie die soziale Verantwortung höher bewerten und die Mitbürger zu größerer Solidarität und Selbstverantwortlichkeit anhalten. Die Politik, Wirtschaft und Gewerkschaften sollten sich auf neue Rahmenbedingungen einigen, welche potentielle Investoren mit ihrem Engagement veranlassen, hier tätig zu werden. Gegenseitige Blockaden und Verteilungskämpfe bringen hingegen für die Arbeitnehmerschaft nur rückläufige Beschäftigung und in deren Gefolge geringere Arbeitseinkommen, Staatseinnahmen und Rentenbeiträge. In einer freien

Marktwirtschaft sind die Möglichkeiten des Staates, in das Wirtschaftsgeschehen steuernd einzugreifen, begrenzt.

Der 'innergewerkschaftliche' Widerstand gegen die beabsichtigte äußerst geringe Einsparung von Rentenausgaben durch Angleichung der Rentenanpassung an die Teuerungsrate für lediglich zwei Jahre ließ keinen Hoffnungsschimmer auf eine gedeihliche Entwicklung der 'RV' in nächster Zukunft aufkommen. Dabei wäre diese Maßnahme ein erstes Schrittchen in die richtige Richtung gewesen, wenn auch anstatt einer beständigen Absenkung der Rentenbeträge lediglich eine geringere Rentenerhöhung erreicht worden wäre. Schließlich siegte die bessere Einsicht: Die Rentenanpassung für das Jahr 2000 erfolgte in Höhe der Teuerungsrate, und sie wurde im Jahre 2002 vom Bundesverfassungsgericht als nicht gegen Verfassungsgrundsätze gerichtete gesetzliche Regelung angesehen. Denn einerseits sind die Rentenausgaben zu reduzieren, andererseits müssen zusätzliche Arbeitsplätze durch ihre Wertschöpfung steigende Beitrags- und Steuereinnahmen bewirken. Das ist aber nur zu schaffen, wenn auch in der Lohnpolitik eine Kehrtwendung erfolgt. Das Motto könnte lauten : Besser weniger Gehälter und dafür mehr Arbeitsplätze anstatt umgekehrt. Familien- und Ich-AGs sind angesichts der Heere von Entlassenen nur ein 'Tropfen auf den heißen Stein'. Ob die Verlängerung der wöchentlichen Arbeitszeit ohne Lohnausgleich in Richtung auf die 40-Stunden-Woche und darüber hinaus zu mehr Arbeitsplätzen führt, wird sich in naher Zukunft zeigen.

Kapitel X – Tabellen Anhang

Tabelle 1 : Invaliden-Jahresrenten in Mark

In den Lohnklassen.	I	II	III	IV
nach 5 Jahren	114,70	124,10	131,15	140,55
10	119,40	138,20	152,30	171,10
20	128,80	166,40	194,60	232,20
30	138,20	194,60	236,90	293,30
40	147,60	222,80	279,20	354,40
50	157,00	251,00	321,50	415.50

Tabelle 2 : Altersrenten pro Jahr

Lohn klasse	Steigerungs- Satz	Beitrags- Wochen	Versiche- rungsanteil	Reichs- zuschuß	Rente pro Jahr in Mark
	Pf.		Mark	Mark	
I	4	1410	56,40	50,-	106,40
II	6	1410	84.60	50,-	134,60
III	8	1410	112,80	50,-	162,80
IV	10	1410	141,00	50,-	191,00

Tabelle 3 : Kriegsanleihezeichnungen der LVA

Die LVA	Mio Mark	die LVA	Mio Mark	die LVA	Mio Mark
Ostpreußen	6,5	Westfalen	32,0	Schwaben	6,6
Westpreußen	16,0	Hessen-Nassau	85,0	Sachsen	175,0
Berlin	125,0	Rheinprovinz	124,0	Württemberg	40,0
Brandenburg	95,1	Oberbayern	27,3	Baden	34,0
Pommern	27,5	Niederbayern	12,0	Hessen	4,0
Posen	3,5	Rheinland-Pfalz	13,3	Mecklenburg	5,55
Schlesien	125,0	Oberpfalz	4,4	Thüringen	22,5
Sachsen-Anhalt	90,0	Oberfranken	6,6	Oldenburg	16,2
Schleswig-Holst.	32,0	Mittelfranken	14,6	Braunschweig	7,3
Hannover	46,25	Unterfranken	8,0	Elsaß-Lothringen	18,4
Hansestädte	43,0				

Tabelle 4 : Bestände der Reichsanleihen bei den LVA Ende 1918

LVA	Mio Mark	LVA	Mio Mark
Berlin	69,7	Hessen-Nassau	31,9
Pommern	19,0	Rheinprovinz	98,4
Schlesien	101,1	Niederbayern	6,1
Sachsen-Anhalt	56,0	Sachsen	162,6
Schleswig-H.	29,7	Oldenburg	12,1
Hannover	25,0		

Tabelle 5 : Einnahmenentwicklung der wichtigsten LVA Mio Mark

LVA	1913	1914	1915	1916	1917	1918
Schlesien	20,1	18,8	15,7	15,9	18,3	19,7
Rheinprovinz	32,4	29,5	24,6	25,3	29,6	31,0
KönigreichSachsen	27,1	24,5	20,0	18,4	20,0	21,7

Tabelle 6 : Krankheitszugänge in den Jahren

	1911-13	1914-19	1917-19	1920-22	1923
Diphtherie u. Krupp	102.933	160.529	154.149	62.087	11.682
Typhus	35.178	31.632	59.577	39.015	8.946
Lungentuberkulose	398.949	308.424	354.660	455.987	137.573
TBC anderer Organe	116.322	100.842	175.143	144.872	46.662
Influenza	77.239	68.111	265.945	213.597	41.151
Brechdurchfall (Cholera)	1.684	1.474	3.494	3.381	726
Ruhr	1.423	7.369	66.561	32.702	5.588
Gonorhoe	129.544	111.688	119.496	155.436	45.951
Syphilis	143.832	100.513	104.722	158.677	37.102

Tabelle 7 : Durchschnittsentgelte

Im Jahr	Mark	Im Jahr	Mark	Im Jahr	Mark
1891	700	1899	773	1907	987
1892	700	1900	796	1908	1.019
1893	709	1901	814	1909	1.046
1894	714	1902	841	1910	1.078
1895	714	1903	855	1911	1.119
1896	728	1904	887	1912	1.164
1897	741	1905	910	1913	1.182
1898	755	1906	946		

Tabelle 8 : Beitragseinnahmen

im Jahr	Mark	im Jahr	Mark	im Jahr	Mark
1891	88.887.000	1899	118.303.800	1907	178.643.200
1892	88.530.600	1900	128.770.000	1908	184.422.400
1893	89.892.200	1901	134.813.000	1909	188.438.400
1894	92.730.500	1902	138.985.780	1910	197.355.800
1895	95.351.900	1903	146.276.526	1911	209.805.600
1896	101.526.400	1904	154.087.800	1912	273.418.600
1897	104.666.500	1905	161.291.840	1913	289.952.600
1898	109.387.000	1906	170.126.170		

Tabelle 9 : Reichszuschüsse

im Jahr	Mark	im Jahr	Mark	im Jahr	Mark
1891	6.049.000	1899	26.933.500	1907	49.620.600
1892	8.971.000	1900	30.761.768	1908	50.521.800
1893	11.261.700	1901	33.870.735	1909	51.500.600
1894	13.854.900	1902	37.849.694	1910	52.538.200
1895	16.813.400	1903	41.854.727	1911	53.283.100
1896	19.119.700	1904	45.275.550	1912	55.069.300
1897	21.596.800	1905	47.350.837	1913	58.526.100
1898	24.235.700	1906	48.757.608		

Tabelle 10 : Anstieg des LVA-Vermögens

im Jahr	Mark	im Jahr	Mark	im Jahr	Mark
1891	76.748.300	1899	701.532.530	1907	1.404.067.700
1892	151.891.200	1900	847.195.000	1908	1.489.610.000
1893	227.200.000	1901	931.376.000	1909	1.574.111.400
1894	304.312.600	1902	1.007.477.531	1910	1.662.758.700
1895	381.677.400	1903	1.084.281.005	1911	1.759.362.100
1896	460.638.900	1904	1.160.405.486	1912	1.929.095.300
1897	538.964.500	1905	1.237.540.200	1913	2.105.491.600
1898	618.105.600	1906	1.318.525.631		

Tabelle 11 : Zinserträge der LVA

Im Jahr	Mark	im Jahr	Mark
1891	722.300	1896	12.817.000
1892	3.348.800	1897	14.985.000
1893	5.632.900	1898	17.216.700
1894	8.004.400	1899	19.359.100
1895	10.386.000		

Tabelle 12 : Summe der Einnahmen der LVA

Im Jahr	einschließlich Sonderkassen	ohne Sonderkassen	im Jahr	einschließlich Sonderkassen
1900	27.270.000	25.078.000	1907	47.528.200
1901	31.014.000	30.841.000	1908	50.937.900
1902	33.841.000	31.084.000	1909	53.954.800
1903	36.590.513	33.557.000	1910	57.100.400
1904	39.137.178	38.132.000	1911	60.349.100
1905	41.669.220		1912	71.450.300
1906	44.457.013		1913	70.866.700

Tabelle 13 : Wochenbeiträge für Lohnklassen

Lohnklassen			Wochenbeitrag
Klasse A		bis zu 1.000 Mark	350 Pfg
Klasse B	von mehr als 1.000	bis zu 3.000 Mark	450 Pfg
Klasse C	von mehr als 3.000	bis zu 5.000 Mark	550 Pfg
Klasse D	von mehr als 5.000	bis zu 7.000 Mark	650 Pfg
Klasse E	von mehr als 7.000	bis zu 9.000 Mark	750 Pfg
Klasse F	von mehr als 9.000	bis zu 12.000 Mark	900 Pfg
Klasse G	von mehr als 12.000	bis zu 15.000 Mark	1050 Pfg
Klasse H	von mehr als 15.000		1200 Pfg

Tabelle 14 : Lohnklassen und Wochenbeitrag

Nach der Höhe des wöchentlichen Arbeitsverdienstes wurden folgende Lohnklassen gebildet:		Der Wochenbeitrag war hier
Lohnklasse	bis zu RM	Rpfg
I	6	30
II	12	60
III	18	90
IV	24	120
V	30	150
VI	36	180
VII	42	210
VIII	von mehr als 42	240

Tabelle 15 : Durchschnittliche Rentenwerte

Sie betrugen		als Invalidenrente	als Witwenrente	als Waisenrente
Im Jahre		RM	RM	RM
1926		24,92	14,27	10,02
1927		29,63	19,69	13,31
1928		33,92	22,31	14,44
1929		36,37	22,02	14,45
1930		37,18	22,55	15,17
1931		37,40	22,48	15,49
1932	Im 1. Quartal	35,83		
	Im 2. „	34,72	22,44	14,18
	Im 3. „	29,66	18,30	11,15
	Im 4. „	30,33	18,62	11,23
1933		30,38	19,01	11,29
1934		30,24	18,98	11,11

Tabelle 16 : Durchschnitts-Bruttoentgelte pro Arbeitnehmer in der 'ArV' und 'AV'

	DM	Im Jahr	DM	Im Jahr	DM	im Jahr	DM
1957	5.043,-	1969	11.839,-	1981	30.900,-	1993	48.178,-
1958	5.330,-	1970	13.343,-	1982	32.198,-	1994	49.142,-
1959	5.602,-	1971	14.931,-	1983	33.293,-	1994	49.094,-
1960	6.101,-	1972	16.335,-	1984	34.292,-	1995	50.764,-
1961	6.723,-	1973	18.295,-	1985	35.286,-	1996	51.678,-
1962	7.328,-	1974	20.381,-	1986	36.627,-	1997	52.143,-
1963	7.775,-	1975	21.808,-	1987	37.726,-	1998	52.925,-
1964	8.467,-	1976	23.335,-	1988	38.896,-	1999	53.507.-
1965	9.229,-	1977	24.945,-	1989	40.063,-	2000	54.513.-
1966	9.893,-	1978	26.242,-	1990	41.946,-	2001	54.684.-
1967	10.219,-	1979	27.685,-	1991	44.421,-		
1968	10.842,-	1980	29.485,-	1992	46.820,-		
1999 bis 2001 inkl. 'KnV'							

Tabelle 17 : Beitragsbemessungsgrenzen für 'ArV' und 'AV'

für Jahr	Jährlich	monatlich	für Jahr	jährlich	monatlich
1957	9.000,-	750,-	1980	50.400,-	4.200,-
1958	9.000,-	750,-	1981	52.800,-	4.400,-
1959	9.600,-	800,-	1982	56.400,-	4.700,-
1960	10.200,-	850,-	1983	60.000,-	5.000,-
1961	10.800,-	900,-	1984	62.400,-	5.200,-
1962	11.400,-	950,-	1985	64.800,-	5.400,-
1963	12.000,-	1.000,-	1986	67.200,-	5.600,-
1964	13.200,-	1.100,-	1987	68.400,-	5.700,-
1965	14.400,-	1.200,-	1988	72.000,-	6.000,-
1966	15.600,-	1.300,-	1989	73.200,-	6.100,-
1967	16.800,-	1.400,-	1990	75.600,-	6.300,-
1968	19.200,-	1.600,-	1991	78.000,-	6.500,-
1969	20.400,-	1.700,-	1992	81.600,-	6.800,-
1970	21.600,-	1.800,-	1993	86.400,-	7,200,-
1971	22.800,-	1.900,-	1994	91.200,-	7.600,-
1972	25.200,-	2.100,-	1995	93.600,-	7.800,-
1973	27.600,-	2.300,-	1996	96.000,-	8.000,-
1974	30.000,-	2.500,-	1997	98.400,-	8.200,-
1975	33.600,-	2.800,-	1998	100.800,-	8.400,-
1976	37.200,-	3.100,-	1999	102.000,-	8.500,-
1977	40.800,-	3.400,-	2000	103.200,-	8.600,-
1978	44.400,-	3.700,-	2001	104.400	8.700,-
1979	48.000,-	4.000,-	2002	54.000	4.500,-

Tabelle 18: Beitragsbemessungsgrenzen in den NBL

Für die Zeit vom	jährlich	monatlich
1. 1. - 30. 06. 1991	36.000,-	3.000,-
1. 7. - 31. 12. 1991	40.800,-	3.400,-
1992	57.000,-	4.800,-
1993	63.600,-	5.300,-
1994	70. 800,-	5.900,-
1995	76.800,-	6.400,-
1996	81.600,-	6.800,-
1997	85.200,-	7.100,-
1998	84.000,-	7.000,-
1999	86.400,-	7.200,-
2000	85.200,-	7.100,-
2001	88.600,-	7.300,-
2002	45.000,-	3.750,-

Tabelle 19 : Allgemeine Bemessungsgrundlagen

	DM	Jahr	DM	Jahr	DM	Jahr	DM
1957	4.281,-	1967	8.490,-	1977	20.161,-	1987	28.945,-
1958	4.542,-	1968	9.196,-	1978	21.608,-	1988	29.814,-
1959	4.812,-	1969	9.780,-	1979	21.068,-	1989	30.709,-
1960	5.072,-	1970	10.318,-	1980	21.911,-	1990	31.661,-
1961	5.325,-	1971	10.967,-	1981	22.787,-	1991	33.149,-
1962	5.678,-	1972	12.008,-	1982	24.099,-	1992	-
1963	6.142,	1973	13.371,-	1983	25.445,-		
1964	6.717.-	1974	14.870,-	1984	26.310,-		
1965	7.725,-	1975	16.520,-	1985	27.099,-		
1966	7.857,-	1976	18.337,-	1986	27.885,-		

Tabelle 20 : Lohnsteuer

	Mio DM	Jahr	Mio DM	Jahr	Mio DM
1971	39,783	1980	101,833	1989	162,412
1974	68,103	1983	119,132	1992	210,126
1977	85,379	1986	139,691	1995	232,798

Tabelle 21 : Arbeitslosigkeit und 'RV'-Beiträge in den ABL

	Jahresdurch-schnitt an Arbeitslosen	Arbeits-losenquote in %	Beitragseinnahmen der 'ArV' und der 'AV' in Mio. DM (ohne die neuen BL)	
			'ArV'	'AV'
1970	148.846		25.740	16.657
1971	185.072		29.112	19.549
1972	246.433		31.804	23.143
1973	273.498	1,2	37.178	27.940
1974	582.481	2,6	40.132	31.965
1975	1.074.217	4,7	41.049	36.223
1976	1.060.336	4,6	43.784	38.907
1977	1.029.995	4,5	46.148	41.310
1978	992.948	4,3	49.072	45.280
1979	876.137	3,8	53.418	49.372
1980	888.900	3,8	57.549	53.656
1981	1.271.574	5,5	61.648	58.878
1982	1.833.244	7,5	61.680	59.952
1983	2.258.235	9,1	59.794	61.318
1984	2.265.559	9,1	63.100	66.060
1985	2.304.014	9,3	66.151	71.510
1986	2.228.004	9,0	70.119	75.722
1987	2.228.788	8,9	70.298	77.988
1988	2.241.556	8,7	72.252	81.555
1989	2.037.781	7,9	75.425	85.929
1990	1.883.147	7,2	81.686	93.230
1991	1.689.365	6,3	85.111	98.217
1992	1.808.310	6,6	88.119	105.191
1993	2.270.349	8,2	86.908	109.448
1994	2.555.967	9,2	93.707	122.051
1995	2.564.906	9,3	98.662	126.662
1996	2.796.243	10,1	101.472.	134.564
1997	3.020.900	11,0	104.468	143.995
1998	2.904.339	10,5	104.389	145.674
1999	2.755.527	9,9	110.536	151.590
2000	2.529.374	8,7	112.848	156.573
2001	2.477.955	8,3		

Tabelle 22 : Arbeitslosigkeit und Beiträge in den NBL

Jahr	Arbeitslose	Quote	'ArV'-Beiträge (Mio DM)	'AV'-Beiträge (Mio DM)
1991	913.000	11,2	14.079	11.519
1992	1.170.261	14,8	14.592	17.961
1993	1.148.792	15,8	16.089	19.962
1994	1.142.090	16,0	18.361	22.543
1995	1.047.015	14,9	20.456	24.514
1996	1.168.821	16,7	21.106	25.474
1997	1.363.556	19,5	21.932	27.007
1998	1.374.948	19,2	21.421	26.341
1999	1.343.682	17,6	22.533	26.631
2000	1.359.278	18,8	21.503	26.243
2001	1.373.682	18,9		

Tabelle 23 : Arbeitslosigkeit im wiedervereinten Deutschland

Jahr	Arbeitslose	Quote	Beiträge zur 'ArV' und 'AV' (Mio DM)
1991	2.602.365	7,3	208.926.
1992	2.978.571	8,4	225.863
1993	3.419.141	9,7	232.407
1994	3.698.057	10,5	256.662
1995	3.611.921	10,4	270.294
1996	3.965.064	11,5	282.616.
1997	4.384.456	12,7	297.402
1998	4.279.288	12,3	297.825
1999	4.099.209	11,7	311.290
2000	3.888.652	10,7	317.167
2001	3.851.636	10,3	319.975
2002	4.060.317	9,8	

Tabelle 24 : Rücklagen (Schwankungsreserven)

für das Jahr	Millionen DM	das entspricht an Monatsausgaben (Mio DM)	für das Jahr	Millionen DM	das entspricht an Monatsausgaben (Mio DM)
1989	25.400	2,0	1995	23,3	1,3
1990	26.800	2,0	1996	21,5	1,2
1991	28.700	2,0	1997	21,9	1,1
1992	27.700	1,8	1998	21,9	1,1
1993	27.000	1,7	1999	23,8	1,1
1994	24.600	1,5	2000	24,5	1,1

Tabelle 25 : Bundeszuschüsse in den ABL [Mio DM]

Im Jahr	an die 'ArV'	an die 'AV'	insgesamt
1970	6.326	833	7.159
1971	6.677	1.008	7.685
1972	7.927	1.784	9.711
1973	7.777	537	8.314
1974	9.816	2.210	12.026
1975	10.906	2.455	13.361
1976	12.105	2.725	14.830
1977	13.309	2.996	16.301
1978	14.433	3.249	17.682
1979	15.331	3.451	18.782
1980	16.750	4.377	21.127
1981	14.821	3.943	18.764
1982	18.124	4.079	22.203
1983	18.274	4.112	22.386
1984	19.790	4.454	24.244
1985	20.520	4.619	25.139
1986	21.155	4.762	25.917
1987	21.826	4.913	26.739
1988	22.540	5.073	27.613
1989	23.266	5.237	28.503
1990	24.241	5.456	29.697
1991	26.725	6.015	32.730
1992	31.594	7.112	38.706
1993	33.156	7.463	40.619
1994	38.299	8.621	46.920
1995	38.178	8.593	46.771
1996	40.198	9.048	49.246
1997	43.818	9.863	53.681
1998	46.236	10.407	56.643
1999	43.381	9.765	53.146
2000	41.828	9.415	51.243

Tabelle 26 : Bundeszuschüsse an die NBL (Mio DM)

Im Jahr	zur 'ArV'	zur 'AV'	insgesamt
1991	3.103	2.538	5.641
1992	6.318	1.422	7.740
1993	7.339	1.652	8.991
1994	9.384	2.112	11.496
1995	10.427	2.347	12.774
1996	11.417	2.570	13.987
1997	12.415	2.794	15.209
1998	13.113	2.952	16.065
1999	11.788	2.653	14.441
2000	11.400	2.566	13.966

Tabelle 27 : Vermögen bei der 'ArV' und der 'AV' (Mio DM)

im Jahr	bei der 'ArV'	bei der 'AV'
1971	13.209	21.362
1972	13.100	27.307.
1973	12.285	34.454
1974	14.698	43.306
1975	10.476	35.850
1976	10.435	29.055
1977	8.868	19.908
1978	8.799	13.194
1979	8.958	11.352
1980	9.582	13.129
1981	10.526	15.255
1982	11.250	13.395
1983	9.157	10.184
1984	6.504	7.809
1985	7.437	8.945
1986	10.683	12.008
1987	11.520	14.556
1988	13.215	15.297
1989	13.665	17.601
1990	14.305	26.299
1991	14.153	35.092
1992	11.393	44.231
1993	10.319	35.756
1994	10.613	29.848
1995	10.051	19.711
1996	11.168	11.900
1997	11.646	11.843
1998	12.208	15.302
1999	12.596	23.665
2000	12.813	24.526
2001	13.024	23.587

Tabelle 28 : Vermögenserträge bei der 'ArV' und der 'AV'

Jahr	bei der 'ArV' (Mio DM)	bei der 'AV' (Mio DM)	Jahr	bei der 'ArV' (Mio DM)	bei der 'AV' (Mio DM)
1970	548	883	1986	318	479
1971	637	1.075	1987	336	519
1972	655	1.372	1988	398	640
1973	800	2.105	1989	645	800
1974	721	2.420	1990	891	1334
1975	601	2.834	1991	1036	2365
1976	572	2.165	1992	1026	3186
1977	496	1.769	1993	740	3184
1978	420	1.006	1994	486	1706
1979	376	669	1995	387	1226
1980	614	724	1996	287	557
1981	751	1.120	1997	306	351
1982	720	1.037	1998	280	387
1983	467	643	1999	244	399
1984	353	543	2000	399	770
1985	311	484	2001	453	919

Tabelle 29 : Aufwendungen der BfA

	Gesundheits-Maßnahmen (Mio. DM)	Personalkosten (Mio. DM)	sonstige Verwaltungs- u. Verfahrenskosten (Mio. DM)	Insgesamt (Mio. DM)
1970	499,5	157,8	167,3	824,6
1971	592,2	189,8	157.,3	939,3
1972	689,7	234,2	200,8	1.124,6
1973	839,5	296,9	237,5	1.373,9
1974	1.115,4	366,9	236,9	1.719,1
1975	1.281,0	406,9	401,3	2.089,2
1976	1.259,0	420,5	388,8	2.068,3

Tabelle 30 : Zuweisungen an / Entnahmen aus Rücklagen

Jahr	Zuweisungen an die Rücklagen (Mio DM)	Entnahmen aus den Rücklagen (Mio DM)	Jahr	Zuweisungen an die Rücklagen (Mio DM)	Entnahmen aus den Rücklagen (Mio DM)
1970	2.710,7		1985	108,1	
1971	4.270,6		1986	1.568,8	
1972	5.924,1		1987	3.547,7	
1973	7.125,2		1988	2.504,6	
1974	8.818,4		1989	2.631,9	
1975		668,1	1990	8.952,0	
1976		6.445,4	1991	9.345,2	
1977		9.164,3	1992	11.316,3	
1978		10.019,4	1993		8.966,1
1979		17.79,4	1994		4.167,6
1980	2.165,7		1995		11.800,0
1981	2.805,3		1996		7.981,0
1982		1.537,7	1997	668,0	
1983		4.673,7	1998	3.314,0	
1984	717,8		1999	8.148,0	

Tabelle 31 : Liquiditätshilfe der BfA (gerundete Werte)

Im Jahr	Mio. DM	im Jahr	Mio. DM
1975	10.044,5	1988	8.277,3
1976	13.222,4	1989	8.053,6
1977	12.990,5	1990	5.297,6
1978	10.829,4	1991	6.032,5
1979	7.111.,2	Als Finanzausgleich an die :	
1980	5.079.,4	'ArV' 1992	4.484,8
1981	6.499,7	BBVA 1992	270,9
1982	7.710.,2	1993	21.677,5
1983	10.018,5	1994	20.693,5
1984	5.557,6	1995	24.344,4
1985	9.029,2	1996	23.571,2
1986	9.412,9	1997	19.809,1
1987	6.547,2	1998	13.843,0
		1999	10.301,0
		2000	14.405,0
		2001	15.428,0

Tabelle 32 : TBC als Volksseuche

In den Jahren	von durchschnittlich jährlichen Gestorbenen	erlagen der Schwindsucht (ab 1905 der Tuberkulose)
1877 – 1881	204.027	27.287
1882 – 1886	234.670	27.603
1887 – 1891	255.915	33.178
1892 – 1896	289.126	33.989
1897 – 1901	300.004	35.232
1902	331.648	36.441
1903	352.757	37.085
1904	367.288	38.148
1905	377.961	45.344
1906	keine Werte verfügbar	
1907	370.109	42.912
1908	381.882	43.049
1909	368.031	41.803
1910	354.353	41.770
1911	393.007	41.606
1912	366.244	41.565
1913	361.592	40.374

Tabelle 33 : Staatliche Verschuldung

Jahren	Mio DM	Ihr Anstieg	Jahren	Mio DM	ihr Anstieg
1950	18.725	23.045	1989	924.755	124.006
1955	41.770	14.946	1990	1.048.761	116.760
1960	56.716	27.697	1991	1.165.521	165.982
1965	84.413	38.662	1992	1.331.503	167.652
1970	123.075	129.656	1993	1.499.155	145.987
1975	252.731	210.107	1994	1.645.142	330.951
1980	462.838	293.699	1995	1.976.093	117.459
1985	756.537	37.804	1996	2.093.552	97.750
1986	794.341	89.912	1997	2.191.302	65.077
1987	884.253	14.701	1998	2.256.379	57.491
1988	898.954	25.801	1999	2.313.870	29.498
			2000	2.343.368	

Kapitel XI
Quellen und Literaturverzeichnis

Ungedruckte Quellen (Geheime Akten betreffend)

- Sicherstellung des Geldbedarfs bei drohender Kriegsgefahr (Bundesarchiv Potsdam) Geheimakte IV/76 Bd.1 A 1372.
- Reichsanleihen von 1892 bis 1918 (Königliches Geheimes Civil-Cabinet,Rep. 89 IHA Nr. 25137) - Deutsches Zentralarchiv -
- Beschlagnahme des preußischen Kronfideikommiss-Vermögens (Rep. 151 IA Bd. 5 Nr. 7648 - Deutsches Zentralarchiv)
- Abkommen zwischen der provisorischen württembergischen Regierung und den Vertretern des früheren Königs vom 29. 11. 1918 (Rep. 151 IA Bd. 5 Nr. 7648 - Deutsches Zentralarchiv -)

Amtliche Veröffentlichungen

- Amtliche Nachrichten des Reichsversicherungsamts 1915, Behrend, Berlin
- Monatsschrift für Arbeiter- und Angestelltenversicherung, Verlag Julius Springer, Berlin 1922
- Amtliche Nachrichten für Reichsversicherung N 5, 1933
- Heilstätten, Sanatorien, Krankenhäuser und Heime der Rentenversicherungsträger, Herausgeber: Reichsverband Deutscher Rentenversicherungsträger, Berlin 1941
- Statistische Jahrbücher des Deutschen Reichs und der Bundesrepublik Deutschland von 1993 bis 1998

Denkschrift

über die von den Organisationen der Privatangestellten im Oktober 1903 angestellten Erhebungen über die wirtschaftliche Lage der Privatangestellten vom 14. 3. 1907 - an den Reichstag - Graf von Posadowsky

Geschäftsberichte

der Landesversicherungsanstalten von 1914 bis 1918 sowie der Bundesversicherungsanstalt für Angestellte für die Jahre 1970 - 1998

Jubiläums-Zeitschriften und andere

anlässlich des 100jährigen Bestehens der Rentenversicherung: der Landesversicherungsanstalten von Schleswig-Holstein, Hannover, Oldenburg-Bremen, Westfalen, Rheinprovinz, Unterfranken, Baden, Württemberg und Berlin

Broschüren

- Rentenreform 92, Herausgeber: Verband Deutscher Rentenversicherungsträger, 2; Auflage, Frankfurt/Mark.
- Rentenreform 92, Herausgeber: Der Bundesminister für Arbeit und Sozialordnung, Ref. Öffentlichkeitsarbeit, Bonn, 1990
- RRG-Handbuch, Renten-Reformgesetz SGB VI; KKF-Verlag, 8262 Altötting

Aufsätze, Monographien, Bücher

Der Friedensvertrag von Versailles nebst Schlußprotokoll und Rheinlandstatut sowie Mantelnote und deutsche Ausführungsbestimmungen: Neue durchgesehene Ausgabe 1925, Verlag von Reimar Hobbing in Berlin

Kommentare

- **Achilles-Greiff** "BGB" 20. Aufl. Walter DeGryter & Co Berlin 1958
- **Aye, Goebelsmann** "RVO Gesamtkommentar" Verlag Chilorz Wiesbaden
- **Brunn** "Kommentar zum VGfA vom 20. 12. 1911" C. Heymanns Verlag 1913
- **Eicher/Haase/Rauschbach** "Die Rentenversicherung der Arbeiter und der Angestellten" Kommunalschriften-Verlag, J. Jehle München GmbH
- **Gebhard-Düttmann** "Kommentar zum IVG vom 13. 7. 1899" Altenburg 1901
- **Hanow-Lehmann** "Kommentar zur RVO" C. Heymanns Verlag Berlin 1916; 1925
- **Hoch** "Kommentar zur RVO" Verlag Giebel Berlin1911
- **Koch-Hartmann** "Das Angestelltenversicherungsgesetz" Band V b, Engel-Verlag Berlin, Wiesbaden, Stand November 1988 (Wagner)

- **Weiße und Roßbach** "Rentenrecht der DDR" Staatsverlag, Berlin 1970
- **Weymann** "Kommentar zur RVO, Invaliden- und Hinterbliebenenversicherung" Verlag von Otto Häring, Berlin 1912

Autorengemeinschaften

- **Bank, Brachmann, Kreikebohm, Schmidt** "Rentenreform 1992" Schäffer Verlag Stuttgart 1990
- **Burde, Drawert und Windus** "Die Arbeiterheilstätten der LVA Berlin in Beelitz" in 'LVA Hannover - 100 Jahre'
- "Große Männer der Weltgeschichte" Verlag Sebastian Lux, Murnau, München, Innsbruck, Basel
- **Ruland (Hrsg.) Hermann** "Handbuch der gesetzlichen Rentenversicherung" VDR/ Luchterhand Verlag, Neuwied und Frankfurt/M.
- **Jung, Kurt M. u.a.** "Weltgeschichte in einem Griff" Safari Verlag, Berlin 1979
- "Konversations-Lexikon" Brockhaus, Leipzig 1908
- **Weiße und Zehn** "Rentenrecht" Staatsverlag der DDR, Berlin 1988

Autoren

- **Born**, Karl-Erich "Geschichtliche Voraussetzungen und Wirkungen der deutschen Sozialversicherung" in DangVers 11/81, S. 437 Tübingen
- **Brettschneider**, Heidrun "Die Rentenversicherung der Bergleute" Asgard Verlag Dr. Werner Hippe KG, Sankt Augustin 3, 1991
- **Dittmar**, Rupprecht "Angestelltenversicherung und Wohnungsbau" in Die Angestelltenversicherung, Jahrgang 1959, S. 69
- **Ebstein**, Erich "Tuberkulose als Schicksal" Ferdinand Enke Verlag, Stuttgart 1932
- **Hänlein**, A. "Einführung in die Entwicklung des Rentenrechts von 1972 bis 1986" in 'Neue Zeitschrift für Arbeits- und Sozialrecht'
- **Heller**, Bernd "Entwurf zum Rentenreformgesetz 1999" in 'die angestelltenversicherung' 10/1997, S. 489, u. in 1/99 S. 14: Entwurf eines Korrekturgesetzes
- **Kranz**, Herbert "Bismarck und das Reich ohne Krone" Franckhsche Verlagshandlung, Stuttgart 1960
- **Marx**, Karl "Das Kapital" Dietz Verlag Berlin 1957
- **Meyer**, Ernst: "Rudolf Virchow" Limes Verlag Wiesbaden, 1956

- **Peters**, Horst "Die Geschichte der sozialen Versicherung" Asgard-Verlag Dr. Werner Hippe KG, Bonn-Bad Godesberg 1973
- **Ruland**, Franz "Die Rentenreform 1992" in Neue Zeitschrift für Arbeits- und Sozialrecht, Beilage 2/89 zu Heft 8/89
- **Ruß**, Werner "Die Sozialversicherung in der DDR" Rita G. Fischer Verlag, Alt Fechenheim 73, Frankfurt/M.
- **Thiede**, Reinhold "Das Rentenniveau in der gesetzlichen Rentenversicherung" in Die Angestelltenversicherung, 5/6/98
- **Vogel**, Walter "Bismarcks Arbeiterversicherung - Ihre Entstehung im Kräftespiel der Zeit" Georg Westermann Verlag, Braunschweig 1951
- **Zentner**, Christian "Illustrierte Weltgeschichte in Farbe", Delphin Verlag GmbH München und Zürich 1980

Index

1

1. RAG vom 21.12.1958   156
1. Weltkrieg   27, 39, 75, 77, 79, 96, 106, 115, 138, 142, 218, 235, 238

2

2. „Rentenversicherungs-Änderungs-Gesetz" vom 23.12.1966   158
2. Gesetz über die Verbesserung der Leistungen in der RV\ vom 19.06.1942   141
2. Verordnung über die Vereinfachung des Lohnabzugs (2. LAV)\ vom 24.04.1942   140
2. VO über die Gewährung und Berechnung von Renten der Sozialpflichtversicherung - 2. Rentenverordnung –" vom 26. 06.1984   149
2. VO über die Gewährung und Berechnung von Renten der SV - Rentenverordnung " vom 29.07.1976   148
2. Weltkrieg   141, 142, 212, 257

3

3. Rentenanpassungsgesetz vom 28. 7. 69   213
3. Rentenverordnung vom 11.10. 1979   148
3. VO über die Gewährung und Berechnung von Renten der Sozialpflichtversicherung - 3. Rentenverordnung – \ vom 09.10. 1985   150

4

4. VO über die Gewährung und Berechnung von Renten der Sozialpflichtversicherung – 4. Rentenverordnung –\ vom 08.06.1989   150

A

Abfindung   166
ABG   187
Ablehnung der Wahl   72
Abschnittsdeckungsverfahren   213
Alexander II.   79
Allgemeine Knappschafts-Pensionskasse für das Königreich Sachsen in Freiberg i.S.   70
Allgemeinen Berggesetz für die preußischen Staaten   38
Allgemeiner Deutscher Knappschaftsverband   173
Allgemeiner Knappschaftsverein in Bochum   70
Allgemeines Anwartschaftsdeckungsverfahren   54
alliierter Kontrollrat in Deutschland   142
Alten- und Erholungsheime   119
Alters- und Invalidenrenten   145
Alters- und Invalidenversicherung   37
Altersarmut   264
Altersrente   46, 49, 60, 61, 62, 63, 93, 121, 126, 147, 148, 149, 163, 165, 167, 170, 175, 259
Altersrente wegen Arbeitslosigkeit oder nach Altersteilzeitarbeit   165
Altersrentenanteile   64
Altersrentenkasse   31
Altersstruktur   196, 253
Altersvermögensgesetz   172
Amtliche Nachrichten des Reichsversicherungsamts   93
Amtlichen Nachrichten für Reichsversicherung   137
Änderungen des IuAVG von 1889   40
Änderungsgesetz vom 10.08.1949   144
Anerkennungsgebühr   67
Angehörigenunterstützung   48, 205
Angestellte   41
Angestellten-Eigenheime   59
Angestellten-Versicherungsvermögen   60
Angestellten-Wohnsiedlungen   59
Angleichung von Alters - und Invalidenrenten   126
Anleiheablösungsschuld statt Bargeld   106
Anleihemarkt   103
Anpassungsfaktor   156
Anpassungsgesetze   124
Anteil der Versicherungsanstalten   63
Anwartschaft   49
Anwartschaftsdeckungsverfahren 130, 134, 136, 139, 212, 213, 251
Äquivalenzprinzip   66
Arbeiterfamilienwohnungen   99, 224
Arbeiterheilstätten der LVA Berlin bei Beelitz   239
Arbeiterkrankenversicherungsgesetz   41

Arbeiterpensionskasse der Königlich Bayerischen Verkehrsanstalten in Rosenheim	70
Arbeiter-Pensionskasse für die Badischen Staatseisenbahnen und Salinen in Karlsruhe	70
Arbeiterwitwen	51
Arbeiterwohnungen	119
Arbeiterwohnungsfürsorge	224
Arbeitgeberanteil	68
Arbeitgeberpflichten	41
Arbeitnehmeranteil	66, 179, 180, 187, 211
Arbeitskosten	116, 180, 181, 182, 183, 186, 187, 198, 199, 210, 247, 260
Arbeitslose	130, 136, 158, 160, 163, 183, 193, 197, 254, 277
Arbeitslosenzahlen	161, 183, 192, 193, 195, 196, 197, 201, 203, 254, 259
Arbeitslosigkeit	24, 31, 32, 101, 130, 133, 138, 147, 163, 165, 168, 192, 194, 195, 198, 204, 245, 253, 257, 264, 276, 277
Arbeitsunfähigkeit	101
Arbeitsverdienste	116
Armut in England	32
Arrbeiter-Pensionskasse der Königlich Sächsischen Staatseisenbahnen in Dresden-Altstadt	70
ArV	153, 154, 155, 156, 157, 162, 170, 176, 177, 185, 190, 192, 202, 204, 205, 210, 214, 248, 250, 251, 272, 273, 276, 277, 279, 280, 281, 282, 284
Aufbringung der Mittel	52
Aufrechterhaltung der Anwartschaft	58
Ausfallzeiten	154, 159, 160, 253
Ausgleich von Fehlbeträgen und Überschüssen	57
Ausgleichsfaktor	171
Ausweg aus der Finanzkrise	203
Ausweitung der Leistungen	101
Auswirkungen der Globalisierung	262
Auswirkungen der Rentenversicherungsgesetze	115
AV	49, 50, 51, 60, 72, 129, 134, 135, 141, 144, 152, 153, 154, 156, 157, 162, 168, 170, 173, 174, 176, 177, 185, 190, 202, 204, 205, 209, 214, 221, 245, 248, 250, 251, 272, 273, 276, 277, 279, 280, 281, 282

B

Balkan	75
Bauvereine	224
Bauwirtschaft	222
Beamte und Soldaten	39
Beckmann und Niebour	62
Beiträge	57
Beitragsbemessungsgrenze	154, 157, 159, 186
Beitragsdurchschnittsverfahren	212
Beitragseinnahmen	92, 101, 114, 117, 118, 119, 120, 130, 170, 184, 192, 193, 195, 196, 210, 216, 249, 259, 269, 276
Beitragseinnahmen der Versicherungsanstalten	118
Beitragsentrichtung	33, 49, 58, 70, 73, 135, 140, 161, 166, 181, 198, 224
Beitragsentrichtung, freiwillige	135
Beitragshöhe	54
Beitragsjahr	117
Beitragsmarken	93, 129
Beitragspflicht	36
Beitragssätze	186
Bemessung der Beiträge	52
Bemessungsgrundlage	154, 155, 156, 157, 159, 160, 161, 175, 187, 188, 189, 191, 197
Bemessungsgrundlagen	189, 274
Berechnung der Leistungen nach der RVO	63
Berechnung der Renten	60
Berechnung der Renten nach dem IVG	62
Berechnung der Versicherungsleistungen nach dem VGfA	65
Bergbau	38, 71, 115, 116, 154, 174, 175
Berufsunfähigkeit	49
Berufszählung	115
Besatzungsrecht	151
Beschäftigte der Land- und Forstwirtschaft	55
Beschäftigte in Apotheken	39
Besondere Kasseneinrichtungen	40
Beteiligung der Rentenversicherung an der Kriegsfinanzierung	88
Bethmann-Hollweg, Moritz August v.	84
betriebliche Pensionskassen	42
betriebliche und private Altersvorsorge	171
betriebliche Zusatzvorsorge	172
Betriebsbeamte	39, 55
Betriebsbeamte und Hausgehilfen	39
Betriebshierarchie	45
Betriebsmittel	88, 131, 207
Betriebsstilllegungen	200, 210

Index

Betriebsunternehmer	41
Beust, Graf v.	35
Bezirksknappschaft	174
BfA 23, 155, 157, 160, 165, 169, 170, 173, 204, 206, 208, 209, 214, 215, 216, 221, 250, 282, 284	
Bismarck,	33
Bismarck, Fürst Otto v.	245
Bismarck, Otto v.	34
Bismarck, Otto v.	35
Bismarck, Otto v.	35
Bismarck, Otto v.	36
Bismarck, Otto v.	37
Bismarck, Otto v.	37
Bismarck, Otto v.	79
Bismarck, Otto v.	80
Bismarck, Otto v.	123
Bismarck, Otto v.	179
Bismarck, Otto v.	181
Bizone	143
Blockade	101
Bodelschwingh, Friedrich v.	236
Boetticher, Karl Heinrich v.	37
Bosse, Robert v.	37
BRD	151
Brehmer, Herrmann	232
Brentano, Lujo	34
Bruderschaften der Bergleute	38
Bruttolohnrechnung	180
Büchsenpfennig	38
Bühnen- und Orchestermitglieder	42
Bundesbahn-Versicherungsanstalt	71
Bundesgesetzgebung	151
Bundesknappschaft	173
Bundesversicherungsanstalt für Angestellte 152, 206, 288	
Bundeszuschuss 156, 157, 158, 162, 163, 164, 166, 198, 252, 256	
Bundeszuschüsse 158, 202, 203, 248, 279, 280	

C

Charité	241, 242
Clay, Luciu D.	143
Clemenceau, Georges	84

D

dauernd erwerbsunfähig	40
DDR XIX, 24, 145, 150, 216, 256, 257, 264, 289, 290	
Deflation	130
Delbrück, Dr. Martin F.R.	37
Demographiefaktor	167
demographische Entwicklung	196
Zeit der aktiven Dienstpflicht	138
deutsche Kolonien	97
Deutschen Demokratischen Republik	151
Die 'gerechte' Rente	66
Dienstmänner	39
Doppelversicherung	45
Dreibundes	80
Dreikaiservertrages	79
Durch Gebietsabtretungen verlorene Kredite und Investitionen	99
Durchschnittsbeitrag	56
Durchschnittsentgelte	184, 185, 188, 269
Durchschnittsrenten	137, 149

E

Eigenständige Versicherung für die Angestellten	42
Einheitsrentensystem	163
Einsparungen	129, 160, 166, 249, 250, 254
Elendsquartiere	222
Elsaß-Lothringen	102
Entwicklung der Renten	120
Erhöhte Beiträge	56
Erholungsstationen	232
Ermächtigungsgesetz	133
Erwerbsunfähigkeit XIX, 40, 46, 47, 48, 49, 53, 144, 167, 226, 230, 250	
Erziehung der Kinder	51
Eupen-Malmedy	102
Euro	185, 204, 205, 249, 250, 252, 264

F

Familienzuschläge	145
Fehlbeträge	57, 206
Festsetzung der Beitragshöhe	56
Finanzausgleich	173, 213, 216, 251, 284
Finanzielle Kriegslehren	83

Finanzielle Kriegsvorbereitung	75
finanzielle Situation der RV- Träger	92
Finanzierung der Gemeinlast	56
Finanzierung der Leistungen des VGfA	57
Finanzkraft der sozialen Versicherung	119
Finanzlage der Landesversicherungsanstalten	92
Finanzverbund	213, 214
Flexible Altersrente	197
Folgen der Kapitulation	102
Franz-Joseph I	79
Frauen in den Rüstungsbetrieben	92
Frauenruhegeld	67
Frieden von Brest-Litowsk	96
Friedensvertrag von Versailles	96
friendly societies	32
Führerprinzip	133
Fürstenvermögen	109

G

Geburtenrate	196
Gefahrenpotential	259
Gefallene	93, 142
Gehaltsabzug	211
Gehaltshälfte	49
Gehaltsklassen	57
Gehilfe	39
Gehilfen und Lehrlinge in Apotheken	42
Geldentwertung	126
Geldvermögen der LVA	118
Gemeinlast	55
Gemeinlast/Sonderlast	56
Gemeinlastverfahren	216, 218
Gemeinvermögen	55
Gemeinvermögen/Sondervermögen	56
Generationenvertrag	166, 210
Gepäckträger	39
Gesamtbevölkerung	115
Geschlechtskrankheiten	95, 222
Geselle	39
Gesetz	154
Gesetz über Abänderung der Leistungen und der Beiträge in der Invalidenversicherung	124
Gesetz über den Ausbau der Rentenversicherung vom 21.12. 1937	138
Gesetz über die Ablösung öffentlicher Anleihen	106
Gesetz über die Änderung des Versicherungsgesetzes für Angestellte und der Reichsversicherungsordnung	126
Gesetz über die anderweitige Festsetzung der Leistungen und der Beiträge in der Invalidenversicherung	125
Gesetz über die Anpassung von Leistungen der Sozialversicherung an das veränderte Lohn- und Preisgefüge und über ihre finanzielle Sicherung (Sozialversicherungs-Anpassungsgesetz)\ vom 17.06.1949	144
Gesetz über die bedarfsorientierte Grundsicherung im Alter und bei Erwerbsminderung\ (GsiG)	172
Gesetz über die Deckung der Rentenzulagen nach dem Rentenzulagengesetz im Haushaltsjahr 1952"	152
Gesetz über die einstweilige Gewährung einer Teuerungszulage zur Abgeltung von Preiserhöhungen bei Grundnahrungsmitteln (Teuerungszulagengesetz)\ vom 10.08.1951	152
Gesetz über die Erhöhung der Renten und der Sozialfürsorgeunterstützung\ vom 16.11	146
Gesetz über die Erhöhung der Renten und der Sozialfürsorgeunterstützung vom 16.11.1956	146
Gesetz über die Gewährung einer Vorschusszahlung in den RV (Rentenvorschusszahlungsgesetz - RVZG -)\ vom 23.12.1956	153
Gesetz über die Gewährung von Zulagen in den gesetzlichen Rentenversicherungen und über Änderungen des Gemeinlastverfahrens (Rentenzulagengesetz -RZG-)\ vom 10.08.1951	151
Gesetz über die Neuregelung des Finanzausgleichs zwischen der RV der Arbeiter und der RV der Angestellten (Rentenversicherungs-Finanzausgleichsgesetz - RFG -)\ vom 23.12.1964	157
Gesetz über die Verbesserung der Leistungen in der Rentenversicherung\ vom 24.07.1941	140
Gesetz über Leistungen und Beiträge in der Invalidenversicherung	128
Gesetz über Maßnahmen zur Entlastung der öffentlichen Haushalte und zur Stabilisierung der Finanzentwicklung in gesetzlichen Rentenversicherung sowie über die Verlängerung der Investitionshilfeabgabe vom 22.12.1983 (Haushaltsbegleitgesetz 1984)	161

Index

Gesetz über weitere Maßnahmen in der Reichsversicherung aus Anlass des Krieges\ vom 15.01.1941   139

Gesetz zum weiteren Abbau der Notverordnungen in der Reichsversicherung\ vom 19.04.1939   139

Gesetz zur 20. Anpassung und zur Verbesserung der Finanzgrundlagen der gesetzlichen Rentenversicherung (20. RAG)\ vom 27.06. 1977.   159

Gesetz zur Änderung des Angestelltenversicherungs-Neuregelungsgesetzes\ von 27.07.1957   155

Gesetz zur Änderung des Bundeszuschusses zu den Rentenversicherungen aus Anlass der wirtschaftlichen Eingliederung des Saarlandes in die Bundesrepublik sowie die Einführung der Vorschriften über die Gemeinlast und weiteren sozialversicherungsrechtlichen Vorschriften im Saarland\ vom 26.03.1960   156

Gesetz zur Anpassung der Vorschriften der Reichsversicherungsordnung und des Angestelltenversicherungsgesetzes an Vorschriften des Knappschaftsversicherungs-Neuregelungsgesetzes und des Soldatengesetzes\ vom 27.07.1957.   155

Gesetz zur Beseitigung von Härten in den gesetzlichen Rentenversicherungen und zur Änderung sozialrechtlicher Vorschriften (RV-ÄndG)\ vom 09.06.1965   157

Gesetz zur Erhaltung der Leistungsfähigkeit der Invaliden-, der Angestellten- und der knappschaftlichen Rentenversicherung"   134

Gesetz zur Förderung eines gleitenden Übergangs in den Ruhestand\ vom 23.07.1996   165

Gesetz zur Gewährung einer Sonderzulage für den Monat Dezember 1956 in den gesetzlichen Rentenversicherungen (Zweites Sonderzulagengesetz - 2. SZG -)\ vom 16.11 1956   153

Gesetz zur Gewährung von Mehrbeträgen in den gesetzlichen Rentenversicherungen und zur Neufestsetzung des Beitrages in der RV der Arbeiter, der RV der Angestellten und der Arbeitslosenversicherung (Renten-Mehrbetrags-Gesetz -RMG-)\ vom 23.11.1954   152

Gesetz zur Neuregelung des Rechts der Rentenversicherung der Arbeiter -

Arbeiterrentenversicherungs-Neuregelungsgesetz (ArVNG)\ - vom 23.02.1957   153

Gesetz zur Sicherung des Haushaltsausgleichs (Haushaltssicherungs-Gesetz)\ vom 20.12.1965   158

Gesetz zur Stärkung der Finanzgrundlagen der gesetzlichen RV vom 16.05.1985   162

Gesetz zur Umsetzung des Programms für mehr Wachstum und Beschäftigung in den Bereichen der Rentenversicherung und Arbeitsförderung (Wachstums- und Beschäftigungsförderungsgesetz-WFG)\ vom 25.09.1996   165

Gesetz zur Veränderung von Vorschriften der gesetzlichen RV (4. RV ÄndG)\vom 30.03.1973   159

Gesetz zur Verwirklichung der mehrjährigen Finanzplanung des Bundes II. Teil – Finanzänderungsgesetz 1967 -\ vom 21.12.1967   158

Gesetz zur weiteren Reform der gesetzlichen Rentenversicherungen und über die 15. Anpassung der Renten aus der gesetzlichen Rentenversicherung sowie über die Anpassung von Geldleistungen aus der gesetzlichen Unfallversicherung (RRG)\ vom 16.10.1972   158

Gesetz zur Wiederbelebung der Wirtschaft und Beschäftigung und zur Entlastung des Bundeshaushaltes vom 20.12.1982 (Haushaltsbegleitgesetz 1983)"   161

Gesetz über Leistungen in der Invaliden- und Angestelltenversicherung   129

Gesetz über weitere Maßnahmen. aus Anlass des Krieges\ vom 15.01. 1941   141

Gesetzgebung der Militärregierungen   143

Gesetzgebungswerk des nationalsozialistischen Reiches bei der RV   134

Gesundheitsaufklärung der Bevölkerung   225

Gesundheitszustand der Bevölkerung   101

Gewerbetreibende   41

Gladstone, William Edward   32

Globalisierung   262, 264

Gnadenlohn   38

Gold   105

Goldmarkwährung   113

Graf von Itzenplitz   34

Grundbetrag   62

Grundbetrags-Erhöhungs-Gesetz\ vom 17.04.1953   152

Grundgesetz für die Bundesrepublik Deutschland   151

Grundrente	163	Invaliden-, Alters-, Witwen- und Witwerrenten	125

H

Halbdeckung	139
Halbwaisen	149
Halbwaise	65
Handlungsgehilfen	44, 45
Handwerker	156
Hauptausschuss zur Herbeiführung einer staatlichen Pensions- und Hinterbliebenenversicherung für die Privatbeamten	43
Hausgewerbetreibende	41
Hausindustriellen (Hausgewerbetreibende)	39
Heilstätten	94, 101, 102, 231, 233, 235, 237, 239
Heilverfahren	24, 47, 66, 72, 135, 138, 205, 226, 230, 231
Heiratsabfindung	68
Helfferich	82
Hertling, Dr. Graf v.	88
Hilfskassenwesen	33
Hindenburg, Paul v.	133
Hinterbliebene	48
Hinterbliebenenrente	50, 65
Hinterbliebenenrenten	XIX, 51, 63, 64, 66, 67, 71, 121, 129, 135, 148, 152, 155, 162, 171, 218
Hinterbliebenenrenten und Erziehungszeiten Gesetz\ (HEZG) vom 17.11.1985,	162
Hirsch	34, 107
Hitler, Adolf	133
Höchstbetrag der Hinterbliebenenrenten	65
Höchstrenten	67
Hofmann	37
Höhe der Versicherungsanteile	64
Höhe des Witwengeldes und der Waisenaussteuer	65
Hohenzollern	107
Hohenzollersches Familienvermögens	108
Höherversicherung	156
Hungertyphus	29

I

Inflation	103, 105, 124
Invalide	144
Invaliden- oder Altersrenten	48
Invaliden- und Hinterbliebenenversicherung	57, 113
Invaliden- und Witwenrente	113

Invaliden-, Alters-, Witwen- und Witwerrenten	125
Invaliden-, Witwen- und .Waisen-Versicherungskasse.der.See-Berufsgenossenschaft in Hamburg	70
Invalidengrundrente	62
Invalidenrente	46, 62, 63, 64, 125, 134, 147
Invalidenrente an dauernd Erwerbsunfähige	46
Invalidenrente bei vorübergehender Erwerbsunfähigkeit	47
Invalidenrenten	64, 93, 121
Invalidenversicherte	116
Invalidenversicherung	117
Invalidenversicherungsgesetz	41
Invalidität	47, 147
Invaliditäts- und Altersversicherungsanstalten	230
Invaliditäts- und Altersversicherungsgesetz von 1889	37
Itzenplitz, Graf v.	35
IuAVG	39, 40, 46, 49, 52, 54, 55, 60, 62, 68, 70, 71, 121, 180, 199, 211, 216, 226, 230
IuAVG Rentenbestandteile	60
IV. Buch der Reichsversicherungsordnung	41
IV. Notverordnung von 8.12.1931	129
IVG	41, 48, 49, 54, 55, 56, 62, 64, 71, 117, 119, 121, 213, 216, 231, 288

J

Jahresarbeitsverdienst	XX, 39, 40, 41, 44, 53, 55, 117, 157, 180
Jahresdurchschnittsentgelte und Einnahmenentwicklung	118
Jahresrenten	62, 121, 267
JAV	55
JAV-Grenze	135

K

Kaiser Wilhelm I	37, 237
Kaiserliche Botschaft	37
Kämpfer gegen den Faschismus	150
Kanalisation	241
Kanzlisten	39
Kapitaldeckungsverfahren	52, 54, 211
Kapitalwerte der Renten	54
Karl von Österreich	96
Kasseneinrichtungen	120, 217

Index

Kathedersozialist	34, 35
kaufmännische Dienste	45
Kinder- und Ehegattenzuschläge	146
Kindererziehungsleistungsgesetz\ vom 12.07.1987	162
Kinderrenten	56
Kinderzuschuss	64, 121
Kinderzuschuss zur Invalidenrente	125
Kleinere Betriebsunternehmer und Hausgewerbetreibende	40
Klinikwesen	221, 227
Knappschaft	173
knappschaftliche Rentenversicherung	173
Knappschaftskassen	33, 38
Knappschaftsrenten	153
Knappschaftswesen	71, 174
KnV	135, 152, 153, 175, 176, 190, 202, 251, 272
Koch, Robert	226
Kommentar zum VGfA	66
kommunistische Internationale	35
König von Preußen	108
Königin Sophie von Griechenland	108
Königreich Preußen	29
Kontinuierliche Rentenzuschläge	145
Kontrollrat	142
Kopisten	39
Korrekturgesetze	166
Kosten der Arbeit	179
Kosten einer Kriegsverlängerung	87
Krankenanstalt	99
Krankenanstalten	119
Krankenfürsorge	205, 226
Krankenkasse	47
Krankenversicherung	23
Krankenversicherungsgesetz	37
Krankenversicherungsgesetz (KVG)	46
Kredite	88, 99, 130, 213, 225
Kriegsanleihen	81, 82, 84, 86, 87, 89, 91, 92, 103, 104, 106, 109, 113
Kriegsanleihezeichnungen der Landesversicherungsanstalten	88
Kriegsanleihezeichnungen der LVA	267
Kriegsauswirkungen bei den Versicherungsträgern	93
Kriegsbereitschaft	81
Kriegsbeschädigte	27, 87
Kriegsbeschädigtenrente	148, 149
Kriegsende	96
Kriegsentschädigungen	83
Kriegsfinanzierung	81
Kriegsfolgen	106
Kriegsgefahr	76
Kriegskosten	83, 86, 96
Kriegsopfer	100
Kriegsplanung	80
Kriegstote	101
Kriegsverletzte	101
Kriegswohlfahrtszwecke	92
Kur	48
Kurzarbeit	130

L

Land- und forstwirtschaftliche Arbeiter	47
Länderfinanzausgleich	264
Landesbank	91
Landesversicherungsamt	235
Landesversicherungsanstalt	50
Landesversicherungsanstalten	71, 88, 89, 91, 92, 93, 113, 130, 143, 216, 222, 224, 288
Lazarett	93
Lazarette	81, 95
Lehren für die Rentenversicherung	130
Lehrer und Erzieher	41, 55
Lehrlinge	46
Leibrente	67, 68
Leibrenten an weibliche Versicherte	67
leistungsauslösende Altersgrenze	47
Leistungskürzungen	25, 166, 199, 201
Liquiditätshilfe	210, 215, 221, 284
Liquiditätsreserve	213, 214
Lohnabzug	140
Lohndrittel'	50
Lohnklasse als Leistungsbereich	53
Lohnklassen	53, 55
Lohnsätze	53
Lohnsenkung	130
Lohnsteuer	180, 181, 182, 187, 263, 275
Lungenheilstätten	94, 95, 227, 233, 236, 239
LVA	71, 91, 93, 94, 95, 99, 101, 102, 113, 120, 144, 173, 213, 216, 217, 218, 222, 223, 224, 225, 226, 230, 232, 233, 234, 235, 236, 238, 239, 250, 267, 268, 270, 289

M

Manchester-Schule	34
Massenarmut	29
Max von Baden, Prinz	96
Maximilian II, König von Bayern	30
Mediziner	243
Mehraufwendungen	152, 190
Militär-, Krankheits- und Rentenbezugszeiten	63
Militärregierungen	143
Militärzeiten	93, 199
Mindestrente	148, 150
Mindestreserve	209, 210
Mittelstand	42
Mittelverwendung	58
Möglichkeiten einer Entschuldung des Reiches	104
Moltke, Helmuth v.	84
Monatliche Kriegsausgaben	86
Monatliche Renten	137
Monatliche Zahlung	67
Mündelsichere Anlage	59

N

N.S.D.A.P.	133
Napoleon III	31
Nationalsozialismus	105
Naturalien	47
Naturalrenten	48
Nebenarbeit	160
Neue Bundesländer	202, 250, 257, 264
Neuregelungsgesetze	153
Nichtversicherte	45
Nichtversicherungspflichtige	39
Niederer Bundesanteil	197
Nikolaus II.	96
Norddeutsche Knappschafts-Pensionskasse in Halle/Sa.	70
Norddeutscher Bund	80
Nordschleswig	102
Noth der untersten Volksklassen	30

O

Organisation der Angestelltenversicherung (AV)	72
Organisation der Invaliditäts- und Altersversicherung	68
Ortslohn	46
Österreich	43
Ostopfer	216

P

Papiergeld	105
Pariser Aufstand	34
Pensionskasse der Reichseisenbahnen in Straßburg /E.	70
Pensionskasse für die Arbeiter der Preußisch-Hessischen Eisenbahngemeinschaft in Berlin	70
Personenkörperschaften	130
Pflichtbeiträge	49, 51, 162
Potsdamer Abkommen	142
Prämien-	54
Prämiendurchschnittsverfahren	57
Prämiendurchschnittsverfahren	58
Prämienreserve	58
Preisanstieg	122
Preissteigerungen	101, 187
Preußisches Gesetz betreffend die Vereinigung der Berg-, Hütten- und Salinenarbeiter in Knappschaften	38
preußisches Kronfideikommissvermögen	107
Privatbeamte	42
private Zusatzversicherungen	42
Privatisierung	261
Privatrentenvertrages	171
Privatvermögen des preußischen Königshauses	109
Proklamation betreffend die Aufhebung des Besatzungsstatuts und die Auflösung der Alliierten Hohen Kommission sowie der Länder-Kommissariate\ vom 05.05.1955.	151

Q

Quittungskarte	136, 140

R

Rassengesetzgebung	133
Realkreditinstitute	221
Rechnungsstelle	56
Rechtsanwälte und Notare	39
Refinanzierungsbestrebungen nach Kriegsende	104
Reichsanteil	119
Reichsarbeitsdienstpflicht	138

Index

Reichsdarlehenskasse	91
Reichsgesetz betreffend die Invaliditäts- und Alterssicherung vom 22. Juni 1889	211
Reichsgesetz betreffend die Invaliditäts-und Altersversicherung (IuAVG) vom 22. Juni 1889	39
reichsgesetzliche Leistungen	71
Reichsinvalidenversicherungsgesetz	120
Reichsinvalidenversicherungsgesetz (IVG)	41
Reichsknappschaft	174
Reichsknappschaftsgesetz (RKG)	173
Reichsknappschaftsverein	173
Reichskriegsschatz	81
Reichsmark	106, 113, 126
Reichsschatzamt	75
Reichstagswahlen	133
Reichsversicherungsamt	53
Reichsversicherungsanstalt für Angestellte	72
Reichsversicherungsordnung	41
Reichsversicherungsordnung vom 19.07.1911	41
Reichszuschuß	61, 62
Reichszuschüsse	119
Rente nach Mindesteinkommen	159
Rente zur Sicherung des Existenzminimums	46
Renten aus der Zusatzversorgung der Intelligenz sowie der Pädagogen	150
Renten reichen nur für die Ernährung	123
Rentenanpassungsgesetze	156
Rentenanträge	70
Rentenanwartschaften	172, 264
Rentenausschuß	72
Rentenausschuss	68
Rentenbank	251, 252
Rentenbemessungsgrundlage	154
Rentenberechnung	61, 134, 147, 154, 164, 253
Rentenbezugsdauer	197
Rentenempfänger	122
Rentenerhöhungen	146, 153, 155, 189, 191, 211
Rentenformel	164
Rentenkappung	249, 251
Rentenlast	53
Rentenlücke'	261
Rentenmark	106
Rentenreform	24, 172, 198, 199, 200, 213, 288, 289, 290
Rentenreformgesetz	248
Rentenreformgesetz 1992 (RRG 92 vom 18.12.1989	162
Rentenreformgesetze	158
Rentenspargesetz	254
Rentensparplan	171
Rentenstellen	70
Rentenversicherung	23, 24, 25, 28, 29, 39, 40, 42, 48, 66, 71, 75, 81, 88, 92, 93, 103, 106, 113, 119, 130, 133, 134, 138, 140, 142, 145, 153, 158, 159, 161, 165, 173, 174, 175, 179, 182, 184, 186, 187, 195, 199, 203, 211, 212, 213, 221, 232, 247, 248, 251, 288, 289, 290
Rentenversicherung in der sowjetischen Besatzungszone und in der DDR	145
Rentenversicherung im Nationalsozialismus	133
Rentenzulagen	101, 152
Rentner	24, 122, 124, 145, 146, 151, 156, 164, 171, 172, 173, 215, 251, 257, 258
Reparationen	96
Reservefonds	54
Risiko des Leistungsanfalls bei Frühinvalidität	58
Roedern, Graf v.	87, 88, 103
Rücklage	58, 158, 160, 203, 206, 207, 210, 212, 213, 214
Rücklagen	52, 97, 157, 196, 200, 208, 209, 211, 212, 247, 278, 283
Rücklagevermögen	208
Rückversicherungsvertrag'	79
Ruhegeld	49, 50, 51, 65, 66, 67, 68, 72, 73, 134, 140, 174, 175
Ruhegeld und Hinterbliebenenrente	49
Ruhegeldberechnung	65, 66
Ruhegeldbetrag des Versicherten	67
Ruhegeldempfänger	57
Ruhr	234, 240, 242, 268
Ruhrbesetzung	105
Ruland	164, 198, 289, 290
RV'-Träger	24
RVA	54
RVÄndG	158, 214, 215, 247
RVO	48

S

Saarbrücker Knappschaftsverein in Saarbrücken,4	70
Saarland	156
Sachrenten	47
Sanatorien	235, 238, 239, 287
Sanierung der RV	139

Schadenersatzforderung an die Hohenzollern	107
Schäffle, Albert	35
Schatzanweisungen	83, 88, 208, 213
Schatzwechsel	103, 213
Schauspieler, Artisten, Sänger, Choristen, Souffleure und Musiker	42
Schiedsgerichte	73
Schiffsbesatzung deutscher Seefahrzeuge	39
Schiffsführer	41
Schleicher, Kurt v.	133
schlesischen Weberunruhen	33
Schlieffen, Alfred v.	80
Schlieffen-Plan	80
Schönlein, Prof. Dr. Johann Lukas	243
Schulze-Delitzsch, Franz H.	34
Schutz des Privateigentums der Mitglieder der Fürstlichen Häuser	110
Schwankungsreserve	160, 162, 170, 199, 207, 208, 210, 213, 214, 278
Schwankungsreserven	200, 209, 214
See-Berufsgenossenschaft (See-BG	71
Seehandlung	108
Seekasse	71
Seeleute	55
Selbständige	115, 116, 167, 248
Selbstversicherung	40
Seuchen	100, 223
Seuchenbekämpfung	240
SGB	165, 175, 176, 185, 198, 202, 207, 209, 210, 211, 213, 288
SMAD-Befehl Nr. 28	145
SMAD-Befehls Nr. 323	145
Smith, Adam	32
Solidargemeinschaft	119, 192
Solidaritätszuschlag	247, 263
Sonderanstalten	70, 113
Sonderlast	55
sowjetische Besatzungszone	145
soziale Deklassierung	105
sozialer Wohnungsbau	221
Sozialer Wohnungsbau	222
Sozialgesetzbuch SGB	164
sozialpolitischen Gesetzgebung	34
Sozialprogramme in Frankreich	31
Sozialversicherung	37, 126, 129, 133, 141, 143, 144, 145, 146, 147, 148, 167, 174, 179, 180, 191, 207, 224, 257, 260, 261, 264, 289, 290
Sozialversicherungsanstalt Berlin (VAB)	144
Sozialversicherungsbeiträge	247, 263
Sparmaßnahmen	161
spätere Erwerbsunfähigkeit	47
Staat als Darlehnschuldner am RfA-Vermögen	60
staatliche Fürsorge für die privaten Beamten	43
staatlicher Missbrauch	106
Staatsschulden	109, 157, 159
Staatsverschuldung	155, 161
Stadtkinder	95
Standardrentenniveau	254
Statistische Jahrbücher der DDR	149
Statut	70
Steigerungssätze	62, 64
Stellenabbau	210
Stilllegung	246
SV	141, 144, 145, 146, 148, 174, 180, 187, 193

T

Tafeln zur Ermittlung der Invaliden- und Altersrenten	62
Tagelöhner	122, 238
Tägliche Kriegskosten	86
TBC	227, 228, 229, 230, 232, 234, 235, 239, 268, 285
Teuerung	120
Teuerungsrate	258, 265
Teuerungszulagengesetze	151
Trade Unions	32
Transferleistungen	257, 264
Treuhandanstalt	256, 257, 264
Trinkerheilanstalt	48
Trunksüchtige	47, 48
Tuberkulose	222, 223, 226, 227, 228, 229, 230, 232, 233, 240, 241, 242, 243, 285, 289
Tuberkuloseerkrankungen	94
Typhus	222, 240, 241, 242, 268

U

Überschüsse des Sondervermögens	57
Überwachung der Beitragsentrichtung	58
Überzählige Beiträge	64
Umlageverfahren	130
Unfallversicherung	23, 46, 158

Index

Unfallversicherungsgesetz 36, 37, 41
Unterstützungskassen für Gesellen, Gehilfen und Lehrlinge 33

V

Verband Deutscher Rentenversicherungsträger 221
Vermögen der Landesversicherungsanstalten 106
Vermögen des preußischen Königshauses 107
Vermögensanlagen 160, 207, 215
Vermögensbestände 204
Vermögensbildungsprogramm 258
Vermögenserträge 119, 120, 204, 205, 206, 248, 282
Vermögensverfall bei den LVA 103
Verordnung des Reichspräsidenten über Maßnahmen zur Erhaltung der Arbeitslosenhilfe und Sozialversicherung sowie zur Erleichterung der Wohlfahrtslasten der Gemeinden 129
Verordnung über die Änderung, die neue Fassung und die Durchführung von Vorschriften der Reichsversicherungsordnung, des Angestelltenversicherungsgesetzes und des Reichsknappschaftsgesetzes" 135
Verordnung über die SV der Bergleute vom 18.12 1946 145
Verordnung zur Durchführung und Ergänzung des Gesetzes über den Ausbau der Rentenversicherungsgesetze\ vom 01.09.1938 138
Versicherung freiwillig fortsetzen 67
Versicherungsanstalten 54, 68
Versicherungsfall 67, 136, 140, 161
Versicherungsfreiheit 73, 156
Versicherungsgesetz für Angestellte 43, 44
Versicherungskarte 58, 65, 140
Versicherungslasten 97
Versicherungspflichtige 41
Versorgung der Bevölkerung 94
Versorgung der Kriegsbeschädigten, der Opfer des Nationalsozialismus und ehemaliger Beamter 145
Versorgungsengpässe 94
Verteilungskämpfe 184, 265
Vertrag über die Beziehungen zwischen der Bundesrepublik Deutschland und den Drei Mächten (Deutschlandvertrag)" 151
Vertrag über die Vermögensauseinandersetzung zwischen dem Preußischen Staate und den Mitgliedern des vormals regierenden Preußischen Königshauses" 113
Vertrag von London 84
Vertrauensmänner 73
Vertrauensschutz' 211
Verwaltungs- und Verfahrenskosten 205
Verwaltungsorgane 70
Verwaltungsrat für Wirtschaft 143
Verwaltungsvermögen 208
Verwundete 81
VGfA 48
VGfA (AVG 44
Virchow 30, 289
Virchow, Rudolf 29, 240, 241, 242
VO über die Erhöhung der Renten der Sozialversicherung der Arbeiter und Angestellten und der Renten für Mitglieder sozialistischer Produktionsgenossenschaften und Mitglieder der Kollegien der Rechtsanwälte\ vom 09.04.1959 146
VO über die Erhöhung der Renten der SV für Bauern, Handwerker, selbständige Erwerbstätige und Unternehmer sowie freiberuflich Tätige und der Rentner aus der freiwilligen Versicherung bei der Deutschen Versicherungsanstalt 146
VO über die Gewährung und Berechnung von Renten der Sozialversicherung - Rentenverordnung –\ vom 04.04 1974 148
VO über die Gewährung und Berechnung von Renten der Sozialversicherung vom 15.03.1968 147
VO über die Sozialpflichtversicherung 145
VO über die Zahlung von Zuschlägen an Rentner, Sozialfürsorgeempfänger sowie andere Unterstützte\ vom 08.05.1958 146
Völkerbund 98
Volksheilstättenvereine 233
Volksseuchen 23, 222, 241
Vollwaise 65
Vollwaisen 67, 149
Vorschrift einer verzinslichen Anlage 59
Vorübergehende Dienstleistungen 39

W

Waffenstillstandsabkommen von Compiègne 96
Wagener, Herrmann 36
Waisen 67

Waisenausteuer	48, 65	Witwenrente	51, 141
Waisenbeihilfen	124	Witwenrenten	93
Waisenrente	51, 64, 93, 113, 125, 146, 148	Witwer	67
Waisenrente bei Unterhaltsentzug	52	Witwerrente	52
Wanderversicherung	156	Wochenbeiträge	117
Warburg Max M.	104	Wohnungsbau	221, 222, 289
Warburg, Max M.	83	Wohnungsfürsorge	221, 225
Warburgs Memorandum	83	Wohnverhältnisse	24, 28, 222, 225
Wartezeit	49, 50, 140		
Wartezeitverkürzung	40	**Z**	
Weiterversicherte Seeleute	71		
Weiterversicherung	138	Zahlbetrag	155
Weltwirtschaftskrise	130, 133	Zahlbeträge	168
Werkmeister und Techniker	41	Zeichnung von Kriegsanleihen	81
Wertverfall der deutschen Währung	105	Zentralamt für Arbeit	143
Wiedervereinigung	150	Zentralstelle für Arbeiterwohlfahrts-Einrichtungen	223
Wilhelm II.	36, 79, 96	Zentralverein für das Wohl der arbeitenden Klassen	33
Wirtschaftsliberalismus	32	Zinserträge	120, 270
Witwen	65, 67, 149	Zinslasten	103
Witwen - und Witwerrente	134	Zinssätze	224, 252
Witwen- (Witwer-)Rente	148	Zunahme der Anträge auf Heilverfahren	101
Witwen und Waisen	50	Zunahme der Rentenempfänger	119
Witwen- und Waisenversorgung	71	Zunft- und Gesellenkassen	33
Witwen- und Witwerrenten	64, 144	Zusatzversorgung	150, 259, 260
Witwen von Angestellten	51	Zusatzvorsorge	258
Witwengeld	48, 49, 56, 63, 65, 125	Zuschüsse	42, 52, 56, 119, 179, 180, 182, 202, 213
Witwengeld und Waisenausteuer	125	Zuschusskassen	71
		Zweite Lohnabzugsverordnung vom 24.04.1942	141